中国知识产权指数报告 2012

王正志　主编

知识产权出版社
全国百佳图书出版单位

内容提要

本书以全球知识产权发展态势为背景，通过文献梳理、实地调研、案例剖析等多种研究方法对我国31个省（市、自治区）的知识产权具体发展状况和差异进行定性与定量分析，建立起一套科学、系统规范的四级指标体系。在此基础上，总结和归纳我国知识产权发展中存在的主要问题，并提出相应的政策建议。

读者对象：知识产权理论和政策研究人员、实务工作者及相关社会公众。

责任编辑：李 琳 倪江云　　**责任出版**：卢运霞
装帧设计：美光制版

图书在版编目（CIP）数据

中国知识产权指数报告2012/王正志主编. —北京：知识产权出版社，2012.6
ISBN 978-7-5130-1334-5

Ⅰ.①中… Ⅱ.①王… Ⅲ.①知识产权—指数—研究报告—中国—2012 Ⅳ.①D923.404

中国版本图书馆CIP数据核字（2012）第094477号

中国知识产权指数报告2012
Zhongguo Zhishichanquan Zhishu Baogao 2012
王正志 主编

出版发行：知识产权出版社

社　址：	北京市海淀区马甸南村1号	邮　编：	100088
网　址：	http://www.ipph.cn	邮　箱：	bjb@cnipr.com
发行电话：	010－82000860转8101/8102	传　真：	010－82005070/82000893
责编电话：	010－82000860转8335	责编邮箱：	nijiangyun@cnipr.com
印　刷：	三河市国英印刷厂	经　销：	新华书店及相关销售网点
开　本：	787mm×1092mm 1/16	印　张：	20
版　次：	2012年6月第1版	印　次：	2012年6月第1次印刷
字　数：	450千字	定　价：	50.00元

ISBN 978-7-5130-1334-5/D・1493(4203)

编 委 会

前　言

《中国知识产权指数报告》起于2009年，历经四载，未曾断续。报告致力于将经济学方法引入知识产权法律领域研究，通过统计和分析，力争揭示知识产权与竞争力、经济发展的深层次关联，为政策制定者、市场参与者提供尽可能翔实、客观的数据与结论。我们始终秉持这项目标并为此持续努力。

经过几年经验积累，《中国知识产权指数报告》已拥有一套较为稳定、全面和科学研究体例，即通过对各个指标的量化和指数的排名，分析得出区域知识产权竞争力水平。在进一步的修正之后，《中国知识产权指数报告2012》的指标体系最终确定为4个一级指标、17个二级指标、64个三级指标和115个四级指标。指标数量较《中国知识产权指数报告2011》有所增加，例如，在知识产权产出水平指标以下，我们新增高校与研发机构产出水平这一指标，弥补了以往指标统计中的漏洞。而其他的新增指标，如一系列有关文化因素的指标，则使我们的数据更切合社会实际。另外，对于一些指标内容、分类的调整则提高了指标分析的科学性和针对性。这些细节的增加和调整使得本《报告》的观察更深入社会的运行中，从而有助于更宏观把握知识产权综合实力的发展趋势。

中国知识产权指数研究课题组尝试将课题研究部分的“问题指向型”模式转为“地区指向型”的模式。过去，我们的着眼点放在对于知识产权制度中存在的宏观、共有问题的研究调查和分析；而今年我们则立足挖掘各个地区知识产权各项指标指数的变化和其内在动因。我们分析了北京、上海等知识产权指数排行前5名的地区的某些重要指标的排名变化与政策措施之间的关系。由于专题研究更多地利用了主报告中收集、整合的数据，因此它们与主报告的联系更加紧密、契合，也使我们的结论有了更坚实的基础。

中国知识产权指数报告试图记录中国各地区知识产权制度日益完善的点滴，也竭力探寻为知识产权发展贡献绵薄之力的路径。坚持我们构架的这个独立、客观的平台并持续发布有价值的指数报告，是课题组的心愿。

中国知识产权指数研究课题组

2012年4月

目　录

第一章 中国区域知识产权综合实力排名与分析

2012年中国区域知识产权综合实力指数❶（以下简称：知识产权指数）在延续一贯的指标大体框架的同时，更关注较为基础性的因素，增加了文化产业、高校及科研机构等方面的指标，使指标体系更为完备。

从排名上看，2012年区域知识产权综合实力前10位依次是北京、上海、广东、江苏、浙江、山东、天津、辽宁、福建、重庆。后10位则分别为黑龙江、江西、贵州、广西、云南、新疆、甘肃、宁夏、青海、西藏。整体趋势的区域特征依然显著，基本为“东高西低”，前10位中仅重庆一个西部省份，后10位中则全部为中西部地区省份。

表1—1 2010年中国区域知识产权综合实力指数及排名表

区域	知识产权综合实力		区域	知识产权综合实力	
	指数	排名		指数	排名
北京	0.605	1	河北	0.210	17
上海	0.567	2	山西	0.205	18
广东	0.545	3	海南	0.201	19
江苏	0.543	4	内蒙古	0.199	20
浙江	0.455	5	吉林	0.189	21
山东	0.402	6	黑龙江	0.188	22
天津	0.376	7	江西	0.180	23
辽宁	0.308	8	贵州	0.172	24
福建	0.293	9	广西	0.165	25
重庆	0.287	10	云南	0.160	26
湖南	0.273	11	新疆	0.146	27
陕西	0.273	12	甘肃	0.145	28
湖北	0.264	13	宁夏	0.137	29
安徽	0.256	14	青海	0.111	30
四川	0.251	15	西藏	0.059	31
河南	0.227	16			

与2009年相比，全国省级行政区的2010年知识产权综合实力排名（见图1—1）显示出一定的波动，波动形态呈“橄榄形”，排名中间的省份变化大，排名首尾的省份则相对稳定，表明中间省份相互之间差距较小，某个省份个别指标某年表现好，就有可能会

❶ 2012年中国区域知识产权综合实力指数中采用的数据绝大部分年代都是2010年，因此，在下文分析中，报告直接采用2010年的叙述方式，以求真实展现当年的实际情况。

出现较大的上升。其中，上升最快的为陕西和海南，各自上升 4 个名次，分别由 2009 年的第 16 位和第 23 位变为第 12 位和第 19 位，下降速度较快的为吉林和黑龙江，各自下降 3 个名次，分别由 2009 年的第 18 位、第 19 位变为 2010 年的第 21 位与第 22 位。

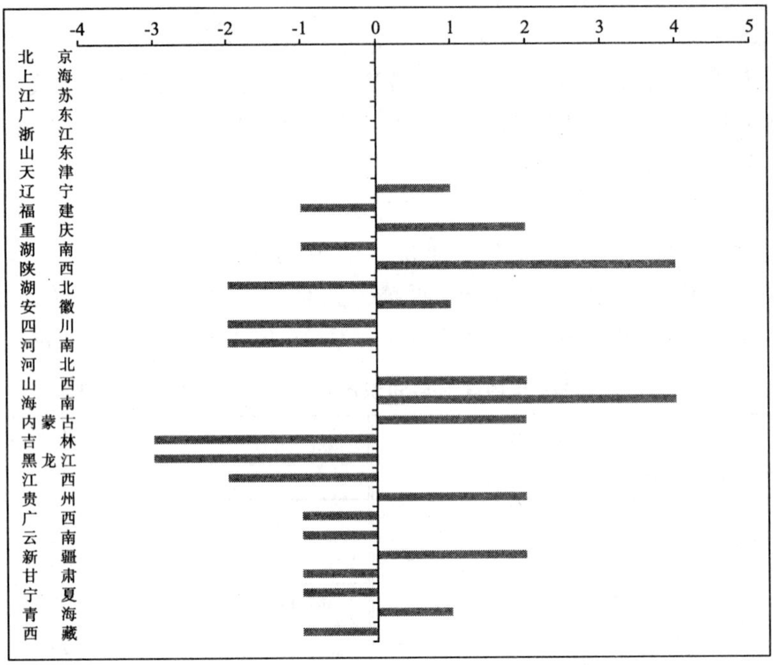

图 1—1 2009～2010 年区域知识产权综合实力排名变化图

从各省份 4 年间（2007～2010）历史排名来看（见图 1—2），北京知识产权综合实力 2007 年排名第 3 位，自 2008 年始，一直位居第 1 位。上海 4 年来一直排名第 2 位。广东 2007 年排名第 1 位，2008 年、2009 年、2010 年均位居第 3 位。江苏 2007～2010 年均处第 4 位。浙江 4 年间一直排名第 5 位。

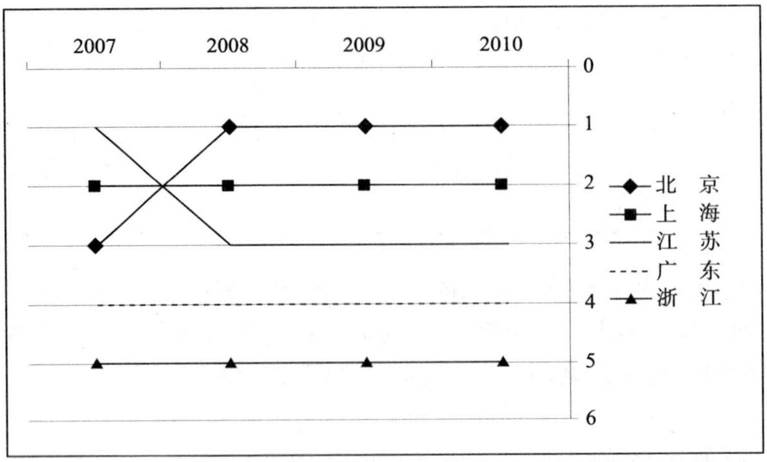

图 1—2 北京、上海、江苏、广东、浙江 2007～2010 年知识产权综合实力排名变化图

山东知识产权综合实力2007年和2008年排名第7位，自2009年始，一直位居第6位。天津趋势与之相反，2007年和2008年排名第6位，而2009年和2010年位居第7位。两者位次基本互换。辽宁基本上处于第8位，2009年曾短暂下滑到第9位，2010年又回升一位。福建4年间波动较大，2007年排名第9位，2008年下滑至第10位，2009年回升两位至第8位，2010年居第9位。重庆的波动同样较大，2007年位居第10位，2008年升至第9位，2009年大幅下滑至第12位，2010年升至第10位。

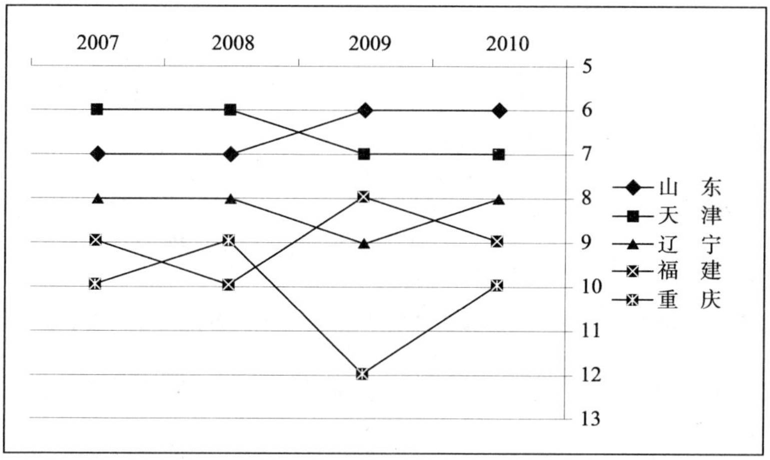

图1—3　山东、天津、辽宁、福建、重庆2007～2010年知识产权综合实力排名变化图

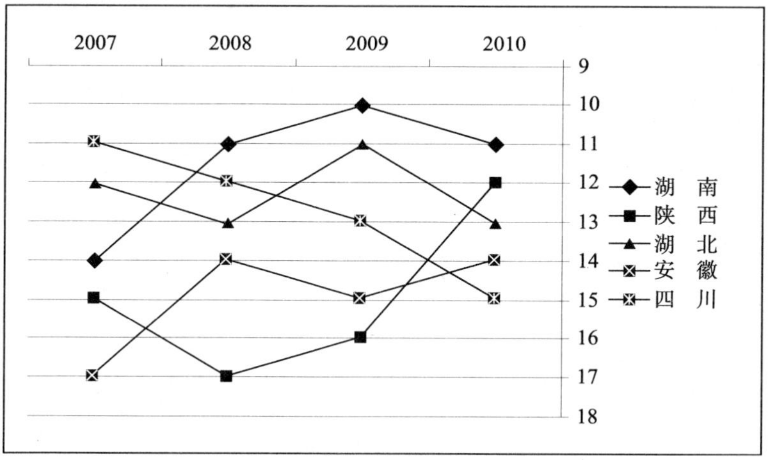

图1—4　湖南、陕西、湖北、安徽、四川2007～2010年知识产权综合实力排名变化图

湖南、陕西、湖北、安徽、四川五省知识产权综合实力指数4年间波动幅度明显较前文中的10个省市剧烈，湖南整体上保持上升态势，2007年排名第14位，2008年升至第11位，2009年升至第10位，2010年回落至第11位。陕西进步显著，2007年排名第15位，自2008年始，逐渐上升，2010年更是上升4个位次，升至第12位。湖北整体保持平稳，2007年排名第12位，2008年排名第13位，2009年排名上升两位，至第11位，2010年降至第13位。安徽整体上略有进步，2007年排名第17位，2008年升至第14位，以后两年基本保持第 15 位和第 14 位上下。四川的排名 4 年间一直在下滑，2007 年第 11 位，2010 年第 15 位。

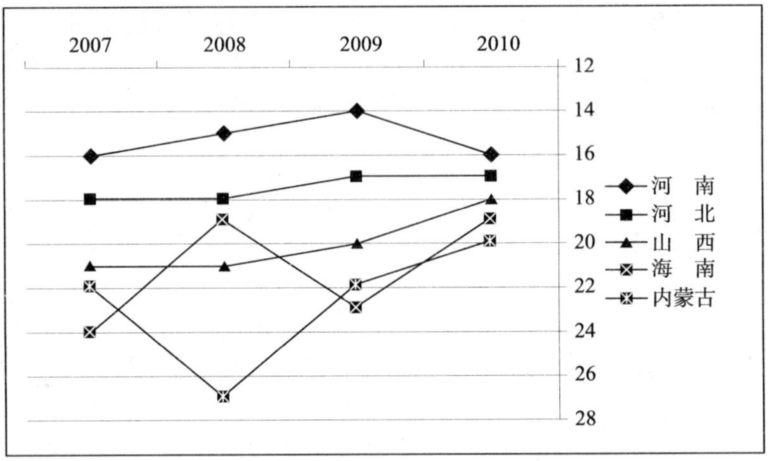

图 1—5 河南、河北、山西、海南、内蒙古 2007～2010 年知识产权综合实力排名变化图

河南知识产权综合实力排名较为平稳，4 年间基本上在第 14 位与第 16 位之间。河北的排名同样如此，保持在第 18 位与第 17 位上下波动。山西整体上略有上升，2007 年、2008 年均为第 21 位，2009 年为第 20 位，2010 年升至第 18 位。海南整体呈现“N”字形，2007 年、2009 年为波谷，分别排名第 24 位和第 23 位，2008 年、2010 年为波峰，排名均为第 19 位。内蒙古整体呈“V”字形，2008 年最低，排名第 27 位，2010 年最高，排名第 20 位。

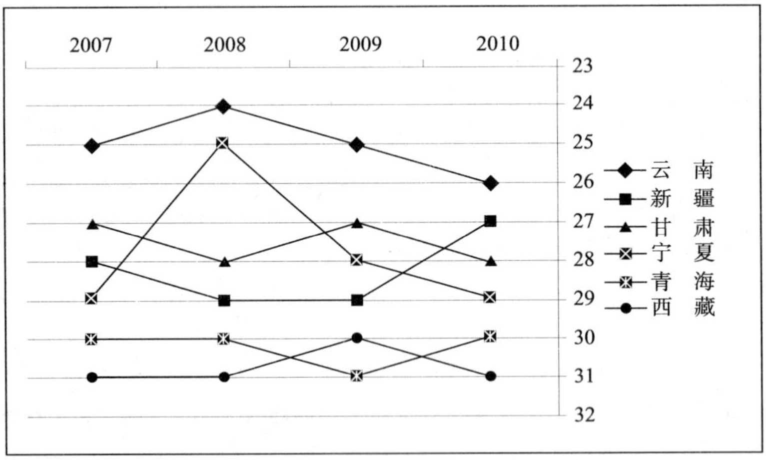

图 1—6 吉林、黑龙江、江西、贵州、广西 2007～2010 年知识产权综合实力排名变化

吉林知识产权综合实力排名 4 年间一直在下滑，从 2007 年的第 13 位，降至 2010 年的第 21 位，下降了 8 个名次。黑龙江、江西、广西三省份趋势相似，排名稳中稍降，黑龙江 2007 年、2009 年排名第 19 位，2008 年排名第 20 位，2010 年排名第 22 位。江西 2007 年排名第 20 位，2010 年降至第 23 位。广西 2007 年排名第 23 位，2010 年排名第 25

位。贵州的排名波动相对大一些，2007 年排名第 26 位，2008 年升至第 22 位，2009 年回落至第 26 位，2010 年升至第 26 位。

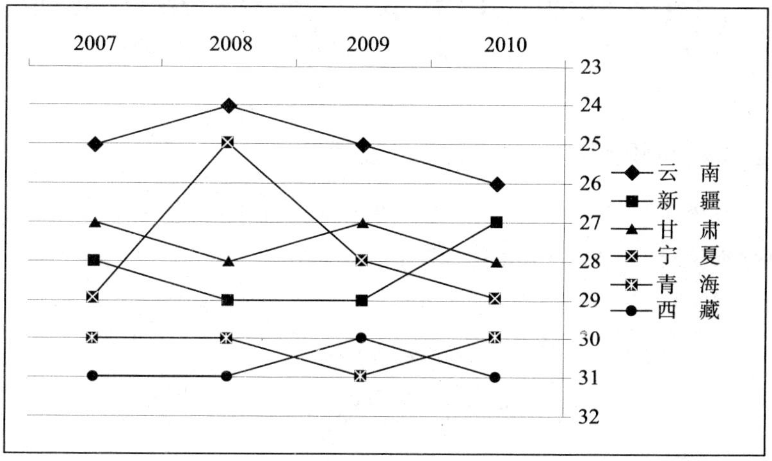

图 1—7　云南、新疆、甘肃、宁夏、青海、西藏 2007～2010 年知识产权综合实力排名变化图

云南知识产权综合实力排名整体稍降，2007 年位居第 25 位，2008 年升至第 24 位，随后逐渐下降，2010 年降至第 26 位。甘肃、青海、西藏三省份排名相对波动较小，分别维持在第 27 或第 28 位、第 30 位或第 31 位，以及第 31 位或第 30 位。新疆整体稳中有升，2007 年位居第 28 位，2008 年和 2009 年居第 29 位，2010 年升至第 27 位。宁夏排名波幅稍大，2007 年位居第 29 位，2008 年突升至第 20 位，而后逐渐回归至第 29 位。

第二章　中国区域知识产权综合实力一级指标排名与分析

一、中国区域知识产权综合实力一级指标框架

知识产权综合实力评价体系下设 4 个一级指标：知识产权产出水平、知识产权流动水平、知识产权综合绩效、知识产权创造潜力。

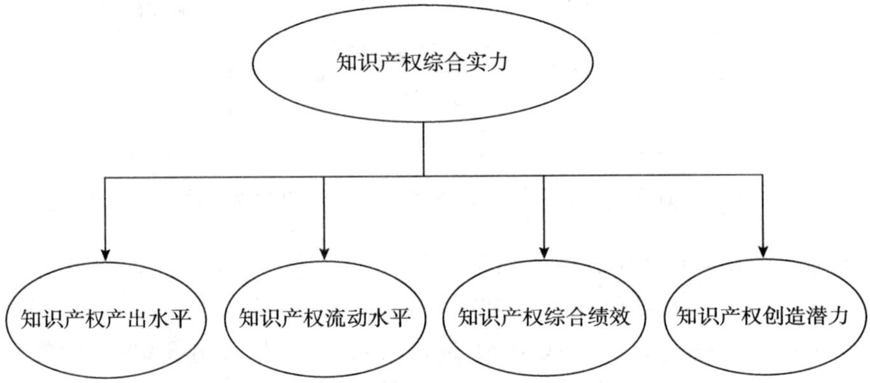

图 2—1　知识产权综合实力一级指标框架图

二、中国区域知识产权综合实力一级指标排名与分析

表 2—1　2010 年中国区域知识产权综合实力一级指标指数及排名表

区域	综合实力		产出水平		流动水平		综合绩效		创造潜力	
	指数	排名	指数	排名	指数	排名	指数	排名	指数	排名
北京	0.605	1	0.635	1	0.596	1	0.688	3	0.501	2
上海	0.567	2	0.573	3	0.543	3	0.748	1	0.406	6
广东	0.545	3	0.478	4	0.549	2	0.611	4	0.542	1
江苏	0.543	4	0.580	2	0.541	4	0.586	5	0.464	5
浙江	0.455	5	0.464	5	0.354	6	0.535	6	0.467	4
山东	0.402	6	0.215	8	0.407	5	0.514	8	0.471	3
天津	0.376	7	0.248	6	0.204	12	0.740	2	0.312	7
辽宁	0.308	8	0.204	10	0.307	7	0.451	10	0.271	10
福建	0.293	9	0.201	11	0.188	15	0.512	9	0.270	11

续表

区域	综合实力		产出水平		流动水平		综合绩效		创造潜力	
	指数	排名	指数	排名	指数	排名	指数	排名	指数	排名
重庆	0.287	10	0.228	7	0.176	17	0.535	7	0.209	16
湖南	0.273	11	0.177	14	0.202	13	0.412	17	0.302	8
陕西	0.273	12	0.201	12	0.228	9	0.424	15	0.238	14
湖北	0.264	13	0.165	15	0.188	16	0.427	14	0.277	9
安徽	0.256	14	0.187	13	0.162	18	0.428	13	0.246	12
四川	0.251	15	0.163	16	0.281	8	0.369	21	0.189	18
河南	0.227	16	0.127	18	0.204	10	0.330	24	0.246	13
河北	0.210	17	0.083	23	0.199	14	0.347	22	0.210	15
山西	0.205	18	0.078	25	0.139	19	0.434	12	0.168	22
海南	0.201	19	0.207	9	0.026	30	0.439	11	0.130	26
内蒙古	0.199	20	0.025	31	0.204	11	0.420	16	0.148	24
吉林	0.189	21	0.108	21	0.106	23	0.372	19	0.168	23
黑龙江	0.188	22	0.125	19	0.139	20	0.291	27	0.198	17
江西	0.180	23	0.063	27	0.107	22	0.370	20	0.182	19
贵州	0.172	24	0.121	20	0.065	26	0.330	25	0.171	21
广西	0.165	25	0.059	29	0.077	25	0.382	18	0.142	25
云南	0.160	26	0.139	17	0.099	24	0.281	28	0.119	28
新疆	0.146	27	0.078	24	0.058	27	0.276	29	0.173	20
甘肃	0.145	28	0.085	22	0.124	21	0.244	30	0.126	27
宁夏	0.137	29	0.065	26	0.042	28	0.345	23	0.097	29
青海	0.111	30	0.027	30	0.032	29	0.301	26	0.085	30
西藏	0.059	31	0.062	28	0.000	31	0.126	31	0.047	31

从2010年知识产权综合实力及4个一级指标的排名来看，排名靠前的省份与排名靠后的省份在知识产权产出水平、知识产权流动水平、知识产权综合绩效、知识产权创造潜力4个一级指标的表现上都较为均衡，排名相差不大，与综合实力排名较为相称。而排名中间的省份则各项指标之间波动较大，个别指标明显高于其他指标。例如，天津、重庆、湖南、湖北（见图2—2）以及四川、河南、海南、内蒙古等省份。天津的综合实力排名第7位，产出水平排名第6位，创造潜力排名第7位，基本匹配，但是流动水平仅排名第12位，而综合绩效排名高达第2位。重庆则基本上是“两高两低”，即产出水平和综合绩效高，均处在第7位；流动水平和创造潜力低，分别位居第17位和第16位。湖南和

湖北的情况类似，都有一个指标显著高于其他指标，湖南的创造潜力高居第8位，湖北的创造潜力高居第9位。

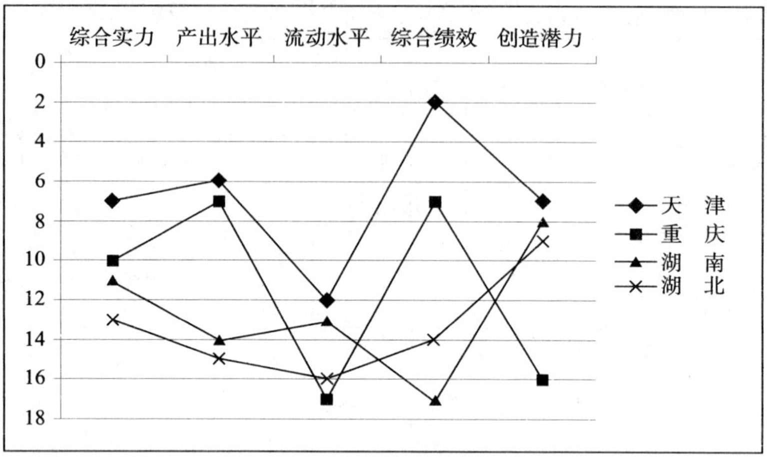

图 2—2 天津、重庆、湖南、湖北综合实力及一级指标波动

同样，四川4个一级指标基本上是“一高两低”，即流动水平高（第8位），综合绩效（第21位）和创造潜力（第18位）低。河南则是“两高一低”，即流动水平（第10位）和创造潜力（第13位）高，综合绩效（第24位）低。海南与重庆类似，呈现出“两高两低”的趋势，产出水平（第9位）和综合绩效（第11位）高，流动水平（第30位）和创造潜力（第26位）低。内蒙古在4个指标的表现上，大致为“一高一低”，流动水平（第11位）高，产出水平（第31位）低。

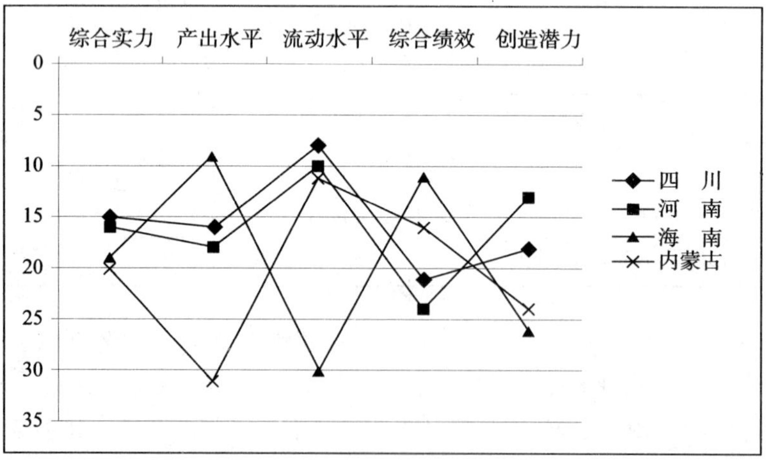

图 2—3 四川、河南、海南、内蒙古综合实力及一级指标波动图

第三章　知识产权产出水平各项指标排名与分析

一、知识产权产出水平指标框架及排名与分析

1. 指标框架

知识产权产出水平指标下设5个二级指标：人均产出、产出质量、产出效率、企业产出以及高校和研发机构产出。

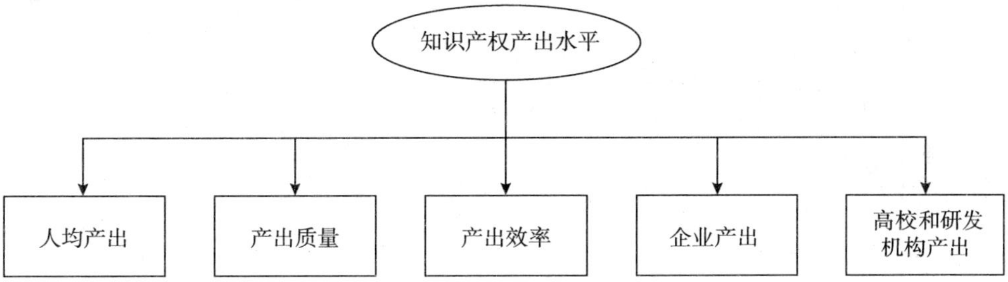

图 3—1　知识产权产出水平指标框架图

2. 排名与分析

表 3—1　知识产权产出水平及其二级指标指数及排名表

区域	产出水平		人均产出		产出质量		产出效率		企业产出		高校和研发机构产出	
	指数	排名	指数	排名	指数	排名	指数	排名	指数	排名	指数	排名
北京	0.635	1	0.816	1	0.728	1	0.449	5	0.442	5	0.742	2
江苏	0.580	2	0.229	4	0.339	5	0.782	1	0.773	2	0.775	1
上海	0.573	3	0.496	2	0.598	2	0.736	2	0.501	4	0.532	4
广东	0.478	4	0.220	5	0.476	3	0.604	3	0.783	1	0.308	7
浙江	0.464	5	0.246	3	0.405	4	0.366	8	0.595	3	0.709	3
天津	0.248	6	0.160	6	0.196	9	0.391	7	0.288	9	0.208	11
重庆	0.228	7	0.074	11	0.133	13	0.413	6	0.328	8	0.192	13
山东	0.215	8	0.077	10	0.240	6	0.184	19	0.270	11	0.302	8
海南	0.207	9	0.023	26	0.038	25	0.574	4	0.335	7	0.065	25
辽宁	0.204	10	0.084	8	0.156	12	0.270	13	0.136	18	0.376	5
福建	0.201	11	0.146	7	0.218	8	0.213	15	0.232	13	0.196	12

续表

区域	产出水平		人均产出		产出质量		产出效率		企业产出		高校和研发机构产出	
	指数	排名	指数	排名	指数	排名	指数	排名	指数	排名	指数	排名
陕西	0.201	12	0.071	12	0.174	10	0.306	10	0.142	17	0.310	6
安徽	0.187	13	0.070	13	0.108	16	0.270	12	0.372	6	0.114	21
湖南	0.177	14	0.035	20	0.233	7	0.202	17	0.273	10	0.141	16
湖北	0.165	15	0.044	18	0.124	14	0.168	21	0.205	15	0.284	9
四川	0.163	16	0.060	14	0.160	11	0.203	16	0.244	12	0.149	14
云南	0.139	17	0.051	16	0.059	22	0.336	9	0.113	20	0.137	17
河南	0.127	18	0.048	17	0.121	15	0.153	23	0.169	16	0.143	15
黑龙江	0.125	19	0.081	9	0.077	21	0.178	20	0.046	28	0.245	10
贵州	0.121	20	0.018	28	0.089	18	0.243	14	0.208	14	0.049	28
吉林	0.108	21	0.058	15	0.089	19	0.191	18	0.070	25	0.132	18
甘肃	0.085	22	0.018	27	0.079	20	0.137	25	0.106	21	0.087	23
河北	0.083	23	0.032	23	0.108	17	0.063	29	0.090	24	0.120	20
新疆	0.078	24	0.033	22	0.023	29	0.162	22	0.106	22	0.068	24
山西	0.078	25	0.015	30	0.057	23	0.149	24	0.062	26	0.107	22
宁夏	0.065	26	0.038	19	0.038	26	0.065	28	0.123	19	0.064	26
江西	0.063	27	0.026	25	0.040	24	0.074	27	0.048	27	0.125	19
西藏	0.062	28	0.003	31	0.006	31	0.289	11	0.012	31	0.001	31
广西	0.059	29	0.017	29	0.031	27	0.089	26	0.101	23	0.059	27
青海	0.027	30	0.034	21	0.022	30	0.032	30	0.019	30	0.030	30
内蒙古	0.025	31	0.028	24	0.030	28	0.008	31	0.026	29	0.032	29

在知识产权产出水平指标方面，表现较好的前10位省份依次是北京、江苏、上海、广东、浙江、天津、重庆、山东、海南、辽宁，排名后10位分别是甘肃、河北、新疆、山西、宁夏、江西、西藏、广西、青海、内蒙古。前10名中，除海南外，其他省份在综合实力排名也较为靠前。

从知识产权产出水平指标的5个二级指标（即人均产出、产出质量、产出效率、企业产出、高校和研发机构产出）来看，大部分省份的表现较为均衡，少数则不平衡性比较突出，例如，前10位中的山东产出效率相对于其他指标较低，仅位居第19位，与综合实力排名不符。同样，海南的人均产出、产出质量以及高校和研发机构产出都表现较差，分别位居第26位、第25位与第25位。另外，排名中段的陕西、湖北各项指标表现也较不均衡，陕西的企业产出（第 17 位）、湖北的产出效率（第 21 位）排名都稍低，而两省的高校和研发机构产出都名列前茅，分别居第 6 位和第 9 位，从侧面反映了两地的高校和研发机构力量雄厚，但是转化为企业成功的能力尚待加强。

二、知识产权人均产出指标框架及排名与分析

1. 知识产权人均产出指标框架及指数排名

（1）指标框架

知识产权人均产出指标下设 5 个三级指标：专利总量指标、商标总量指标、版权总量指标、集成电路布图设计总量指标、农业植物新品种总量指标。

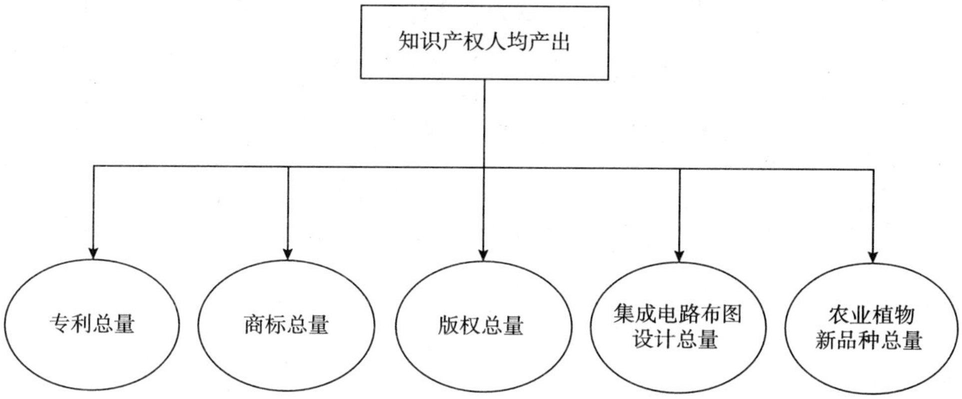

图 3—2　知识产权人均产出指标框架图

（2）排名与分析

表 3—2　知识产权人均产出指标指数及排名表

区域	人均产出		专利总量		商标总量		版权总量		农业植物新品种总量		集成电路布图设计总量	
	指数	排名	指数	排名	指数	排名	指数	排名	指数	排名	指数	排名
北京	0.816	1	0.772	1	1.000	1	1.000	1	1.000	1	0.309	2
上海	0.496	2	0.670	2	0.675	2	0.062	2	0.071	14	1.000	1
浙江	0.246	3	0.441	5	0.582	3	0.020	4	0.051	21	0.136	5
江苏	0.229	4	0.525	3	0.196	7	0.015	7	0.159	5	0.252	3
广东	0.220	5	0.499	4	0.412	4	0.001	22	0.042	26	0.145	4
天津	0.160	6	0.414	6	0.253	6	0.016	6	0.068	17	0.048	9
福建	0.146	7	0.136	10	0.385	5	0.010	9	0.106	9	0.092	6
辽宁	0.084	8	0.151	9	0.085	12	0.017	5	0.087	13	0.080	7
黑龙江	0.081	9	0.046	17	0.045	26	0.002	19	0.310	2	0.000	19

续表

区域	人均产出		专利总量		商标总量		版权总量		农业植物新品种总量		集成电路布图设计总量	
	指数	排名	指数	排名	指数	排名	指数	排名	指数	排名	指数	排名
山东	0.077	10	0.162	7	0.109	10	0.003	17	0.106	10	0.007	13
重庆	0.074	11	0.153	8	0.157	8	0.010	10	0.013	29	0.037	11
陕西	0.071	12	0.112	12	0.124	9	0.007	11	0.051	22	0.060	8
安徽	0.070	13	0.128	11	0.057	21	0.003	16	0.149	6	0.015	12
四川	0.060	14	0.085	14	0.078	13	0.002	18	0.088	12	0.044	10
吉林	0.058	15	0.039	18	0.056	23	0.027	3	0.171	4	0.000	19
云南	0.051	16	0.016	25	0.057	20	0.001	25	0.182	3	0.000	19
河南	0.048	17	0.049	16	0.062	18	0.003	15	0.128	7	0.000	19
湖北	0.044	18	0.096	13	0.062	17	0.003	14	0.055	20	0.002	17
宁夏	0.038	19	0.016	26	0.072	14	0.001	24	0.100	11	0.000	19
湖南	0.035	20	0.062	15	0.055	24	0.006	12	0.048	23	0.001	18
青海	0.034	21	0.011	30	0.046	25	0.000	29	0.112	8	0.000	19
新疆	0.033	22	0.027	21	0.063	16	0.004	13	0.070	15	0.000	19
河北	0.032	23	0.030	20	0.060	19	0.000	26	0.067	18	0.005	14
内蒙古	0.028	24	0.015	28	0.070	15	0.000	27	0.056	19	0.000	19
江西	0.026	25	0.019	22	0.056	22	0.014	8	0.040	27	0.000	19
海南	0.023	26	0.015	29	0.087	11	0.000	31	0.015	28	0.000	19
甘肃	0.018	27	0.018	24	0.000	31	0.000	28	0.069	16	0.003	15
贵州	0.018	28	0.019	23	0.023	29	0.001	21	0.047	24	0.000	19
广西	0.017	29	0.015	27	0.024	28	0.001	23	0.044	25	0.000	19
山西	0.015	30	0.032	19	0.031	27	0.001	20	0.011	30	0.002	16
西藏	0.003	31	0.002	31	0.013	30	0.000	30	0.000	31	0.000	19

在知识产权人均产出指标方面，排名前10位的是北京、上海、浙江、江苏、广东、天津、福建、辽宁、黑龙江、山东；排名后10位的是新疆、河北、内蒙古、江西、海南、甘肃、贵州、广西、山西、西藏。

由于专利总量、商标总量、版权总量、农业植物新品种总量、集成电路布图设计总量5个三级指标涵盖不同领域，因此，各自指数和排名也有较大差别。其中，专利总量、商标总量、集成电路布图设计总量指标的排名具有一定的一致性，并与人均产出指标总体保持一致。而版权总量和农业植物新品种总量则与人均产出指标出现较大的偏离。其中，农业植物新品种总量指标方面，北京、黑龙江、云南等农业研究及种植大省份排名靠前；版权总量指标方面，北京、上海、吉林等省份仍然居前。整体情况与2009年大致相同。

2. 专利总量四级指标框架及排名与分析

（1）指标框架

专利总量指标选取了百万人口年度国内发明专利申请量、百万人口年度国内实用新型专利申请量、百万人口年度国内外观设计专利申请量以及百万人口年度 PCT 专利申请量 4 个指标进行评价。

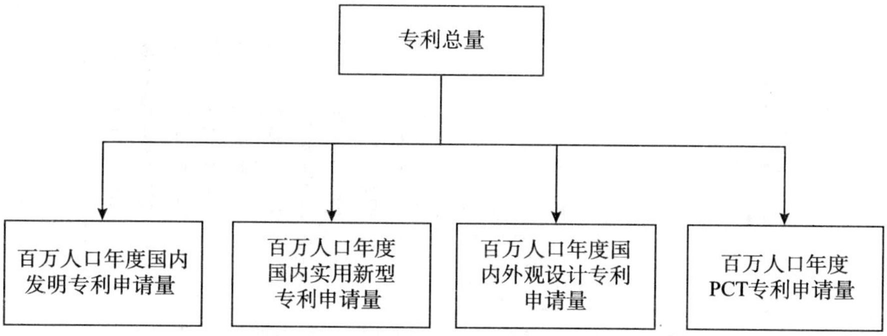

图 3—3　专利总量指标框架图

（2）专利总量具体指标分析

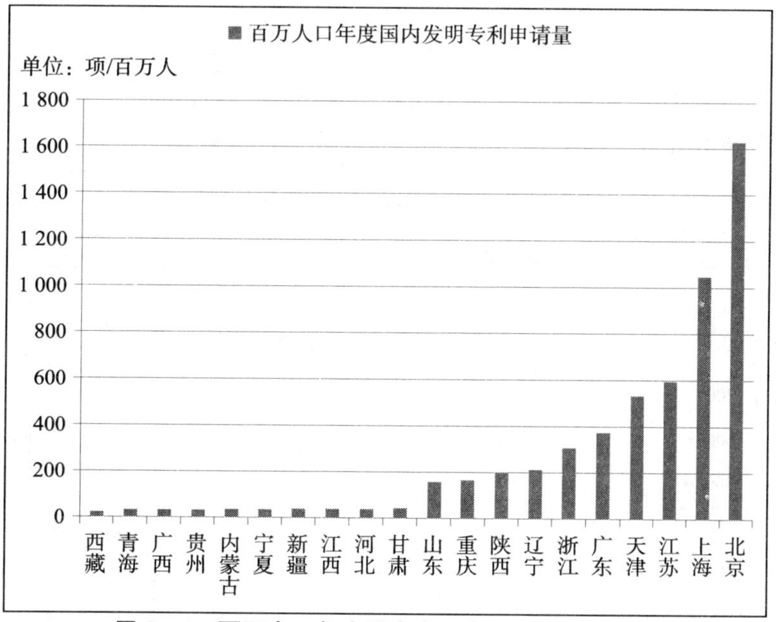

图 3—4　百万人口年度国内发明专利申请量排名图

数据来源：国家知识产权局. 2010 年专利统计年报［R/OL］.［2012—03—12］. http://www.sipo.gov.cn/ghfzs/zltjjb/jianbao/year2010/indexy.html；国家统计局. 中国统计年鉴 2011［M］. 北京：中国统计出版社，2011.

图 3—4 表明，西藏—甘肃是百万人口年度国内发明专利申请量最少的 10 个省份，而北京—山东是百万人口年度国内发明专利申请量最多的 10 个省份，差距依然比较明显。北京在 2010 年的百万人口年度国内发明专利申请量稳居第 1 位，超过 1 500 项/百万人。

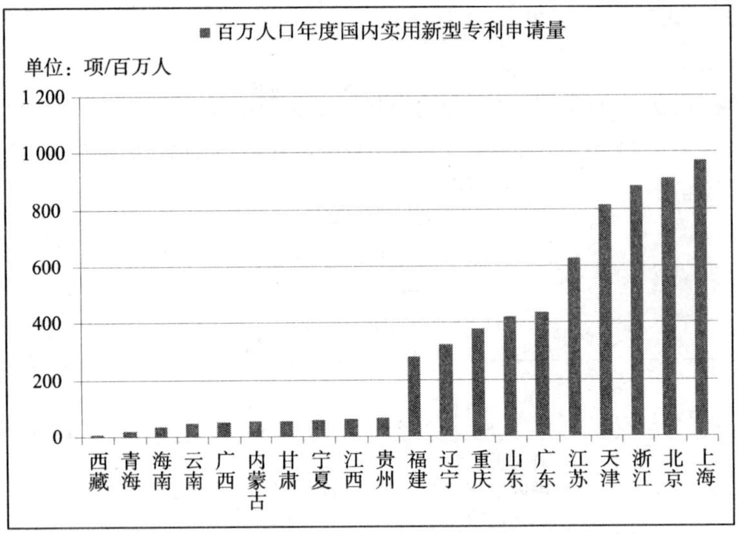

图 3—5　百万人口年度国内实用新型专利申请量排名图

数据来源：国家知识产权局. 2010 年专利统计年报 [R/OL]. [2012—03—12]. http://www.sipo.gov.cn/ghfzs/zltjjb/jianbao/year2010/indexy.html；国家统计局. 中国统计年鉴 2011 [M]. 北京：中国统计出版社，2011.

图 3—5 表明，西藏—贵州是百万人口年度实用新型专利申请量最少的 10 个省份，上海—福建是百万人口年度实用新型专利申请量最多的 10 个省份。上海、北京、浙江、天津 4 个省份的申请量并驾齐驱，均已超过 800 项/百万人，较上年有较大增长。

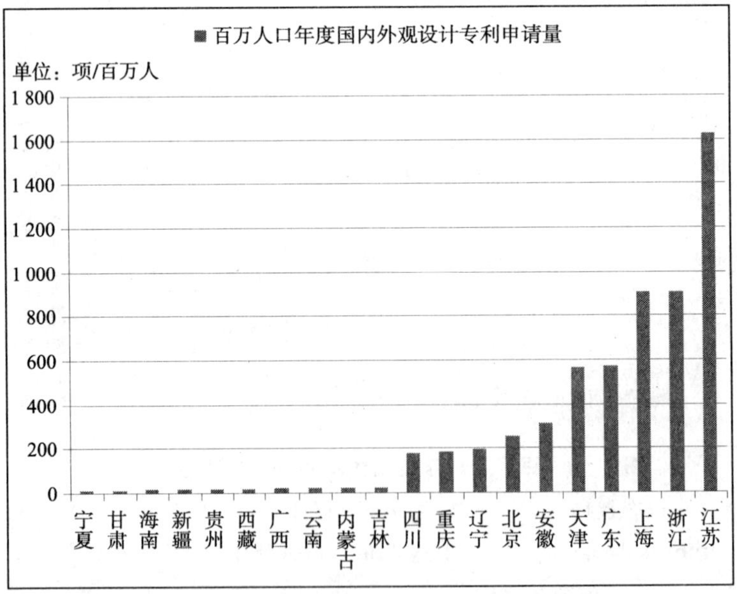

图 3—6　百万人口年度国内外观设计专利申请量排名图

数据来源：国家知识产权局. 2010 年专利统计年报 [R/OL]. [2012—03—12]. http://www.sipo.gov.cn/ghfzs/zltjjb/jianbao/year2010/indexy.html；国家统计局. 中国统计年鉴 2011 [M]. 北京：中国统计出版社，2011.

图 3－6 表明，宁夏—吉林是百万人口年度国内外观设计专利申请量最少的 10 个省份，江苏—四川是百万人口年度国内外观设计专利申请量最多的 10 个省份。江、浙、沪（长三角）一带的国内外观设计专利申请量最多，整体表现强劲，3 个省份均已超过 800 项/百万人，领先于其他省份。其中，江苏更是异军突起，超出 1 600 项/百万人。安徽、重庆、四川等中西部省份也出现在前 10 位中，体现出一定的上升趋势。

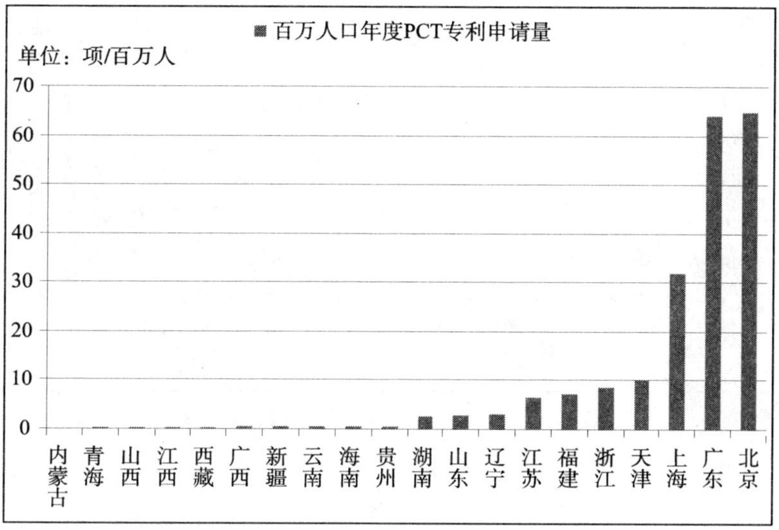

图 3－7　百万人口年度 PCT 专利申请量排名图

数据来源：国家知识产权局．2010 年专利统计年报［R/OL］．［2012－03－12］．http：//www.sipo.gov.cn/ghfzs/zltjjb/jianbao/year2010/indexy.html；国家统计局．中国统计年鉴 2011［M］．北京：中国统计出版社，2011.

图 3－7 表明，百万人口年度 PCT 专利申请量最少的 10 个省份是内蒙古—贵州，其中，内蒙古、青海、山西、江西、西藏、广西、新疆、云南更是不足 1 项/百万人；而申请量主要是集中在北京、广东和上海这 3 个省份，占全国 PCT 专利申请的 80%以上，远远高于其他省份。北京、广东更是超过 60 项/百万人。而出口经济较为发达的江、浙一带，此项指标表现却并不如人意，印证了我国出口产品附加值低的缺陷。

3. 商标总量四级指标框架及排名与分析

（1）指标框架

商标总量指标采用百万人口年度商标申请量指标进行度量。

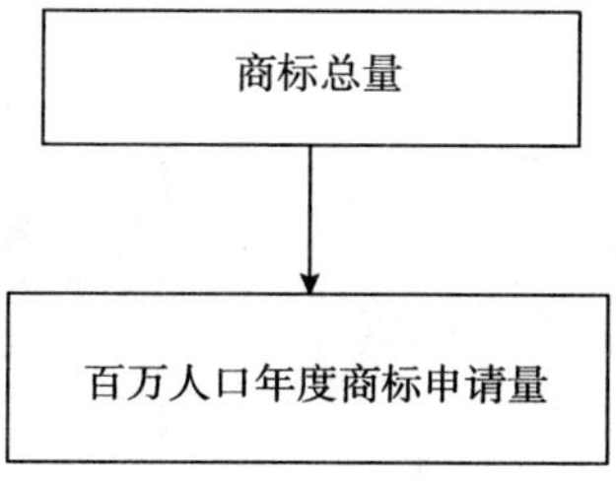

图 3－8　商标总量指标框架图

(2) 商标总量具体指标分析

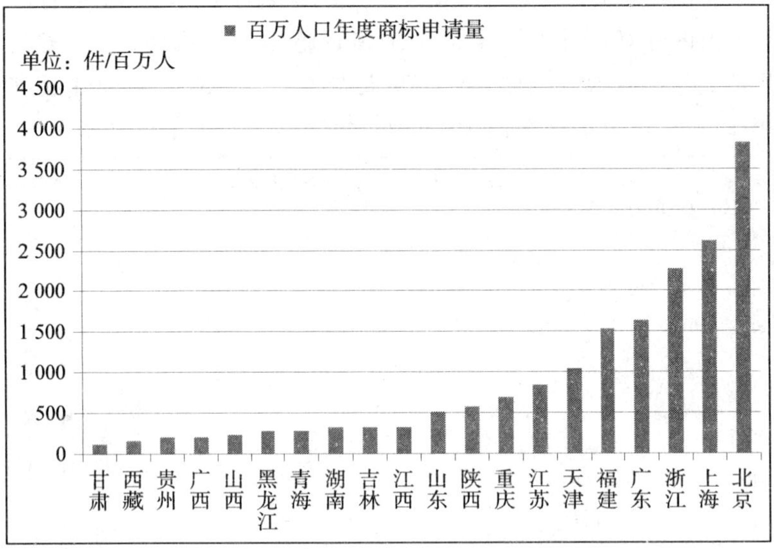

图 3—9 百万人口年度商标申请量排名图

数据来源：国家知识产权局．中国知识产权统计年报 2010［M］．北京：知识产权出版社，2011；国家统计局．中国统计年鉴 2011［M］．北京：中国统计出版社，2011.

图 3—9 表明，甘肃—江西是百万人口年度商标申请量最少的 10 个省份，主要分布在工商业欠发达的中西部地区；北京—山东是百万人口年度商标申请量最多的 10 个省份，主要集中于经济相对发达的东部沿海地区。商标申请量的分布呈阶梯状，逐渐上升。

4. 版权总量四级指标框架及排名与分析

(1) 指标框架

版权总量指标采用百万人口年度版权合同登记量、百万人口年度作品自愿登记量 2 个指标进行度量。

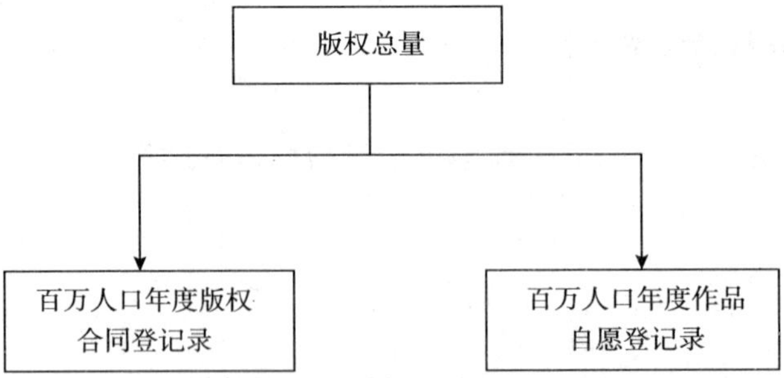

图 3—10 版权总量指标框架图

（2）版权总量具体指标分析

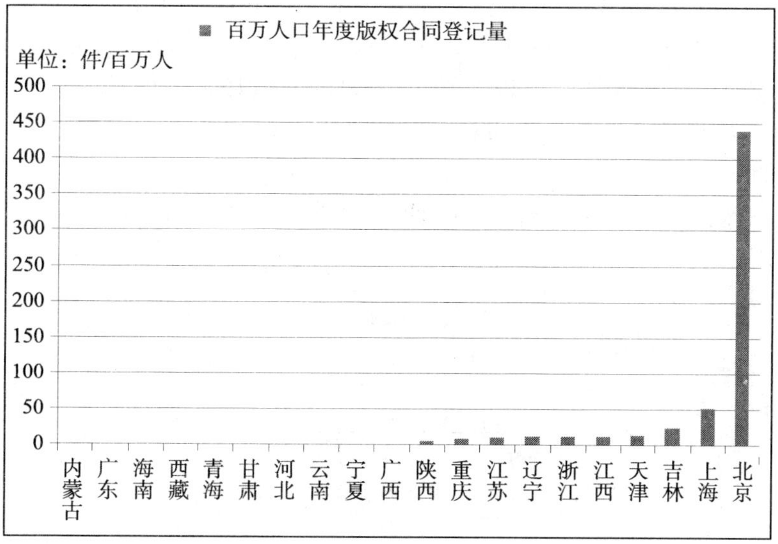

图 3—11　百万人口年度版权合同登记量排名图

数据来源：国家知识产权局．中国知识产权统计年报 2010 [M]．北京：知识产权出版社，2011；国家统计局．中国统计年鉴 2011 [M]．北京：中国统计出版社，2011．

图 3—11 表明，在百万人口年度版权合同登记量上，北京算是一枝独秀，遥遥领先于其他省份，是排在第 2 位的上海的近 9 倍，与 2009 年相比，优势进一步拉大。而排在最后几位的内蒙古、广东、海南、西藏、青海的版权合同登记量为 0，其余各省份的数量也很少。其中，广东此项指标明显过低，与总体实力不符。

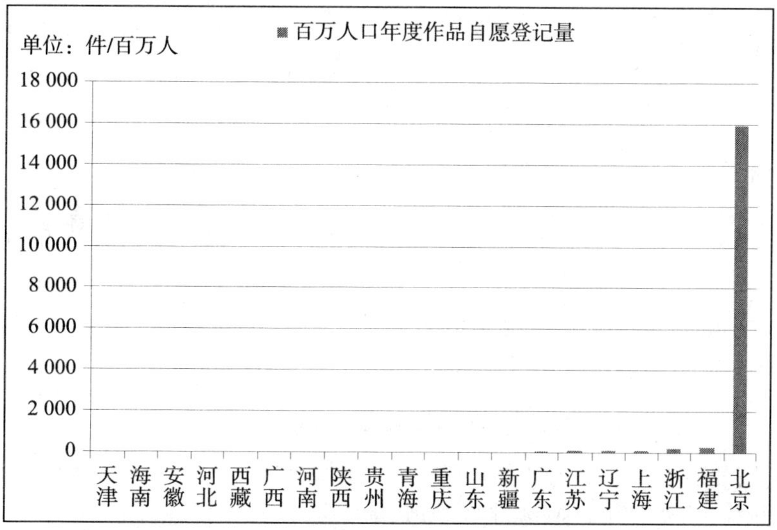

图 3—12　百万人口年度作品自愿登记量排名图

数据来源：国家知识产权局．中国知识产权统计年报 2010 [M]．北京：知识产权出版社，2011；国家统计局．中国统计年鉴 2011 [M]．北京：中国统计出版社，2011．

图 3—12 表明，北京在百万人口年度作品自愿登记量的数量上遥遥领先于其他各省份，为 15 960 件/百万人，比上年略低，是排在第 2 位的福建（登记量为 281 件/百万人）的近 60 倍之多。天津的登记量则排在最后一位，为 0。通过此项排名，我们可以看出，北京在作品创造量上的巨大优势，以及知识产权保护意识的强烈。

5. 集成电路布图设计总量四级指标框架及排名与分析

（1）指标框架

集成电路布图设计总量指标用百万人口年度集成电路布图设计登记申请量这一指标来衡量。

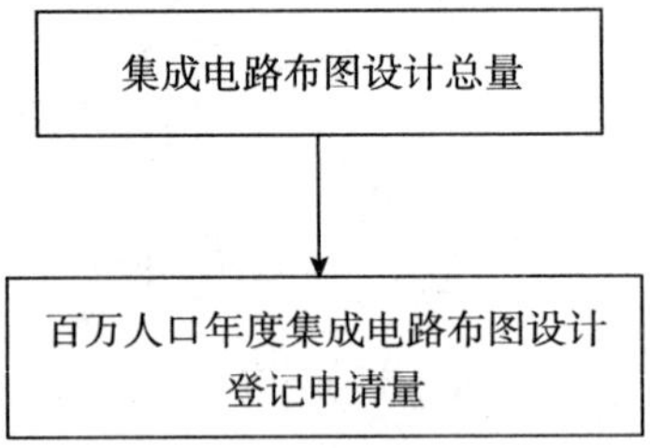

图 3—13 集成电路布图设计总量指标框架图

（2）集成电路布图设计总量具体指标分析

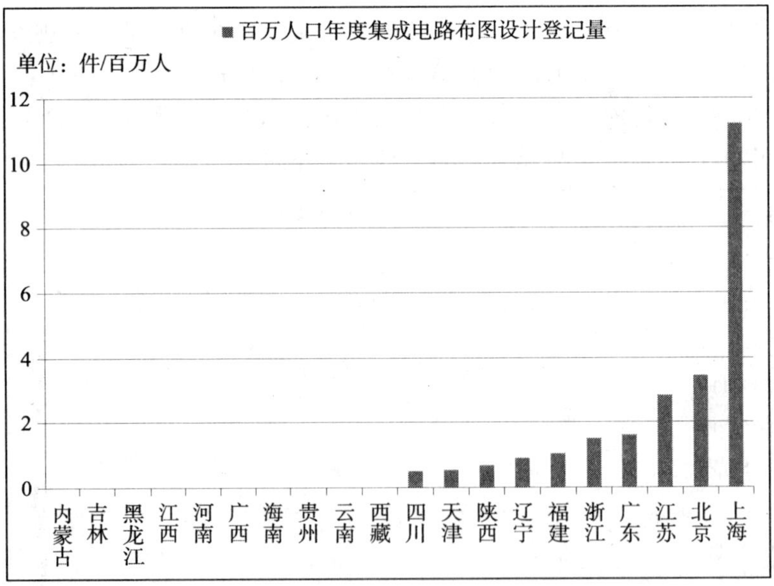

图 3—14 百万人口年度集成电路布图设计登记量排名图

数据来源：国家知识产权局. 中国知识产权统计年报 2010 [M]. 北京：知识产权出版社，2011；国家统计局. 中国统计年鉴 2011 [M]. 北京：中国统计出版社，2011.

图 3—14 表明，上海在百万人口年度集成电路布图设计登记量上位居第 1 位，约为 11 件/百万人，略低于上年，其他登记量靠前的省份有北京、江苏、广东、浙江、福建等。内蒙古、吉林、黑龙江、江西、河南等省份处在后几位。

6. 农业植物新品种总量四级指标框架及排名与分析

（1）指标框架

农业植物新品种总量指标用百万人口年度农业植物新品种申请量这一指标来衡量。

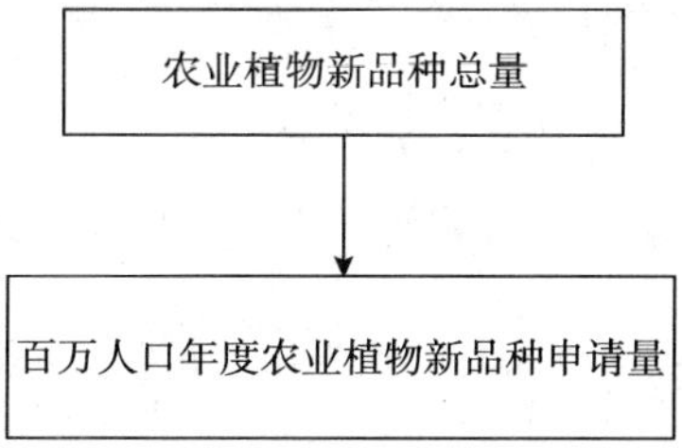

图 3—15　农业植物新品种总量指标框架图

（2）农业植物新品种总量具体指标分析

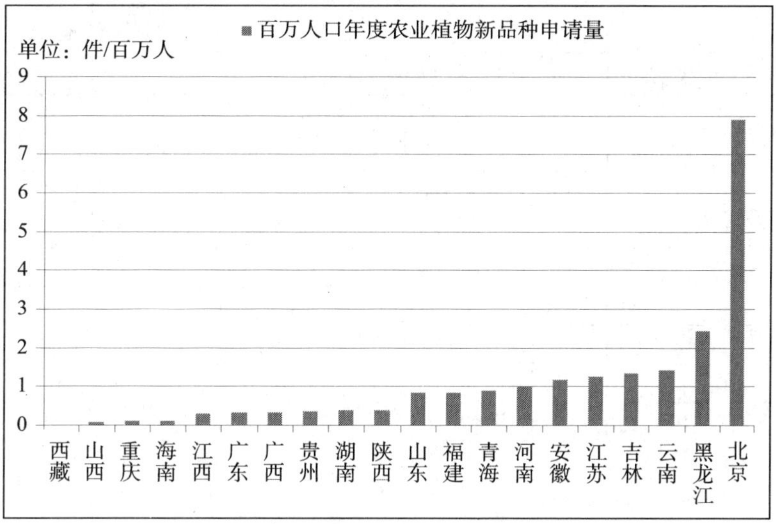

图 3—16　百万人口年度农业植物新品种申请量排名图

数据来源：国家知识产权局．中国知识产权统计年报 2010［M］．北京：知识产权出版社，2011；国家统计局．中国统计年鉴 2011［M］．北京：中国统计出版社，2011．

图 3—16 表明，北京—山东是百万人口年度农业植物新品种申请量较多的 10 个省份，与上年相比，该项指标排名的区域特征明显弱化，东北、华北、华东、华中、西北、西南都有省份占先，其中，北京更是大幅领先。

三、知识产权产出质量三级指标框架及排名与分析

1. 知识产权产出质量三级指标框架及指数排名

（1）指标框架

知识产权产出质量指标下设 7 个三级指标：专利有效性、商标有效性、专利金奖、驰名商标、“中华老字号”、集成电路布图设计登记发证以及外贸额与 PCT 申请比。

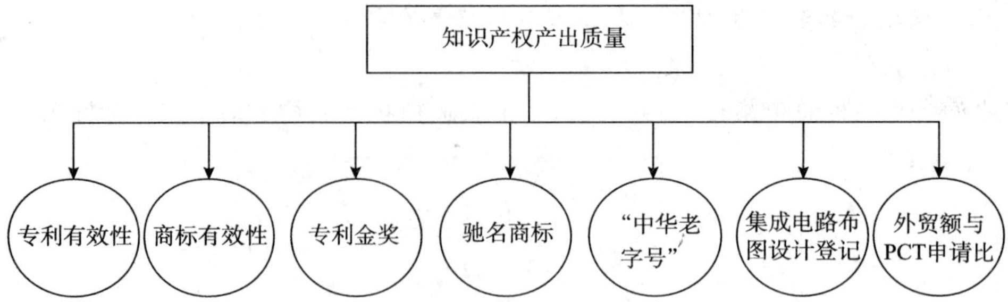

图3—17 知识产权产出质量指标框架图

（2）指数及排名

表3—3 知识产权产出质量指标指数及排名表

区域	产出质量		专利有效性		商标有效性		专利金奖		驰名商标		“中华老字号”		集成电路布图设计登记发证		外贸额与PCT申请比	
	指数	排名	指数	排名	指数	排名	指数	排名	指数	排名	指数	排名	指数	排名	指数	排名
北京	0.728	1	0.743	2	1.000	1	1.000	1	0.375	6	0.650	2	0.324	2	1.000	1
上海	0.598	2	0.748	1	0.603	3	0.341	3	0.345	9	1.000	1	1.000	1	0.149	13
广东	0.476	3	0.410	5	0.432	4	0.439	2	1.000	1	0.317	7	0.105	5	0.630	3
浙江	0.405	4	0.643	3	0.670	2	0.098	10	0.720	4	0.506	4	0.117	4	0.080	21
江苏	0.339	5	0.448	4	0.224	6	0.195	5	0.739	3	0.533	3	0.182	3	0.051	27
山东	0.240	6	0.146	8	0.119	8	0.195	5	0.759	2	0.367	5	0.007	14	0.087	20
湖南	0.233	7	0.056	16	0.049	20	0.098	10	0.364	7	0.111	20	0.001	18	0.952	2
福建	0.218	8	0.148	7	0.381	5	0.049	18	0.575	5	0.189	9	0.053	7	0.134	14
天津	0.196	9	0.310	6	0.212	7	0.098	10	0.192	13	0.367	5	0.067	6	0.125	15
陕西	0.174	10	0.079	13	0.056	19	0.220	4	0.065	22	0.150	12	0.040	9	0.612	4
四川	0.160	11	0.098	11	0.080	12	0.073	14	0.299	11	0.272	8	0.026	10	0.274	11
辽宁	0.156	12	0.132	10	0.112	9	0.146	7	0.356	8	0.189	9	0.045	8	0.109	18
重庆	0.133	13	0.132	9	0.086	11	0.122	9	0.130	17	0.106	22	0.022	11	0.333	8
湖北	0.124	14	0.085	12	0.060	17	0.098	10	0.146	16	0.144	15	0.000	19	0.337	7
河南	0.121	15	0.045	19	0.036	24	0.146	7	0.203	12	0.122	18	0.000	19	0.295	9
安徽	0.108	16	0.061	15	0.041	21	0.073	14	0.153	15	0.139	17	0.012	12	0.278	10
河北	0.108	17	0.039	20	0.067	16	0.049	18	0.337	10	0.150	12	0.003	15	0.109	17
贵州	0.089	18	0.023	23	0.000	31	0.049	18	0.031	26	0.050	24	0.011	13	0.458	5
吉林	0.089	19	0.055	17	0.068	15	0.049	18	0.172	14	0.111	20	0.000	19	0.167	12
甘肃	0.079	20	0.016	29	0.003	30	0.024	23	0.023	28	0.078	23	0.003	16	0.406	6
黑龙江	0.077	21	0.065	14	0.069	14	0.073	14	0.096	19	0.178	11	0.000	19	0.059	26
云南	0.059	22	0.021	24	0.026	27	0.073	14	0.046	23	0.144	15	0.000	19	0.102	19
山西	0.057	23	0.034	21	0.026	26	0.000	27	0.123	18	0.150	12	0.002	17	0.061	25
江西	0.040	24	0.020	26	0.038	23	0.000	27	0.092	20	0.122	18	0.000	19	0.009	29
海南	0.038	25	0.021	25	0.106	10	0.049	18	0.031	26	0.000	30	0.000	19	0.062	23

续表

区域	产出质量		专利有效性		商标有效性		专利金奖		驰名商标		“中华老字号”		集成电路布图设计登记发证		外贸额与PCT申请比	
	指数	排名	指数	排名	指数	排名	指数	排名	指数	排名	指数	排名	指数	排名	指数	排名
宁夏	0.038	26	0.046	18	0.039	22	0.024	23	0.023	28	0.011	28	0.000	19	0.119	16
广西	0.031	27	0.018	28	0.012	28	0.024	23	0.046	23	0.050	24	0.000	19	0.064	22
内蒙古	0.030	28	0.020	27	0.060	18	0.000	27	0.088	21	0.039	26	0.000	19	0.006	30
新疆	0.023	29	0.032	22	0.080	13	0.000	27	0.034	25	0.017	27	0.000	19	0.000	31
青海	0.022	30	0.008	31	0.031	25	0.024	23	0.023	28	0.006	29	0.000	19	0.062	24
西藏	0.006	31	0.010	30	0.011	29	0.000	27	0.000	31	0.000	30	0.000	19	0.024	28

在知识产权产出质量方面，北京、上海、广东、浙江、江苏位居前5位，与上年一致，广西、内蒙古、新疆、青海、西藏排在后5位，与上年变化较大，上年第27位的贵州升至第18位，进步显著。

7个三级指标的排名各有特点：专利有效性、商标有效性、专利金奖的排名趋势基本一致，与产出质量的排名相对匹配。驰名商标有一定的独立性，北京、上海的驰名商标的指数排名分别是第6位和第9位，与产出质量有较大的背离。“中华老字号”数量与当地历史文化有较大关联性，上海、北京、江苏、浙江、山东等地排名靠前，而黑龙江、陕西等产出质量排名靠后的省份，在该项指标上也比较尚可。集成电路布图设计登记发证量与经济发展关系紧密，排名靠前的依旧是东部沿海省份，而且由于数量较少，不少中西部省份的该项指标为“0”，因此区分度不是特别好。外贸额与PCT申请比方面，与产出质量偏离较大，例如，上海、浙江分别处于第13位和第21位。

各个细分指标的排名分析详见本节后续内容。

2. 专利有效性四级指标框架及排名与分析

（1）指标框架

专利有效性指标选取了百万人口国内发明专利有效量、百万人口国内实用新型专利有效量、百万人口国内外观设计专利有效量3个指标进行评价。

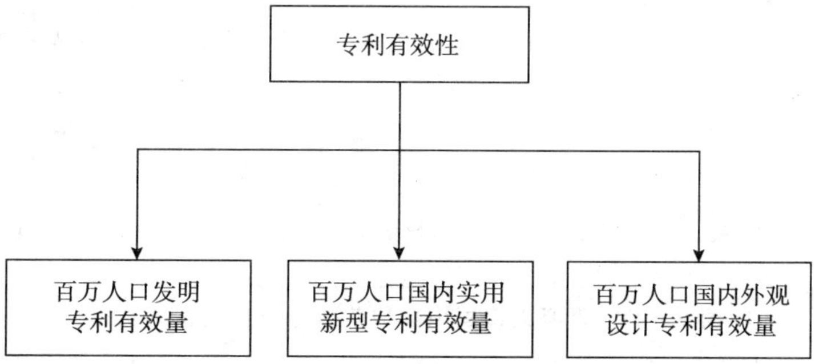

图3—18　专利有效性指标框架图

（2）专利有效性具体指标分析

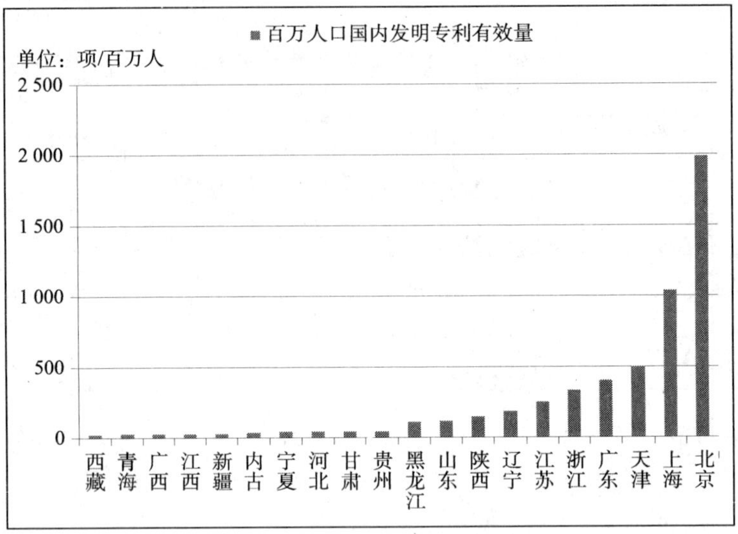

图 3－19　百万人口国内发明专利有效量排名图

数据来源：国家知识产权局．2010 年专利统计年报 [R/OL]．[2012－03－12]．http：//www.sipo.gov.cn/ghfzs/zltjjb/jianbao/year2010/indexy.html；国家统计局．中国统计年鉴 2011 [M]．北京：中国统计出版社，2011.

图 3－19 表明，西藏—贵州是百万人口国内发明专利有效量最少的 10 个省份，主要集中于中西部，均少于 50 项/百万人；北京—黑龙江是百万人口国内发明专利有效量最多的 10 个省份。其中，北京、上海与其他省市相比优势明显，北京的数量是 1 988 项/百万人，上海的数量是 1 035 项/百万人，较上年均有较大幅度的增长。

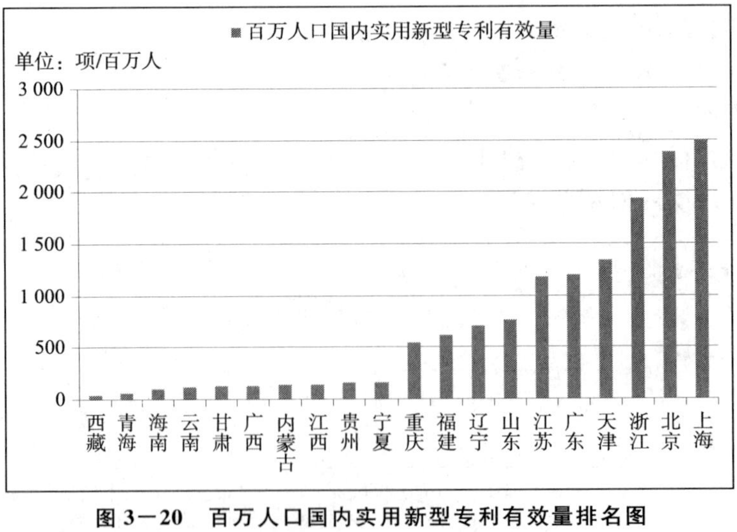

图 3－20　百万人口国内实用新型专利有效量排名图

数据来源：国家知识产权局．2010 年专利统计年报 [R/OL]．[2012－03－12]．http：//www.sipo.gov.cn/ghfzs/zltjjb/jianbao/year2010/indexy.html；国家统计局．中国统计年鉴 2011 [M]．北京：中国统计出版社，2011.

图 3—20 表明，西藏—宁夏是百万人口国内实用新型专利有效量最少的 10 个省份，均不足 200 项/百万人；上海—重庆是百万人口国内实用新型专利有效量最多的 10 个省份，整体呈渐增趋势。其中，上海、北京、浙江都超过 1 900 项/百万人。

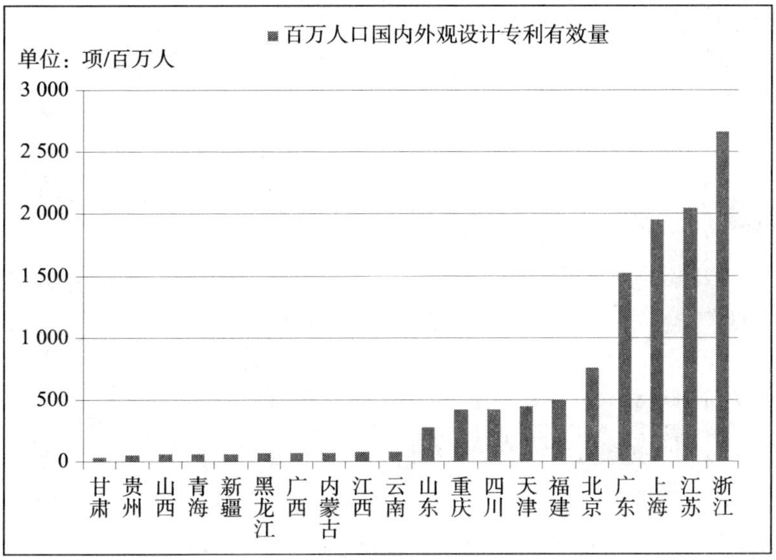

图 3—21 百万人口国内外观设计专利有效量排名图

数据来源：国家知识产权局. 2010 年专利统计年报 [R/OL]. [2012—03—12]. http://www.sipo.gov.cn/ghfzs/zltjjb/jianbao/year2010/indexy.html；国家统计局. 中国统计年鉴 2011 [M]. 北京：中国统计出版社，2011.

图 3—21 表明，甘肃—云南是百万人口国内外观设计专利有效量最少的 10 个省份，主要集中于中西部，相互之间差距很小；浙江—山东则是最多的 10 个省份，浙江、江苏、上海、广东属第一集团，全部超过 1 500 项/百万人。其中，与上年相比，浙江省仍位居第 1 位，为 2 666 项/百万人，比上年有大幅提高。

3. 商标有效性四级指标框架及排名与分析

(1) 指标框架

商标有效性指标采用百万人口有效商标量指标进行评价。

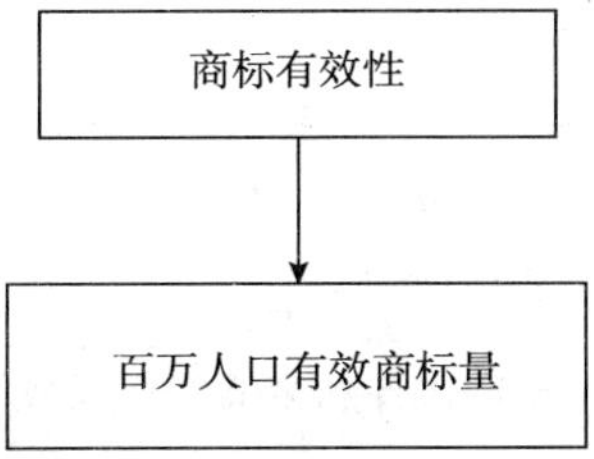

图 3—22 商标有效性指标框架图

(2) 商标有效性具体指标分析

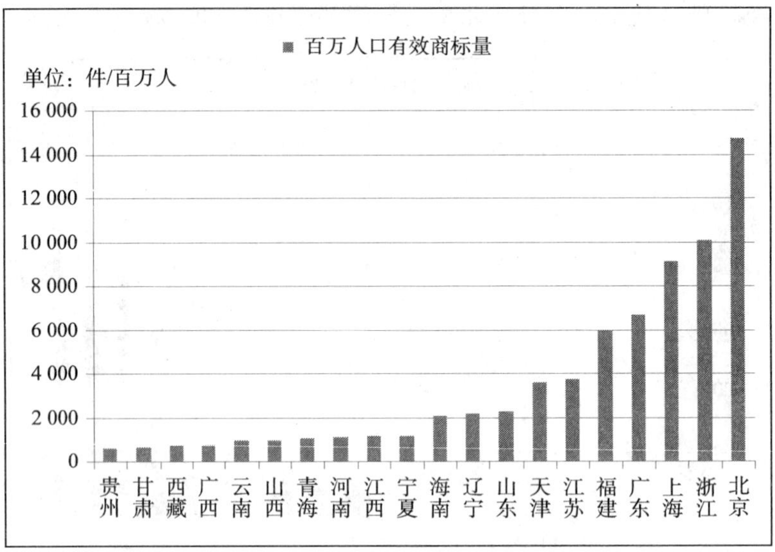

图3—23 百万人口有效商标量排名图

数据来源：国家知识产权局. 中国知识产权统计年报2010［M］. 北京：知识产权出版社，2011；国家统计局. 中国统计年鉴2011［M］. 北京：中国统计出版社，2011.

图3—23表明，贵州—宁夏是百万人口有效商标量最少的10个省份，不足1 200件/百万人，相互之间差距不大；北京—海南是百万人口有效商标量最多的10个省份，呈阶梯状递增，其中排名第1位的北京拥有14 742件/百万人。

4. 专利金奖四级指标框架及排名与分析

(1) 指标框架

专利金奖指标采用专利金奖拥有量指标进行评价。

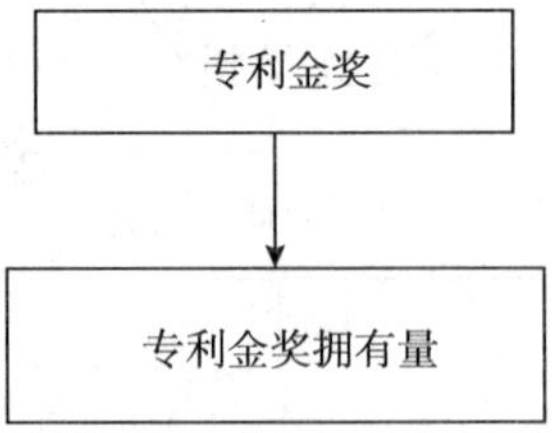

图3—24 专利金奖指标框架图

(2) 专利金奖具体指标分析

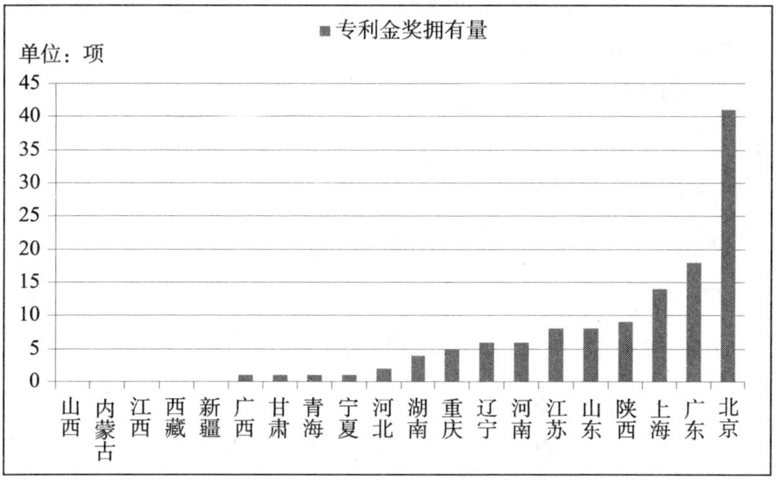

图 3—25　专利金奖拥有量排名图

数据来源：国家知识产权局. 中国知识产权统计年报 2010 [M]. 北京：知识产权出版社，2011.

“中国专利奖”是我国惟一针对专利的政府专项奖，具有一定的国际影响力。获奖项目，尤其是金奖专利，是优质的、有突出贡献的、可通过产业化大幅升值的项目。图 3—25 表明，该项指标分布并不均匀，北京领先于其他省份，共拥有专利金奖 41 项，远高于排名第 2 位的广东的 18 项。

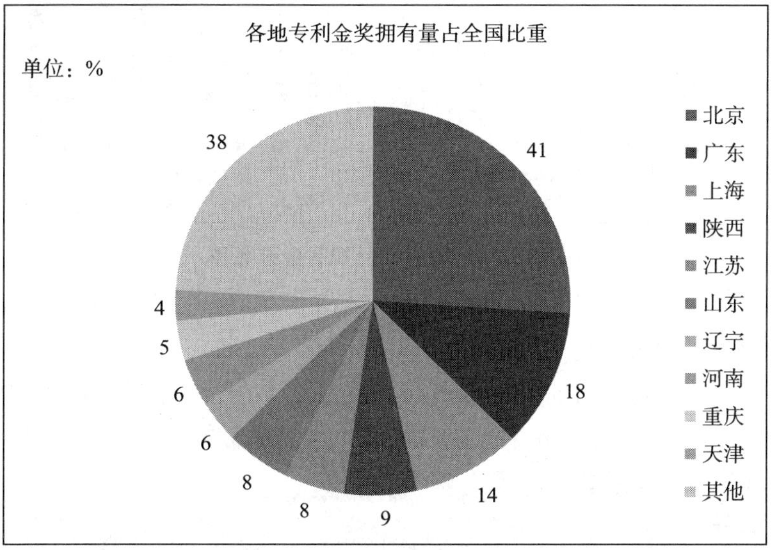

图 3—26　各地专利金奖拥有量占全国比重图

数据来源：国家知识产权局. 中国知识产权统计年报 2010 [M]. 北京：知识产权出版社，2011.

图 3—26 显示，专利金奖拥有量指标分布相对集中，北京专利金奖拥有量占全国总数量的 41%，而北京、广东两地所拥有的专利金奖数量之和近 60%。其余省份，主要是中西部省份拥有的专利金奖数量较少。

5. 驰名商标四级指标框架及排名与分析

（1）指标框架

驰名商标指标采用驰名商标拥有量指标进行评价。

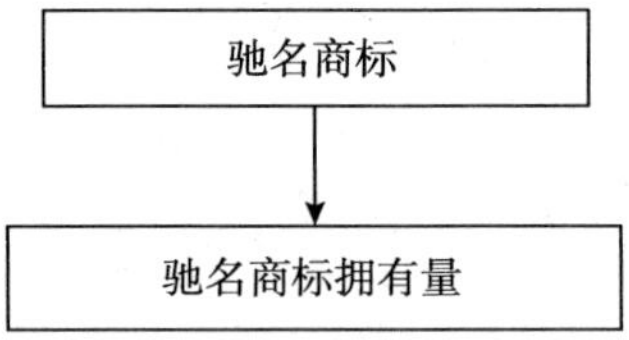

图 3—27　驰名商标指标框架图

（2）驰名商标具体指标分析

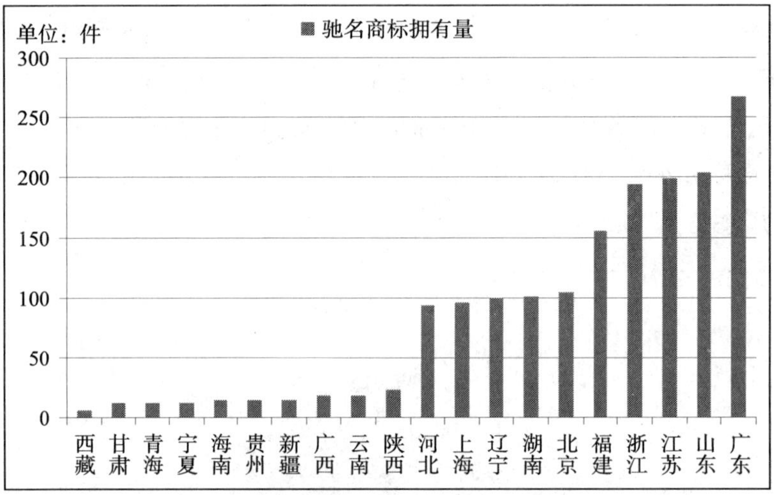

图 3—28　驰名商标拥有量排名图

数据来源：国家工商总局. 中国商标战略年度发展报告（2010）[R/OL]. [2012—02—16]. http://www.saic.gov.cn/zwgk/ndbg/201104/P020110421498353114920.pdf.

图 3—28 表明，广东—河北是驰名商标拥有量最多的 10 个省份，西藏—陕西是拥有量最少的 10 个省份。其中，排在第 1 位的广东，驰名商标拥有量是 267 件。

6. “中华老字号”四级指标框架及排名与分析

（1）指标框架

“中华老字号”指标采用“中华老字号”拥有量指标进行评价。

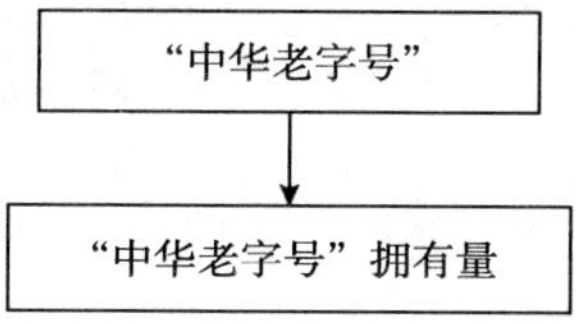

图 3－29 “中华老字号”指标框架图

（2）“中华老字号”具体指标分析

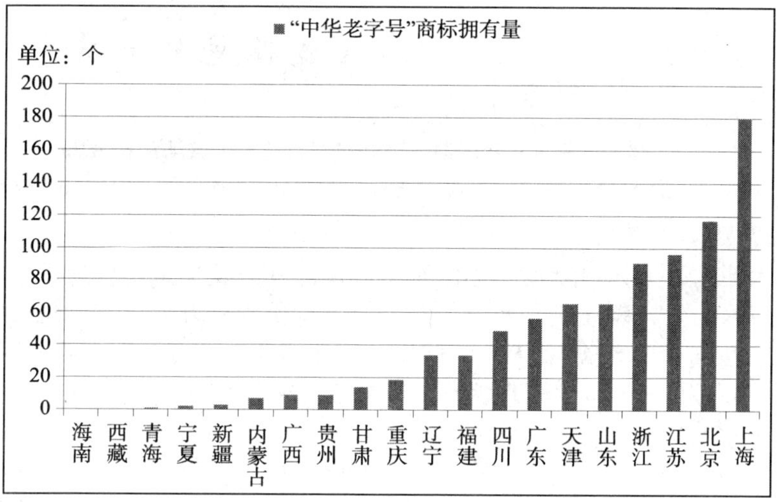

图 3－30 “中华老字号”拥有量排名图

数据来源：中华老字号评选委员会（第二届）。

由于 2010 年并未有新一届的评选，因此，该项指标与上年相比并无变化。海南—重庆仍是“中华老字号”拥有量最少的 10 个省份，上海—辽宁是“中华老字号”拥有量最多的 10 个省份，其中排名第 1 位的上海拥有 180 个“中华老字号”。

7. 集成电路布图设计登记发证四级指标框架及排名与分析

（1）指标框架

集成电路布图设计登记发证指标采用百万人口年度集成电路布图设计登记发证量指标进行评价。

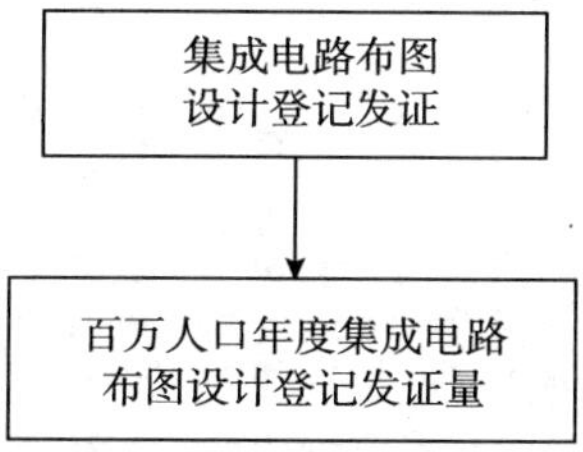

图 3－31 集成电路布图设计登记发证指标框架图

（2）集成电路布图设计登记发证具体指标分析

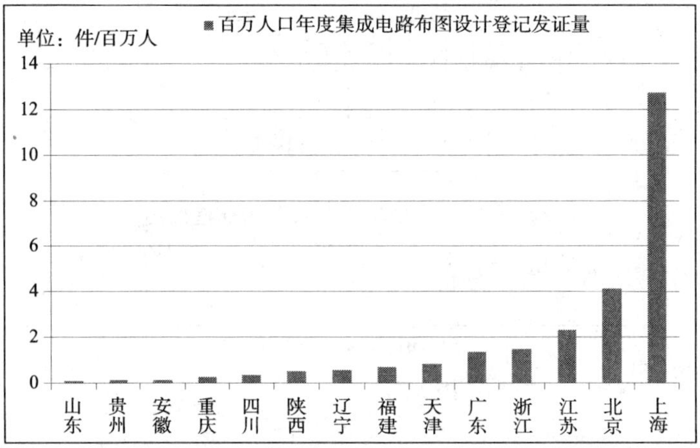

图 3－32　百万人口年度集成电路布图设计登记发证量排名图

数据来源：国家知识产权局．中国知识产权统计年报 2010 [M]．北京：知识产权出版社，2011；国家统计局．中国统计年鉴 2011 [M]．北京：中国统计出版社，2011．

图 3－32 表明，百万人口年度集成电路布图设计登记发证量指标各省份差距极大，上海有 13 项/百万人，大幅领先于其他省份；其余各省份的百万人口年度集成电路布图设计登记发证量较少，均少于 5 项/百万人，除图中所示省份，其他省份该项指标为 0。

8．外贸额与 PCT 申请比四级指标框架及排名与分析

（1）指标框架

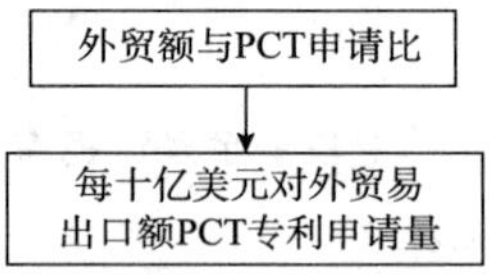

图 3－33　外贸额与 PCT 申请比指标框架图

（2）外贸额与 PCT 申请比具体指标分析

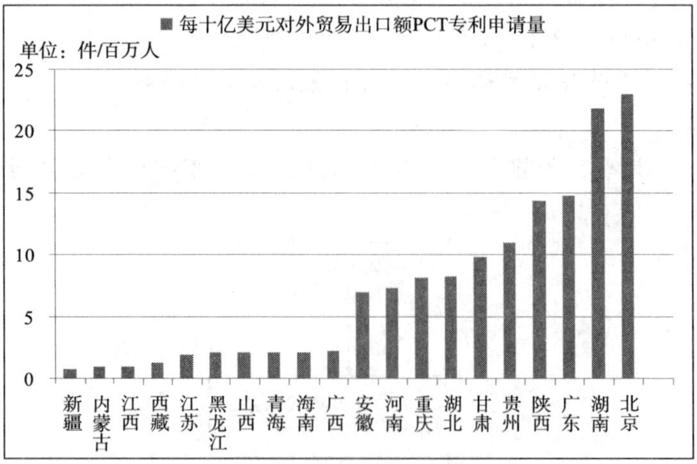

图 3－34　每十亿美元对外贸易出口额 PCT 专利申请量排名图

数据来源：国家知识产权局．中国知识产权统计年报 2010 [M]．北京：知识产权出版社，2011；国家统计局．中国统计年鉴 2011 [M]．北京：中国统计出版社，2011．

图 3—34 表明，广西—新疆是每十亿美元对外贸易出口额 PCT 专利申请量排名落后的 10 个省份，均为中西部地区；北京—安徽是每十亿美元对外贸易出口额 PCT 专利申请量排名领先的 10 个省份，其中北京、湖南遥遥领先于其他各省份。值得注意的是，湖南在该项指标中表现突出，高于其知识产权综合实力指标的表现。

四、知识产权产出效率三级指标框架及排名与分析

1. 知识产权产出效率三级指标框架及指数排名

（1）指标框架

知识产权产出效率指标下设 2 个指标：人才产出效率指标和资本产出效率指标。

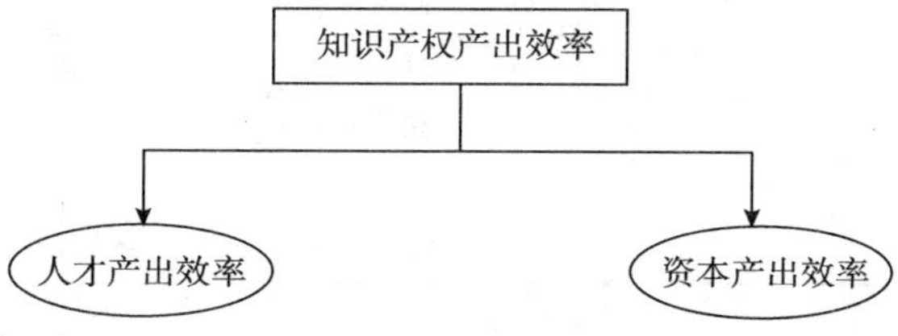

图 3—35　知识产权产出效率指标框架图

（2）指数及排名

表 3—4　知识产权产出效率指标指数及排名表

区域	产出效率		人才产出效率		资本产出效率	
	指数	排名	指数	排名	指数	排名
江苏	0.782	1	0.913	1	0.651	2
上海	0.736	2	0.896	2	0.576	4
广东	0.604	3	0.654	3	0.554	5
海南	0.574	4	0.149	15	1.000	1
北京	0.449	5	0.499	5	0.398	9
重庆	0.413	6	0.278	7	0.548	6
天津	0.391	7	0.523	4	0.260	17
浙江	0.366	8	0.419	6	0.313	12
云南	0.336	9	0.089	18	0.583	3
陕西	0.306	10	0.269	8	0.342	10
西藏	0.289	11	0.034	26	0.544	7
安徽	0.270	12	0.220	11	0.319	11
辽宁	0.270	13	0.245	9	0.295	14
贵州	0.243	14	0.071	21	0.416	8
福建	0.213	15	0.218	12	0.208	23
四川	0.203	16	0.173	13	0.233	19
湖南	0.202	17	0.147	16	0.257	18
吉林	0.191	18	0.077	20	0.305	13
山东	0.184	19	0.228	10	0.140	26
黑龙江	0.178	20	0.083	19	0.272	16

续表

区域	产出效率		人才产出效率		资本产出效率	
	指数	排名	指数	排名	指数	排名
湖北	0.168	21	0.153	14	0.184	24
新疆	0.162	22	0.034	27	0.290	15
河南	0.153	23	0.096	17	0.210	22
山西	0.149	24	0.069	22	0.229	20
甘肃	0.137	25	0.045	24	0.228	21
广西	0.089	26	0.028	28	0.150	25
江西	0.074	27	0.046	23	0.103	28
宁夏	0.065	28	0.021	29	0.109	27
河北	0.063	29	0.036	25	0.089	29
青海	0.032	30	0.000	31	0.065	30
内蒙古	0.008	31	0.016	30	0.000	31

分析表 3－4 可以看出，知识产权产出效率排名前 10 位的省份是江苏、上海、广东、海南、北京、重庆、天津、浙江、云南、陕西，除个别省份（浙江、云南）外，与上年基本一致。排名后 10 位的是新疆、河南、山西、甘肃、广西、江西、宁夏、河北、青海、内蒙古，与上年比，除河南外，也基本一致。从知识产出效率指标来看，东部地区占优，但是中西部地区也有较好的表现，重庆、云南和陕西分别位居第 5 位、第 9 位和第 10 位。相对而言，一些知识产权综合实力排名靠前的东部省份则表现较弱，例如福建和山东，仅分列第 15 位和第 19 位。透过该指标，可以反映部分省份尽管总量较高，但是效率欠缺，在管理精细化方面有待提高。

从人才产出效率和资本产出效率的一致性来看，两者一致的较少，大部分省份都表现出较大的差异性，有的资本产出效率高，有的人才产出效率高。例如，海南的资本产出效率排名第 1 位，人才产出效率仅排在第 15 位；又如，云南资本产出效率排名第 3 位，人才产出效率却排名第 18 位；天津的人才产出效率高居第 4 位，而资本产出效率仅为第 17 位。

2. 知识产权人才产出效率四级指标框架及排名与分析

（1）指标框架

知识产权人才产出效率指标用万名专业技术人员年度职务发明专利申请量、万名 R&D 科学家和工程师发明专利申请量 2 个指标进行度量。

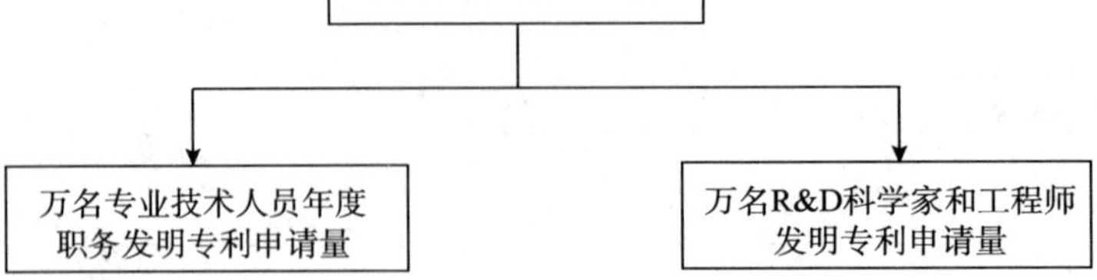

图 3－36　知识产权人才产出效率指标框架图

（2）知识产权人才产出效率具体指标分析

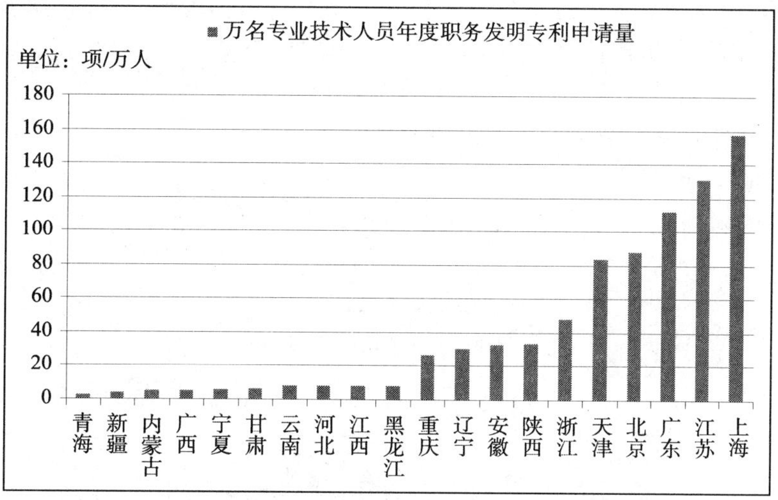

图 3—37　万名专业技术人员年度职务发明专利申请量排名图

数据来源：国家知识产权局．2010 年专利统计年报［R/OL］．［2012—03—12］．http：//www.sipo.gov.cn/ghfzs/zltjjb/jianbao/year2010/indexy.html；国家统计局，科学技术部．中国科技统计年鉴 2011［M］．北京：中国统计出版社，2011.

职务发明专利申请量的多少同各省份高新技术企业发展水平、人才储备密切相关。图 3—37 可以看出，上海—重庆的万名专业技术人员年度职务发明专利申请量领先于其他省市，其中，上海、江苏、广东、北京、天津为第一集团，均超过 80 项/万人，上海位居第 1 位，为 158 项/万人。而排名靠后的 10 个省份是黑龙江—青海，均低于 20 项/万人。

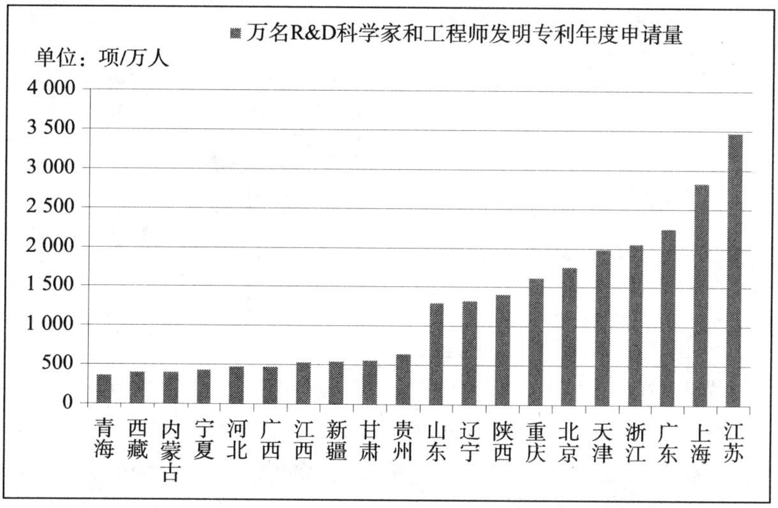

图 3—38　万名 R&D 科学家和工程师发明专利年度申请量排名图

数据来源：国家知识产权局．2010 年专利统计年报［R/OL］．［2012—03—12］．http：//www.sipo.gov.cn/ghfzs/zltjjb/jianbao/year2010/indexy.html；国家统计局，科学技术部．中国科技统计年鉴 2011［M］．北京：中国统计出版社，2011.

图 3—38 表明，万名 R&D 科学家和工程师发明专利年度申请量排名呈现均衡的阶梯状上升趋势，排在前 10 的省份是江苏—山东，其中，江苏居第 1 位，达到 3 470 项/万人。排在后 10 位的省份是贵州—青海，其中，青海、西藏、内蒙古、宁夏、河北、广西等省均不足 500 项/万人。

3. 知识产权资本产出效率四级指标框架及排名与分析

（1）指标框架

知识产权资本产出效率指标用亿元 R&D 经费内部支出年度发明专利申请量进行度量。

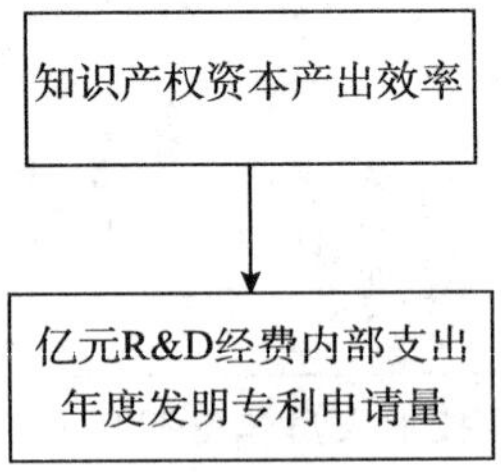

图 3—39 资本产出效率指标框架图

（2）资本产出效率具体指标分析

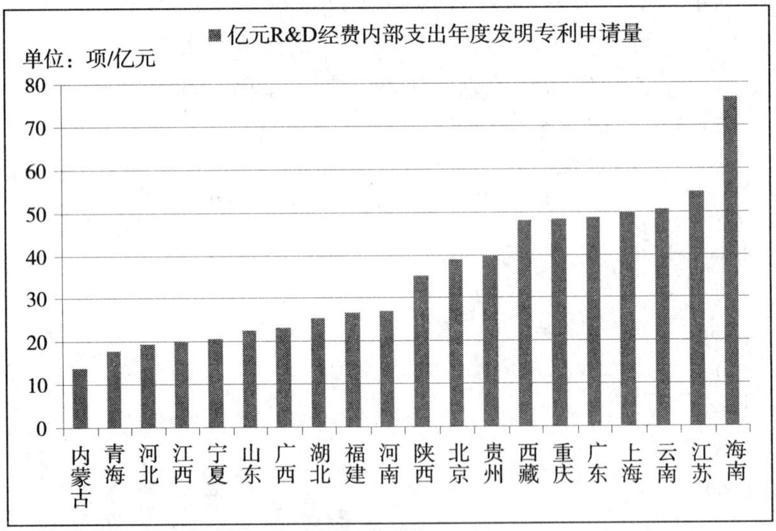

图 3—40 亿元 R&D 经费内部支出年度发明专利申请量排名图

数据来源：国家知识产权局．2010 年专利统计年报［R/OL］．［2012—03—12］．http：//www.sipo.gov.cn/ghfzs/zltjjb/jianbao/year2010/indexy.html；国家统计局，科学技术部．中国科技统计年鉴 2011［M］．北京：中国统计出版社，2011．

图 3—40 表明，亿元 R&D 经费内部支出年度发明专利申请量排名后 10 的省份是河南—内蒙古，其中不乏东部地区省份，如福建、山东等地，内蒙古、青海、河北、江西均在 20 项/亿元以下（含）。排名前 10 位的省份是海南—陕西。前 10 名中，海南申请量

高达77项/亿元，稍占优势，其余各省份差距不大。值得注意的是，海南已经连续3年排名第1位，蝉联该项指标头名。

五、知识产权企业产出三级指标框架及排名与分析

1. 知识产权企业产出三级指标框架及指数排名

（1）指标框架

知识产权企业产出指标下设3个指标：企业产出规模、企业产出质量、企业产出效率。

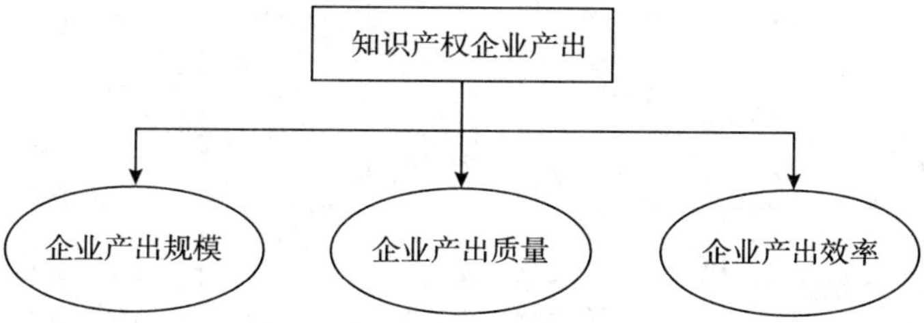

图3—41　知识产权企业产出指标框架图

（2）指数及排名

表3—5　知识产权企业产出指标指数及排名表

区域	企业产出		企业产出规模		企业产出质量		企业产出效率	
	指数	排名	指数	排名	指数	排名	指数	排名
广东	0.783	1	0.715	2	0.903	1	0.733	5
江苏	0.773	2	0.978	1	0.722	2	0.621	10
浙江	0.595	3	0.429	3	0.444	4	0.912	2
上海	0.501	4	0.395	4	0.460	3	0.647	8
北京	0.442	5	0.302	5	0.332	5	0.693	6
安徽	0.372	6	0.188	7	0.094	12	0.833	3
海南	0.335	7	0.002	28	0.004	29	1.000	1
重庆	0.328	8	0.067	16	0.087	14	0.831	4
天津	0.288	9	0.126	9	0.106	9	0.631	9
湖南	0.273	10	0.090	15	0.081	15	0.649	7
山东	0.270	11	0.234	6	0.233	6	0.342	16
四川	0.244	12	0.137	8	0.124	7	0.472	13
福建	0.232	13	0.107	13	0.096	11	0.494	12
贵州	0.208	14	0.018	23	0.023	23	0.584	11

续表

区域	企业产出		企业产出规模		企业产出质量		企业产出效率	
	指数	排名	指数	排名	指数	排名	指数	排名
湖北	0.205	15	0.126	10	0.113	8	0.376	14
河南	0.169	16	0.124	11	0.102	10	0.280	20
陕西	0.142	17	0.105	14	0.056	16	0.266	21
辽宁	0.136	18	0.124	12	0.092	13	0.192	23
宁夏	0.123	19	0.002	29	0.006	28	0.360	15
云南	0.113	20	0.019	22	0.023	21	0.298	17
甘肃	0.106	21	0.010	26	0.011	25	0.296	18
新疆	0.106	22	0.012	25	0.011	27	0.295	19
广西	0.101	23	0.018	24	0.024	20	0.262	22
河北	0.090	24	0.049	17	0.056	17	0.165	25
吉林	0.070	25	0.021	21	0.023	22	0.167	24
山西	0.062	26	0.030	18	0.028	19	0.127	26
江西	0.048	27	0.022	20	0.021	24	0.103	27
黑龙江	0.046	28	0.028	19	0.033	18	0.077	28
内蒙古	0.026	29	0.008	27	0.011	26	0.059	29
青海	0.019	30	0.000	30	0.001	30	0.055	30
西藏	0.012	31	0.000	31	0.000	31	0.035	31

分析表 3—5 可以看出，知识产权企业产出指标排在前 10 位的省份依次是广东、江苏、浙江、上海、北京、安徽、海南、重庆、天津、湖南，东部省份占 6 席，稍占优势。中西部省份占 4 席，稍微落后。排名后 10 位的省份是新疆、广西、河北、吉林、山西、江西、黑龙江、内蒙古、青海、西藏。

从企业产出规模、企业产出质量和企业产出效率 3 个分项指标来看，各省份排名不一致性较强，其中，企业产出规模和企业产出质量基本上与知识产权综合实力和知识产权产出水平排名一致，但是与企业产出效率排名有明显差异。例如，海南的企业产出规模和产出质量分别排名第 28 位、第 29 位，产出效率则高居第 1 位。我们发现，企业产出效率与之前的知识产权产出效率指标趋势类似，部分知识产权规模或质量较高的省份，其效率却并不如人意。

2. 企业产出规模四级指标框架及排名与分析

(1) 指标框架

企业产出规模指标用年度企业职务发明专利申请量、年度企业职务实用新型专利申请量、年度企业职务外观设计专利申请量 3 个指标进行度量。

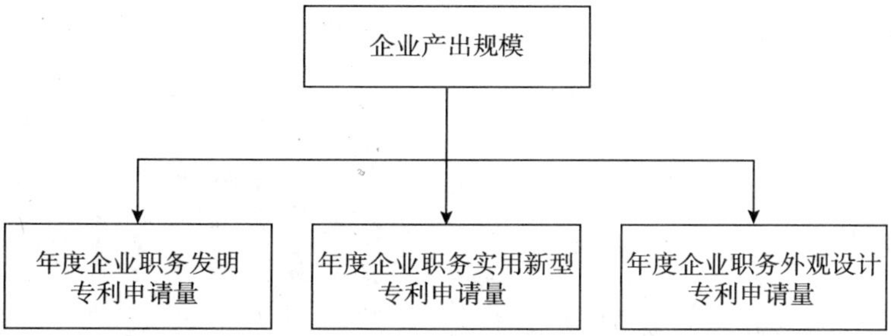

图 3—42　企业产出规模指标框架图

(2) 企业产出规模具体指标分析

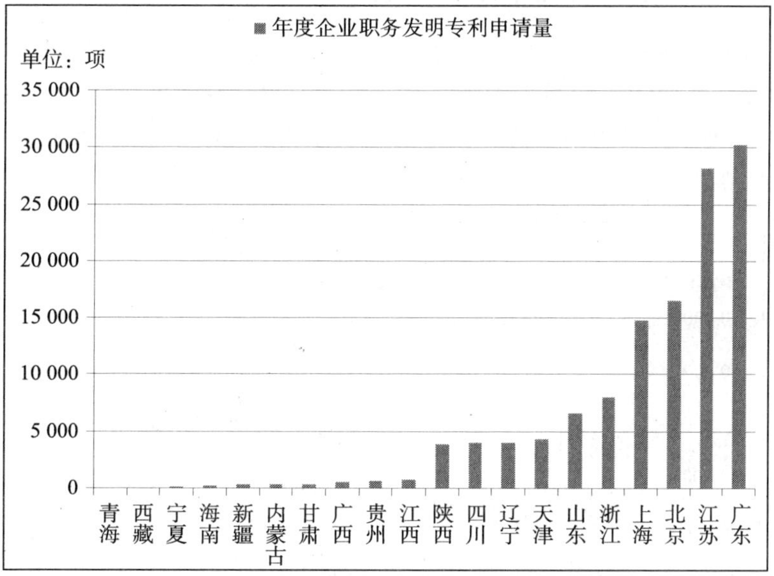

图 3—43　年度企业职务发明专利申请量排名图

数据来源：国家知识产权局. 2010 年专利统计年报 [R/OL]. [2012—03—12]. http: //www.sipo. gov. cn/ghfzs/zltjjb/jianbao/year2010/indexy. html.

图 3—43 表明，青海—江西是年度企业职务发明专利申请量最少的 10 个省份，其中青海、西藏不足 100 项。广东—陕西是年度企业职务发明专利申请量最多的 10 个省份，其中广东、江苏齐头并进，领先全国，申请量分别为 30 226 项和 28 219 项，与上年相比，有较大增幅。

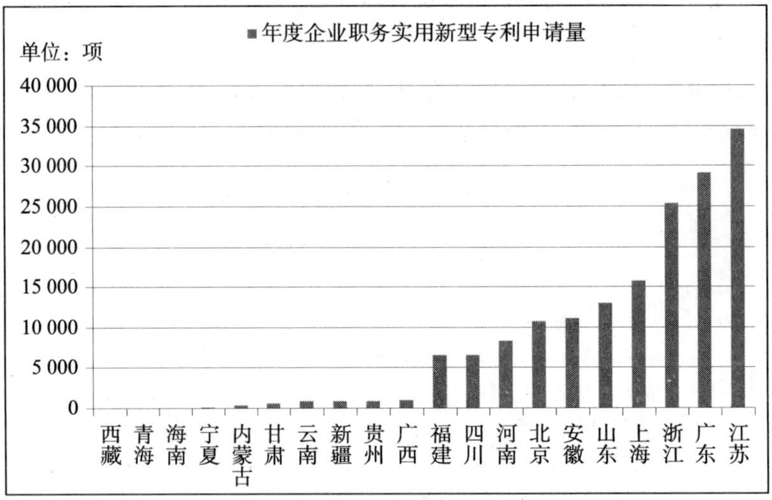

图3—44 年度企业职务实用新型专利申请量排名图

数据来源：国家知识产权局．2010年专利统计年报［R/OL］．［2012—03—12］．http：//www.sipo.gov.cn/ghfzs/zltjjb/jianbao/year2010/indexy.html.

图3—44表明，西藏—广西是年度企业职务实用新型专利申请量最少的10个省份，其中西藏、青海、海南的申请量少于100项。江苏—福建是年度企业职务实用新型专利申请量最多的10个省份，呈渐增之势，江苏的申请量为34 611项，占据第1位的位置，同时比上年有极大幅度增长。

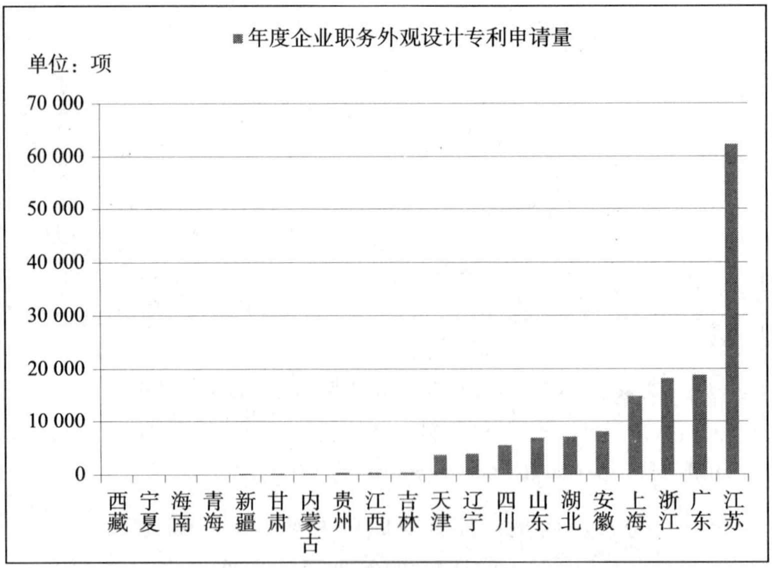

图3—45 年度企业职务外观设计专利申请量排名图

数据来源：国家知识产权局．2010年专利统计年报［R/OL］．［2012—03—12］．http：//www.sipo.gov.cn/ghfzs/zltjjb/jianbao/year2010/indexy.html.

图3—45表明，该项指标各省份之间差距极大，第1位江苏的申请量高达62 276项，

而末位西藏的申请量仅有 22 项。江苏—辽宁是年度企业职务外观设计专利申请量最多的 10 个省份，江苏以绝对优势领跑。西藏—吉林是年度企业职务外观设计专利申请量最少的 10 个省份，均不足 500 项。

3. 企业产出质量四级指标框架及排名与分析

（1）指标框架

企业产出质量指标用企业职务发明专利有效量、企业职务实用新型专利有效量、企业职务外观设计专利有效量 3 个指标进行衡量。

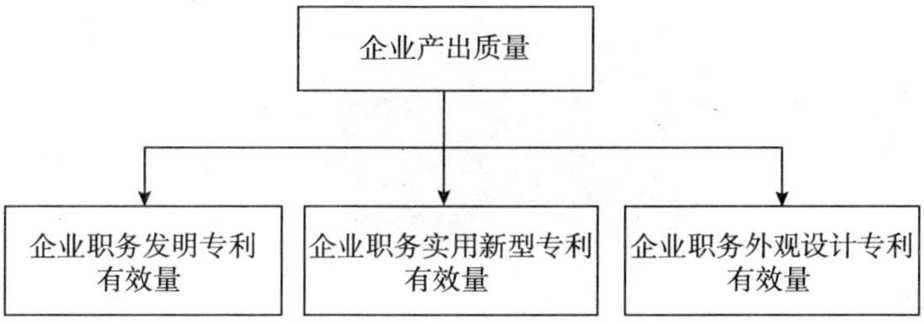

图 3—46　企业产出质量指标框架图

（2）企业产出质量具体指标分析

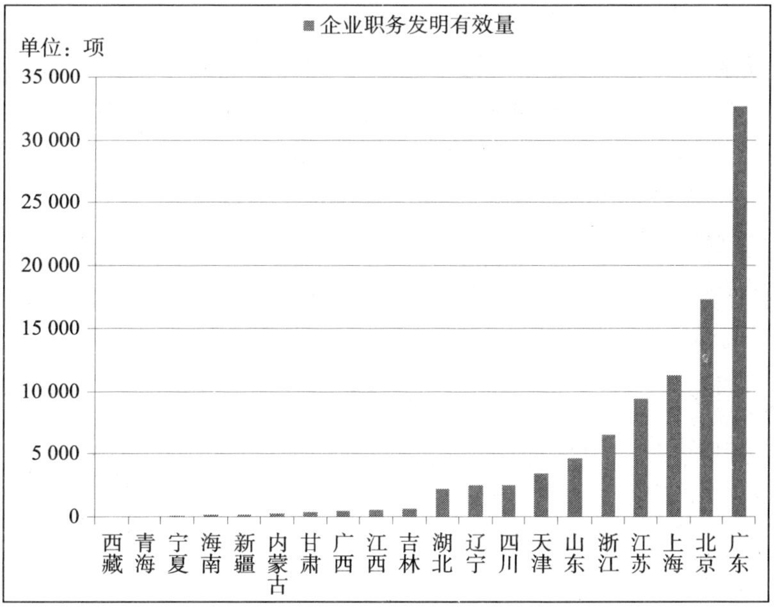

图 3—47　企业职务发明有效量排名图

数据来源：国家知识产权局. 2010 年专利统计年报［R/OL］. ［2012—03—12］. http：//www.sipo.gov.cn/ghfzs/zltjjb/jianbao/year2010/indexy.html.

图 3—47 表示，西藏—吉林是企业职务发明有效量最少的 10 个省份，其中西藏、青海、宁夏不足百项；广东—湖北是企业职务发明有效量最多的 10 个省份，其中广东是惟一一个数量超过 30 000 项的省份，达到 32 638 项，上年广东该项指标数值为 21 192 项，2008 年为 11 320 项，年平均增长率约 170%，幅度惊人，表明该地区高新技术产业集群

已成规模。企业职务有效发明专利主要集中于东部沿海省份，但四川、辽宁、湖北等省也有不俗表现，说明这些有各自的高新技术优势产业，也反映了产业转移的倾向。

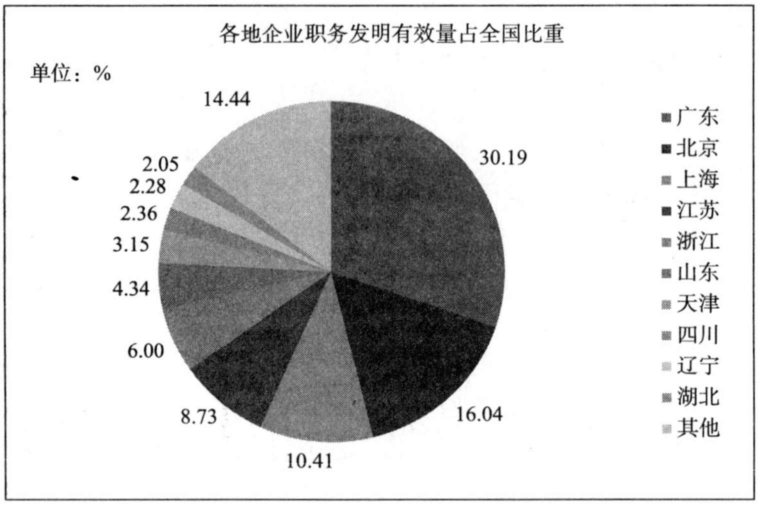

图 3－48　各地企业职务发明有效量占全国比重图

数据来源：国家知识产权局. 2010 年专利统计年报 [R/OL]. [2012－03－12]. http: //www.sipo.gov.cn/ghfzs/zltjjb/jianbao/year2010/indexy.html.

图 3－48 表示，企业职务发明有效量最多的 10 个省份占全国比重超过 85%，其中广东省所占比例超过 30%，属于中部省份的湖北、属于西部省份的四川跃进前 10 位。

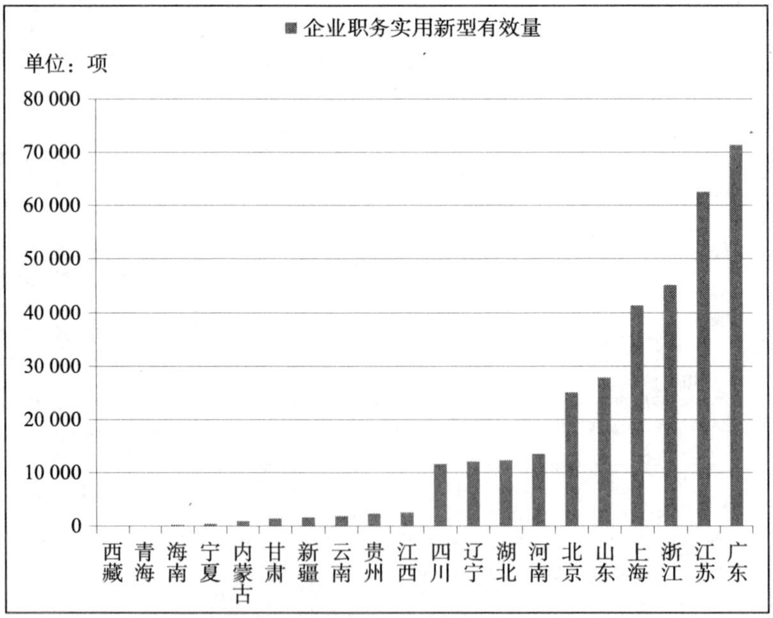

图 3－49　企业职务实用新型有效量排名图

数据来源：国家知识产权局. 2010 年专利统计年报 [R/OL]. [2012－03－12]. http: //www.sipo.gov.cn/ghfzs/zltjjb/jianbao/year2010/indexy.html.

图 3—49 表示，西藏—江西是企业职务实用新型有效量最少的 10 个省份，其中西藏最少，为 4 项，青海也不足 100 项。广东—四川是企业职务实用新型有效量最多的 10 个省份，其中广东最多，为 71 341 项，比上年的 47 366 项有较大幅度增长。

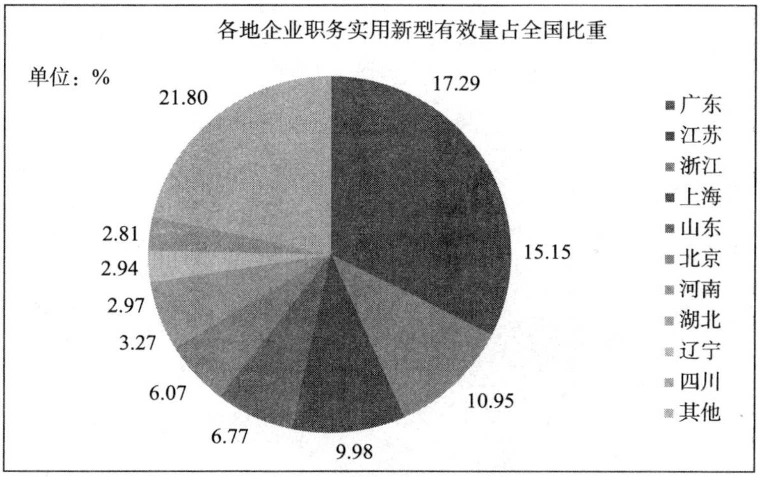

图 3—50　各地企业职务实用新型有效量占全国比重图

数据来源：国家知识产权局. 2010 年专利统计年报［R/OL］.［2012—03—12］. http://www.sipo.gov.cn/ghfzs/zltjjb/jianbao/year2010/indexy.html.

图 3—50 表明，企业职务实用新型有效量最多的 10 个省份占全国比重近 80%，其中，广东、江苏、浙江、上海四省份之和占比超过 50%，占半壁江山之多。

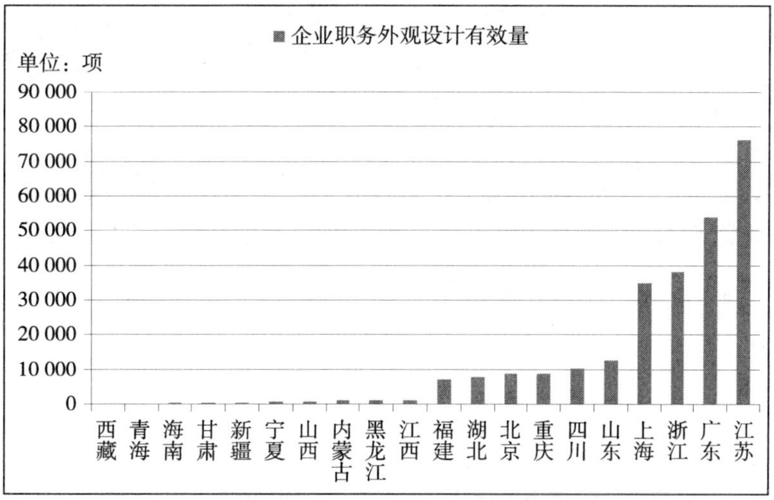

图 3—51　企业职务外观设计有效量排名图

数据来源：国家知识产权局. 2010 年专利统计年报［R/OL］.［2012—03—12］. http://www.sipo.gov.cn/ghfzs/zltjjb/jianbao/year2010/indexy.html.

图 3－51 表示，西藏—江西是企业职务外观设计有效量最少的 10 个省份，其中仍属西部省份西藏最少，为 51 项，比上年略有增长；江苏—福建是企业职务外观设计有效量最多的 10 个省份，其中江苏居首，为 76 297 项，广东超过 50 000 项，浙江和上海超过 30 000 项。

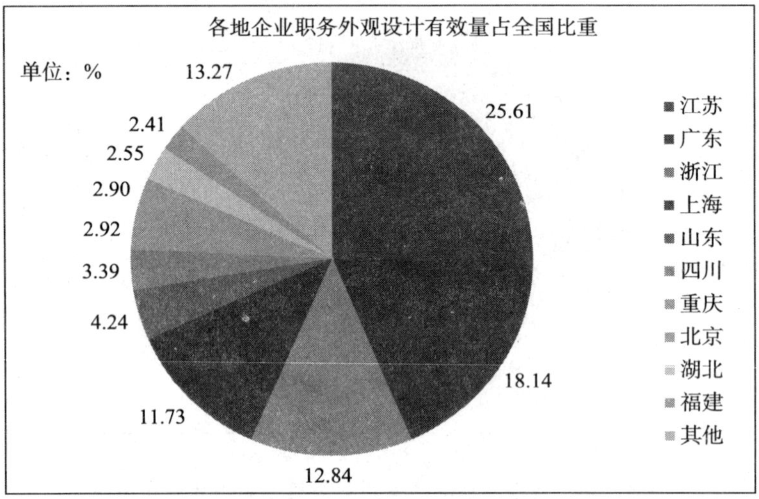

图 3－52 各地企业职务外观设计有效量占全国比重图

数据来源：国家知识产权局. 2010 年专利统计年报［R/OL］. ［2012－03－12］. http://www.sipo.gov.cn/ghfzs/zltjjb/jianbao/year2010/indexy.html.

图 3－52 表示，江苏省的企业职务外观设计有效量就超过全国总数量的 1/4，江苏、广东、浙江三省之和超过全国数量的一半。这种现象与东部沿海地区的企业相对较为密集，企业活动活跃等因素有关。

4. 企业产出效率四级指标框架及排名与分析

（1）指标框架

企业产出效率指标的衡量选取大中型工业企业万名 R&D 人员年度发明专利申请量、大中型工业企业亿元 R&D 经费内部支出年度发明专利申请量 2 个指标进行测度。

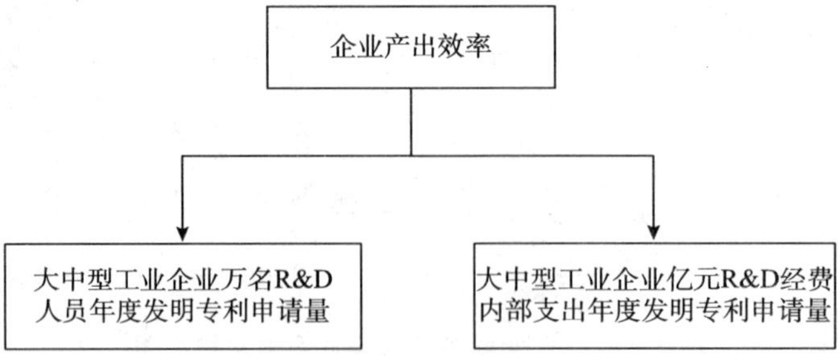

图 3－53 企业产出效率指标框架图

（2）企业产出效率具体指标分析

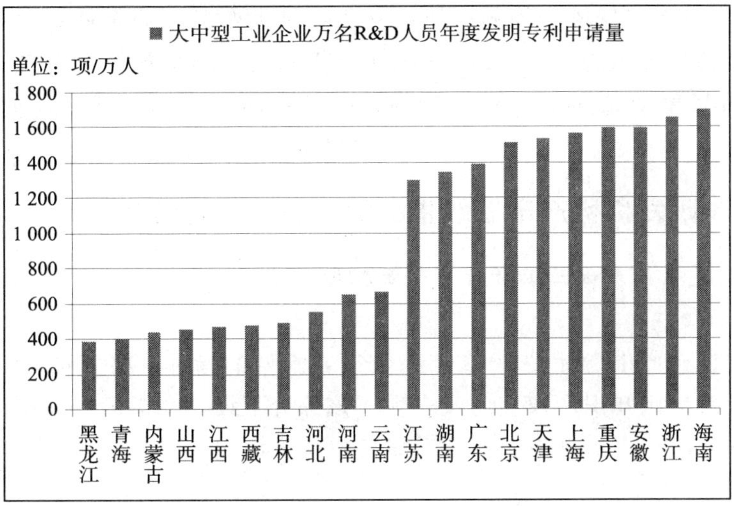

图 3—54　大中型工业企业万名 R&D 人员年度发明专利申请量排名图

数据来源：国家统计局，科学技术部．中国科技统计年鉴 2011 [M]．北京：中国统计出版社，2011.

图 3—54 表明，黑龙江—云南是大中型工业企业万名 R&D 人员年度发明专利申请量最少的 10 个省份，数量相差不大，较为均衡；海南—江苏是大中型工业企业万名 R&D 人员年度发明专利申请量最多的 10 个省份，相互差距也较小，均超过 1 200 项/万人。需要说明的是，由于指标的设计，使得一种情况的存在成为可能，即企业的 R&D 人员数量较少，“分子”较小，其拥有的发明专利绝对量虽然不多，但是最终该项指标的表现可能较强。

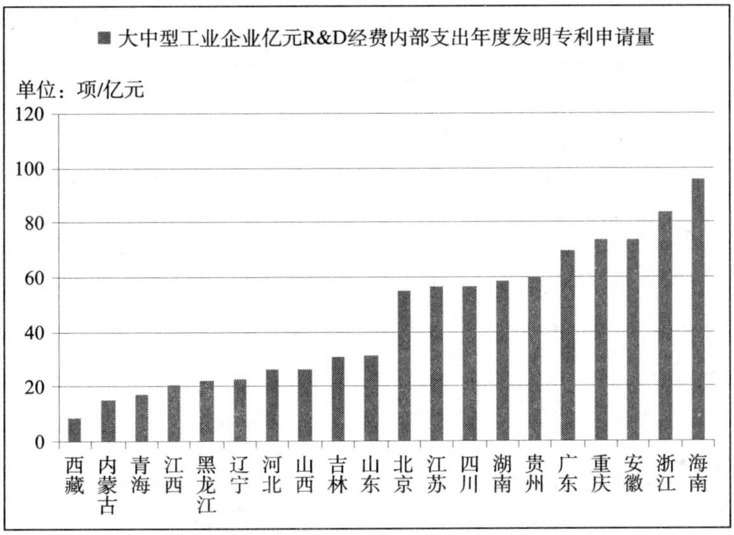

图 3—55　大中型工业企业亿元 R&D 经费内部支出年度发明专利申请量排名图

数据来源：国家统计局，科学技术部．中国科技统计年鉴 2011 [M]．北京：中国统计出版社，2011.

图 3—55 表明，西藏—山东是大中型工业企业亿元 R&D 经费内部支出发明专利申请量最少的 10 个省份，数量较为均衡；海南—北京是大中型工业企业亿元 R&D 经费内部支出发明专利申请量最多的 10 个省份，数量相差不大。需要着重说明的是，部分省份虽然发明专利申请量绝对值不高，但企业 R&D 经费内部支出较小，从而导致最终比值较高。

六、高校和研发机构产出三级指标框架及排名与分析

1. 高校和研发机构产出三级指标框架及指数排名

（1）指标框架

高校和研发机构产出指标是 2012 年指数报告新增的指标。将其纳入指标体系中，可以更为全面地反映地区知识产权实力及表现。该部分下设 3 个指标：高校和研发机构产出规模、高校和研发机构产出质量、高校和研发机构产出效率。

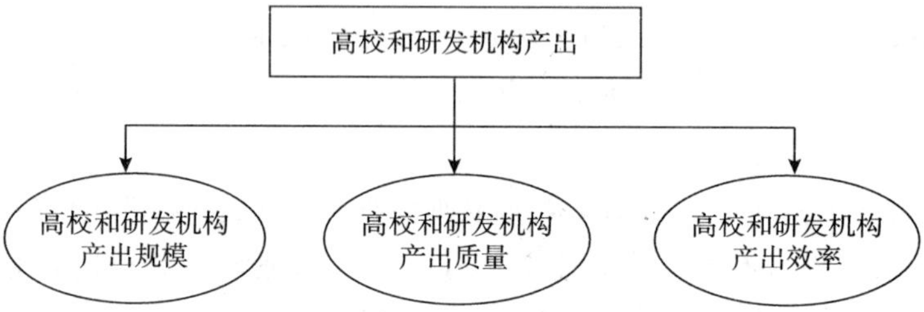

图 3—56　知识产权企业产出指标框架图

（2）指数及排名

表 3—6　高校和研发机构产出指标指数及排名表

区域	高校和研发机构产出		高校和研发机构产出规模		高校和研发机构产出质量		高校和研发机构产出效率	
	指数	排名	指数	排名	指数	排名	指数	排名
江苏	0.775	1	0.927	2	0.616	3	0.783	2
北京	0.742	2	1.000	1	1.000	1	0.226	15
浙江	0.709	3	0.568	4	0.589	4	0.969	1
上海	0.532	4	0.581	3	0.621	2	0.396	6
辽宁	0.376	5	0.356	5	0.335	5	0.436	3
陕西	0.310	6	0.336	6	0.316	6	0.276	12
广东	0.308	7	0.268	7	0.274	8	0.383	7
山东	0.302	8	0.266	8	0.224	9	0.417	4
湖北	0.284	9	0.262	9	0.294	7	0.296	11
黑龙江	0.245	10	0.179	10	0.220	10	0.336	9
天津	0.208	11	0.173	11	0.137	12	0.313	10

续表

区域	高校和研发机构产出		高校和研发机构产出规模		高校和研发机构产出质量		高校和研发机构产出效率	
	指数	排名	指数	排名	指数	排名	指数	排名
福建	0.196	12	0.085	18	0.093	18	0.408	5
重庆	0.192	13	0.112	14	0.123	14	0.341	8
四川	0.149	14	0.171	12	0.193	11	0.084	29
河南	0.143	15	0.112	13	0.097	17	0.221	16
湖南	0.141	16	0.105	15	0.135	13	0.183	19
云南	0.137	17	0.076	20	0.082	19	0.253	14
吉林	0.132	18	0.103	16	0.119	15	0.175	22
江西	0.125	19	0.070	21	0.031	24	0.275	13
河北	0.120	20	0.078	19	0.115	16	0.167	23
安徽	0.114	21	0.098	17	0.065	21	0.179	21
山西	0.107	22	0.055	22	0.066	20	0.201	17
甘肃	0.087	23	0.046	23	0.048	22	0.166	24
新疆	0.068	24	0.020	25	0.019	25	0.166	25
海南	0.065	25	0.010	28	0.004	28	0.182	20
宁夏	0.064	26	0.004	29	0.004	29	0.184	18
广西	0.059	27	0.037	24	0.032	23	0.108	27
贵州	0.049	28	0.015	26	0.016	26	0.115	26
内蒙古	0.032	29	0.014	27	0.014	27	0.068	30
青海	0.030	30	0.003	30	0.003	30	0.084	28
西藏	0.001	31	0.000	31	0.000	31	0.002	31

分析表3－5可以看出，高校和研发机构产出的指数排在前10位的依次是江苏、北京、浙江、上海、辽宁、陕西、广东、山东、湖北、黑龙江，排在后10位的是山西、甘肃、新疆、海南、宁夏、广西、贵州、内蒙古、青海、西藏。不难发现，排名靠前的省份都是高校较为密集的地区。高校不仅能够自己产出知识产权成果，由其带来的外部性也甚为显著。

另外一个值得注意的现象是，高校和研发机构的产出规模和产出质量排名较为一致，而高校和研发机构产出效率与整体产出指标差异较大，与之前的几个效率指标类似，表明不论是企业，还是高校，抑或研发机构，部分省份的产出规模与产出质量都是在较大的投入代价下取得的，投入产出比不高，发展方式亟需转变，管理精细化有待强化。

2. 高校和研发机构产出规模四级指标框架及排名与分析

（1）指标框架

高校和研发机构产出规模指标用各地区高校和研发机构专利年度申请量指标进行度量。

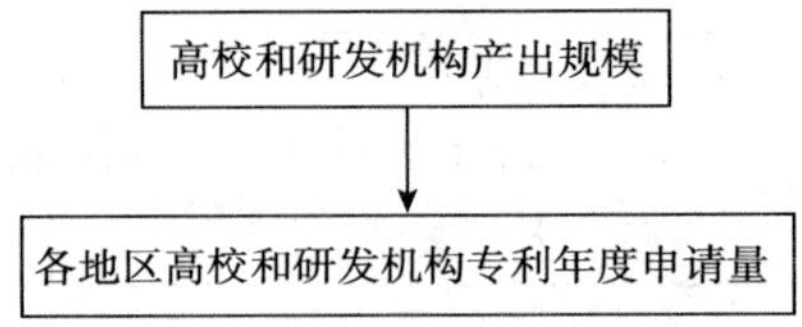

图 3—57　高校和研发机构产出规模指标框架图

（2）高校和研发机构产出规模具体指标分析

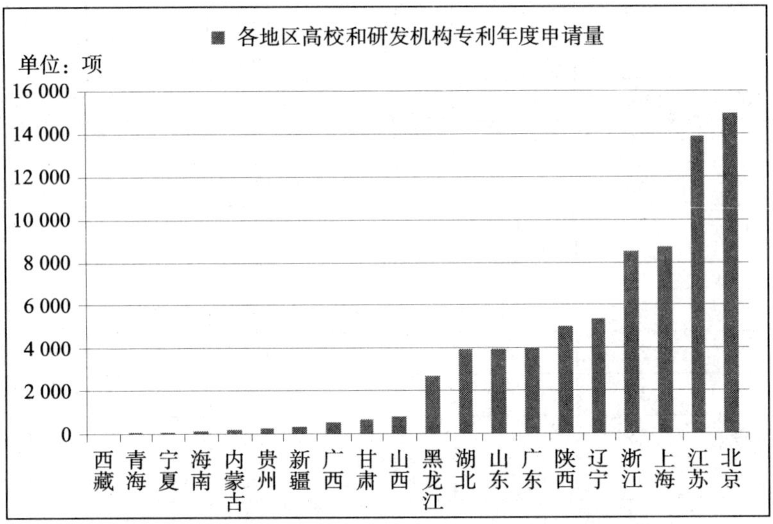

图 3—58　各地区高校和研发机构专利年度申请量排名图

数据来源：国家统计局，科学技术部．中国科技统计年鉴 2011［M］．北京：中国统计出版社，2011.

图 3—58 表明，西藏—山西是各地区高校和研发机构专利年度申请量最少的 10 个省份，其中，西藏、青海和宁夏均不足 100 项；北京—黑龙江是申请量最多的 10 个省份，其中，北京和江苏居领先地位，分别为 14 947 项和 13 860 项。

3. 高校和研发机构产出质量四级指标框架及排名与分析

（1）指标框架

高校和研发机构产出质量指标用各地区高校和研发机构有效发明专利量指标进行度量。

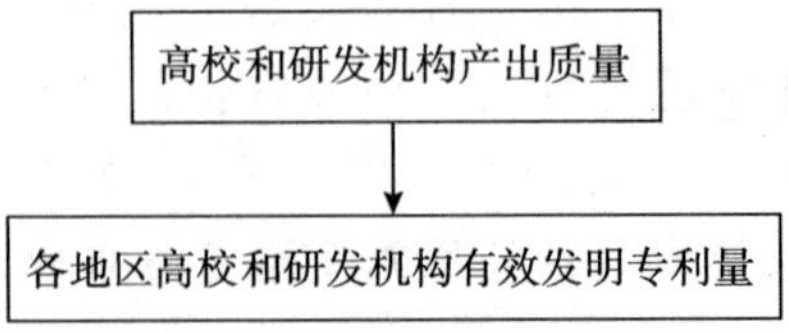

图 3—59　高校和研发机构产出质量指标框架图

（2）高校和研发机构产出质量具体指标分析

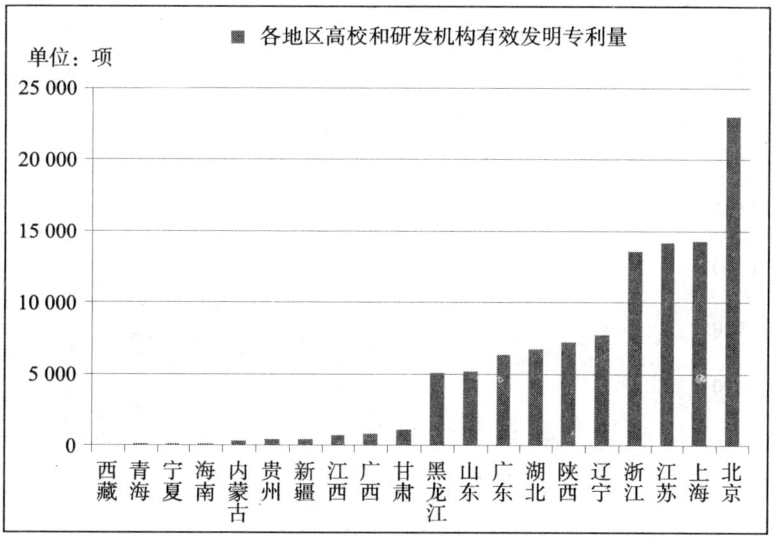

图 3—60 各地区高校和研发机构有效发明专利量排名图

数据来源：国家统计局，科学技术部. 中国科技统计年鉴 2011 [M]. 北京：中国统计出版社，2011.

图 3—60 表明，与专利年度申请量类似，西藏—甘肃是各地区高校和研发机构有效发明专利量最少的 10 个省份，其中，西藏、青海和宁夏不足 100 项；北京—黑龙江是有效发明专利量最多的 10 个省份，其中，北京一枝独秀，为 23 027 项，上海、江苏和浙江相差不大，均超过 13 000 项。

4. 高校和研发机构产出效率四级指标框架及排名与分析

（1）指标框架

高校和研发机构产出效率指标用高校和研发机构万名 R&D 人员专利年度申请量、高校和研发机构亿元 R&D 经费内部支出专利年度申请量 2 个指标进行度量。

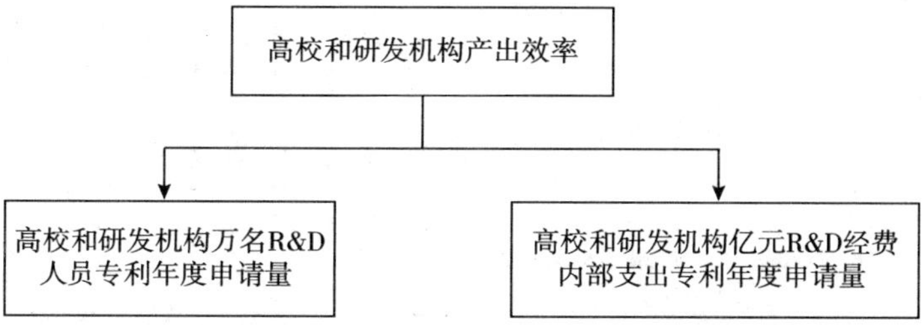

图 3—61 高校和研发机构产出效率指标框架图

(2) 高校和研发机构产出效率具体指标分析

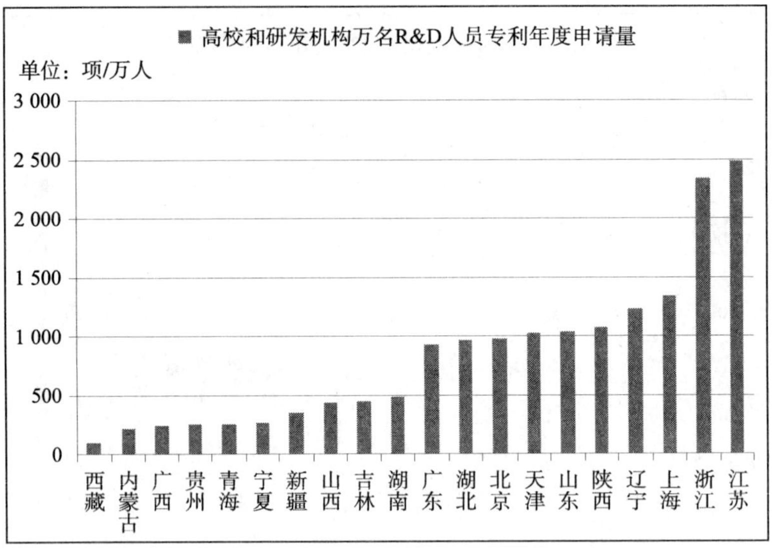

图 3—62 各地区高校和研发机构万名 R&D 人员专利年度申请量排名图

数据来源：国家统计局，科学技术部. 中国科技统计年鉴 2011 [M]. 北京：中国统计出版社，2011.

图 3—62 表明，西藏—湖南是各地区高校和研发机构有效发明专利量最少的 10 个省份；江苏—广东是各地区高校和研发机构有效发明专利量最多的 10 个省份，其中，北京和浙江领先于其他省份，分别为 2 480 和 2 332 项。

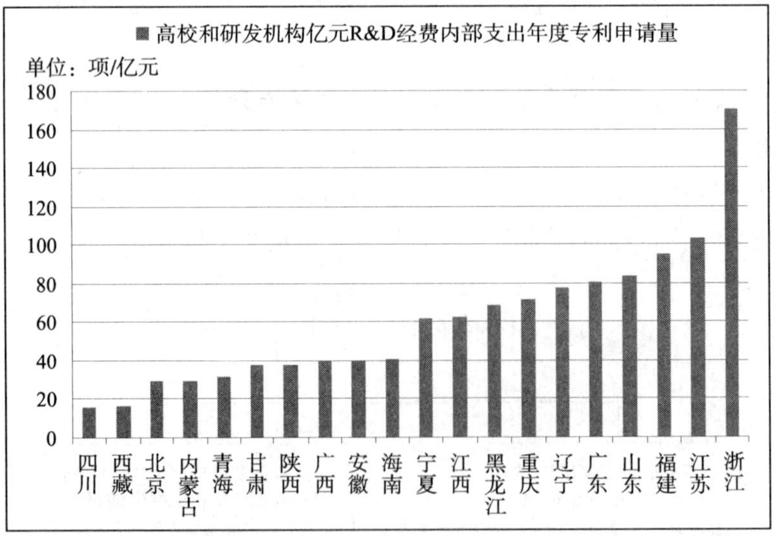

图 3—63 各地区高校和研发机构亿元 R&D 经费内部支出专利年度申请量排名图

数据来源：国家统计局，科学技术部. 中国科技统计年鉴 2011 [M]. 北京：中国统计出版社，2011.

图 3－63 表明，四川—海南是各地区高校和研发机构亿元 R&D 经费内部支出年度专利申请量最少的 10 个省份，其中，北京仅为 29 项/亿元，反映其效率不高；浙江—宁夏是有效发明专利量最多的 10 个省份，浙江居第 1 位，有一定的优势，为 170 项/亿元。

第四章　知识产权流动水平各项指标排名与分析

一、知识产权流动水平二级指标框架及排名与分析

1. 指标框架

知识产权流动水平下设 3 个二级指标：技术市场交易，知识产权服务机构，企业技改、引进。

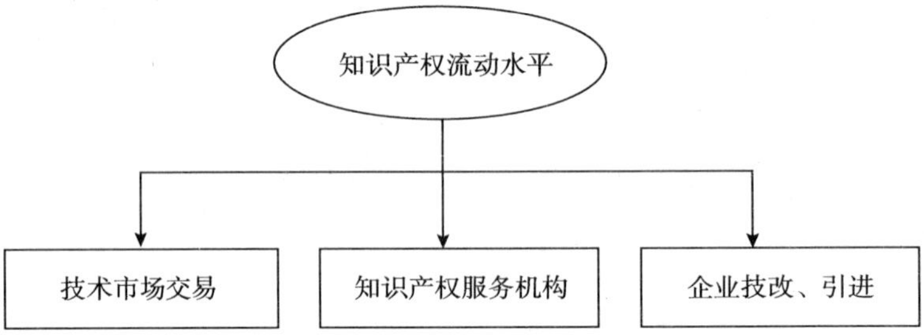

图 4—1　知识产权流动水平指标框架图

2. 指数及排名

表 4—1　知识产权流动水平指标指数及排名表

区域	流动水平		技术市场交易		知识产权服务机构		企业技改、引进	
	指数	排名	指数	排名	指数	排名	指数	排名
北京	0.596	1	0.926	1	0.691	2	0.171	16
广东	0.549	2	0.388	3	0.796	1	0.463	4
上海	0.543	3	0.619	2	0.376	6	0.632	2
江苏	0.541	4	0.339	4	0.627	3	0.656	1
山东	0.407	5	0.221	8	0.522	4	0.477	3
浙江	0.354	6	0.197	11	0.490	5	0.376	6
辽宁	0.307	7	0.255	6	0.331	8	0.334	7
四川	0.281	8	0.199	10	0.324	9	0.322	8
陕西	0.228	9	0.220	9	0.148	18	0.316	9
河南	0.204	10	0.118	18	0.332	7	0.163	17
内蒙古	0.204	11	0.059	25	0.118	21	0.436	5
天津	0.204	12	0.269	5	0.117	22	0.225	13
湖南	0.202	13	0.157	15	0.174	15	0.275	10
河北	0.199	14	0.092	21	0.238	10	0.266	11

续表

区域	流动水平		技术市场交易		知识产权服务机构		企业技改、引进	
	指数	排名	指数	排名	指数	排名	指数	排名
福建	0.188	15	0.166	12	0.170	17	0.228	12
湖北	0.188	16	0.150	16	0.220	11	0.193	14
重庆	0.176	17	0.223	7	0.172	16	0.134	18
安徽	0.162	18	0.160	13	0.205	13	0.123	20
山西	0.139	19	0.053	27	0.190	14	0.173	15
黑龙江	0.139	20	0.114	19	0.205	12	0.096	23
甘肃	0.124	21	0.158	14	0.082	26	0.133	19
江西	0.107	22	0.114	20	0.105	24	0.100	21
吉林	0.106	23	0.144	17	0.137	20	0.037	27
云南	0.099	24	0.055	26	0.144	19	0.099	22
广西	0.077	25	0.040	29	0.112	23	0.079	24
贵州	0.065	26	0.050	28	0.081	27	0.062	25
新疆	0.058	27	0.063	23	0.096	25	0.015	28
宁夏	0.042	28	0.063	24	0.018	29	0.044	26
青海	0.032	29	0.071	22	0.015	30	0.009	29
海南	0.026	30	0.037	30	0.033	28	0.009	30
西藏	0.000	31	0.000	31	0.000	31	0.000	31

分析表4—1可以发现，知识产权流动水平指标排名前10位的省份是北京、广东、上海、江苏、山东、浙江、辽宁、四川、陕西、河南，与上年相比，陕西、河南是“新面孔”，由上年的第17位和第12位，跃升至前10位；而上年排名前10位的天津、湖北，则分别下滑到第12位和第16位。

知识产权流动水平指标排名后10位的省份是江西、吉林、云南、广西、贵州、新疆、宁夏、青海、海南、西藏，与上年相比，变化不大。吉林由上年的第20位下滑到第23位，成为排名后10位的唯一“新面孔”。

技术市场交易、知识产权服务机构、企业技改、引进这3个二级指标的排名存在一定程度的背离，虽然从整体趋势来看，各自与知识产权综合实力指数排名有一致性，但是相互之间并不均衡。例如，北京的技术市场交易指标排名第1位，知识产权服务机构指标排名第2位，但是企业技改、引进指标仅位居第16位；浙江的技术市场交易指标排名第11位，知识产权服务机构指标排名第5位，企业技改、引进指标排名第6位；甘肃的技术市场交易指标排名第14位，知识产权服务机构指标排名第26位，而企业技改、引进指标排名第19位。

二、技术市场交易三级指标框架及排名与分析

1. 技术市场交易三级指标框架及指数排名

（1）指标框架

技术市场交易指标下设 4 个三级指标：技术市场规模、技术市场开放度、技术外溢度、技术国际竞争力。

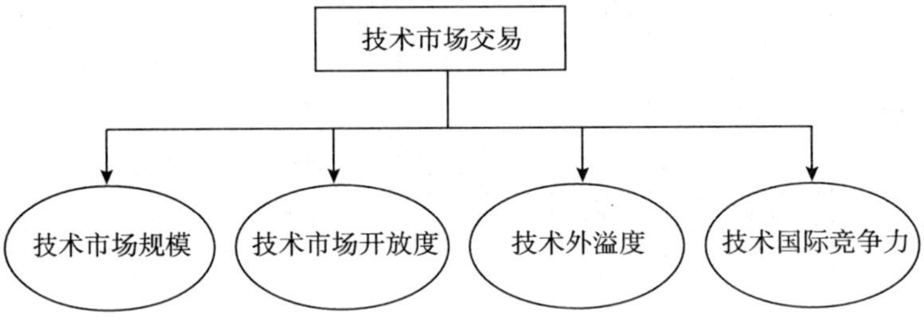

图 4—2 技术市场交易指标框架图

（2）指数及排名

表 4—2 技术市场交易指标指数及排名表

区域	技术市场交易		技术市场规模		技术市场开放度		技术外溢度		技术国际竞争力	
	指数	排名	指数	排名	指数	排名	指数	排名	指数	排名
北京	0.926	1	1.000	1	0.706	2	1.000	1	1.000	1
上海	0.619	2	0.336	2	1.000	1	0.559	4	0.581	2
广东	0.388	3	0.180	4	0.692	3	0.441	12	0.237	3
江苏	0.339	4	0.200	3	0.675	4	0.454	10	0.028	10
天津	0.269	5	0.126	6	0.279	8	0.610	3	0.061	7
辽宁	0.255	6	0.151	5	0.329	6	0.515	6	0.025	11
重庆	0.223	7	0.061	12	0.355	5	0.454	9	0.023	12
山东	0.221	8	0.080	9	0.262	9	0.383	16	0.160	4
陕西	0.220	9	0.114	7	0.031	22	0.729	2	0.008	24
四川	0.199	10	0.080	10	0.144	12	0.474	8	0.096	5
浙江	0.197	11	0.103	8	0.306	7	0.364	20	0.015	20
福建	0.166	12	0.048	16	0.152	10	0.444	11	0.020	14
安徽	0.160	13	0.053	14	0.120	13	0.439	13	0.029	9
甘肃	0.158	14	0.057	13	0.002	30	0.554	5	0.019	16
湖南	0.157	15	0.050	15	0.034	19	0.494	7	0.049	8
湖北	0.150	16	0.080	11	0.069	14	0.435	14	0.017	17
吉林	0.144	17	0.033	20	0.145	11	0.390	15	0.008	25
河南	0.118	18	0.039	17	0.051	15	0.377	19	0.006	27
黑龙江	0.114	19	0.039	18	0.020	23	0.379	18	0.019	15

续表

区域	技术市场交易		技术市场规模		技术市场开放度		技术外溢度		技术国际竞争力	
	指数	排名	指数	排名	指数	排名	指数	排名	指数	排名
江西	0.114	20	0.027	22	0.034	21	0.381	17	0.015	19
河北	0.092	21	0.037	19	0.036	17	0.285	21	0.013	22
青海	0.071	22	0.031	21	0.010	27	0.244	22	0.000	30
新疆	0.063	23	0.015	25	0.012	25	0.206	23	0.021	13
宁夏	0.063	24	0.005	29	0.004	28	0.175	25	0.069	6
内蒙古	0.059	25	0.021	23	0.011	26	0.189	24	0.015	21
云南	0.055	26	0.014	26	0.034	20	0.167	27	0.004	28
山西	0.053	27	0.015	24	0.035	18	0.162	28	0.001	29
贵州	0.050	28	0.011	27	0.003	29	0.171	26	0.016	18
广西	0.040	29	0.004	30	0.040	16	0.107	30	0.010	23
海南	0.037	30	0.007	28	0.016	24	0.119	29	0.007	26
西藏	0.000	31	0.000	31	0.000	31	0.000	31	0.000	30

从表4—2可以看出，技术市场交易指标排名前10位的省份是：北京、上海、广东、江苏、天津、辽宁、重庆、山东、陕西、四川，与上年相比，山东进入前10位，浙江跌出前10位。排名后10位的省份是：青海、新疆、宁夏、内蒙古、云南、山西、贵州、广西、海南、西藏，与上年相同，只是省份排名稍微发生了变化。

排名前10位的省份中，东部省份占较大优势，西部省份中重庆、陕西、四川表现不俗。排名后10位的省份中，除海南外，均为中西部省份。总体上反映了东部沿海经济强省份的技术市场活跃度较高，而中西部欠发达省份则较弱。4个分项指标：技术市场规模、技术市场开放度、技术外溢度、技术国际竞争力代表了不同方向，考察区域技术市场交易活跃性的不同层面。具体分析详见本章后续内容。

2. 技术市场规模四级指标框架及排名与分析

（1）指标框架

技术市场规模指标用3个四级指标进行评价：技术市场签订合同数、技术市场成交合同金额、技术市场成交合同金额与GDP比例。

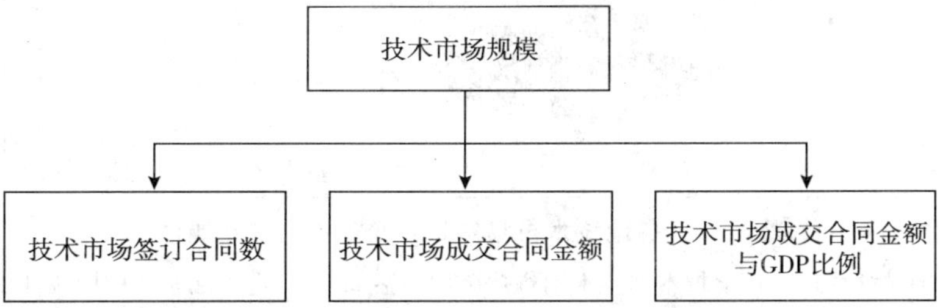

图4—3　技术市场规模指标框架图

（2）技术市场规模具体指标分析

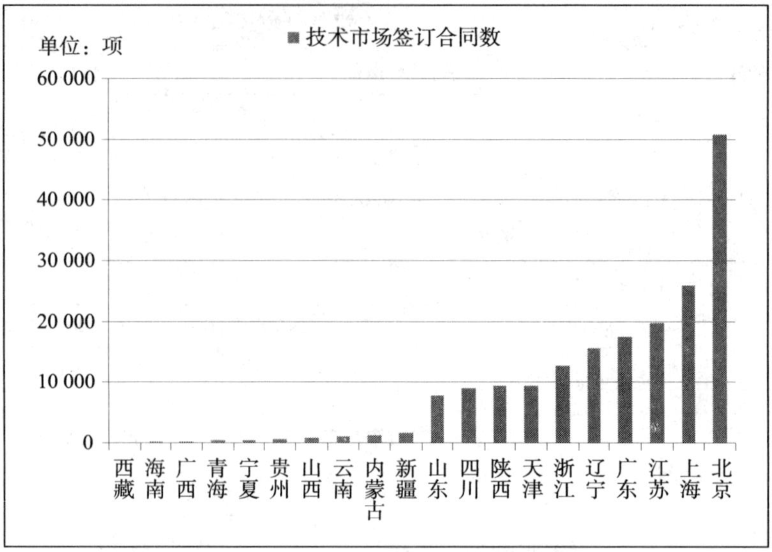

图 4—4　技术市场签订合同数排名图

数据来源：国家统计局，科学技术部. 中国科技统计年鉴 2011 [M]. 北京：中国统计出版社，2011.

图 4—4 显示，西藏—新疆是技术市场签订合同数最少的 10 个省份，西藏最低，为 0，海南、广西、青海、宁夏、山西均不足 1 000 项；北京—山东是技术市场签订合同数最多的 10 个省份，其中北京 50 847 项，以较大幅度的优势领先于第 2 位的上海（25 945 项）。

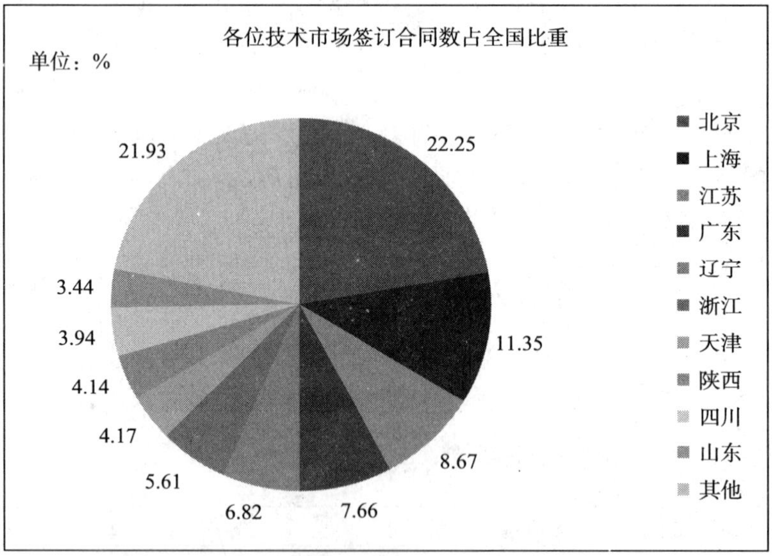

图 4—5　各地技术市场签订合同数占全国比重图

数据来源：国家统计局，科学技术部. 中国科技统计年鉴 2011 [M]. 北京：中国统计出版社，2011.

图 4—5 显示，全国 31 个省份的技术市场签订合同数较为集中，排名前 4 位的北京、上海、江苏、广东之和约占 50%。排名第 1 位的是北京（22.25%），其一个省份的技术

市场签订合同数超过全国总量的 1/5；全国技术市场签订合同数最多的 10 个省份，其技术市场签订合同数总量占全国比重约为 78%，超过 3/4。

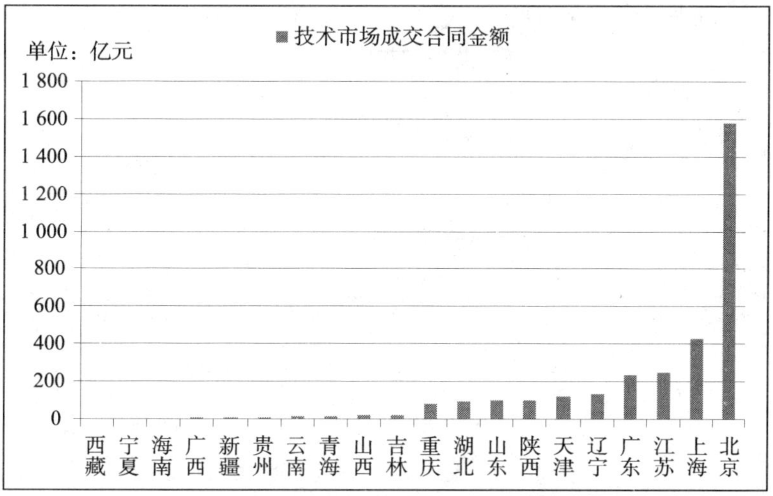

图 4－6　技术市场成交合同金额排名图

数据来源：国家统计局，科学技术部．中国科技统计年鉴 2011 [M]．北京：中国统计出版社，2011.

技术市场成交合同金额是考察区域知识产权市场化程度的重要指标。图 4－6 显示，西藏—吉林是技术市场成交合同金额最少的 10 个省份，其中西藏为 0 亿元，宁夏、海南、广西、新疆、贵州不足 10 亿元；北京—重庆是技术市场成交合同金额最多的 10 个省份，其中北京排名第 1 位，技术市场成交合同金额为 1 580 亿元，远远高于其他省份，是排名第 2 位的上海（431 亿元）的 3 倍多，是排名第 3 位的江苏（249 亿元）的 6 倍多。

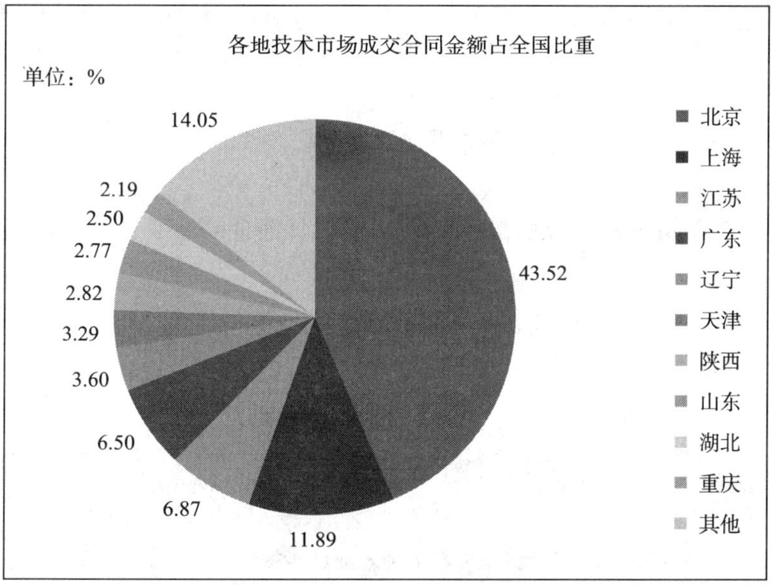

图 4－7　各地技术市场成交合同金额占全国比重图

数据来源：国家统计局，科学技术部．中国科技统计年鉴 2011 [M]．北京：中国统计出版社，2011.

图 4—7 显示，北京的技术市场成交合同金额占全国总量的比重为 43.52%，接近一半；北京和上海的技术市场成交合同金额超过全国的一半；技术市场成交合同金额最多的 10 个省市占全国比重超过 85%。

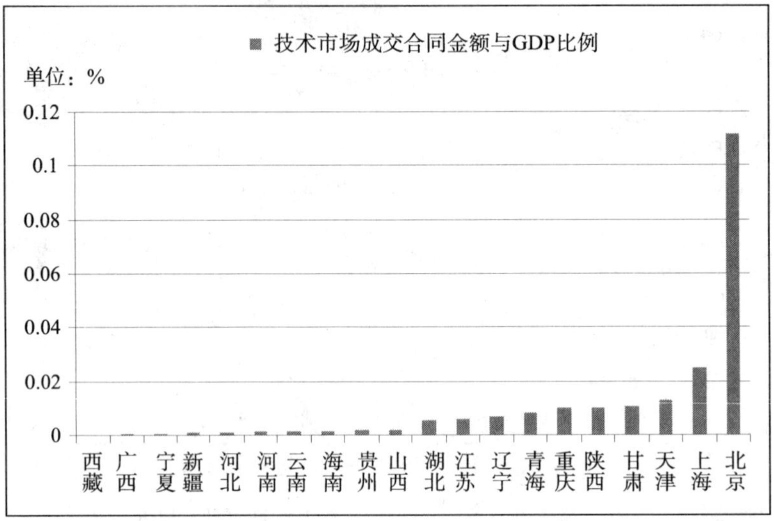

图 4—8 技术市场成交合同金额与 GDP 比例排名图

数据来源：国家统计局，科学技术部. 中国科技统计年鉴 2011 [M]. 北京：中国统计出版社，2011；国家统计局. 中国统计年鉴 2011 [M]. 北京：中国统计出版社，2011.

图 4—8 显示，西藏—山西是技术市场成交合同金额与 GDP 比例最低的 10 个省份，全部不足 0.2%（含）；北京—湖北是技术市场成交合同金额与 GDP 比例最高的 10 个省份，其中北京的技术市场成交合同金额与 GDP 比例超过 10%（11.9%），较上年有一定的增长，是排名第 2 位的上海（2.51%）的近 4 倍，是排名第 3 位的天津（1.29%）的 9 倍，差距进一步拉大。

3. 技术市场开放度四级指标框架及排名与分析

(1) 指标框架

技术市场开放度指标用国外引进合同数、国外引进合同金额 2 个指标进行衡量。

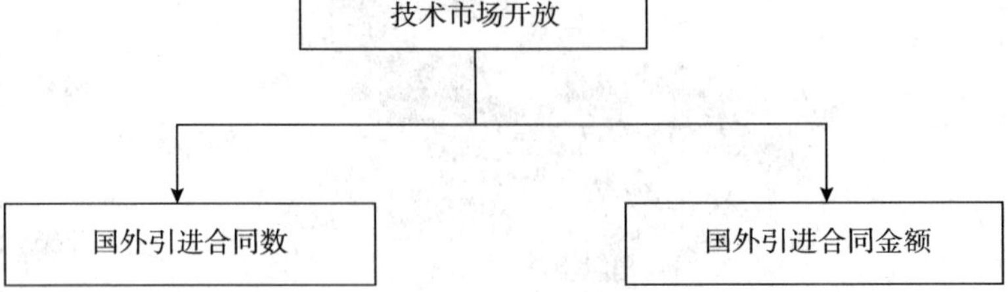

图 4—9 技术市场开放度指标框架图

（2）技术市场开放度具体指标分析

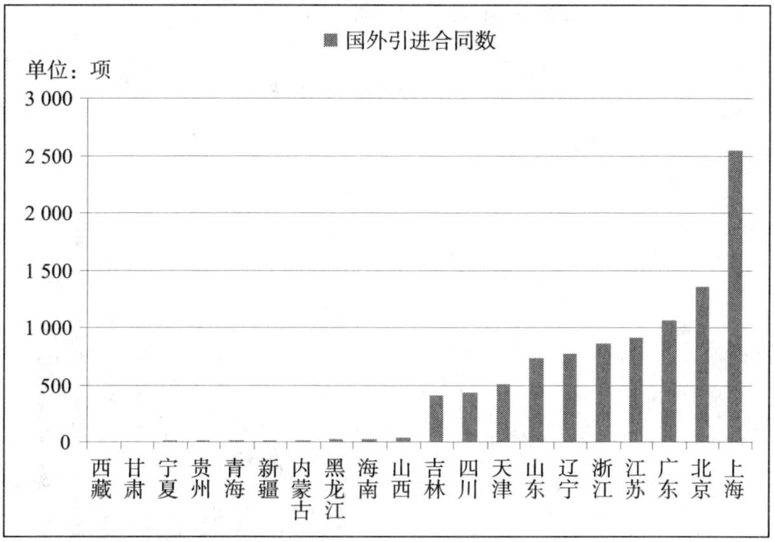

图 4－10　国外引进合同数排名图

数据来源：国家统计局，科学技术部. 中国科技统计年鉴 2011 [M]. 北京：中国统计出版社，2011.

图 4－10 显示，国外引进合同数是考察区域技术市场开放度程度的重要参数。西藏—山西是国外引进合同数最少的 10 个省份，均不足百项；上海—吉林是全国国外引进合同数最多的 10 个省份，其中排名第 1 位的上海国外引进合同数 2 548 项，是排名第 2 位的北京（1 359 项）的 2 倍多，占有明显的优势。

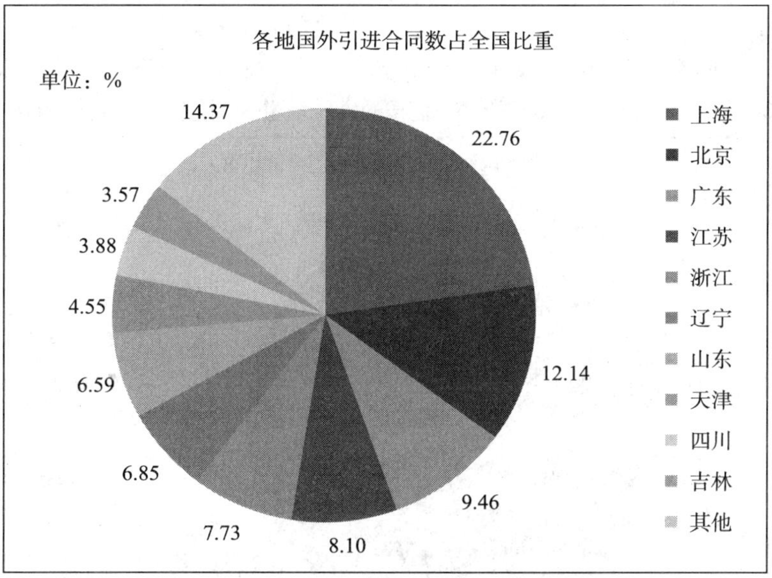

图 4－11　各地国外引进合同数占全国比重图

数据来源：国家统计局，科学技术部. 中国科技统计年鉴 2011 [M]. 北京：中国统计出版社，2011.

图 4－11 显示，全国国外引进合同数的分布呈聚集的趋势。其中，国外引进合同数最多的是上海，其国外引进合同数占全国总量的比重为 22.76%，超过 1/5；上海、北京、

广东三省份的国外引进合同数总计占全国总量的比重约为 44%，接近一半；国外引进合同数最多的 10 个省份占全国总量的比重约为 86%，超过 4/5。

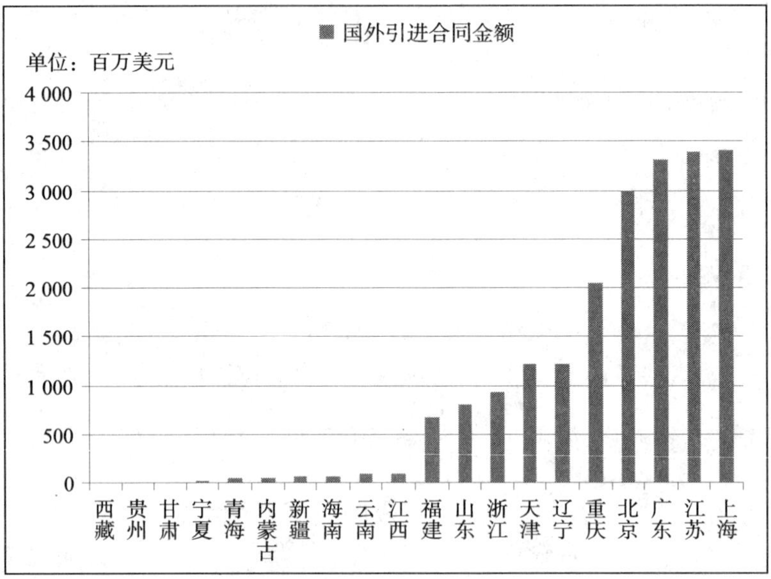

图 4－12 国外引进合同金额排名图

数据来源：国家统计局，科学技术部. 中国科技统计年鉴 2011 [M]. 北京：中国统计出版社，2011.

图 4－12 显示，国外引进合同金额是考察区域技术市场开放度程度的重要参数。西藏—江西是国外引进合同金额最少的 10 个省份，除江西（1.01 亿美元）外，全部不足 1 亿美元，其中西藏（0 万美元）、贵州（500 万美元）、甘肃（700 万美元）均不足千万美元；上海—福建是国外引进合同金额最多的 10 个省份，其中上海（34.11 亿美元）、江苏（33.89 亿美元）、广东（33.04 亿美元）、北京（29.95 亿美元），呈并进之势，与上年相比，变化不大。

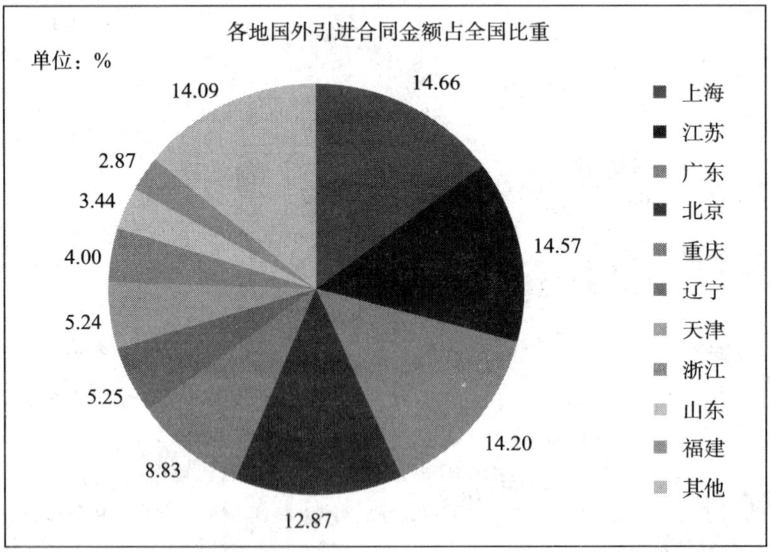

图 4－13 各地国外引进合同金额占全国比重图

数据来源：国家统计局，科学技术部. 中国科技统计年鉴 2011 [M]. 北京：中国统计出版社，2011.

图 4—13 显示，国外引进合同金额表现出比国外引进合同数更高强度的聚集态势。其中，前 4 位的上海、江苏、广东、北京份额差距不大，四者之和约为 56%，超过一半；国外引进合同金额最多的 10 个省市占全国总量的比重约为 86%，超过 4/5。

4. 技术外溢度四级指标框架及排名与分析

（1）指标框架

技术外溢度指标用 2 个下级指标进行评价：技术市场成交合同数与技术流向地域合同数比值、技术市场成交合同金额与技术流向地域合同金额比值。

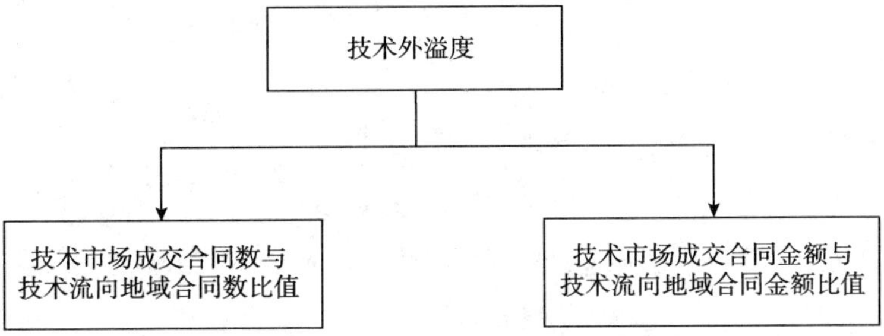

图 4—14　技术外溢度指标框架图

（2）技术外溢度具体指标分析

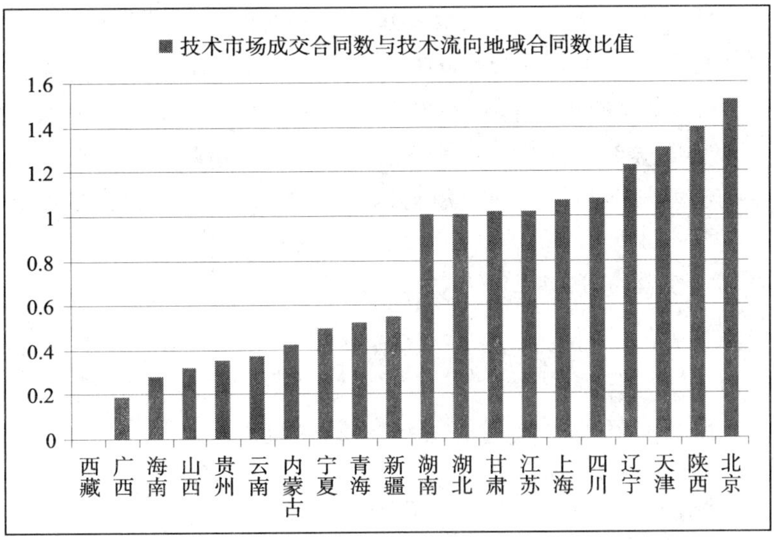

图 4—15　技术市场成交合同数与技术流向地域合同数比值排名图

数据来源：国家统计局，科学技术部．中国科技统计年鉴 2011 [M]．北京：中国统计出版社，2011.

图 4—15 显示，技术市场成交合同数与技术流向地域合同数比值反映的是一个地区技术的外溢性，即若比值大于 1，表明该地区是技术净流出区，且比值越大，技术外溢性越强；若比值小于 1，表明该地区是技术净流入区。西藏—新疆是技术市场成交合同数与技术流向地域合同数比值最低的 10 个省份，全部不足 0.6，小于 1；北京—湖南是技术市场

成交合同数与技术流向地域合同数比值最高的 10 个省份，全部超过 1，湖南、湖北、甘肃、江苏、上海、四川相差不大，辽宁、天津、陕西、北京呈渐增之势，其中北京的比值为 1.52，居第 1 位。

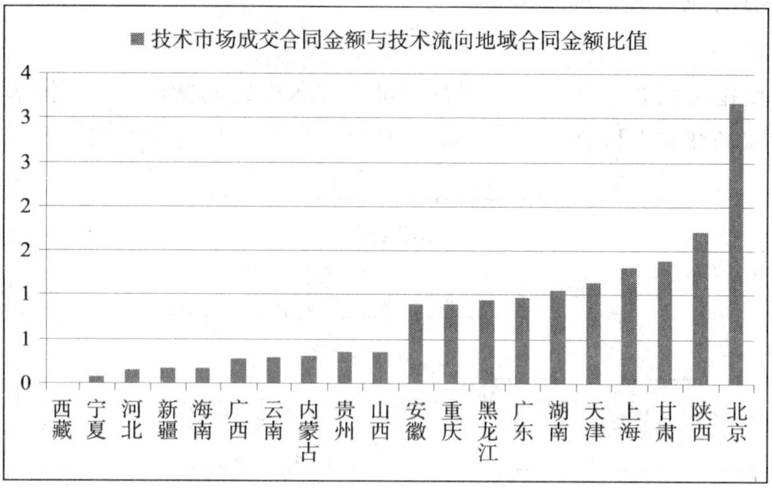

图 4－16 技术市场成交合同金额与技术流向地域合同金额比值排名图

数据来源：国家统计局，科学技术部. 中国科技统计年鉴 2011 [M]. 北京：中国统计出版社，2011.

图 4－16 显示，技术市场成交合同金额与技术流向地域合同金额比值反映的是一个地区技术的外溢性，即若比值大于 1，表明该地区是技术净流出区，且比值越大，技术外溢性越强；若比值小于 1，表明该地区是技术净流入区。西藏—山西是技术市场成交合同金额与技术流向地域合同金额比值最低的 10 个省份，全部不足 0.4；北京—安徽是技术市场成交合同金额与技术流向地域合同金额比值最高的 10 个省份，其中北京的技术市场成交合同金额与技术流向地域合同金额比值为 3.17，远高于其他省份。

5. 技术国际竞争力四级指标框架及排名与分析

（1）指标框架

技术国际竞争力指标用万名 R&D 人员向国外转让专利使用费和特许费指标进行评价。

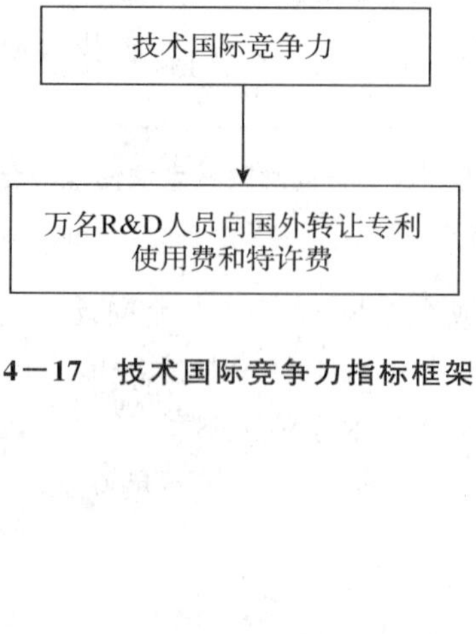

图 4－17 技术国际竞争力指标框架图

（2）技术国际竞争力具体指标分析

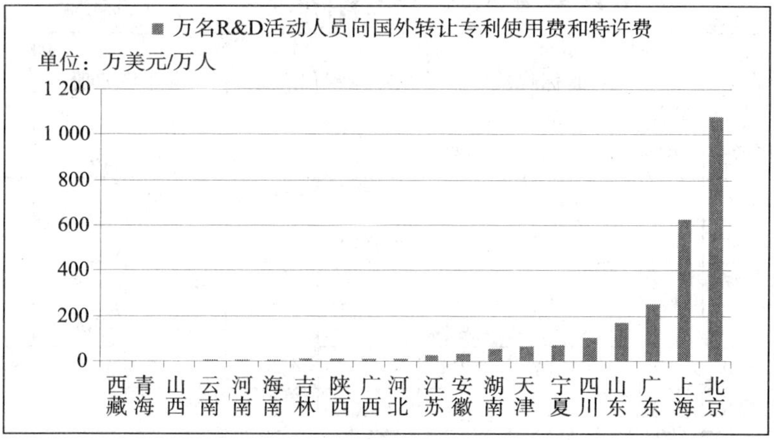

图 4—18 万名 R&D 活动人员向国外转让专利使用费和特许费排名图

数据来源：中国科技统计资料汇编（2011）[EB/OL].［2012－01－14］. http：//www.sts.org.cn/zlhb/2011/hb5.1.htm.

图 4—18 显示，西藏—河北是万名 R&D 活动人员向国外转让专利使用费和特许费最低的 10 个省份，均不足 15 万美元/万人，其中，西藏（0）、青海（0）、山西（1）、云南（4）更是不足 5 万美元/万人；北京—江苏是万名 R&D 活动人员向国外转让专利使用费和特许费最高的 10 个省份，其中，北京和上海大幅领先于其他省份，北京的该项指标高达 1 076 万美元/万人，略低于上年，上海该项指标为 625 万美元/万人。

三、知识产权服务机构三级指标框架及排名与分析

1. 知识产权服务机构三级指标框架及指数排名

（1）指标框架

知识产权服务机构指标用商标代理机构、专利代理机构、律师事务所、评估机构 4 个指标进行测度。

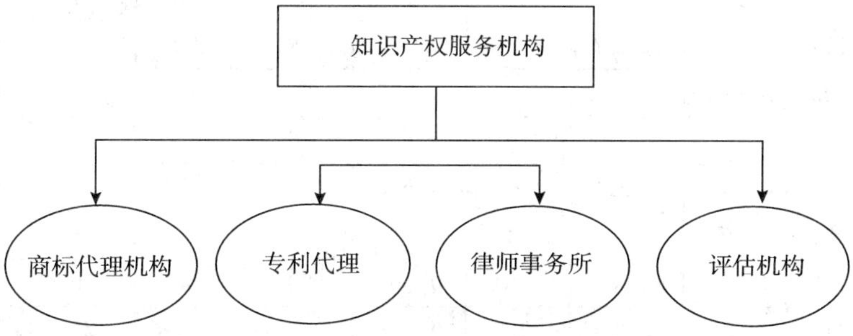

图 4—19 知识产权中介指标框架图

（2）指数及排名

表4—3 知识产权服务机构指标指数及排名表

区域	知识产权服务机构		商标代理机构		专利代理		律师事务所		评估机构	
	指数	排名	指数	排名	指数	排名	指数	排名	指数	排名
广东	0.796	1	1.000	1	0.749	2	1.000	1	0.435	11
北京	0.691	2	0.894	2	0.283	5	0.890	2	0.698	2
江苏	0.627	3	0.251	5	1.000	1	0.663	3	0.593	5
山东	0.522	4	0.204	6	0.226	6	0.659	4	1.000	1
浙江	0.490	5	0.357	3	0.572	3	0.515	6	0.516	7
上海	0.376	6	0.272	4	0.409	4	0.634	5	0.189	19
河南	0.332	7	0.079	11	0.108	13	0.445	8	0.695	3
辽宁	0.331	8	0.075	12	0.174	8	0.379	10	0.695	3
四川	0.324	9	0.107	8	0.130	10	0.475	7	0.582	6
河北	0.238	10	0.068	13	0.050	17	0.362	11	0.474	8
湖北	0.220	11	0.051	15	0.113	11	0.272	15	0.446	9
黑龙江	0.205	12	0.037	21	0.037	18	0.382	9	0.365	12
安徽	0.205	13	0.085	10	0.181	7	0.292	13	0.260	16
山西	0.190	14	0.018	25	0.036	19	0.265	16	0.442	10
湖南	0.174	15	0.064	14	0.083	15	0.310	12	0.239	17
重庆	0.172	16	0.091	9	0.064	16	0.253	18	0.277	14
福建	0.170	17	0.142	7	0.104	14	0.264	17	0.168	23
陕西	0.148	18	0.040	20	0.139	9	0.222	20	0.189	19
云南	0.144	19	0.045	18	0.027	22	0.275	14	0.228	18
吉林	0.137	20	0.048	17	0.033	20	0.193	22	0.274	15
内蒙古	0.118	21	0.015	26	0.010	27	0.156	25	0.291	13
天津	0.117	22	0.050	16	0.110	12	0.201	21	0.105	27
广西	0.112	23	0.022	23	0.023	24	0.229	19	0.175	21
江西	0.105	24	0.027	22	0.027	21	0.190	23	0.175	21
新疆	0.096	25	0.040	19	0.016	26	0.182	24	0.147	25
甘肃	0.082	26	0.011	27	0.016	25	0.135	27	0.165	24
贵州	0.081	27	0.020	24	0.024	23	0.137	26	0.144	26
海南	0.033	28	0.005	29	0.003	29	0.036	29	0.088	28
宁夏	0.018	29	0.007	28	0.004	28	0.038	28	0.025	29
青海	0.015	30	0.004	30	0.003	30	0.029	30	0.025	29
西藏	0.000	31	0.000	31	0.000	31	0.000	31	0.000	31

观察表4—3可以发现，知识产权服务机构指标排名前10位的省份是：广东、北京、江苏、山东、浙江、上海、河南、辽宁、四川、河北，其中，除河南、河北外，都是“老面孔”。而上年排名第9位的福建2010年跌出前10位，下滑到第17位。排名后10位的省份是：天津、广西、江西、新疆、甘肃、贵州、海南、宁夏、青海、西藏。其中，天津由上年的第15位滑落至今年的第22位，新疆由上年的第21位滑落至2010年的第25位。

从4个分项指标：商标代理机构、专利代理、律师事务所以及评估机构数量的排名来看，缺乏整体的一致性趋势，知识产权服务机构指标排名前几位的省份，各项排名也都较为靠前，而排名后几位的省份，则各项排名都稍弱一些，位于中间的省份在各项指标的表现上参差不齐，高低互见。

2. 商标代理机构四级指标框架及排名与分析

（1）指标框架

商标代理机构指标用商标代理机构数衡量。

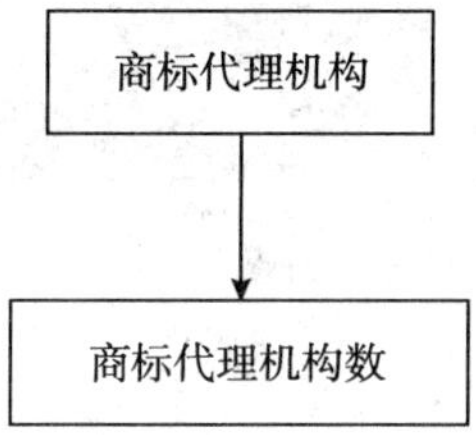

图4—20 商标代理机构指标框架图

（2）商标代理机构具体指标分析

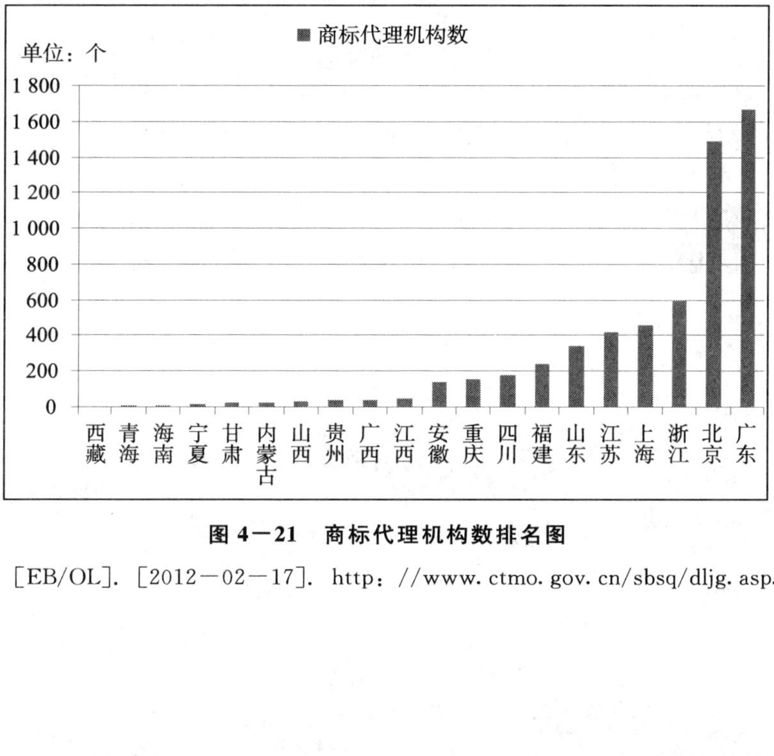

图4—21 商标代理机构数排名图

数据来源：[EB/OL]. [2012—02—17]. http://www.ctmo.gov.cn/sbsq/dljg.asp.

图 4－21 显示，商标代理机构数量在一定程度上是衡量区域商标代理情况的重要指标。西藏—江西是商标代理机构数量最少的 10 个省份，其中西藏（2 个）、青海（9 个）不足 10 个，而排名后 10 位的省份全部不足 50 个；广东—安徽是商标代理机构数量最多的 10 个省份，其中排名第 1 位的广东（1 665 个），排名第 2 位的北京（1 489 个）领跑全国，远多于其他省份。

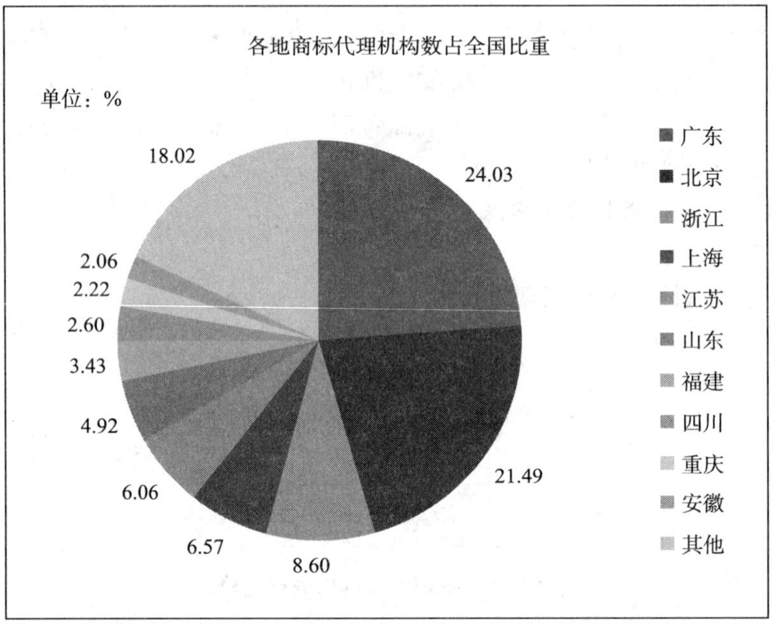

图 4－22　各地商标代理机构数占全国比重图

数据来源：[EB/OL]. [2012－03－08]. http：//www.ctmo.gov.cn/sbsq/dljg.asp.

图 4－22 显示，全国的商标代理机构集中趋势非常显著，主要集中在广东（24.03%）、北京（21.49%）两省市，占据了全国近一半的比重（约 45%）。排名前 10 的省份内设立的商标代理机构占全国总数量超过 80%。

3. 专利代理四级指标框架及排名与分析

（1）指标框架

专利代理指标用年度专利申请代理量衡量。

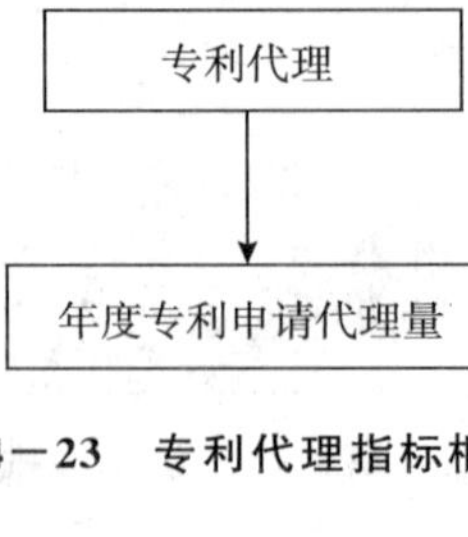

图 4－23　专利代理指标框架图

（2）专利代理具体指标分析

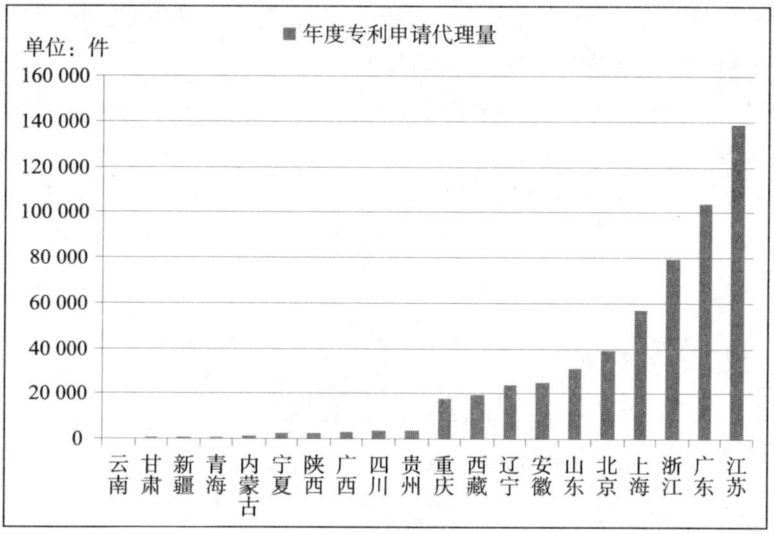

图 4—24　年度专利申请代理量排名图

数据来源：国家知识产权局．2010 年专利统计年报 [R/OL]．[2012—03—12]．http：//www.sipo.gov.cn/ghfzs/zltjjb/jianbao/year2010/indexy.html.

图 4—24 显示，年度专利申请代理量是衡量区域专利代理情况的重要指标。西藏—云南是年度专利申请代理量最少的 10 个省份，其中西藏（101 件）、青海（485 件）不足 500 件；江苏—四川是年度专利申请代理量最多的 10 个省份，整体呈现阶梯状上升态势，其中排名第 1 位的江苏（138 393 件）的年度专利申请代理量超过 120 000 件。

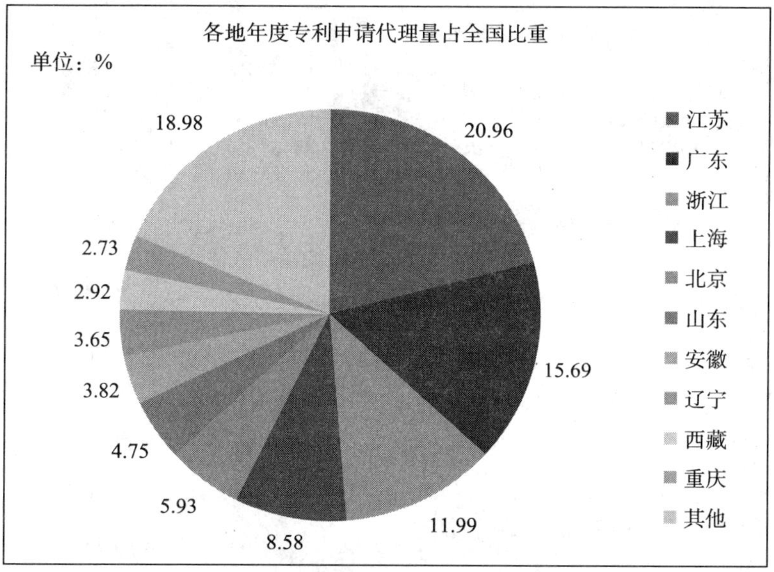

图 4—25　各地年度专利申请代理量占全国比重图

数据来源：国家知识产权局．2010 年专利统计年报 [R/OL]．[2012—03—12]．http：//www.sipo.gov.cn/ghfzs/zltjjb/jianbao/year2010/indexy.html.

图4－25显示，全国的年度专利申请代理量主要集中在江苏（20.96%）、广东（15.69%）、浙江（11.99%）三省份，三者之和占全国总量的48.90%，接近一半；排名前10位的省份占全国总量的比重超过80%。

4. 律师事务所四级指标框架及排名与分析

（1）指标框架

律师事务所指标用律师事务所数量衡量。

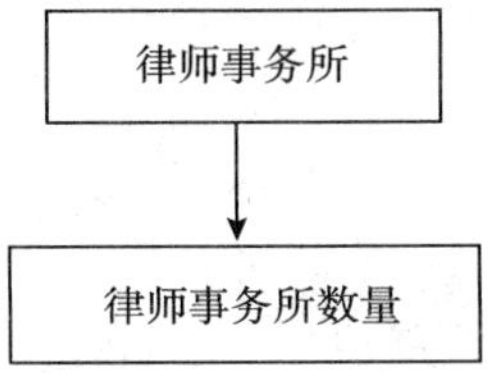

图4－26　律师事务所指标框架图

（2）律师事务所具体指标分析

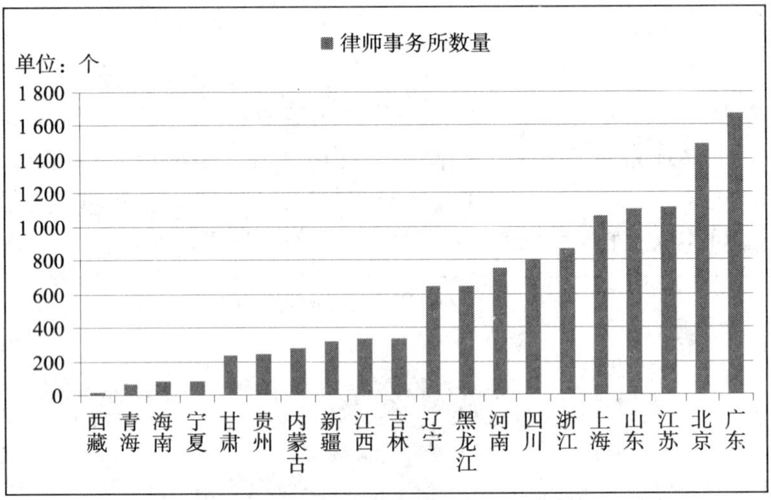

图4－27　律师事务所数量排名图

数据来源：[EB/OL]. [2012－03－08]. http：//www.moj.gov.cn.

图4－27显示，律师事务所数量是衡量区域知识产权服务水平的重要指标。西藏—吉林是年度专利申请代理量最少的10个省份，其中西藏（18个）、青海（66个）、海南（78个）、宁夏（81个）三地不足100家；广东—辽宁是律师事务所最多的10个省份，其中广东排名第1位，共有1 668家。

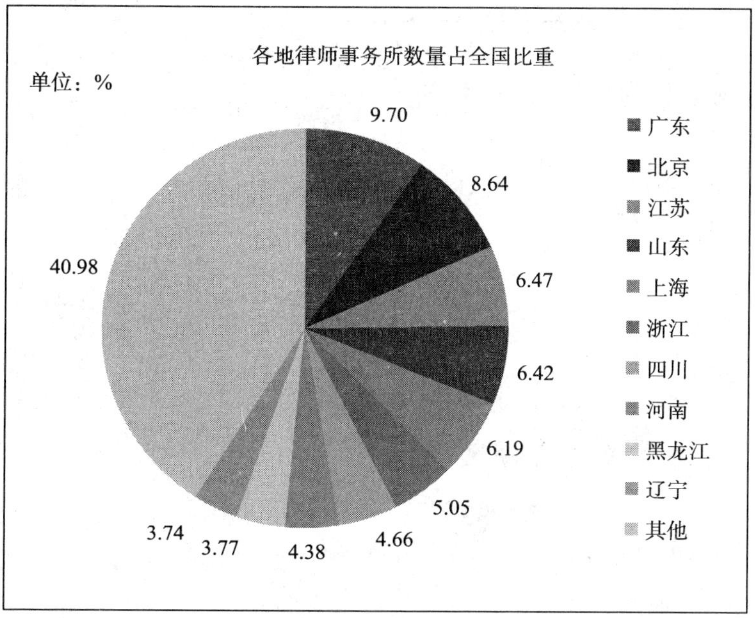

图 4－28 各地律师事务所数量占全国比重图

数据来源：[EB/OL]. [2012－03－08]. http：//www.moj.gov.cn.

图 4－28 显示，全国的律师事务所分布较为分散，主要集中在广东（19.51%）、北京（15.98%）、江苏（13.41%）、山东（13.41%）、上海（13.41%）五省市，五省市之和约占全国总量的 37.41%；排名靠前的 10 个省份占全国总量的比重为 59%。

5. 评估机构四级指标框架及排名与分析

（1）指标框架

评估机构指标用资产评估机构数量衡量。

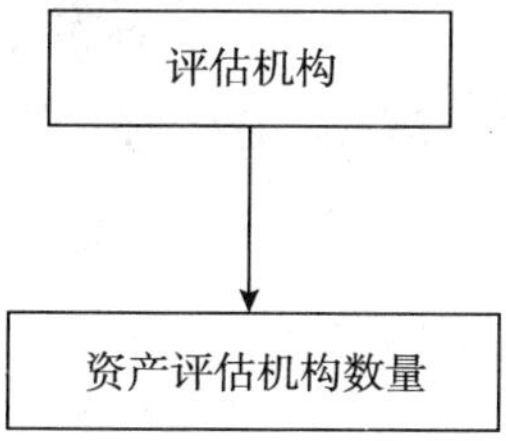

图 4－29 评估机构指标框架图

（2）评估机构具体指标分析

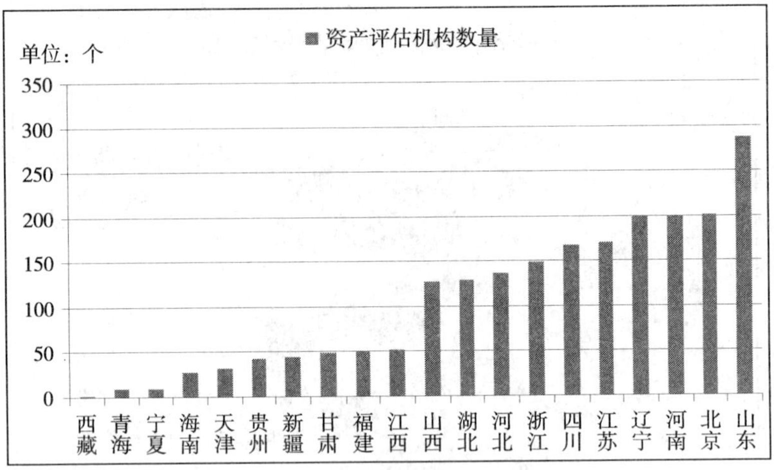

图 4—30 资产评估机构数量排名图

数据来源：[EB/OL]. [2012—01—03]. http：//cx. cas. org. cn.

图 4—30 显示，西藏—江西是资产评估机构数量最少的 10 个省份，除江西（52 家）外，均不足 50 家（含）；山东—山西是资产评估机构最多的 10 个省份，其中排名第一的山东有 287 家，其他省份整体相差不大。

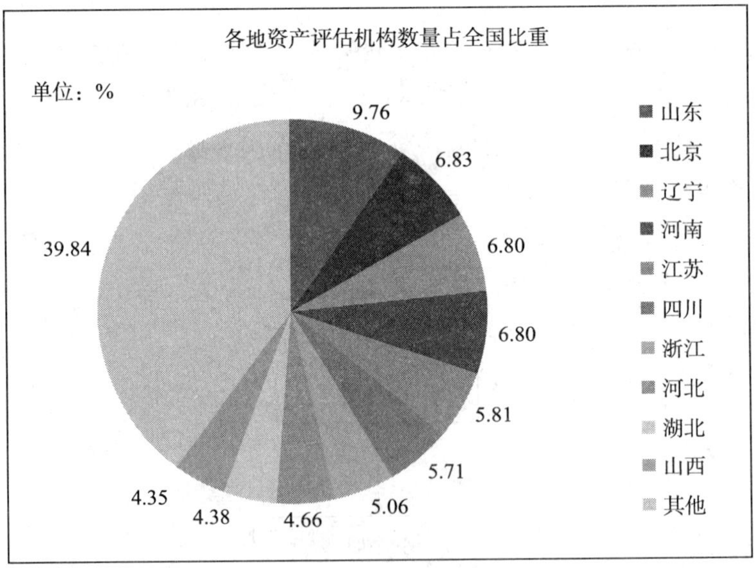

图 4—31 各地资产评估机构数量占全国比重图

数据来源：[EB/OL]. [2012—01—03]. http：//cx. cas. org. cn.

图 4—31 显示，全国的资产评估机构分布集中程度较低，份额最高的山东约为 39.84%，排名前 10 的省份差距不大，总和约占全国总数的 60%。

四、企业技改、引进三级指标框架及排名与分析

1. 企业技改、引进三级指标框架及指数排名

（1）指标框架

企业技改、引进指标下设 3 个三级指标：技术改造、国内引进、国外引进。

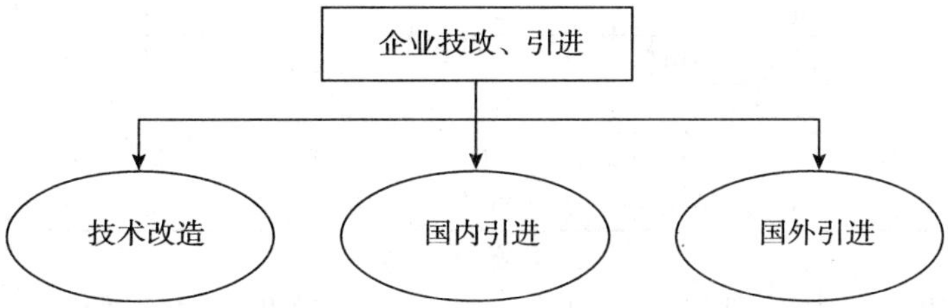

图 4—32　企业技改、引进指标框架图

（2）指数及排名

表 4—4　企业技改、引进指标指数及排名表

区域	企业技改、引进		技术改造		国内引进		国外引进	
	指数	排名	指数	排名	指数	排名	指数	排名
江苏	0.656	1	1.000	1	0.419	5	0.547	3
上海	0.632	2	0.255	11	0.643	3	1.000	1
山东	0.477	3	0.623	2	0.350	6	0.458	4
广东	0.463	4	0.374	7	0.307	8	0.707	2
内蒙古	0.436	5	0.249	12	1.000	1	0.059	22
浙江	0.376	6	0.468	5	0.303	9	0.356	6
辽宁	0.334	7	0.431	6	0.449	4	0.122	16
四川	0.322	8	0.509	4	0.327	7	0.129	15
陕西	0.316	9	0.171	18	0.727	2	0.051	23
湖南	0.275	10	0.574	3	0.111	15	0.140	14
河北	0.266	11	0.352	8	0.088	20	0.359	5
福建	0.228	12	0.152	20	0.246	10	0.287	8
天津	0.225	13	0.178	16	0.161	11	0.338	7
湖北	0.193	14	0.274	10	0.061	22	0.245	9
山西	0.173	15	0.244	13	0.101	19	0.175	13
北京	0.171	16	0.212	14	0.072	21	0.229	10
河南	0.163	17	0.282	9	0.104	18	0.102	18
重庆	0.134	18	0.114	21	0.108	17	0.181	12
甘肃	0.133	19	0.077	25	0.119	13	0.202	11
安徽	0.123	20	0.172	17	0.110	16	0.087	20
江西	0.100	21	0.094	23	0.117	14	0.090	19
云南	0.099	22	0.093	24	0.131	12	0.071	21
黑龙江	0.096	23	0.152	19	0.027	26	0.110	17
广西	0.079	24	0.205	15	0.021	28	0.011	28

续表

区域	企业技改、引进		技术改造		国内引进		国外引进	
	指数	排名	指数	排名	指数	排名	指数	排名
贵州	0.062	25	0.112	22	0.056	23	0.018	26
宁夏	0.044	26	0.056	26	0.050	24	0.025	24
吉林	0.037	27	0.051	27	0.042	25	0.019	25
新疆	0.015	28	0.033	28	0.009	29	0.004	29
青海	0.009	29	0.008	29	0.001	30	0.018	27
海南	0.009	30	0.003	30	0.021	27	0.002	30
西藏	0.000	31	0.000	31	0.000	31	0.000	31

企业技术改造、国内引进和国外引进三项指标考察的是大中型工业企业技改、引进和消化技术成果的投入和能力。观察表4—4可以发现，企业技改、引进指标排名前10位的省份是：江苏、上海、山东、广东、内蒙古、浙江、辽宁、四川、陕西、湖南。排名后10位的省份是：云南、黑龙江、广西、贵州、宁夏、吉林、新疆、青海、海南、西藏。除了少数省份外，整体变化不大。值得注意的是，内蒙古在企业技改、引进指标上的表现较为突出，高居第5位，远好于其综合实力排名。而北京则表现不理想，仅居第16位。

2. 技术改造四级指标框架及排名与分析

(1) 指标框架

技术改造指标用大中型工业企业技术改造经费支出来衡量。

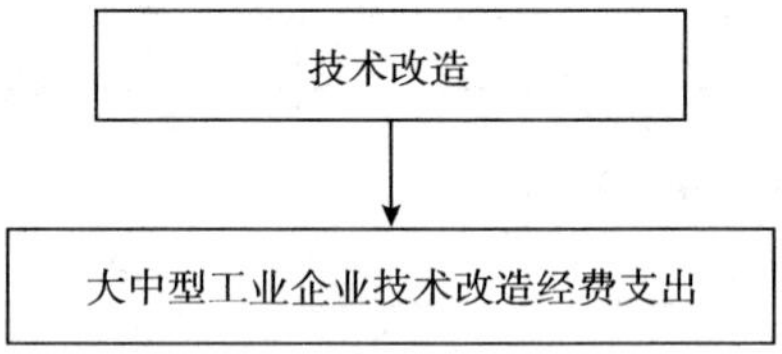

图4—33 技术改造指标框架图

(2) 技术改造具体指标分析

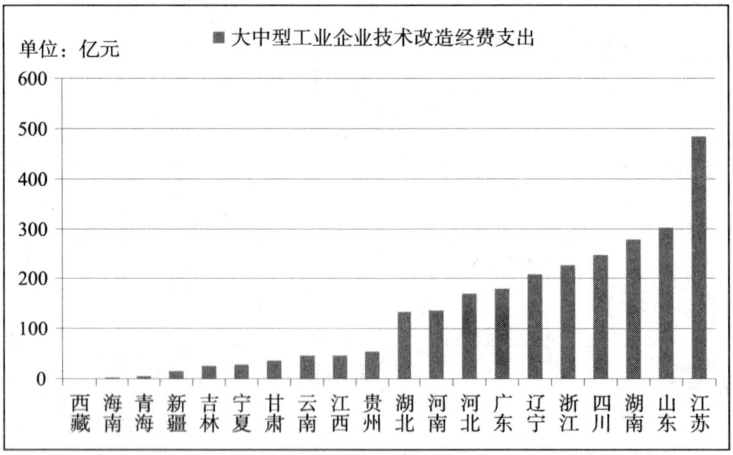

图4—34 大中型工业企业技术改造经费支出排名图

数据来源：国家统计局，科学技术部．中国科技统计年鉴2011［M］．北京：中国统计出版社，2011.

图 4—34 显示，西藏—贵州是大中型工业企业技术改造经费支出最少的 10 个省份，全部不足 100 亿元，其中西藏（0 亿元）、海南（1.58 亿元）、青海（4.07 亿元）的经费支出不足 5 亿元；江苏—湖北是大中型工业企业技术改造经费支出最多的 10 个省份，其中江苏位居第 1 位，为 483.95 亿元，其余排名前 10 的省份差距不大。

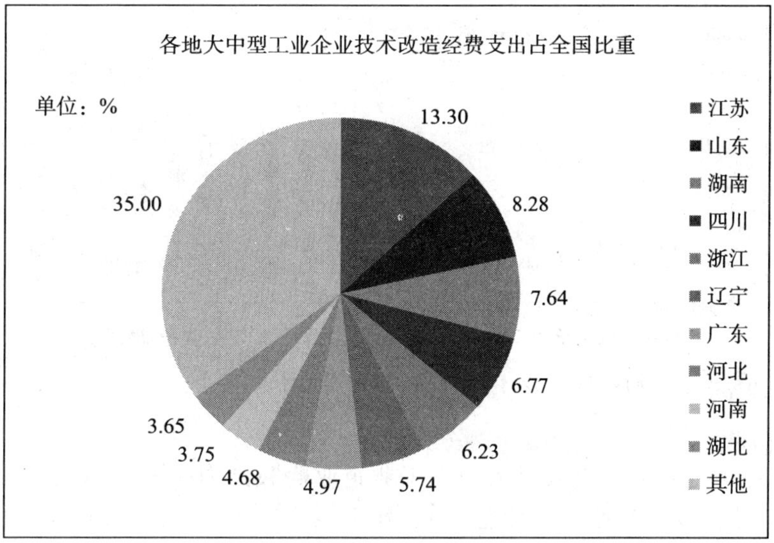

图 4—35　各地大中型工业企业技术改造经费支出占全国比重图

数据来源：国家统计局，科学技术部. 中国科技统计年鉴 2011 [M]. 北京：中国统计出版社，2011.

图 4—35 显示，大中型工业企业技术改造经费支出相对分散。排名前 10 的省份在比重上只有江苏超过 10%，其余差距不大，表现较为均衡。而排名前 10 省份的大中型工业企业技术改造经费支出总数占全国比重达到 65%。

3. 国内引进四级指标框架及排名与分析

（1）指标框架

国内引进指标用大中型工业企业购买国内技术经费支出来衡量。

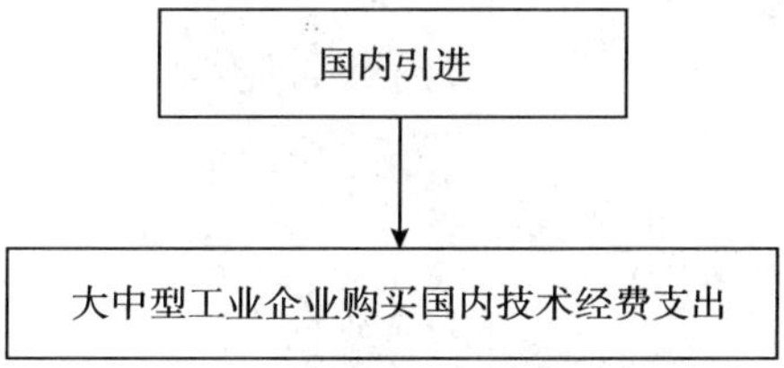

图 4—36　国内技术引进指标框架图

（2）国内引进具体指标分析

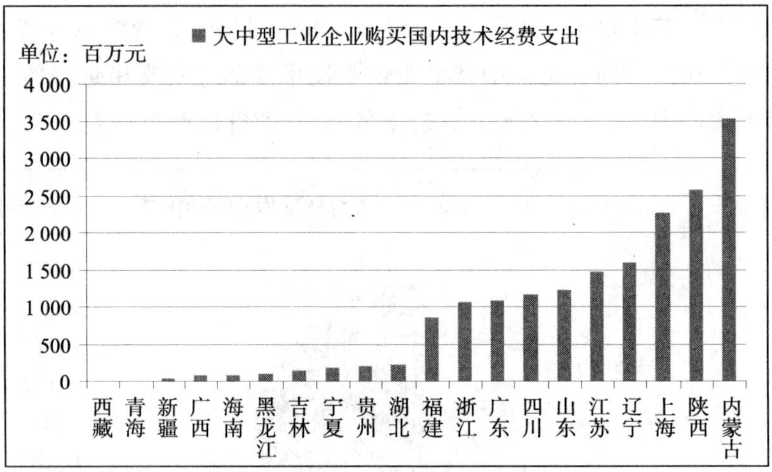

图 4—37 大中型工业企业购买国内技术经费支出排名图

数据来源：国家统计局，科学技术部．中国科技统计年鉴 2011［M］．北京：中国统计出版社，2011．

图 4—37 显示，西藏—湖北是大中型工业企业购买国内技术经费支出最少的 10 个省份，除西藏（0 亿元）、青海（0.03 亿元）、新疆（0.33 亿元）、广西（0.74 亿元）、海南（0.75 亿元）、黑龙江（0.94 亿元）的大中型工业企业购买国内技术经费支出不足亿元；内蒙古—福建是大中型工业企业购买国内技术经费支出最多的 10 个省份，其中内蒙古异军突起，经费支出达到了 35.25 亿元，处于领先位置，比上年（5.86 亿元，统计口径为“规模以上工业企业”）有较大幅度增长，表明资源型城市在寻求“突围”，转变发展方式，开始重视科技。其他省份呈渐升态势。

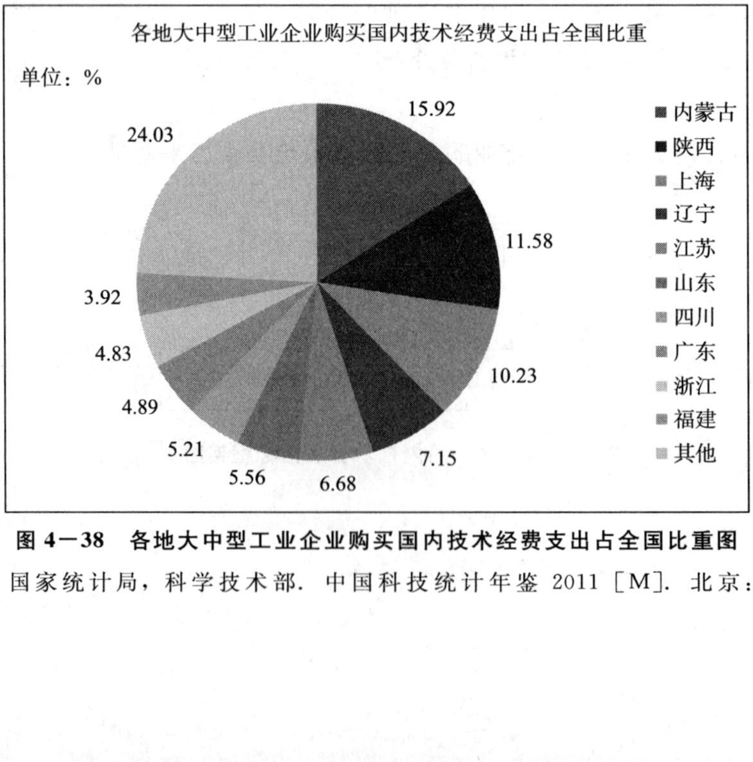

图 4—38 各地大中型工业企业购买国内技术经费支出占全国比重图

数据来源：国家统计局，科学技术部．中国科技统计年鉴 2011［M］．北京：中国统计出版社，2011．

图 4—38 显示，内蒙古（15.92%）、陕西（11.58%）、上海（10.23%）三省份所占比重均超 10%，其他排名前 10 的省份相差不大。排名前 10 的省份比重总和约为 76%。

4. 国外引进四级指标框架及排名与分析

（1）指标框架

国外引进指标用大中型工业企业技术引进、消化吸收经费来测度。

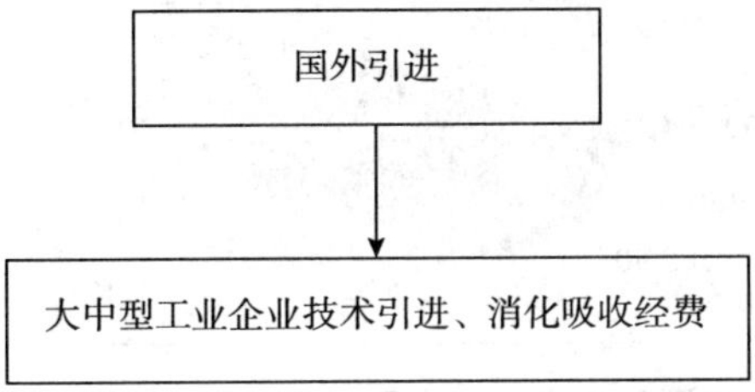

图 4—39　国外技术引进指标框架图

（2）国外引进具体指标分析

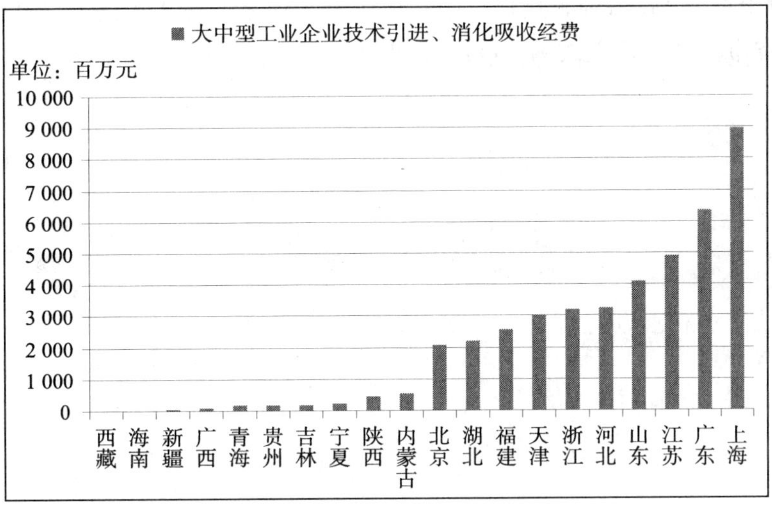

图 4—40　大中型工业企业技术引进、消化吸收经费支出排名图

数据来源：国家统计局，科学技术部．中国科技统计年鉴 2011［M］．北京：中国统计出版社，2011.

图 4—40 显示，西藏—内蒙古是大中型工业企业技术引进、消化吸收经费支出最少的 10 个省份，全部不足 10 亿元，其中西藏（0 亿元）、海南（0.17 亿元）、新疆（0.35 亿元）、广西（0.96 亿元）的该项支出不足 1 亿元；上海—北京是大中型工业企业技术引进、消化吸收经费支出最多的 10 个省份，其中上海（89.77 亿元）、广东（63.43 亿元）、江苏（49.15 亿元）、山东（41.09 亿元）居领先位置，领先于全国其他省份。

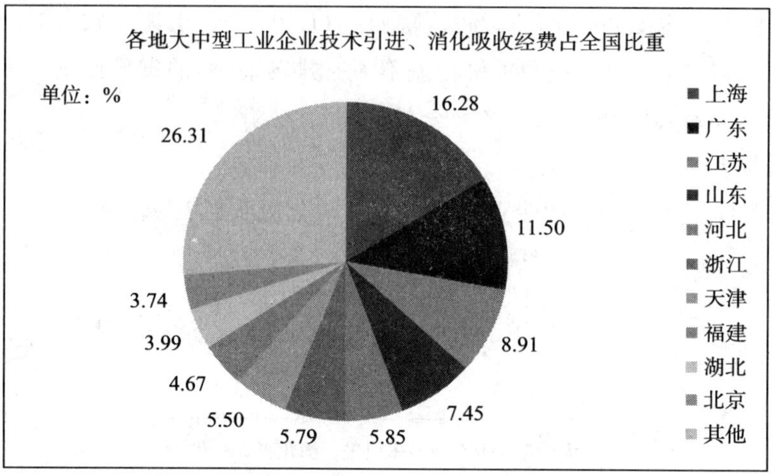

图 4—41 各地大中型工业企业技术引进、消化吸收经费支出占全国比重图

数据来源：国家统计局，科学技术部. 中国科技统计年鉴 2011 [M]. 北京：中国统计出版社，2011.

图 4—41 显示，全国的大中型工业企业技术引进、消化吸收经费支出相对集中。其中，上海（16.28%）、广东（11.50%）、江苏（8.91%）、山东（7.45%）经费支出总计占全国总量的比重为 44.15%，接近一半；大中型工业企业技术引进、消化吸收经费支出最多的 10 个省市占全国比重约为 74%，接近 3/4。

第五章　知识产权综合绩效各项指标排名与分析

一、知识产权综合绩效二级指标框架及排名与分析

1. 指标框架

知识产权综合绩效指标下设 3 个二级指标：宏观经济绩效、社会进步绩效、企业发展绩效。

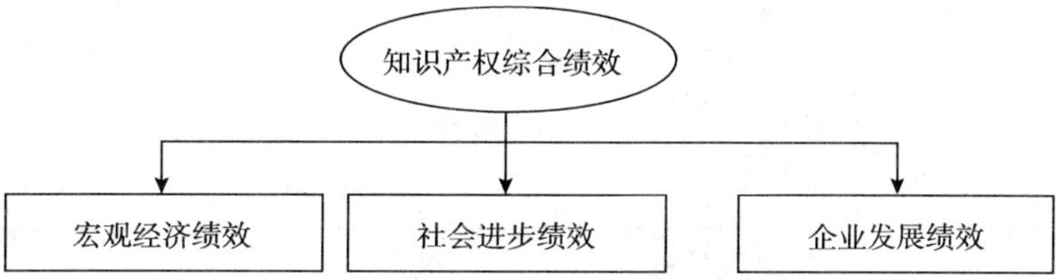

图 5—1　知识产权综合绩效指标框架图

2. 指数及排名

表 5—1　知识产权综合绩效指标指数及排名表

区域	知识产权综合绩效		宏观经济绩效		社会进步绩效		企业发展绩效	
	指数	排名	指数	排名	指数	排名	指数	排名
上海	0.748	1	0.862	1	0.948	1	0.433	9
天津	0.740	2	0.721	3	0.706	7	0.793	2
北京	0.688	3	0.847	2	0.875	2	0.343	20
广东	0.611	4	0.687	4	0.767	4	0.378	15
江苏	0.586	5	0.584	5	0.736	5	0.439	7
浙江	0.535	6	0.499	6	0.810	3	0.298	24
重庆	0.535	7	0.256	18	0.517	20	0.832	1
山东	0.514	8	0.390	8	0.576	11	0.577	3
福建	0.512	9	0.483	7	0.707	6	0.345	19
辽宁	0.451	10	0.350	9	0.638	8	0.365	16
海南	0.439	11	0.217	25	0.590	9	0.511	5
山西	0.434	12	0.259	17	0.568	13	0.476	6
安徽	0.428	13	0.243	21	0.504	21	0.536	4
湖北	0.427	14	0.329	10	0.523	19	0.428	10
陕西	0.424	15	0.306	12	0.575	12	0.391	13
内蒙古	0.420	16	0.268	16	0.580	10	0.412	12
湖南	0.412	17	0.271	15	0.531	16	0.434	8
广西	0.382	18	0.230	22	0.532	15	0.385	14
吉林	0.372	19	0.282	14	0.567	14	0.268	26

续表

区域	知识产权综合绩效		宏观经济绩效		社会进步绩效		企业发展绩效	
	指数	排名	指数	排名	指数	排名	指数	排名
江西	0.370	20	0.287	13	0.466	25	0.357	17
四川	0.369	21	0.311	11	0.473	24	0.324	22
河北	0.347	22	0.249	19	0.529	18	0.263	27
宁夏	0.345	23	0.189	28	0.530	17	0.315	23
河南	0.330	24	0.225	23	0.497	22	0.268	25
贵州	0.330	25	0.210	26	0.431	26	0.349	18
青海	0.301	26	0.162	30	0.328	30	0.413	11
黑龙江	0.291	27	0.243	20	0.478	23	0.152	30
云南	0.281	28	0.206	27	0.386	27	0.251	28
新疆	0.276	29	0.147	31	0.356	28	0.325	21
甘肃	0.244	30	0.170	29	0.356	29	0.205	29
西藏	0.126	31	0.217	24	0.162	31	0.000	31

观察表 5—1 可以发现，知识产权综合绩效指标排名前 10 位的省份是：上海、天津、北京、广东、江苏、浙江、重庆、山东、福建、辽宁，较上年有一定的变化，重庆和辽宁都是新晋，上年排名前 10 位的湖南和吉林跌出前 10 位。排名后 10 位的省份是：重庆、四川、贵州、云南、西藏、陕西、甘肃、青海、宁夏、新疆，排名后 10 位的省份变化不大，除重庆外，其他 9 个省份上年排名也在后 10 位。

宏观经济绩效指标与社会进步绩效指标的一致性较高，企业发展绩效指标有一定的独立性，例如，北京的宏观经济绩效和社会进步绩效两个指标都排在第 2 位，而企业发展绩效指标却排名第 20 位，差距非常大。又如浙江，宏观经济绩效和社会进步绩效分别排名第 6 位和第 3 位，但企业发展绩效却排名第 24 位。企业发展绩效如此表现，有其内在的规律，也表明在知识产权方面，企业与当地经济、社会进步不一定完全同步。

二、宏观经济绩效三级指标框架及排名与分析

1. 宏观经济绩效三级指标框架及指数排名

(1) 指标框架

宏观经济绩效指标下设 3 个三级指标：经济发展水平、经济增长方式转变、经济结构优化。

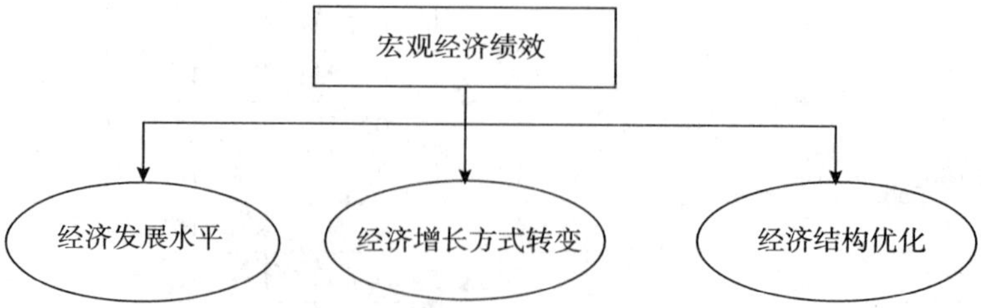

图 5—2 宏观经济绩效指标框架图

（2）指数及排名

表5—2　宏观经济绩效指标指数及排名表

区域	宏观经济绩效		经济发展水平		经济增长方式转变		经济结构优化	
	指数	排名	指数	排名	指数	排名	指数	排名
上海	0.862	1	1.000	1	0.845	1	0.740	2
北京	0.847	2	0.934	2	0.606	4	1.000	1
天津	0.721	3	0.834	3	0.752	2	0.576	5
广东	0.687	4	0.636	6	0.750	3	0.675	3
江苏	0.584	5	0.650	5	0.512	7	0.589	4
浙江	0.499	6	0.736	4	0.529	6	0.233	13
福建	0.483	7	0.520	7	0.585	5	0.346	7
山东	0.390	8	0.493	8	0.467	8	0.210	14
辽宁	0.350	9	0.465	10	0.413	9	0.173	16
湖北	0.329	10	0.297	17	0.389	13	0.301	8
四川	0.311	11	0.238	24	0.302	22	0.393	6
陕西	0.306	12	0.335	13	0.306	20	0.277	9
江西	0.287	13	0.259	22	0.338	16	0.263	11
吉林	0.282	14	0.323	15	0.376	14	0.148	18
湖南	0.271	15	0.274	19	0.407	10	0.132	19
内蒙古	0.268	16	0.485	9	0.289	24	0.030	31
山西	0.259	17	0.375	12	0.300	23	0.101	25
重庆	0.256	18	0.384	11	0.207	27	0.178	15
河北	0.249	19	0.315	16	0.313	19	0.119	21
黑龙江	0.243	20	0.265	21	0.393	11	0.072	29
安徽	0.243	21	0.246	23	0.374	15	0.109	22
广西	0.230	22	0.223	25	0.337	17	0.130	20
河南	0.225	23	0.268	20	0.333	18	0.073	27
西藏	0.217	24	0.217	26	0.170	29	0.265	10
海南	0.217	25	0.100	31	0.390	12	0.160	17
贵州	0.210	26	0.181	28	0.205	28	0.242	12
云南	0.206	27	0.206	27	0.306	21	0.105	23
宁夏	0.189	28	0.330	14	0.148	30	0.090	26
甘肃	0.170	29	0.167	29	0.241	26	0.102	24
青海	0.162	30	0.282	18	0.131	31	0.073	28
新疆	0.147	31	0.154	30	0.246	25	0.041	30

分析表5—2可以发现，宏观经济绩效指标排名前10位的省份是：上海、北京、天

津、广东、江苏、浙江、福建、山东、辽宁、湖北，排名后10位的省份是：广西、河南、西藏、海南、贵州、云南、宁夏、甘肃、青海、新疆。与上年相比，排名前10位和排名后10位的省份没有变化，只是个别省份排名稍有升降。

从总体来看，经济发展水平、经济增长方式转变、经济结构优化这3个指标的排名一致性较强，反映出经济社会各层面发展的高度相关性。如上海、北京、天津、广东、江苏、浙江、福建等经济发展绩效指表排名位居前10位的省份，其经济发展水平、经济增长方式、经济结构优化指表排名也大致位居前10位上下。

2. 经济发展水平四级指标框架及排名与分析

（1）指标框架

经济发展水平指标下设3个四级指标：非农经济比重、人均GDP、城镇居民人均可支配收入。

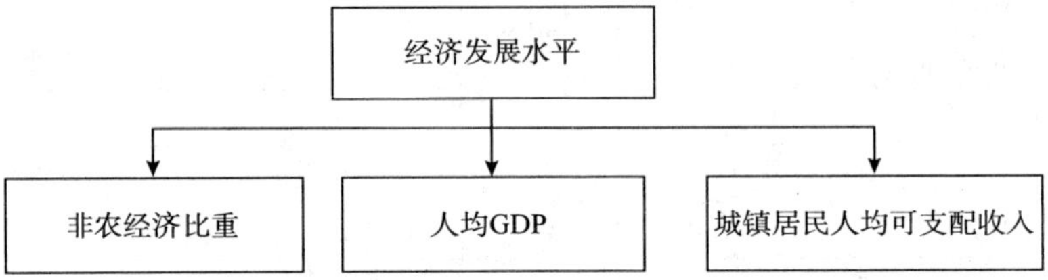

图5—3　经济发展水平指标框架图

（2）经济发展水平具体指标分析

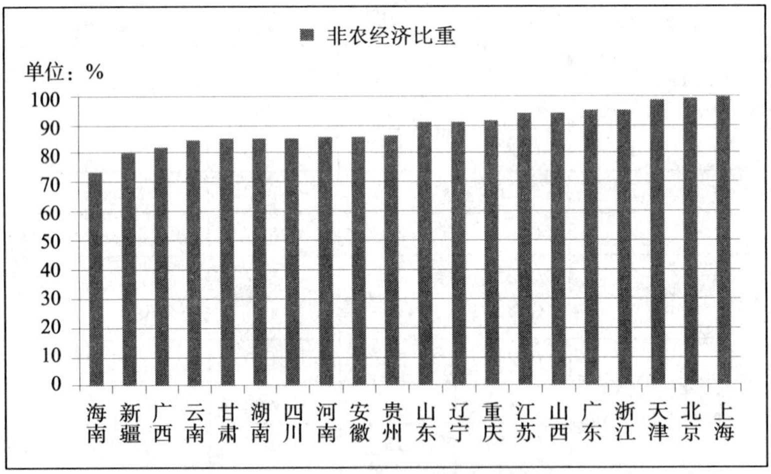

图5—4　非农经济比重排名图

数据来源：国家统计局．中国统计年鉴2011［M］．北京：中国统计出版社，2011.

图5—4显示，海南—贵州是非农经济比重最低的10个省份，全部不足90%，其中，海南（73.85%）的非农经济比重不足75%；上海—山东是非农经济比重最高的10个省份，其中上海（99.34%）、北京（99.12%）、天津（98.42%）的非农经济比重均超过95%，比上年均有所增长。

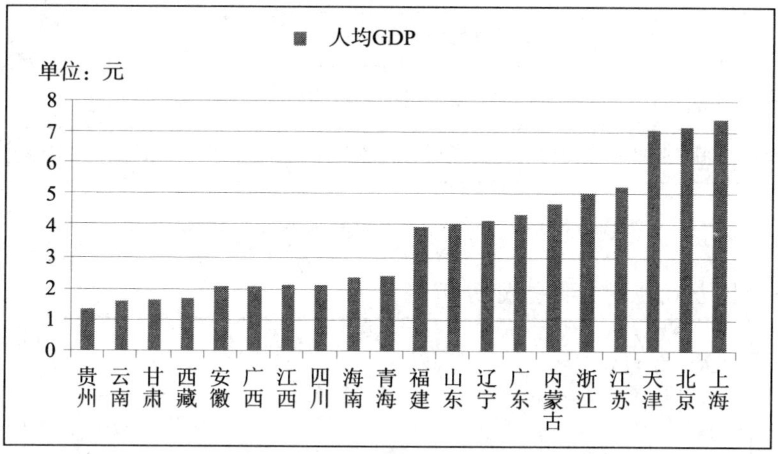

图 5—5　人均 GDP 排名图

数据来源：国家统计局．中国统计年鉴 2011 [M]．北京：中国统计出版社，2011．

图 5—5 显示，贵州—青海是人均 GDP 最低的 10 个省份，全部不足 2.5 万元；上海—福建是人均 GDP 最高的 10 个省份，其中上海（7.5 万元）、北京（7.19 万元）、天津（7.10 万元）的人均 GDP 超过 7 万元，远高于全国其他省份。

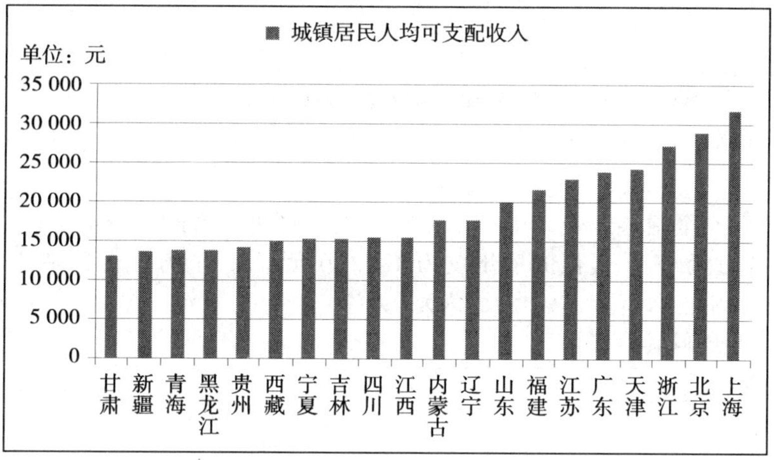

图 5—6　城镇居民人均可支配收入排名图

数据来源：国家统计局．中国统计年鉴 2011 [M]．北京：中国统计出版社，2011．

图 5—6 显示，甘肃—江西是城镇居民人均可支配收入最低的 10 个省份，相互之间差异不大，其中最低的甘肃城镇居民人均可支配收入为 1.3 万元；上海—内蒙古是城镇居民人均可支配收入最高的 10 个省份，呈阶梯状上升，其中上海（3.18 万元）、北京（2.91 万元）、浙江（2.74 万元）超过 2.5 万元，领先于全国其他省份。

3. 经济增长方式转变四级指标框架及排名与分析

（1）指标框架

经济增长方式转变指标下设 3 个四级指标：劳动生产率、资本生产率、综合能耗产出率。

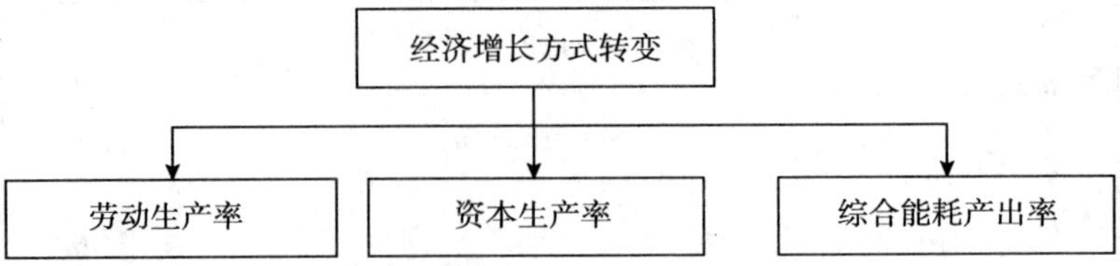

图 5—7　经济增长方式转变指标框架图

（2）经济增长方式转变具体指标分析

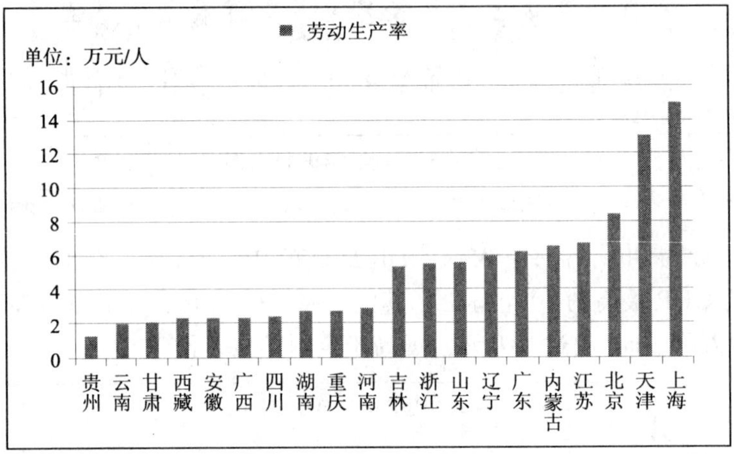

图 5—8　劳动生产率排名图

数据来源：中国科技统计资料汇编（2011）[EB/OL]. [2012—01—14]. http：//www.sts.org.cn/zlhb/2011/hb5.1.htm.

图 5—8 显示，全国各地劳动生产率差距很大，贵州—河南是劳动生产率最低的 10 个省份，均不足 3 万元/人，最低的贵州仅为 1.32 万元/人；上海—吉林是劳动生产率最高的 10 个省份，其中上海（14.99 万元/人）、天津（13.05 万元/人）的劳动生产率超过 10 万元/人，领先于全国其他省份。

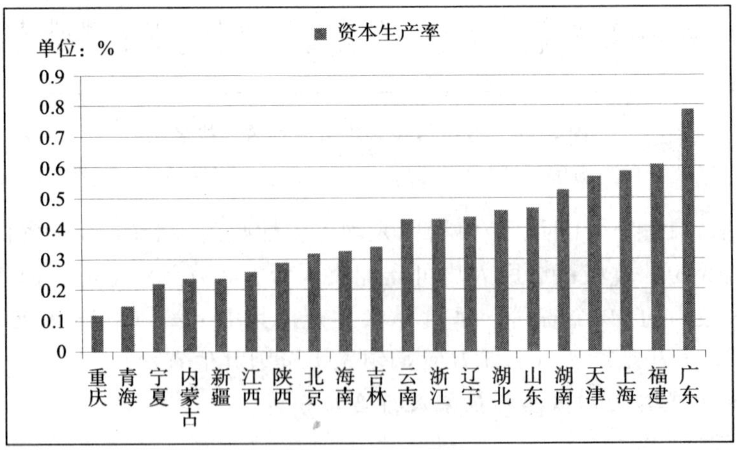

图 5—9　资本生产率排名图

数据来源：中国科技统计资料汇编（2011）[EB/OL]. [2012—01—14]. http：//www.sts.org.cn/zlhb/2011/hb5.1.htm.

资本生产率是指以“资本”作为投入量的条件下，单位资本的产出量。图5—9显示，本排名显示资本生产率排名呈阶梯状。其中重庆的资本生产率最低，为0.12，广东的资本生产率最高，为0.79。

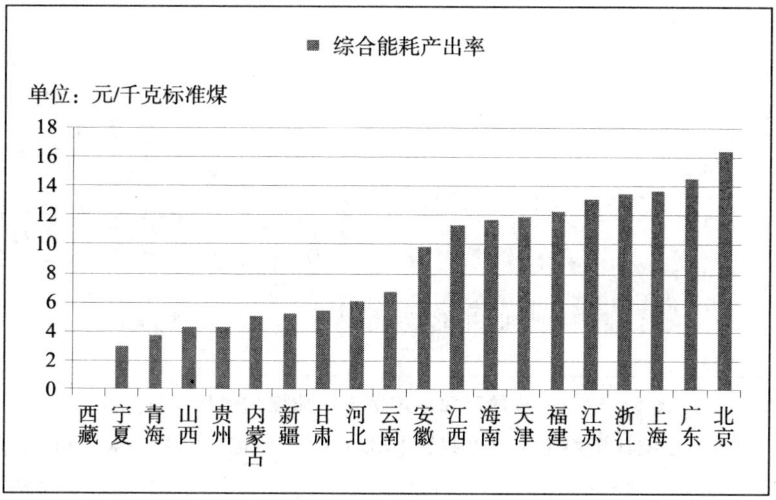

图5—10　综合能耗产出率排名图

数据来源：中国科技统计资料汇编（2011）［EB/OL］．［2012—01—14］．http：//www. sts. org. cn/zlhb/2011/hb5. 1. htm.

图5—10显示，西藏—云南是综合能耗产出率最低的10个省份，而西藏的综合能耗产出率为0，北京—安徽是综合能耗产出率最高的10个省份，其中北京的综合能耗产出率为为16.50元/千克标准煤，比上年（15.11元/千克标准煤）有所提高。

4. 经济结构优化四级指标框架及排名与分析

（1）指标框架

经济结构优化指标下设3个四级指标：高技术产业增加值占工业增加值比重、高技术产品出口额占商品出口额比重、知识密集型服务业增加值占生产总值比重。

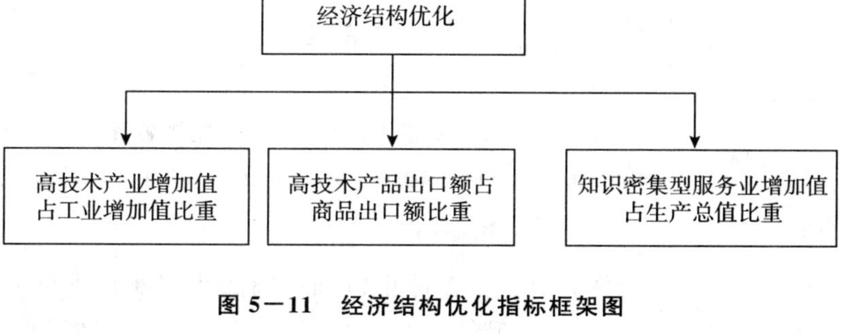

图5—11　经济结构优化指标框架图

（2）经济结构优化具体指标分析

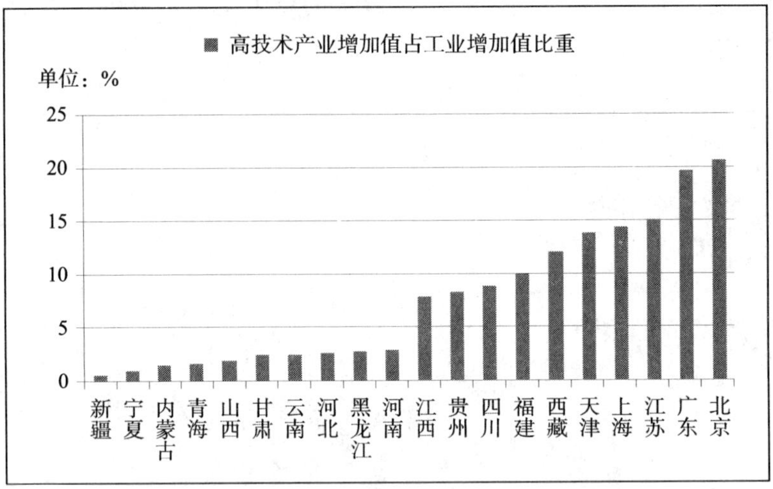

图 5—12　高技术产业增加值占工业增加值比重排名图

数据来源：中国科技统计资料汇编（2011）［EB/OL］．［2012—01—14］．http：//www.sts.org.cn/zlhb/2011/hb5.1.htm.

图 5—12 显示，新疆—河南是高技术产业增加值占工业增加值比重最低的 10 个省份，其中新疆比重最低，仅为 0.56%，不足 1%，其余排名后 10 的省份比重均不足 4%；北京—江西是比重最高的 10 个省份，其中北京为 21.98%，广东为 20.86%，超过 20%，领先全国。

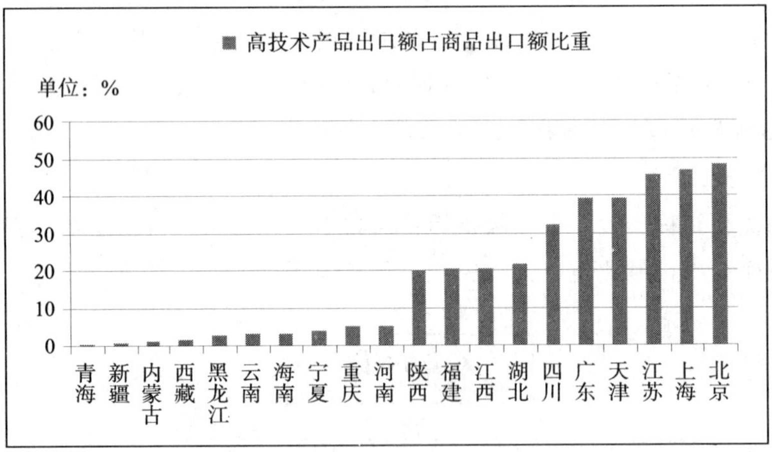

图 5—13　高技术产品出口额占商品出口额比重排名图

数据来源：中国科技统计资料汇编（2011）［EB/OL］．［2012—01—14］．http：//www.sts.org.cn/zlhb/2011/hb5.1.htm.

图 5—13 显示，河南—青海是高技术产品出口额占商品出口额比重排名后 10 位的省份，其中青海（0.51%）、新疆（0.70%）均不足 1%，但较上年（青海 0.24%；新疆 0.35%）已有较大幅度增长。北京—陕西是高技术产品出口额占商品出口额比重排名前

10位的省份，总体呈递增态势，北京最高，为48.38%，排在其后的上海（46.54%）、江苏（45.31%）的比重均已超过40%。

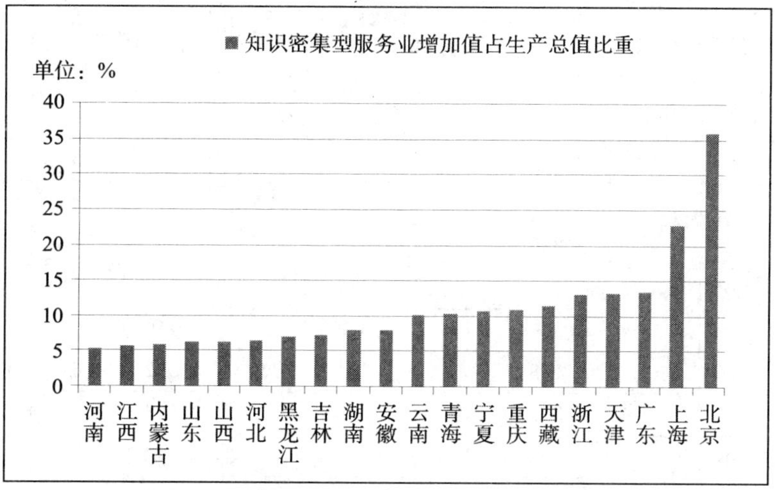

图5—14 知识密集型服务业增加值占生产总值比重排名图

数据来源：中国科技统计资料汇编（2011）［EB/OL］．［2012－01－14］．http：//www. sts. org. cn/zlhb/2011/hb5. 1. htm.

图5—14显示，河南—安徽是知识密集型服务业增加值占生产总值比重最小的10个省份，北京—云南是知识密集型服务业增加值占生产总值比重最大的10个省份。排名前10位的省份东部与西部各占半壁江山，表明传统的东部发达地区在继续保持优势的态势下，西部地区利用"后发优势"，进步迅速，差距有缩小的趋势。

三、社会进步绩效三级指标框架及排名与分析

1. 社会进步绩效三级指标框架及指数排名

（1）指标框架

社会进步绩效下设4个三级指标：环境改善、社会发展、社会生活信息化以及文化进步。

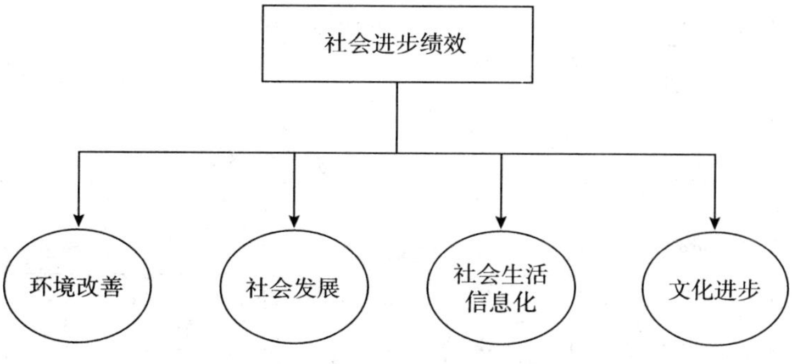

图5—15 社会进步绩效指标框架图

（2）指数及排名

表5—3　知识产权社会进步绩效指标指数及排名表

区域	社会进步绩效		环境改善		社会发展		社会生活信息化		文化进步	
	指数	排名	指数	排名	指数	排名	指数	排名	指数	排名
上海	0.948	1	0.878	7	1.000	1	0.951	2	0.964	3
北京	0.875	2	0.688	25	0.852	2	0.990	1	0.970	2
浙江	0.810	3	0.839	9	0.750	4	0.687	4	0.962	4
广东	0.767	4	0.905	6	0.646	8	0.717	3	0.798	7
江苏	0.736	5	0.800	13	0.693	6	0.450	8	1.000	1
福建	0.707	6	0.938	4	0.594	11	0.572	6	0.723	10
天津	0.706	7	0.775	18	0.765	3	0.623	5	0.658	14
辽宁	0.638	8	0.793	15	0.651	7	0.470	7	0.638	16
海南	0.590	9	0.987	1	0.621	10	0.324	11	0.429	29
内蒙古	0.580	10	0.862	8	0.399	24	0.374	9	0.684	12
山东	0.576	11	0.727	21	0.694	5	0.305	14	0.580	20
陕西	0.575	12	0.718	22	0.414	23	0.304	15	0.863	5
山西	0.568	13	0.663	26	0.529	16	0.311	13	0.768	8
吉林	0.567	14	0.782	17	0.634	9	0.277	16	0.577	21
广西	0.532	15	0.948	3	0.503	18	0.083	27	0.593	19
湖南	0.531	16	0.818	10	0.457	21	0.136	23	0.712	11
宁夏	0.530	17	0.793	16	0.421	22	0.260	17	0.646	15
河北	0.529	18	0.799	14	0.593	12	0.243	20	0.480	26
湖北	0.523	19	0.734	20	0.487	20	0.255	18	0.614	18
重庆	0.517	20	0.713	23	0.534	15	0.255	19	0.567	22
安徽	0.504	21	0.617	27	0.543	14	0.058	29	0.798	6
河南	0.497	22	0.815	11	0.521	17	0.091	26	0.560	23
黑龙江	0.478	23	0.706	24	0.581	13	0.179	21	0.447	28
四川	0.473	24	0.768	19	0.496	19	0.107	25	0.522	24
江西	0.466	25	0.907	5	0.333	25	0.004	31	0.622	17
贵州	0.431	26	0.809	12	0.115	29	0.040	30	0.760	9
云南	0.386	27	0.961	2	0.081	30	0.075	28	0.426	30
新疆	0.356	28	0.383	31	0.221	27	0.317	12	0.503	25
甘肃	0.356	29	0.414	29	0.225	26	0.123	24	0.660	13
青海	0.328	30	0.412	30	0.121	28	0.325	10	0.455	27
西藏	0.162	31	0.484	28	0.000	31	0.164	22	0.000	31

观察表 5—3 可以发现，社会进步绩效指标排名前 10 位的省份是：上海、北京、浙江、广东、江苏、福建、天津、辽宁、海南、内蒙古。其中，除内蒙古外，其他省份均为上年前 10 位的省份。排名后 10 位的省份是：河南、黑龙江、四川、江西、贵州、云南、新疆、甘肃、青海、西藏。其中，除河南、黑龙江、四川外，其余都是上年排名后 10 位的省份。

环境改善、社会发展、社会生活信息化、文化发展反映社会生活的不同层面，其中，社会发展和社会生活信息化与各省份的经济发展水平表现较为一致，总体而言，依旧是东部发达地区优于中西部欠发达区地区。而环境改善指标与文化发展指标则呈现出不同的趋势，例如，北京社会进步绩效指标排名第 2 位，而环境改善指标仅位于第 25 位，而有些省份则呈现相反的特征，安徽的社会进步绩效指标排名第 21 位，环境改善指标排名第 27 位，社会发展指标排名第 14 位，社会信息化指标排名第 29 位，而文化发展指标却高居第 6 位。海南则是环境改善指标明显高于其他指标排名的典型，其环境改善指标高居第 1 位，远远高于其他指标的表现。

2. 环境改善四级指标框架及排名与分析

（1）指标框架

环境改善指标下设 2 个四级指标：环境质量、环境污染治理。

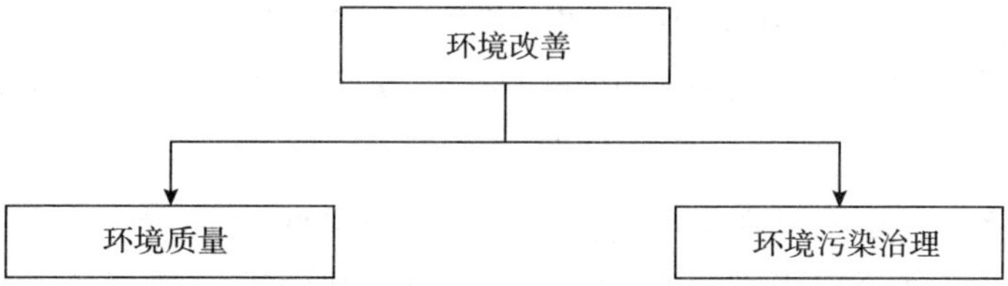

图 5—16　环境改善指标框架图

（2）环境改善具体指标分析

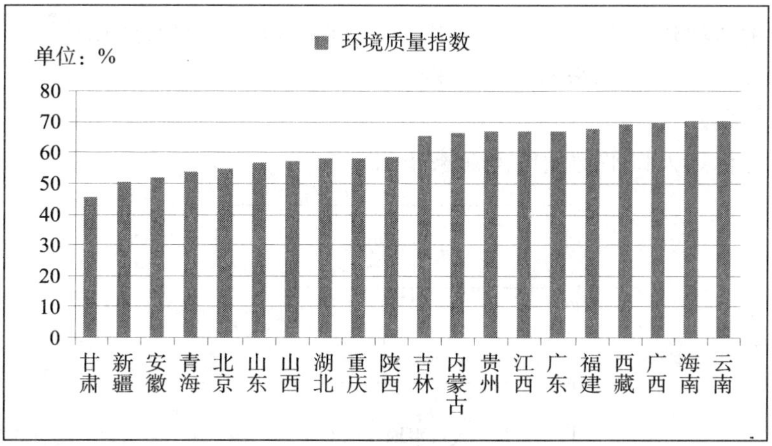

图 5—17　环境质量指数排名图

数据来源：中国科技统计资料汇编（2011）［EB/OL］.［2012—01—14］. http：//www. sts. org. cn/zlhb/2011/hb5. 1. htm.

环境质量指数是环境质量参数和环境质量标准的复合值，英文缩写为 EQI。环境质量指数广泛应用于污染物排放评价、污染源控制或治理效果评价、环境污染程度评价以及某些环境影响评价等方面。从图 5－17 中可以看出，陕西—甘肃是环境质量指数排名后 10 位的省份，云南—内蒙古是环境质量指数排名前 10 位的省份，总体来看，指数排名变化较为平顺，云南、海南、广西、西藏、福建、贵州等工业不太发达地区表现抢眼。

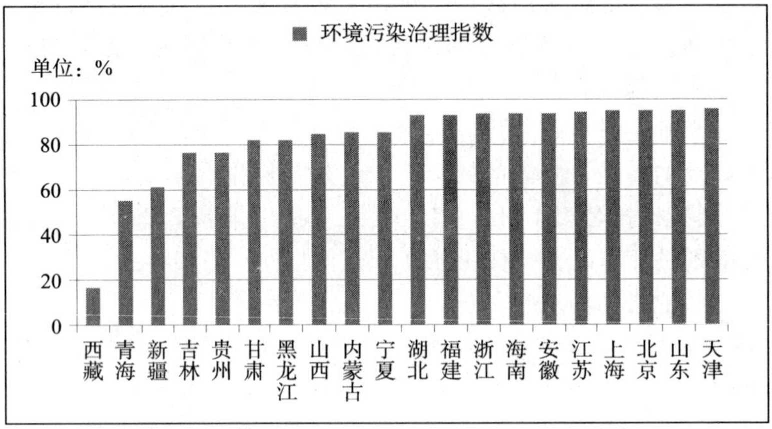

图 5－18 环境污染治理指数排名图

数据来源：中国科技统计资料汇编（2011）［EB/OL］.［2012－01－14］. http：//www.sts.org.cn/zlhb/2011/hb5.1.htm.

图 5－18 显示，宁夏—西藏是环境污染治理指数最低的 10 个省份，均为中西部省份，天津—湖北是环境污染治理指数最高的 10 个省份，其中天津的环境污染治理指数最高，为 95.71，其他省份整体差异不大。环境污染治理指数高的省份主要集中于东部沿海经济发展较快地区，与上年类似，表明由于在经济发展过程中经济发展方式带来的环境污染问题已经带来了重要影响，并日益得到重视，着手“反哺”环境，而工业经济欠发达的海南的环境污染治理指数居第 8 位，表明了海南省经济社会的发展定位。

3. 社会发展四级指标框架及排名与分析

（1）指标框架

社会发展指标用人口平均预期寿命来衡量。

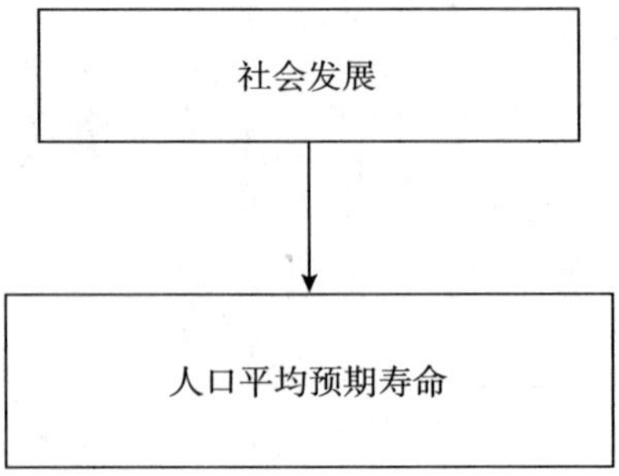

图 5－19 社会发展指标框架图

（2）社会发展具体指标分析

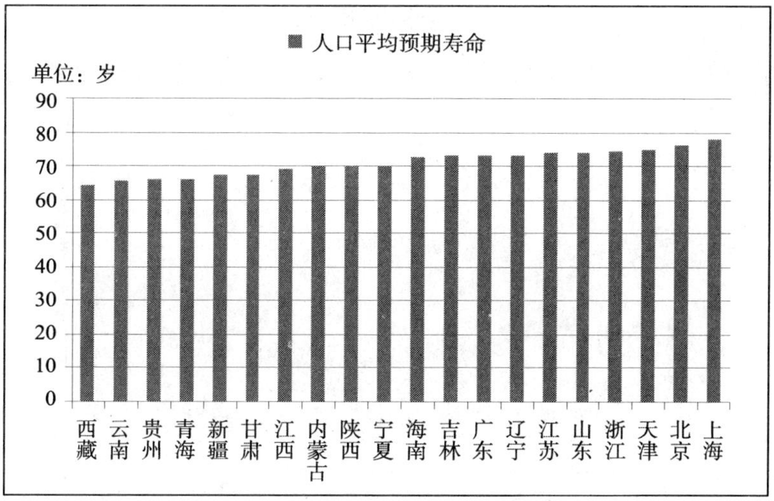

图 5－20　人口平均预期寿命排名图

数据来源：国家统计局．中国统计年鉴 2011 [M]．北京：中国统计出版社，2011.

图 5－20 显示，人口预期寿命指标整体表现较为平顺，西藏—宁夏是人口平均预期寿命最短的 10 个省份，除陕西（70.07 岁）、宁夏（70.17 岁）外，其他省份人口平均预期寿命均未达到 70 岁。而上海—海南是人口平均预期寿命最长的 10 个省份，上海的人口平均预期寿命最长，为 78 岁。地区经济发展程度、生态环境、物质基础、医疗设施等因素，在很大程度上影响到当地的人口寿命的长短。

4．社会生活信息化四级指标框架及排名与分析

（1）指标框架

社会生活信息化指标下设两个四级指标：互联网覆盖率和移动电话普及率。

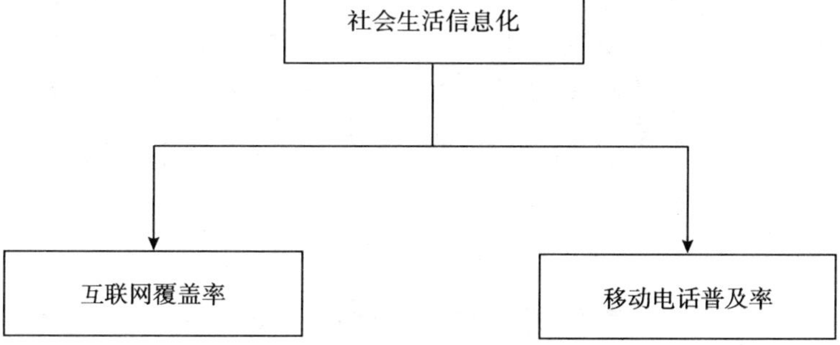

图 5－21　社会生活信息化指标框架图

（2）社会生活信息化具体指标分析

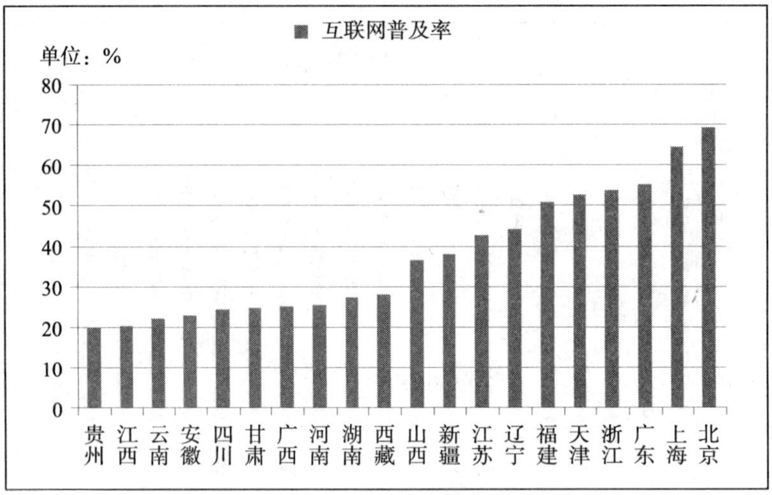

图 5－22　互联网覆盖率排名图

数据来源：国家统计局．中国统计年鉴 2011 [M]．北京：中国统计出版社，2011.

图 5－22 显示，贵州—西藏是互联网覆盖率最低的 10 个省份，均不足 30%，其中，贵州最低，为 19.8%，比上年（11%）有较大幅度增长；北京—山西是互联网覆盖率最高的 10 个省份，其中位居前 2 位的北京（69.4%）、上海（64.5%）的互联网覆盖率超过 60%，大幅领先于其他省份。

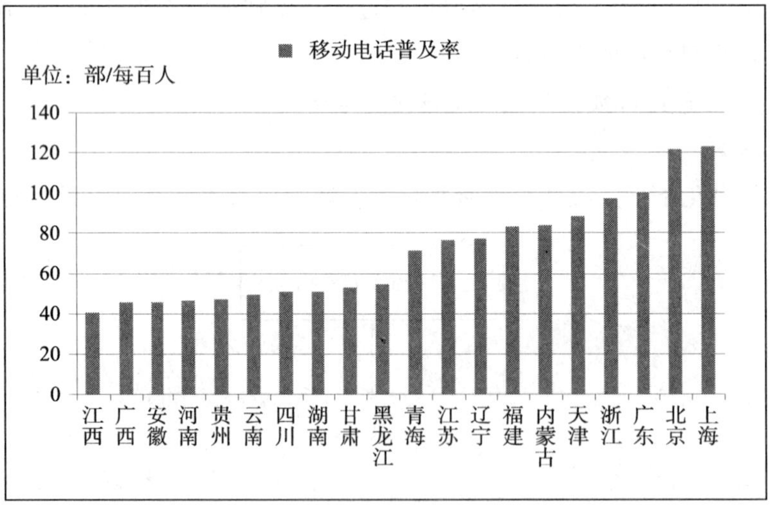

图 5－23　移动电话普及率排名图

数据来源：国家统计局．中国统计年鉴 2011 [M]．北京：中国统计出版社，2011.

图 5－23 显示，江西—黑龙江是移动电话普及率最低的 10 个省份，最低的江西为 40.87 部/每百人；上海—青海是移动电话普及率最高的 10 个省份，其中上海（122.93 部/每百人）、北京（121.36 部/每百人）的移动电话普及率超过 120 部/每百人。

5. 文化进步四级指标框架及排名与分析

（1）指标框架

文化进步指标是新增的指标，用以反映知识产权的发展对文化的促进作用，知识产权的发展促进文化的传承、传播与创新，该指标用各地区城镇居民家庭每人全年消费支出中文化领域占比来衡量。

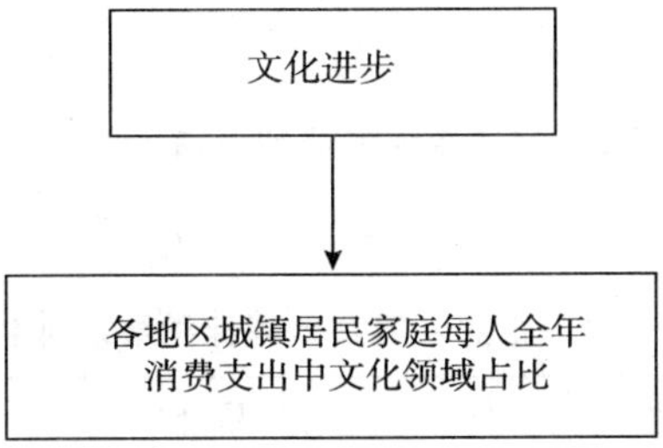

图 5—24　文化进步指标框架图

（2）文化进步具体指标分析

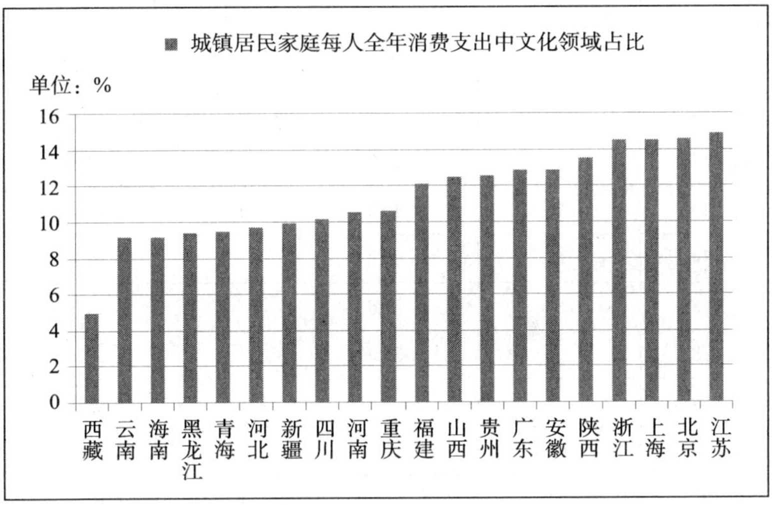

图 5—25　各地区城镇居民家庭每人全年消费支出中文化领域占比排名图

数据来源：国家统计局．中国统计年鉴 2011 [M]．北京：中国统计出版社，2011.

图 5—25 显示，各地区城镇居民家庭每人全年消费支出中文化领域占比整体呈现渐增态势，西藏最低，仅为 4.93%，不足 5%；江苏最高，约为 14.86%。

四、企业发展绩效三级指标框架及排名与分析

1. 企业发展绩效三级指标框架及指数排名

（1）指标框架

企业发展绩效指标用产品升级和设备更新 2 个指标来度量。

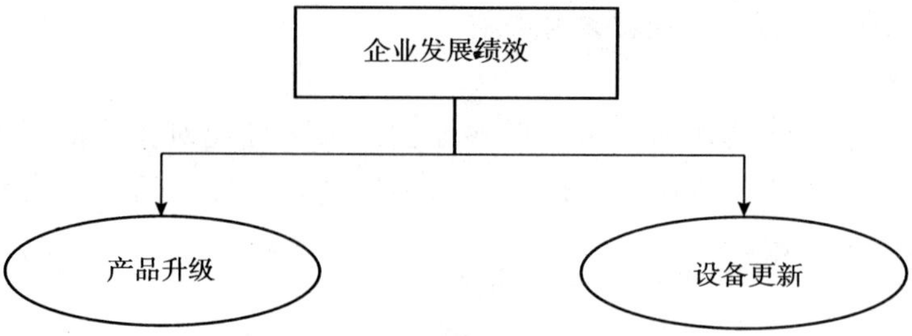

图 5—26 企业发展绩效指标框架图

（2）指数及排名

表 5—4 企业发展绩效指标指数及排名表

区域	企业发展绩效		产品升级		设备更新	
	指数	排名	指数	排名	指数	排名
重庆	0.832	1	1.000	1	0.665	6
天津	0.793	2	0.586	4	1.000	1
山东	0.577	3	0.430	9	0.724	5
安徽	0.536	4	0.420	10	0.652	8
海南	0.511	5	0.214	20	0.808	3
山西	0.476	6	0.143	27	0.808	2
江苏	0.439	7	0.412	11	0.466	12
湖南	0.434	8	0.648	2	0.220	25
上海	0.433	9	0.598	3	0.268	24
湖北	0.428	10	0.389	12	0.467	11
青海	0.413	11	0.032	30	0.795	4
内蒙古	0.412	12	0.159	25	0.665	6
陕西	0.391	13	0.258	18	0.524	9
广西	0.385	14	0.384	13	0.386	18
广东	0.378	15	0.475	7	0.282	23
辽宁	0.365	16	0.272	16	0.458	14
江西	0.357	17	0.283	15	0.432	15
贵州	0.349	18	0.268	17	0.430	16
福建	0.345	19	0.375	14	0.316	22
北京	0.343	20	0.541	5	0.146	27
新疆	0.325	21	0.142	28	0.508	10
四川	0.324	22	0.256	19	0.392	17

续表

区域	企业发展绩效		产品升级		设备更新	
	指数	排名	指数	排名	指数	排名
宁夏	0.315	23	0.167	24	0.463	13
浙江	0.298	24	0.534	6	0.061	30
河南	0.268	25	0.193	22	0.344	21
吉林	0.268	26	0.464	8	0.071	29
河北	0.263	27	0.148	26	0.378	20
云南	0.251	28	0.116	29	0.386	18
甘肃	0.205	29	0.197	21	0.213	26
黑龙江	0.152	30	0.189	23	0.116	28
西藏	0.000	31	0.000	31	0.000	31

观察表5—4可以发现，企业发展绩效排名前10位的省份是：重庆、天津、山东、安徽、海南、山西、江苏、湖南、上海、湖北，排名后10位的省份是：四川、宁夏、浙江、河南、吉林、河北、云南、甘肃、黑龙江、西藏。

总体来看，企业发展绩效指标的排名打破了人们的刻板印象，即“东部沿海强、中西部内陆弱”，前10位中，中西部省份占据了5个位次。而浙江、河北等省份出现在排名后10位的名单中。由于指标选取的原因，企业发展绩效指标排名主要依赖于地区大中型工业企业的发展情况，因此大中型企业较多、实力较强的省份排名靠前，一些中小企业发达的地区处于劣势。

2. 产品升级四级指标框架及排名与分析

(1) 指标框架

产品升级指标采用大中型工业企业新产品产值占工业总产值比重、大中型工业企业新产品销售收入占主营业务收入比重2个指标进行评价。

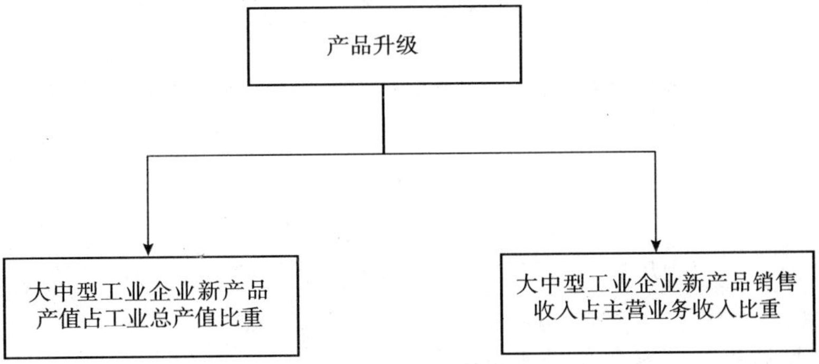

图5—27　产品升级指标框架图

（2）产品升级具体指标分析

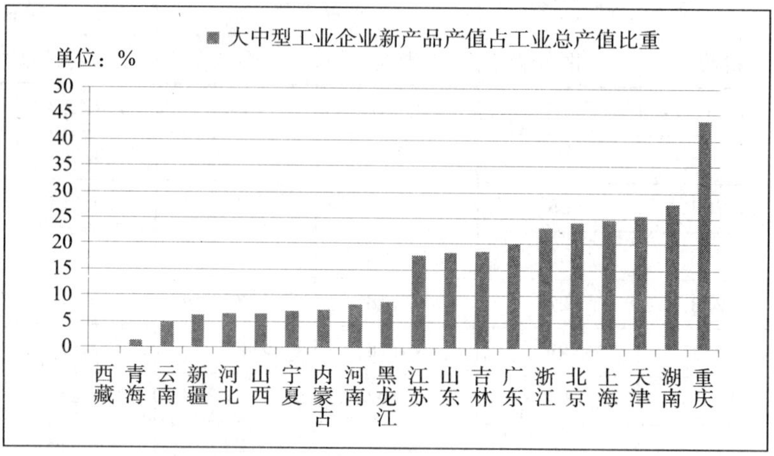

图 5－28 大中型工业企业新产品产值占工业总产值比重排名图

数据来源：国家统计局．中国统计年鉴 2011 [M]．北京：中国统计出版社，2011.

图 5－28 显示，西藏—黑龙江是大中型工业企业新产品产值占工业总产值比重最低的 10 个省份，均不足 10％，其中西藏（0），青海（1.37％）不足 5％；重庆—江苏是大中型工业企业新产品产值占工业总产值比重最高的 10 个省份，其中的重庆（43.79％），大幅领先于全国其他省份。

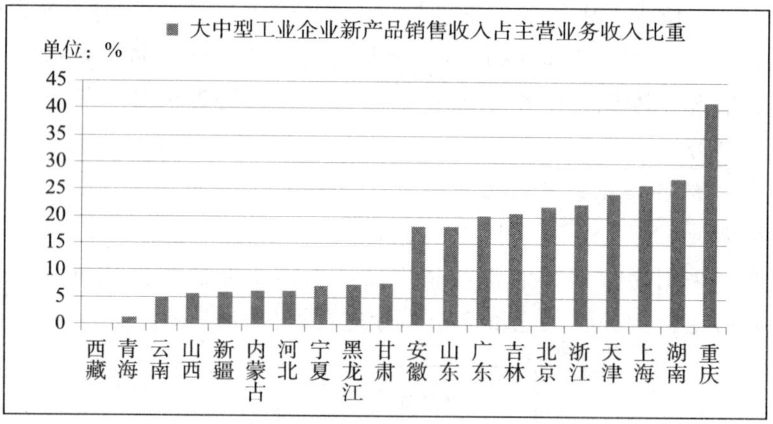

图 5－29 大中型工业企业新产品销售收入占主营业务收入比重排名图

数据来源：国家统计局，科学技术部．中国科技统计年鉴 2011 [M]．北京：中国统计出版社，2011.

图 5－29 显示，西藏—甘肃是大中型工业企业新产品销售收入占主营业务收入比重最低的 10 个省份，均不足 10％；重庆—安徽是比重最高的 10 个省份，其中重庆（41.30％）位居第 1 位。

3. 设备更新四级指标框架及排名与分析

（1）指标框架

设备更新指标采用大中型工业仪器和设备支出占固定资产净值比重进行评价。

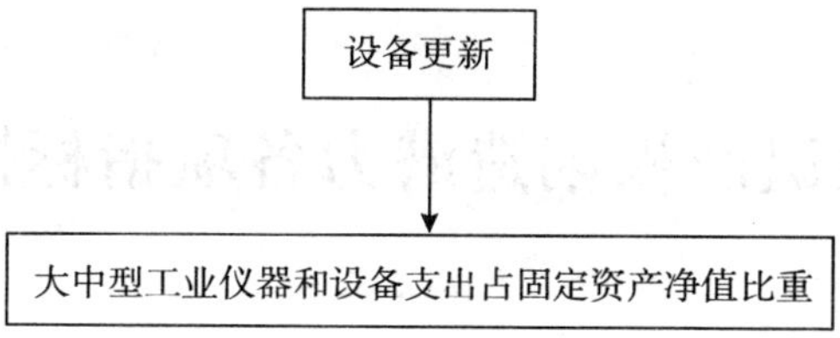

图 5—30　设备更新指标框架图

（2）设备更新具体指标分析

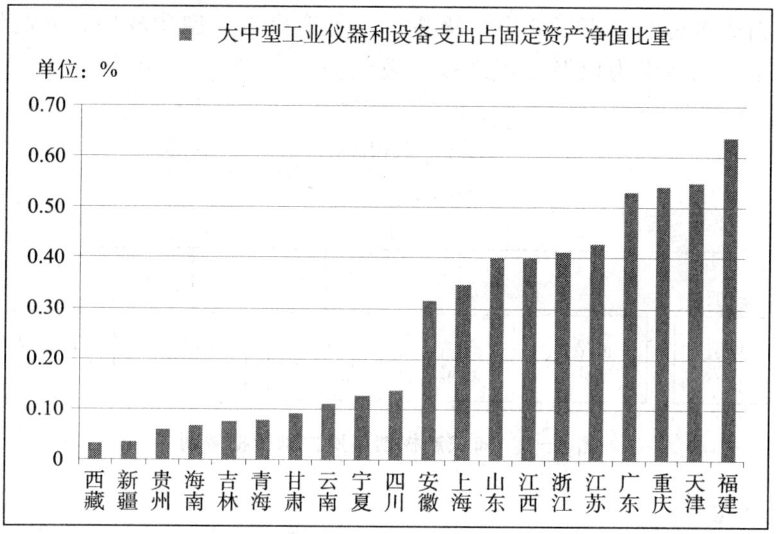

图 5—31　大中型工业仪器和设备支出占固定资产净值比重排名图

数据来源：国家统计局，科学技术部. 中国科技统计年鉴 2011 [M]. 北京：中国统计出版社，2011.

图 5—31 显示，西藏—四川是大中型工业仪器和设备支出占固定资产净值比重最低的 10 个省份，均不足 15%。福建—安徽是比重最高的 10 个省份，其中，福建比重约为 63.74%，领先全国。

第六章　知识产权创造潜力各项指标排名与分析

一、知识产权创造潜力二级指标框架及排名与分析

1. 指标框架

知识产权创造潜力指标下设6个二级指标：创造投入、创造成果、创造环境、知识产权试点示范、企业创造潜力以及知识产权行政保护。

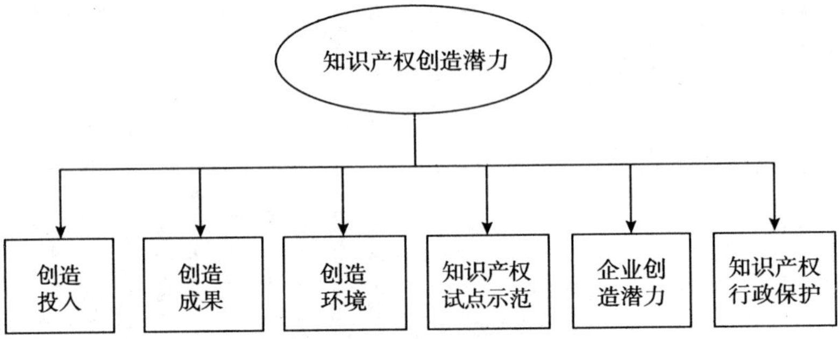

图6—1　知识产权创造潜力指标框架图

2. 指数及排名

表6—1　知识产权创造潜力指标指数及排名表

区域	创造潜力		创造投入		创造成果		创造环境		知识产权试点示范		企业创造潜力		知识产权行政保护	
	指数	排名	指数	排名	指数	排名	指数	排名	指数	排名	指数	排名	指数	排名
广东	0.542	1	0.369	3	0.360	3	0.431	5	0.563	2	0.713	2	0.815	1
北京	0.501	2	0.580	1	0.481	1	0.753	1	0.438	6	0.600	6	0.153	12
山东	0.471	3	0.518	2	0.277	5	0.290	9	0.740	1	0.635	5	0.363	3
浙江	0.467	4	0.231	8	0.310	4	0.407	6	0.533	4	0.638	3	0.682	2
江苏	0.464	5	0.353	5	0.435	2	0.463	4	0.562	3	0.719	1	0.256	6
上海	0.406	6	0.364	4	0.267	6	0.625	2	0.270	19	0.572	7	0.337	4
天津	0.312	7	0.320	6	0.169	11	0.470	3	0.309	15	0.520	8	0.087	16
湖南	0.302	8	0.144	19	0.180	10	0.173	18	0.425	8	0.636	4	0.251	7
湖北	0.277	9	0.205	9	0.209	8	0.203	12	0.358	10	0.498	9	0.188	8
辽宁	0.271	10	0.283	7	0.154	15	0.292	8	0.325	14	0.420	13	0.151	13

续表

区域	创造潜力		创造投入		创造成果		创造环境		知识产权试点示范		企业创造潜力		知识产权行政保护	
	指数	排名	指数	排名	指数	排名	指数	排名	指数	排名	指数	排名	指数	排名
福建	0.270	11	0.164	17	0.074	26	0.300	7	0.404	9	0.373	17	0.305	5
安徽	0.246	12	0.185	12	0.135	18	0.157	25	0.338	12	0.485	11	0.176	10
河南	0.246	13	0.198	11	0.105	22	0.180	15	0.452	5	0.385	16	0.155	11
陕西	0.238	14	0.179	15	0.212	7	0.235	10	0.347	11	0.406	14	0.048	21
河北	0.210	15	0.168	16	0.149	16	0.192	14	0.428	7	0.283	19	0.041	25
重庆	0.209	16	0.147	18	0.141	17	0.196	13	0.235	20	0.493	10	0.044	22
黑龙江	0.198	17	0.109	24	0.134	19	0.148	26	0.285	18	0.449	12	0.063	18
四川	0.189	18	0.199	10	0.165	12	0.164	21	0.227	21	0.270	22	0.107	15
江西	0.182	19	0.133	21	0.069	27	0.178	17	0.289	16	0.351	18	0.072	17
新疆	0.173	20	0.107	25	0.200	9	0.161	24	0.189	24	0.248	24	0.131	14
贵州	0.171	21	0.068	30	0.114	21	0.119	27	0.149	27	0.395	15	0.185	9
山西	0.168	22	0.180	14	0.047	29	0.179	16	0.286	17	0.262	23	0.054	19
吉林	0.168	23	0.133	20	0.121	20	0.170	20	0.335	13	0.232	27	0.016	29
内蒙古	0.148	24	0.183	13	0.053	28	0.163	22	0.217	22	0.236	26	0.034	26
广西	0.142	25	0.103	26	0.092	25	0.172	19	0.212	23	0.245	25	0.026	27
海南	0.130	26	0.121	22	0.161	13	0.210	11	0.159	26	0.089	31	0.041	24
甘肃	0.126	27	0.072	29	0.156	14	0.112	29	0.100	28	0.272	21	0.042	23
云南	0.119	28	0.087	28	0.104	23	0.162	23	0.169	25	0.143	30	0.050	20
宁夏	0.097	29	0.094	27	0.031	30	0.116	28	0.064	30	0.274	20	0.002	30
青海	0.085	30	0.118	23	0.097	24	0.044	30	0.060	31	0.168	28	0.025	28
西藏	0.047	31	0.000	31	0.012	31	0.024	31	0.080	29	0.166	29	0.001	31

分析表 6—1 可以发现，知识产权创造潜力指标排名前 10 位的省份是：广东、北京、山东、浙江、江苏、上海、天津、湖南、湖北、辽宁，其中，除了维持传统的东强格局之外，两湖地区的崛起是一个亮点；排名后 10 位的省份是：山西、吉林、内蒙古、广西、海南、甘肃、云南、宁夏、青海、西藏，与上年变化不大。

创造投入、创造成果、创造环境、知识产权试点示范、企业创造潜力、知识产权行政保护这 6 个指标是从不同维度对区域知识产权创造潜力进行度量和分析，因此其表现情况差别较大，总体不存在显著的一致性。领先的几个省份和排名靠后的一些省份的指标一致性较高，明显变异的指标个数较少，变异程度较低，越到排名中间部分，变异指标数量与程度越高。

二、知识产权创造投入三级指标框架及排名与分析

1. 创造投入三级指标框架及指数排名

（1）指标框架

创造投入指标下设 3 个三级指标：人才投入、资本投入、文化投入。

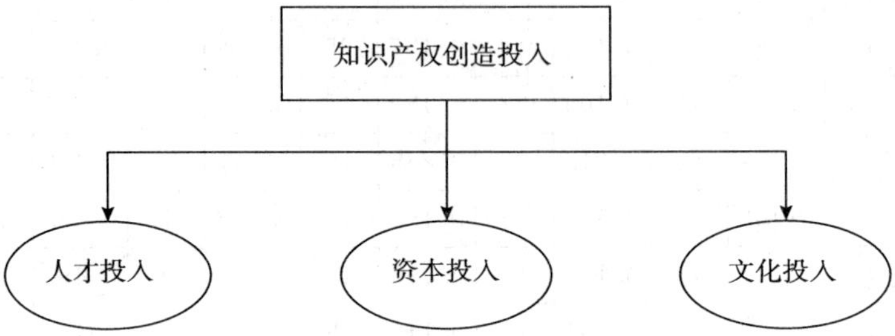

图 6—2 创造投入指标框架图

（2）指数及排名

表 6—2 知识产权创造投入指标指数及排名表

区域	创造投入		人才投入		资本投入		文化投入	
	指数	排名	指数	排名	指数	排名	指数	排名
北京	0.580	1	0.890	1	0.720	1	0.129	16
山东	0.518	2	0.225	7	0.329	5	1.000	1
广东	0.369	3	0.357	3	0.303	6	0.446	2
上海	0.364	4	0.454	2	0.560	2	0.077	22
江苏	0.353	5	0.350	4	0.350	4	0.359	3
天津	0.320	6	0.309	5	0.545	3	0.107	19
辽宁	0.283	7	0.223	8	0.269	9	0.357	4
浙江	0.231	8	0.304	6	0.254	11	0.136	15
湖北	0.205	9	0.170	10	0.230	15	0.215	9
四川	0.199	10	0.119	18	0.181	18	0.298	6
河南	0.198	11	0.129	16	0.149	22	0.315	5
安徽	0.185	12	0.083	25	0.269	10	0.203	10
内蒙古	0.183	13	0.126	17	0.202	16	0.220	8
山西	0.180	14	0.150	13	0.273	8	0.117	17
陕西	0.179	15	0.188	9	0.281	7	0.069	23
河北	0.168	16	0.113	19	0.148	23	0.242	7
福建	0.164	17	0.153	11	0.195	17	0.144	14
重庆	0.147	18	0.099	23	0.251	12	0.092	20
湖南	0.144	19	0.113	20	0.139	25	0.181	11
吉林	0.133	20	0.152	12	0.096	30	0.151	13

续表

区域	创造投入		人才投入		资本投入		文化投入	
	指数	排名	指数	排名	指数	排名	指数	排名
江西	0.133	21	0.086	24	0.160	21	0.154	12
海南	0.121	22	0.065	27	0.231	14	0.069	24
青海	0.118	23	0.108	22	0.240	13	0.007	30
黑龙江	0.109	24	0.148	14	0.109	28	0.068	25
新疆	0.107	25	0.137	15	0.164	19	0.021	28
广西	0.103	26	0.061	28	0.136	26	0.112	18
宁夏	0.094	27	0.112	21	0.162	20	0.008	29
云南	0.087	28	0.047	29	0.128	27	0.087	21
甘肃	0.072	29	0.069	26	0.107	29	0.040	26
贵州	0.068	30	0.030	30	0.144	24	0.029	27
西藏	0.000	31	0.001	31	0.000	31	0.000	31

观察表6—2可以得出以下结论：知识产权创造投入指标排名前10位的省份是：北京、山东、广东、上海、江苏、天津、辽宁、浙江、湖北、四川；排名后10位的省份是：海南、青海、黑龙江、新疆、广西、宁夏、云南、甘肃、贵州、西藏。

总体来看，人才投入指标和资本投入指标的一致性较强，东部和中部地区相对于西部，人力资源和财力资源都更为集中，因此人才投入和资本投入指标的指数较高、排名靠前，但是文化投入指标存在一定的独立性。例如，北京的人才投入指标和资本投入指标都处于第1位，但是文化投入指标却仅位于第16位。上海同样如此，人才投入指标和资本投入指标都处于第2位，但是文化投入指标也仅处于第22位。

2. 人才投入四级指标框架及排名与分析

（1）指标框架

人才投入指标下设4个四级指标：R&D人员全时当量总计、万人专业技术人员、万人R&D科学家工程师数、万人大专以上学历人数。

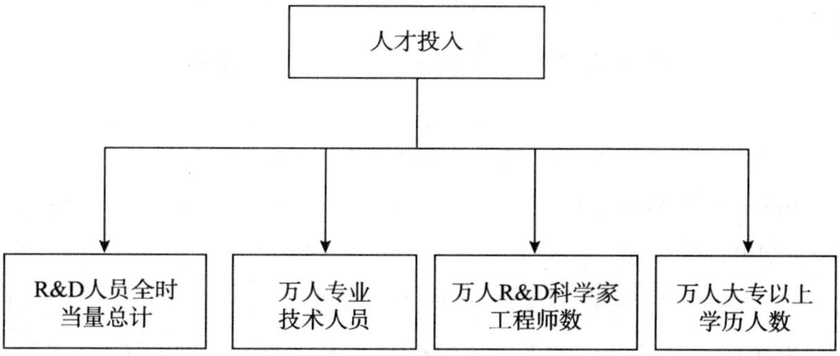

图6—3 人才投入指标框架图

（2）人才投入具体指标分析

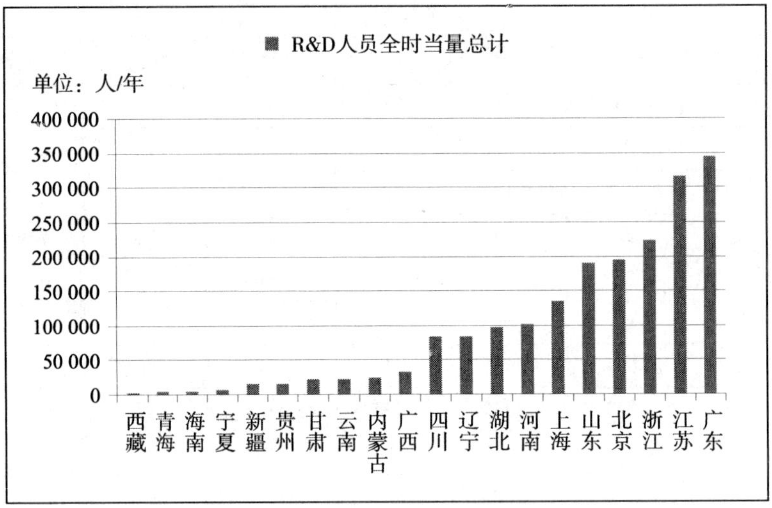

图 6—4 R&D 人员全时当量总计排名图

数据来源：国家统计局，科学技术部. 中国科技统计年鉴 2011［M］. 北京：中国统计出版社，2011.

图 6—4 显示，西藏—广西是 R&D 人员全时当量总计最少的 10 个省份，其中西藏、海南、青海的 R&D 人员全时当量均不足 5 000 人/年；广东—四川是 R&D 人员全时当量总计最多的 10 个省份，其中广东（344 692 人/年）和江苏（315 831 人/年）远高于全国其他省份。

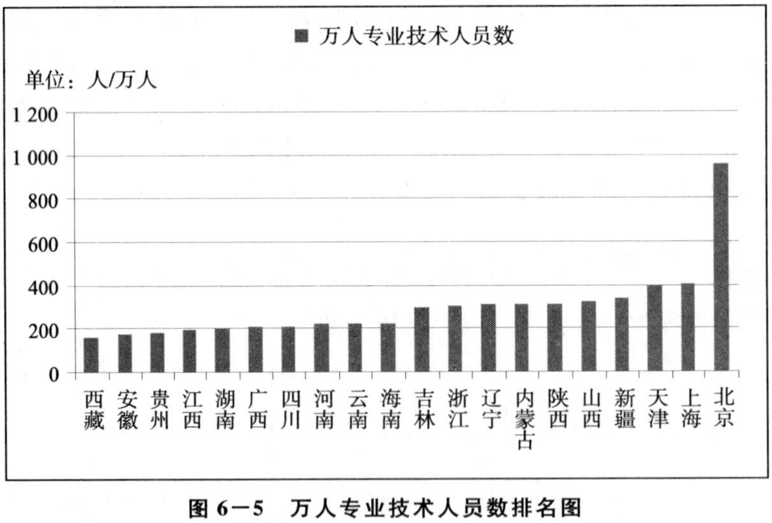

图 6—5 万人专业技术人员数排名图

数据来源：中国科技统计资料汇编（2011）［EB/OL］.［2012—01—14］. http：//www.sts.org.cn/zlhb/2011/hb5.1.htm.

图 6—5 显示，西藏—海南是万人专业技术人员数最少的 10 个省份，相互之间差距不大，西藏最低，为 165 人/万人；北京—吉林是该项指标最多的 10 个省份，其中北京约 956 人/万人，远高于全国其他省份。

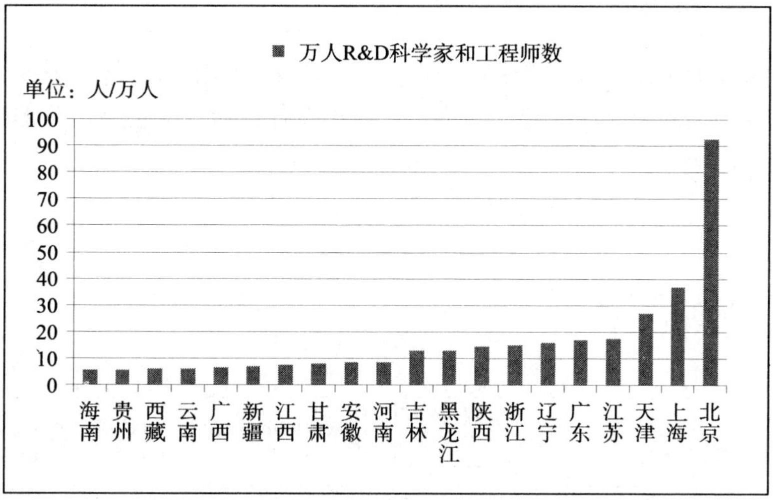

图 6—6　万人 R&D 科学家工程师数排名图

数据来源：中国科技统计资料汇编（2011）［EB/OL］.［2012—01—14］. http：//www. sts. org. cn/zlhb/2011/hb5. 1. html.

图 6—6 显示，万人 R&D 科学家工程师比重指标总体趋势较为平滑，北京一枝独秀，高达 92 人/万人。

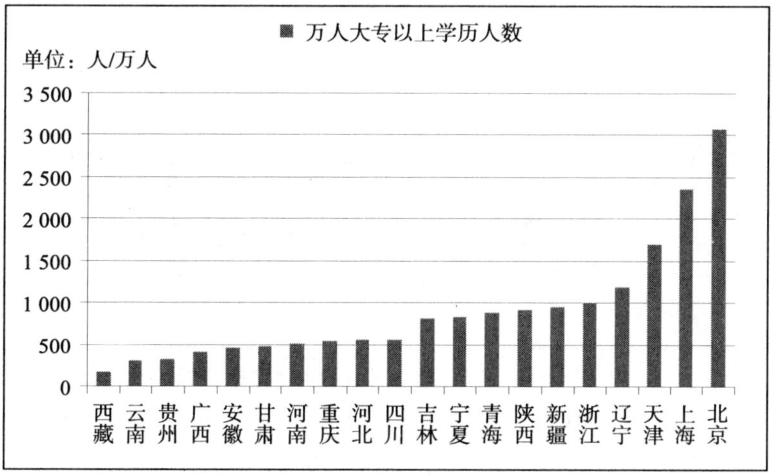

图 6—7　万人大专以上学历人数排名图

数据来源：中国科技统计资料汇编（2011）［EB/OL］.［2012—01—14］. http：//www. sts. org. cn/zlhb/2011/hb5. 1. html.

图 6—7 显示，西藏—四川 10 个省份大专以上学历人数在我国相对较低，西藏最低，仅为 168 人/万人，北京—吉林高学历人数较多，其中，北京（3 077 人/万人）、上海（2 366人/万人）、天津（1 701 人/万人）作为第一梯队，但是三者之间也有相当差距，北京的领先优势较为明显。

3. 资本投入四级指标框架及排名与分析

（1）指标框架

资本投入指标下设 4 个四级指标：R&D 支出占 GDP 比重、地方财政科技拨款占地方财政支出比重、人均 R&D 经费内部支出、每名 R&D 活动人员新增仪器设备费。

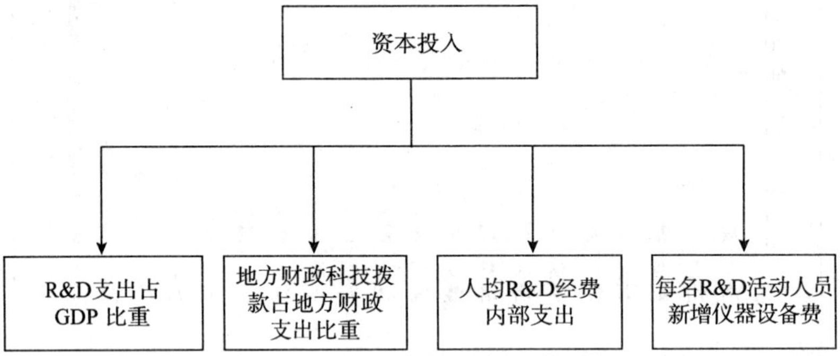

图 6—8 资本投入指标框架图

（2）资本投入具体指标分析

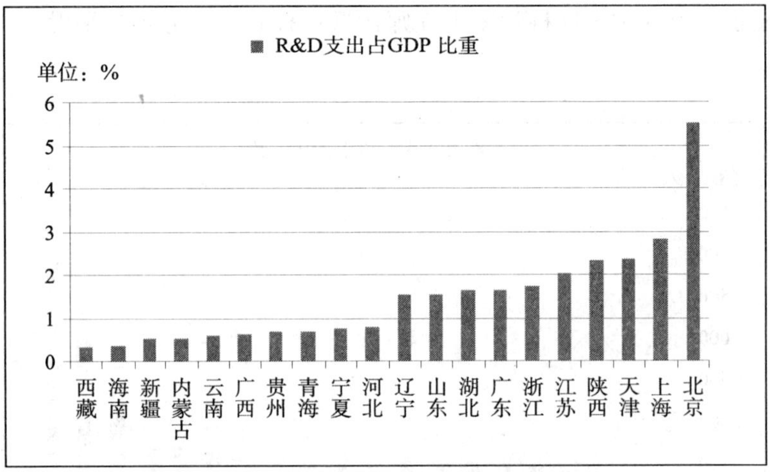

图 6—9 R&D 支出占 GDP 比重排名图

数据来源：中国科技统计资料汇编（2011）[EB/OL]. [2012—01—14]. http://www.sts.org.cn/zlhb/2011/hb5.1.html.

图 6—9 显示，西藏—河北是 R&D 支出占 GDP 比重最低的 10 个省份，均不足 1%；北京—辽宁是 R&D 支出占 GDP 比重最高的 10 个省份，其中北京的 R&D 支出占 GDP 比重超过 5%，远高于全国其他省份。

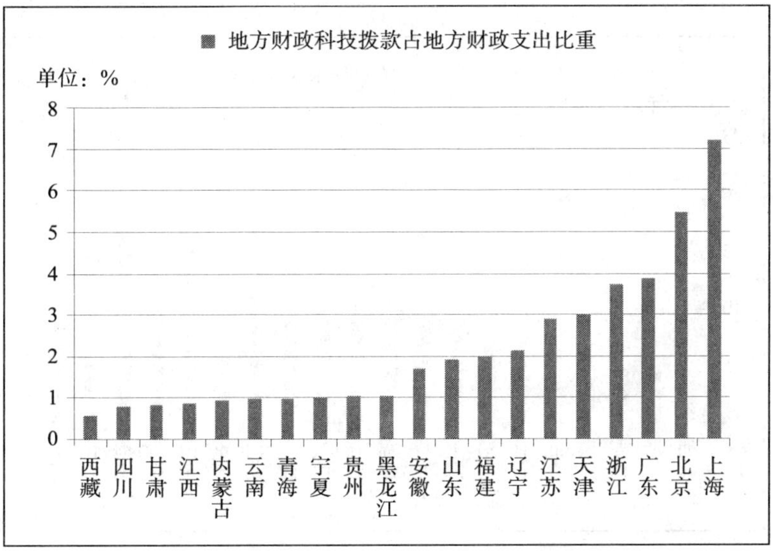

图 6—10　地方财政科技拨款占地方财政支出比重排名图

数据来源：国家统计局．中国统计年鉴 2011 [M]．北京：中国统计出版社，2011.

图 6—10 显示，西藏—黑龙江是地方财政科技拨款占地方财政支出比重最低的 10 个省份，均不足或略高于 1%；上海—安徽是地方财政科技拨款占地方财政支出比重最高的 10 个省份，其中，上海（7.2%）、北京（5.45%）比重超过 5%，领先于全国其他省份。

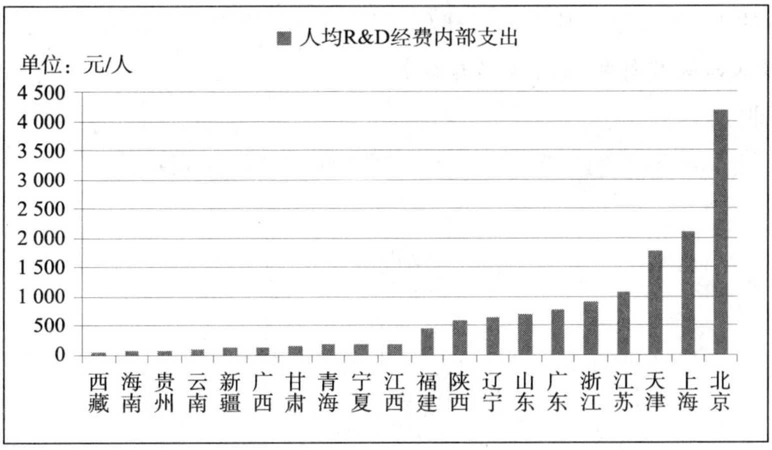

图 6—11　人均 R&D 经费内部支出排名图

数据来源：国家统计局，科学技术部．中国科技统计年鉴 2011 [M]．北京：中国统计出版社，2011；国家统计局．中国统计年鉴 2011 [M]．北京：中国统计出版社，2011.

图 6—11 显示，我国人均 R&D 经费内部支出额度不高，西藏—江西是该项指标最低的 10 个省份，其中，西藏、海南、贵州、云南不足 100 元/人，北京—福建是额度最高的 10 个省份，但是相互之间差距也很大，北京居全国首位，达到 4 189 元，遥遥领先于其他省份。

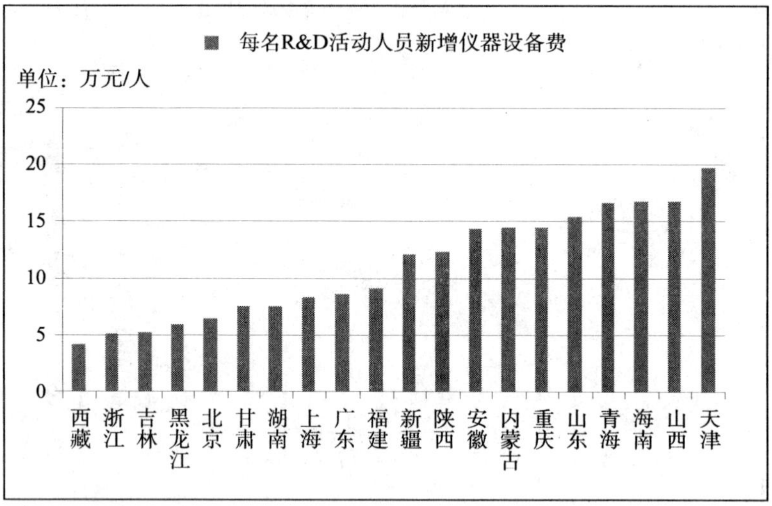

图 6—12 每名 R&D 活动人员新增仪器设备费排名图

数据来源：中国科技统计资料汇编（2011）［EB/OL］.［2012—01—14］. http://www.sts.org.cn/zlhb/2011/hb5. 1. html.

图 6—12 显示，西藏—福建是企业每名 R&D 活动人员新增仪器设备费最低的 10 个省份，均不足 10 万元/人，其中，西藏为 4.15 万元/人，不足 5 万元/人；天津—新疆是该项指标最高的 10 个省份，其中，天津处于第 1 位，约为 19.81 万元/人。

4. 文化投入四级指标框架及排名与分析

（1）指标框架

文化投入指标下设一个四级指标：各地区文化产业固定资产投入。

图 6—13 文化投入指标框架图

（2）文化投入具体指标分析

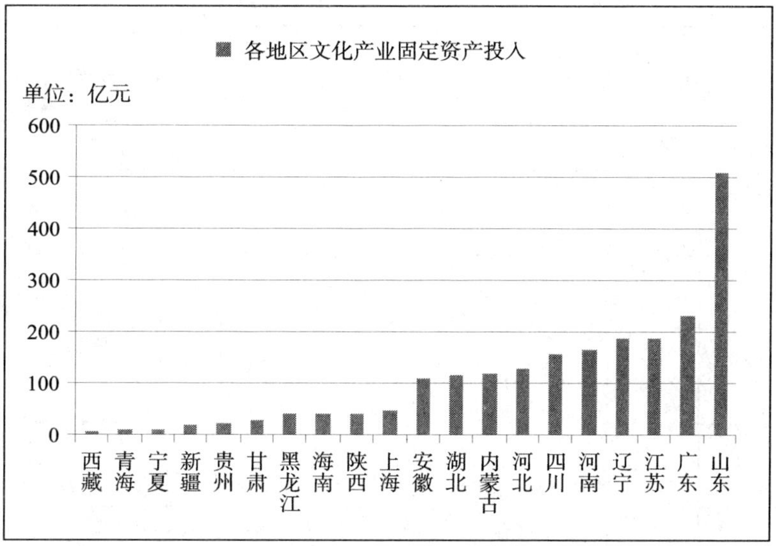

图 6—14　各地区文化产业固定资产投入图

数据来源：国家统计局. 2011 中国统计年鉴［M］. 北京：中国统计出版社，2011.

图 6—14 显示，西藏—上海是各地区文化产业固定资产投入最低的 10 个省份，均不足 50 亿元，其中，西藏为 6.89 亿元，不足 10 亿元；山东—安徽是该项指标最高的 10 个省份，其中，山东处于第 1 位，超过 500 亿元。

三、知识产权创造成果三级指标框架及排名与分析

1. 知识产权创造成果三级指标框架及指数排名

（1）指标框架

知识产权创造成果指标下设 4 个三级指标：论文、国家产业化项目、科技成果、高新技术产业科技项目。

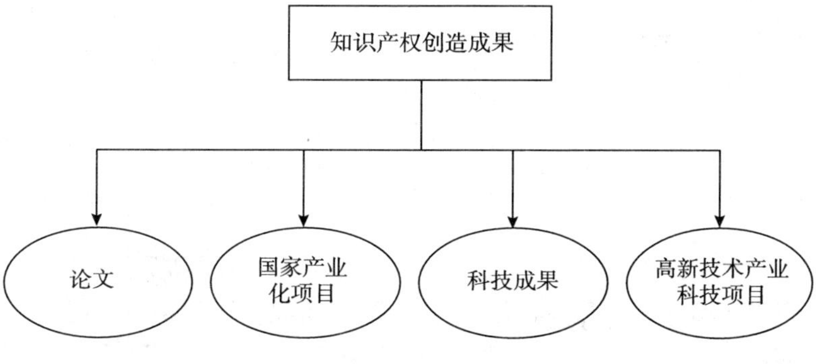

图 6—15　创造成果指标框架图

（2）指数及排名

表 6—3 知识产权创造成果指标指数及排名表

区域	创造成果		论文		国家产业化项目		科技成果		高新技术产业科技项目	
	指数	排名	指数	排名	指数	排名	指数	排名	指数	排名
北京	0.481	1	0.709	1	0.121	10	1.000	1	0.096	8
江苏	0.435	2	0.283	9	0.989	1	0.115	20	0.351	2
广东	0.360	3	0.116	25	0.228	4	0.097	23	1.000	1
浙江	0.310	4	0.151	21	0.766	2	0.171	12	0.153	4
山东	0.277	5	0.146	23	0.633	3	0.179	11	0.150	6
上海	0.267	6	0.373	4	0.069	21	0.477	2	0.150	5
陕西	0.212	7	0.391	3	0.090	18	0.299	5	0.068	12
湖北	0.209	8	0.302	6	0.153	7	0.287	8	0.095	9
新疆	0.200	9	0.316	5	0.046	25	0.438	3	0.001	29
湖南	0.180	10	0.296	8	0.112	14	0.287	7	0.026	20
天津	0.169	11	0.184	18	0.050	24	0.333	4	0.108	7
四川	0.165	12	0.234	14	0.135	9	0.120	19	0.170	3
海南	0.161	13	0.502	2	0.017	30	0.113	21	0.011	23
甘肃	0.156	14	0.274	10	0.045	26	0.292	6	0.011	24
辽宁	0.154	15	0.248	11	0.171	6	0.160	14	0.036	18
河北	0.149	16	0.226	15	0.145	8	0.165	13	0.059	13
重庆	0.141	17	0.301	7	0.079	19	0.139	16	0.046	17
安徽	0.135	18	0.166	19	0.210	5	0.084	24	0.082	10
黑龙江	0.134	19	0.236	13	0.097	17	0.144	15	0.058	14
吉林	0.121	20	0.166	20	0.118	12	0.184	10	0.016	22
贵州	0.114	21	0.247	12	0.029	29	0.129	17	0.050	16
河南	0.105	22	0.148	22	0.112	13	0.107	22	0.054	15
云南	0.104	23	0.221	16	0.067	22	0.123	18	0.006	26
青海	0.097	24	0.139	24	0.031	28	0.216	9	0.001	29
广西	0.092	25	0.215	17	0.054	23	0.079	25	0.018	21
福建	0.074	26	0.062	28	0.106	15	0.056	28	0.071	11
江西	0.069	27	0.099	26	0.098	16	0.042	29	0.036	19
内蒙古	0.053	28	0.026	30	0.121	11	0.062	27	0.002	28
山西	0.047	29	0.036	29	0.070	20	0.076	26	0.007	25
宁夏	0.031	30	0.069	27	0.035	27	0.015	31	0.004	27
西藏	0.012	31	0.016	31	0.000	31	0.032	30	0.000	31

分析表6—3可以发现，创造成果指标排名前10位的省份是：北京、江苏、广东、浙江、山东、上海、陕西、湖北、新疆、湖南，与上年相比，新疆和湖南是新晋；排名后10位的省份是：河南、云南、青海、广西、福建、江西、内蒙古、山西、宁夏、西藏；各项指标之间表现颇不均衡，但总体上看，那些高校、科研院所较多、科技基础雄厚的省市在各指标表现上较好。

2. 论文四级指标框架及排名与分析

(1) 指标框架

论文指标用万名R&D活动人员科技论文数、国外主要检索工具收录我国科技论文数两个指标进行评价。

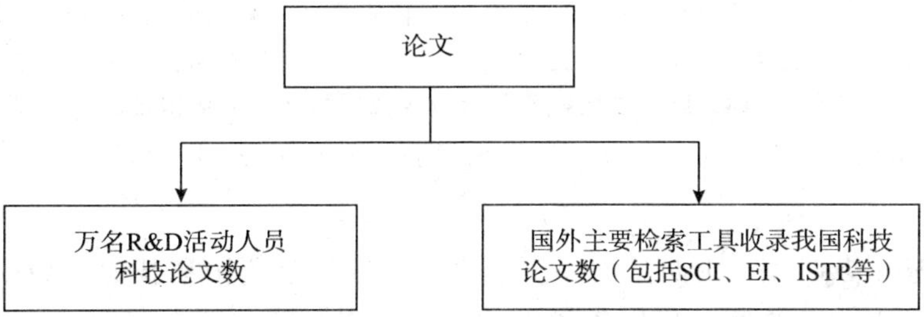

图6—16　论文指标框架图

(2) 论文具体指标分析

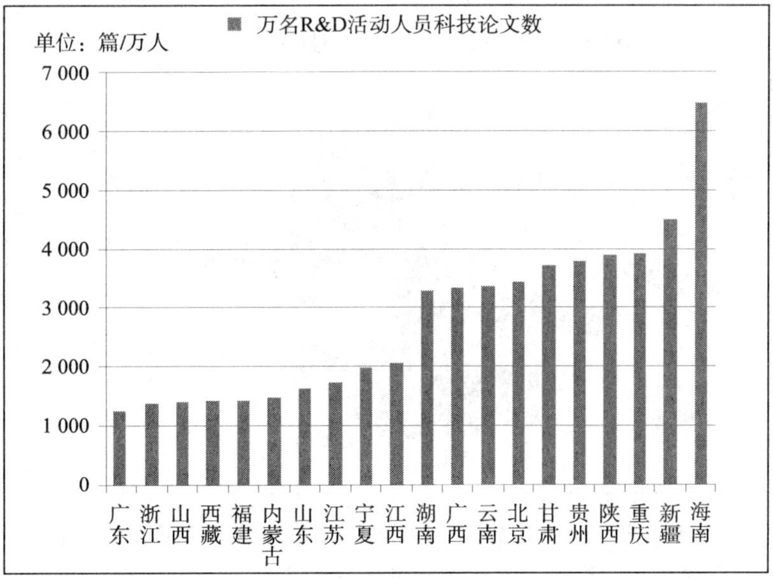

图6—17　万名R&D活动人员科技论文数排名图

数据来源：中国科技统计资料汇编（2011）[EB/OL]. [2012—01—14]. http://www.sts.org.cn/zlhb/2011/hb5.1.html.

图6—17显示，广东—江西是R&D活动人员科技论文数最低的10个省份，海南—湖南的是R&D活动人员科技论文数最高的10个省份，其中，海南约为6 475篇/万人，居第1位。

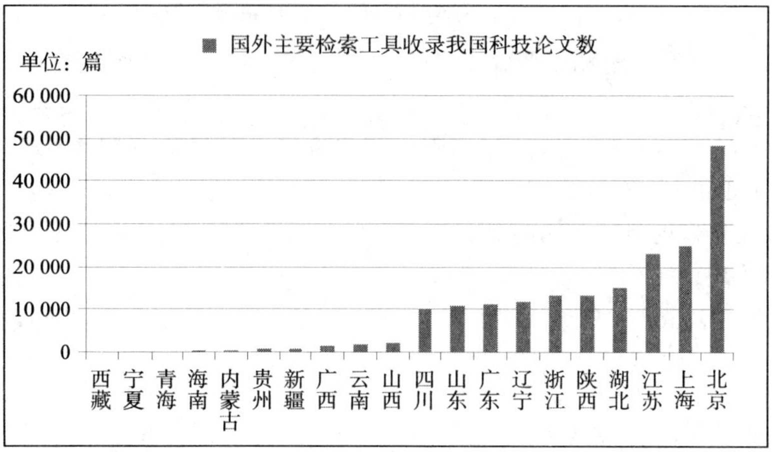

图 6—18　国外主要检索工具收录我国科技论文数排名图

数据来源：国家统计局，科学技术部. 中国科技统计年鉴 2011 [M]. 北京：中国统计出版社，2011.

图 6—18 显示，西藏—山西是国外主要检索工具收录我国科技论文数最少的 10 个省份，除广西、云南、山西外，其他各省份均不足 1 000 篇，其中西藏（8 篇）、宁夏（81 篇）不足百篇；北京—四川是国外主要检索工具收录我国科技论文数最多的 10 个省份，其中北京近 5 万篇，数量远远超于其他省份。

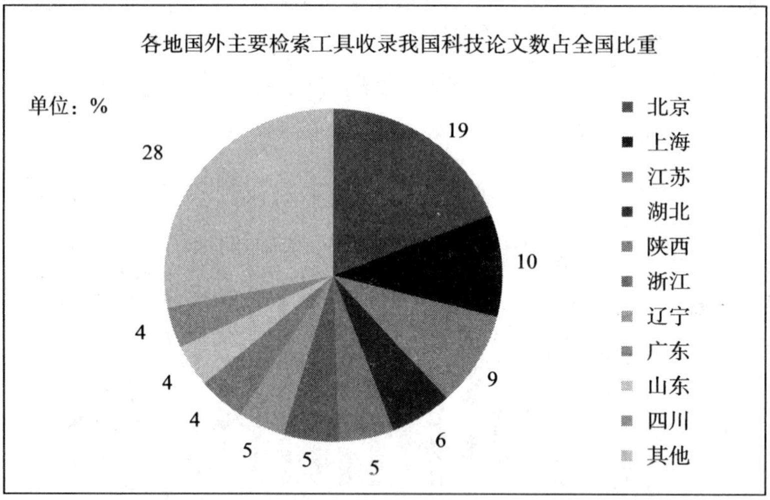

图 6—19　各地国外主要检索工具收录我国科技论文数占全国比重图

数据来源：国家统计局，科学技术部. 中国科技统计年鉴 2011 [M]. 北京：中国统计出版社，2011.

图 6—19 显示，北京的国外主要检索工具收录我国科技论文数占全国比重最高，约为 19%，北京、上海、江苏、湖北、陕西五省市论文数之和接近全国总量的一半，排名前 10 位的省份该项指标之和占全国比重接近 3/4。

3. 国家产业化项目四级指标框架及排名与分析

（1）指标框架

国家产业化项目指标用国家产业化计划项目数、国家产业化计划项目落实资金两个指标进行评价。

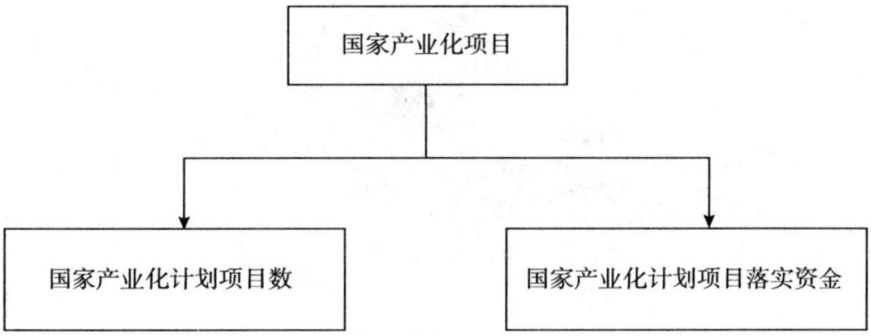

图 6—20 国家产业化项目指标框架图

（2）国家产业化项目具体指标分析

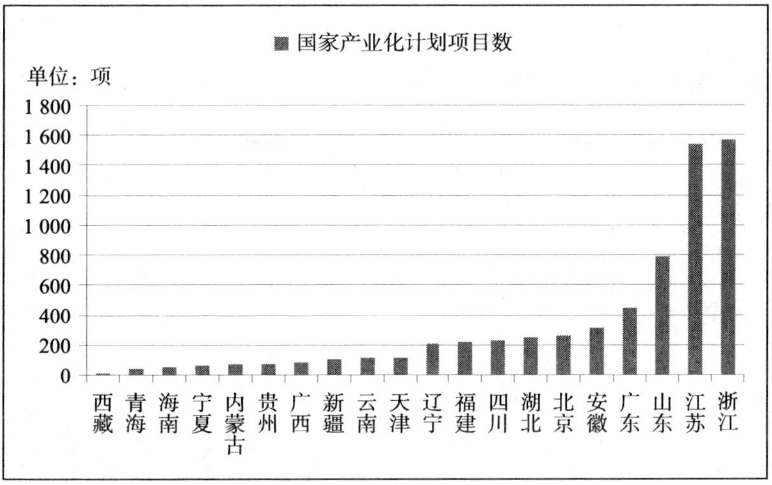

图 6—21 国家产业化计划项目数排名图

数据来源：国家统计局，科学技术部．中国科技统计年鉴 2011 [M]．北京：中国统计出版社，2011.

图 6—21 显示，西藏—天津是国家产业化计划项目数最少的 10 个省份，均不足 200 项，除新疆、云南、天津外，其余均不足 100 项。浙江—辽宁是国家产业化计划项目数最多的 10 个省份，其中浙江、江苏数量较多，处于绝对优势地位，分别为 1 575 和 1 542项。

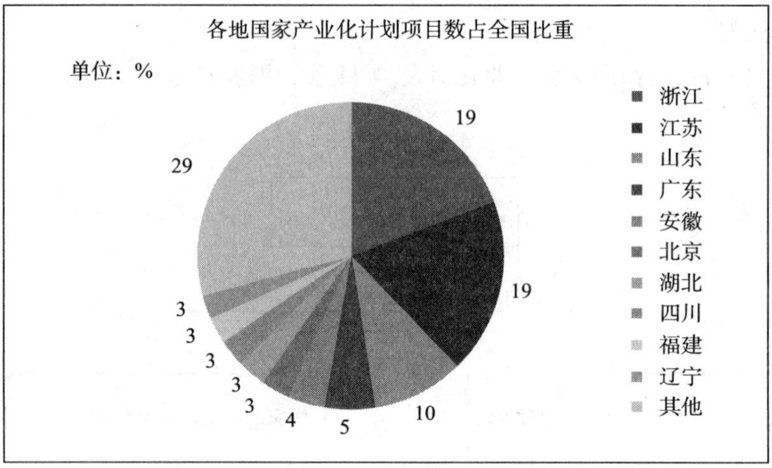

图 6—22 各地国家产业化计划项目数占全国比重图

数据来源：国家统计局，科学技术部．中国科技统计年鉴 2011 [M]．北京：中国统计出版社，2011.

图 6—22 数据表明，国家产业化计划项目数分布非常集中，浙江、江苏占比最高，均为 19%上下；浙江、江苏、山东三省之和（48%）接近全国总量的一半；排名前 10 位的省份总计占全国比重超过 70%。

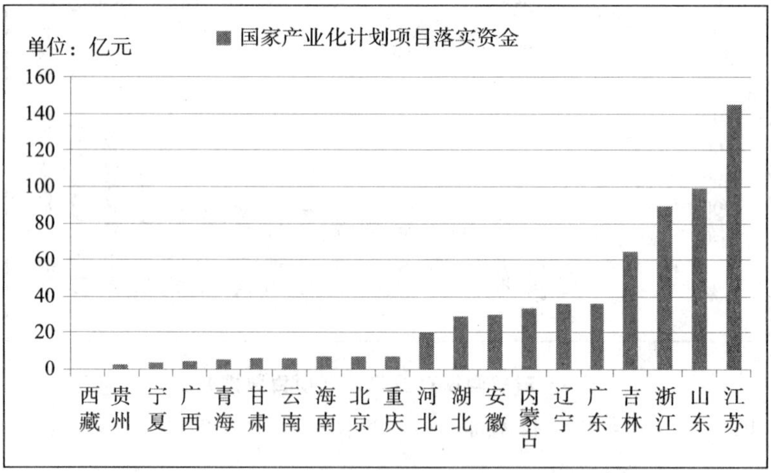

图 6—23 国家产业化计划项目落实资金排名图

数据来源：国家统计局，科学技术部．中国科技统计年鉴 2011 [M]．北京：中国统计出版社，2011.

图 6—23 显示，西藏—重庆是国家产业化计划项目落实资金最低的 10 个省份，均不足 10 亿元，江苏—河北是国家产业化计划项目落实资金最高的 10 个省份，尤以江苏（145 亿元）居最高。

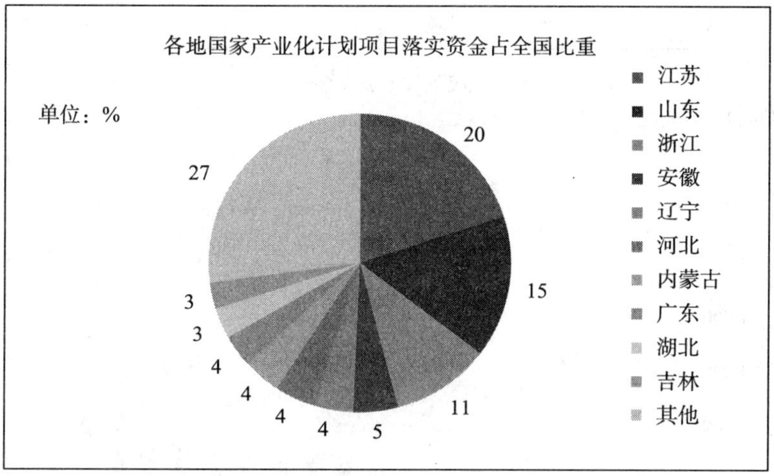

图6—24　各地国家产业化计划项目落实资金占全国比重图

数据来源：国家统计局，科学技术部. 中国科技统计年鉴2011［M］. 北京：中国统计出版社，2011.

图6—24表明，江苏的国家产业化计划项目资金落实数额最多，份额最大，约占20%；另外山东和浙江也相对较多，分别为15%和11%，三省之和占全国比重为46%，接近一半。

4. 科技成果四级指标框架及排名与分析

（1）指标框架

科技成果指标用万人吸纳技术成果金额、获国家级科技成果奖系数两个指标进行测度。

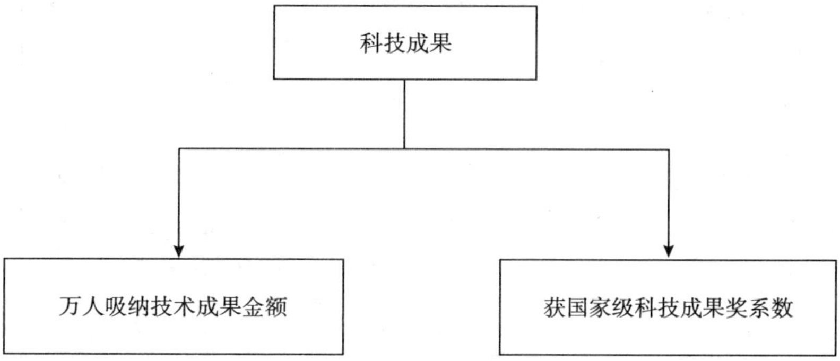

图6—25　科技成果指标框架图

（2）科技成果具体指标分析

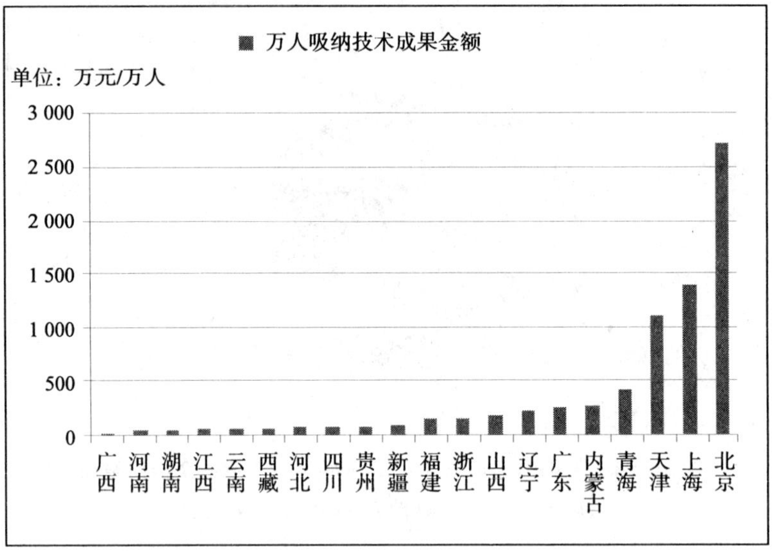

图 6—26　万人吸纳技术成果金额排名图

数据来源：中国科技统计资料汇编（2011）[EB/OL]．[2012—01—14]．http：//www.sts.org.cn/zlhb/2011/hb5.1.htm.

图 6—26 显示，各省份差距较大，广西—新疆为万人吸纳技术成果金额最少的 10 个省份，数额均低于 100 万元/万人；北京—福建为万人吸纳技术成果金额最多的 10 个省份，其中北京、上海、天津最为突出，分别为 2 749 万元、1 419 万元和 1 125 万元。

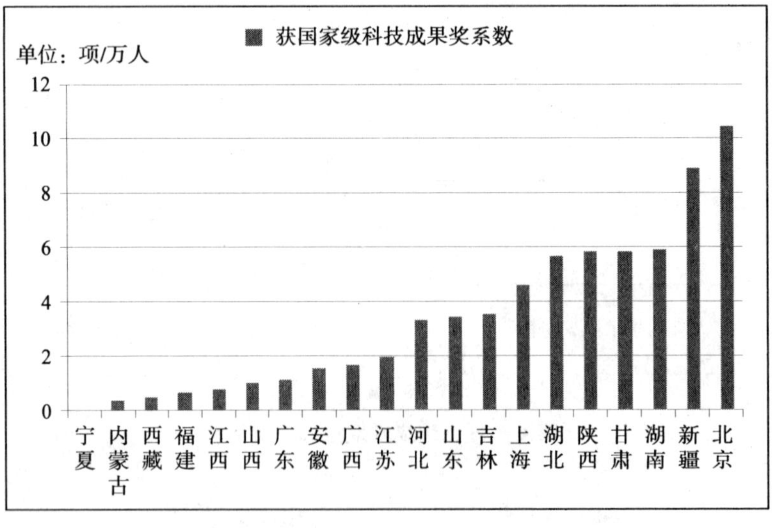

图 6—27　获国家级科技成果奖系数排名图

数据来源：中国科技统计资料汇编（2011）[EB/OL]．[2012—01—14]．http：//www.sts.org.cn/zlhb/2011/hb5.1.html.

图6—27显示，宁夏—江苏是我国获国家级科技成果奖系数排名靠后的10个省份，均不超过2项/万人，其中，西藏最低，为0；北京—河北是靠前的10个省份。北京最高，达10.64项/万人。排名靠后的省份有江苏、广东、福建等东部发达省份，这些地区更应当鼓励科技研发，增多科技成果奖项。

5. 高新技术产业科技项目四级指标框架及排名与分析

(1) 指标框架

高新技术产业科技项目指标用高新技术产业新产品开发项目数指标进行测度。

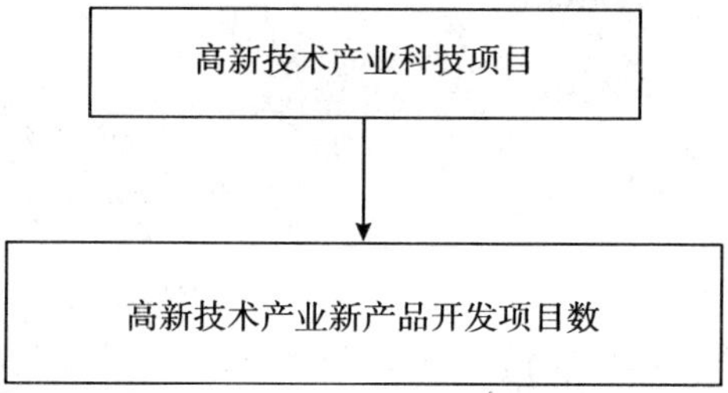

图6—28　高新技术产业科技项目指标框架图

(2) 高新技术产业科技项目具体指标分析

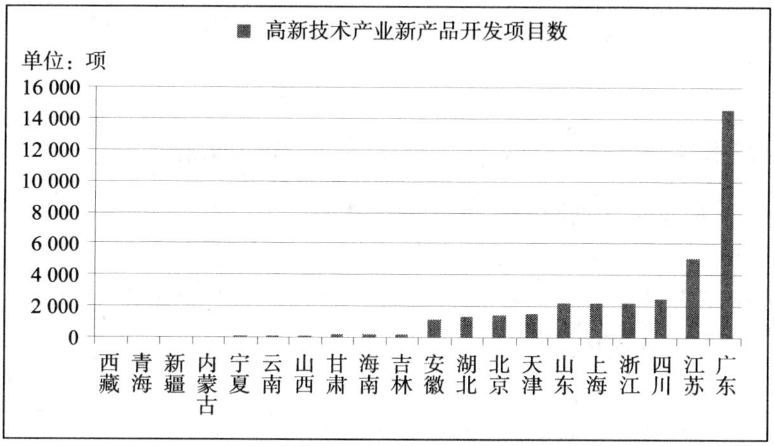

图6—29　高新技术产业新产品开发项目数排名图

数据来源：国家统计局，科学技术部．中国科技统计年鉴2011 [M]．北京：中国统计出版社，2011；国家统计局．中国统计年鉴2011 [M]．北京：中国统计出版社，2011.

图6—29显示，高新技术产业新产品开发项目排名中，西藏—吉林这10个省份都很低，均不超过300项。广东—安徽为排名靠前的10个省份，其中，广东最高，超过14 000项，大幅领先于其他省份。

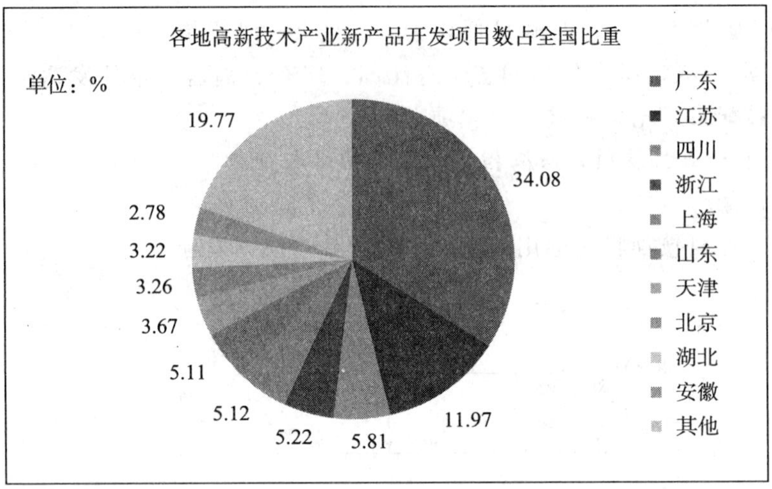

图 6－30　各地高新技术产业新产品开发项目数占全国比重排名图

数据来源：国家统计局，科学技术部．中国科技统计年鉴 2011 [M]．北京：中国统计出版社，2011；国家统计局．中国统计年鉴 2011 [M]．北京：中国统计出版社，2011.

图 6－30 显示，高新技术产业新产品开发项目数分布相对集中，广东所占比重高达 34.08%，排名第 2 位的江苏约占 11.97%，两者之和约为 46%，接近全国的一半。除去排名靠前的 10 个省份，其余 21 省份合计仅占约 20%，各地区之间的差距非常大。

四、知识产权创造环境三级指标框架及排名与分析

1. 知识产权创造环境三级指标框架及指数排名

(1) 指标框架

知识产权创造环境指标下设 6 个三级指标：财政支持、金融环境、开放、教育环境、文化环境以及高新技术开发区。

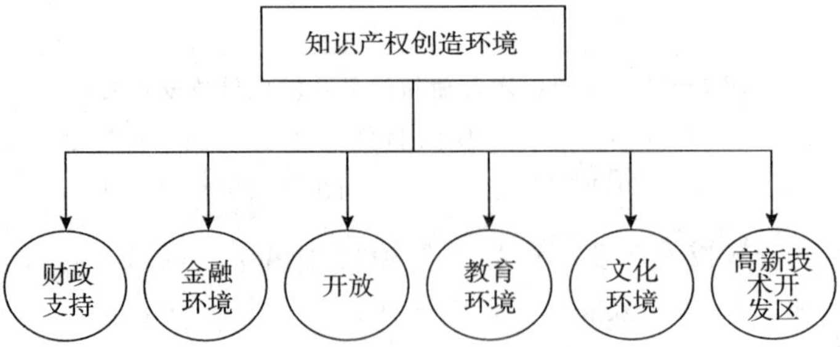

图 6－31　知识产权创造环境指标框架图

（2）指数及排名

表 6—4　知识产权创造环境指标指数及排名表

区域	创造环境		财政支持		金融环境		开放		教育环境		文化环境		高新技术开发区	
	指数	排名	指数	排名	指数	排名	指数	排名	指数	排名	指数	排名	指数	排名
北京	0.753	1	0.957	2	1.000	1	0.378	7	0.771	2	0.430	4	0.980	1
上海	0.625	2	1.000	1	0.791	2	1.000	1	0.384	23	0.421	6	0.151	10
天津	0.470	3	0.622	3	0.557	3	0.475	4	0.840	1	0.155	23	0.169	8
江苏	0.463	4	0.352	4	0.266	5	0.606	3	0.655	5	0.541	2	0.356	3
广东	0.431	5	0.276	8	0.000	31	0.686	2	0.472	16	0.552	1	0.598	2
浙江	0.407	6	0.317	5	0.447	4	0.455	5	0.639	6	0.444	3	0.138	12
福建	0.300	7	0.169	11	0.208	7	0.424	6	0.691	4	0.231	16	0.081	21
辽宁	0.292	8	0.299	6	0.217	6	0.288	9	0.342	26	0.429	5	0.178	5
山东	0.290	9	0.146	12	0.157	10	0.176	10	0.635	7	0.398	8	0.227	4
陕西	0.235	10	0.120	14	0.121	14	0.039	26	0.697	3	0.263	15	0.170	7
海南	0.210	11	0.169	10	0.129	13	0.349	8	0.541	10	0.051	28	0.018	28
湖北	0.203	12	0.049	24	0.111	17	0.078	18	0.511	14	0.298	12	0.175	6
重庆	0.196	13	0.185	9	0.178	9	0.125	12	0.385	22	0.192	21	0.110	15
河北	0.192	14	0.056	23	0.090	21	0.069	20	0.581	8	0.269	14	0.086	18
河南	0.180	15	0.022	29	0.062	28	0.028	28	0.559	9	0.328	10	0.081	20
山西	0.179	16	0.133	13	0.120	15	0.053	24	0.515	13	0.207	18	0.047	25
江西	0.178	17	0.047	25	0.066	26	0.155	11	0.473	15	0.197	20	0.128	14
湖南	0.173	18	0.038	27	0.066	27	0.040	25	0.392	20	0.345	9	0.154	9
广西	0.172	19	0.040	26	0.077	22	0.089	16	0.522	11	0.214	17	0.090	17
吉林	0.170	20	0.087	17	0.116	16	0.056	23	0.415	18	0.202	19	0.144	11
四川	0.164	21	0.064	20	0.103	18	0.100	14	0.210	29	0.419	7	0.090	16
内蒙古	0.163	22	0.276	7	0.146	12	0.029	27	0.329	27	0.137	24	0.061	22
云南	0.162	23	0.060	22	0.096	19	0.079	17	0.354	24	0.302	11	0.083	19
新疆	0.161	24	0.095	16	0.095	20	0.104	13	0.518	12	0.125	26	0.028	27
安徽	0.157	25	0.063	21	0.075	23	0.076	19	0.390	21	0.281	13	0.057	23
黑龙江	0.148	26	0.067	18	0.073	24	0.089	15	0.350	25	0.180	22	0.131	13
贵州	0.119	27	0.028	28	0.060	29	0.006	31	0.440	17	0.126	25	0.051	24
宁夏	0.116	28	0.107	15	0.181	8	0.058	22	0.310	28	0.041	29	0.000	29
甘肃	0.112	29	0.014	30	0.068	25	0.022	30	0.409	19	0.124	27	0.037	26
青海	0.044	30	0.066	19	0.148	11	0.025	29	0.004	31	0.021	30	0.000	29
西藏	0.024	31	0.000	31	0.024	30	0.064	21	0.047	30	0.009	31	0.000	29

分析表6—4可以发现，知识产权创造环境指表排名前10位的省份是：北京、上海、天津、江苏、广东、浙江、福建、辽宁、山东、陕西；排名后10位的省份是：内蒙古、云南、新疆、安徽、黑龙江、贵州、宁夏、甘肃、青海、西藏。

该项指标主要从财政、金融、开放、教育水平、文化环境、高新技术开发区等方面来观测。从总体上看，知识产权创造环境指标排名仍是东强西弱，但各地区这6个方面的表现不平衡性较为突出。其中，财政支持和金融环境指标的排名一致性较强，相对而言，其他指标则较不均衡。例如广东，其财政支持、开放、文化环境、高新技术开发区都名列前茅，分别位于第8位、第2位、第1位、第2位，而金融环境却处于第31位和第16位，其中，金融环境可能与选取指标有一定的关系，其他的融资途径由于统计上存在一定的困难，因此，难以纳入指标体系中。

2. 财政支持四级指标框架及排名与分析

（1）指标框架

财政支持指标用人均地方政府财政收入来测度。

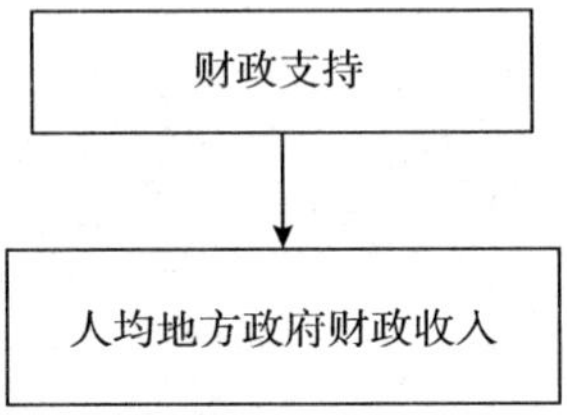

图6—32 财政支持指标框架图

（2）财政支持具体指标分析

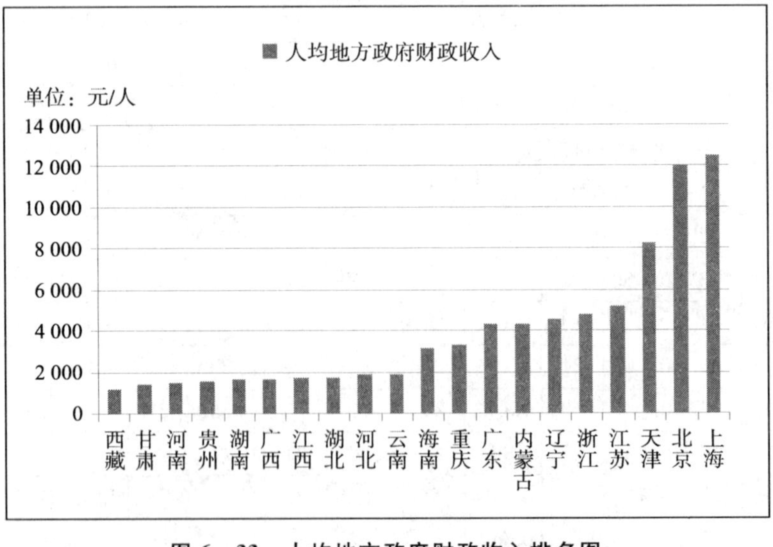

图6—33 人均地方政府财政收入排名图

数据来源：国家统计局，科学技术部．中国科技统计年鉴2011［M］．北京：中国统计出版社，2011；国家统计局．中国统计年鉴2011［M］．北京：中国统计出版社，2011.

图 6－33 显示，西藏—云南是人均地方政府财政收入最少的 10 个省份，均不足 1 500 元/人；上海—海南是人均地方政府财政收入最多的 10 个省份，其中北京、上海两市远高于其他省份，人均地方政府财政收入约 12 000 元/人上下，上海最高，数值为 12 479 元/人。

3. 金融环境四级指标框架及排名与分析

(1) 指标框架

金融环境指标用人均年末金融机构贷款余额进行评价。

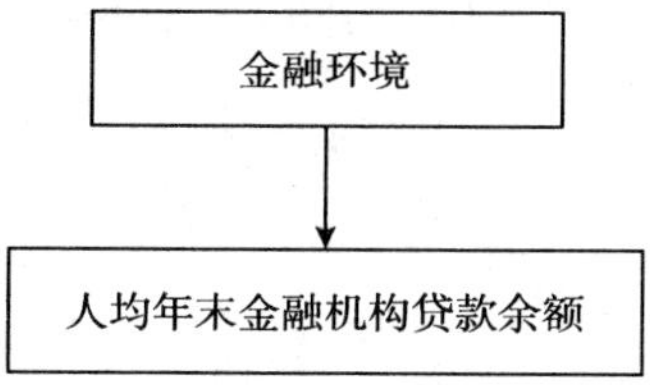

图 6－34　金融环境指标框架图

(2) 金融环境具体指标分析

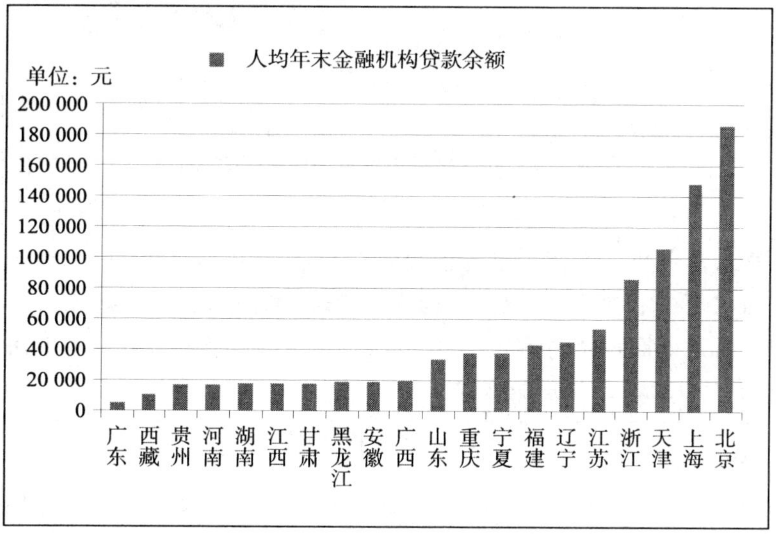

图 6－35　人均年末金融机构贷款余额排名图

数据来源：2010 年各省统计公报。

图 6－35 显示，广东—广西是人均年末金融机构贷款余额最少的 10 个省份，均不足 20 000 元，其中广东的人均年末金融机构贷款余额仅为 5 635 元；北京—山东是人均年末金融机构贷款余额最多的 10 个省份，其中北京（185 940 元）、上海（148 324 元）的人均年末金融机构贷款余额超过 140 000 元，远远高于全国其他各省份。

4. 开放四级指标框架及排名与分析

(1) 指标框架

开放指标用外商投资总额占 GDP 比重、出口占 GDP 比重两个指标进行评价。

图 6－36　开放指标框架图

（2）开放具体指标分析

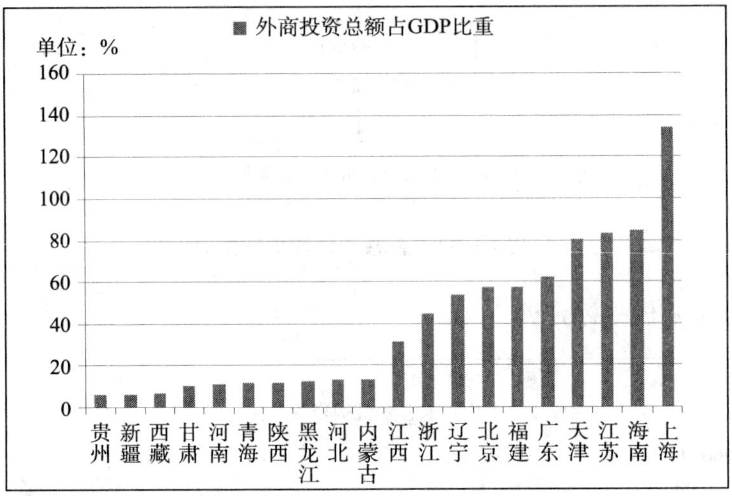

图 6－37　外商投资总额占 GDP 比重排名图

数据来源：国家统计局．中国统计年鉴 2011［M］．北京：中国统计出版社，2011.

图 6－37 显示，贵州—内蒙古是外商投资总额占 GDP 比重最低的 10 个省份，均不足 15%，其中贵州（6%）、新疆（7%）、西藏（7%）的外商投资总额占 GDP 比重不足 10%；上海—江西是外商投资总额占 GDP 比重最高的 10 个省份，其中上海的外商投资总额占 GDP 比重高达 134%，位居第 1 位。

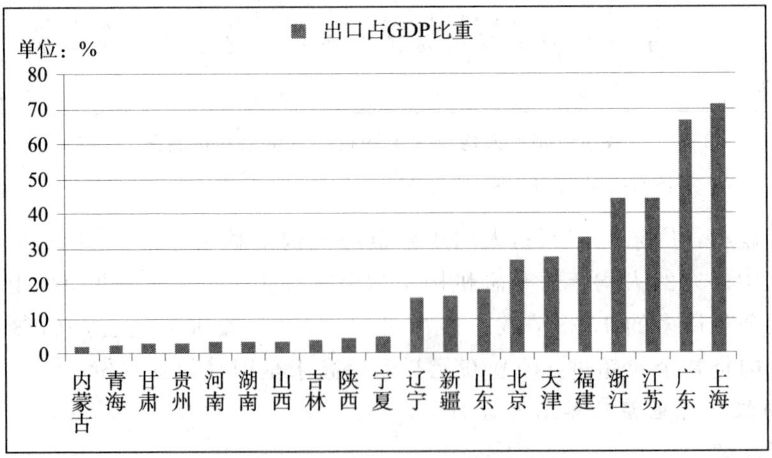

图 6－38　出口占 GDP 比重排名图

数据来源：国家统计局．中国统计年鉴 2011［M］．北京：中国统计出版社，2011.

图 6—38 显示，内蒙古—宁夏是出口占 GDP 比重最低的 10 个省份，均不足 5%；上海—辽宁是出口占 GDP 比重最高的 10 个省份，其中上海（71%）、广东（67%）的出口占 GDP 比重分别超过 70%、60%，领先于全国其他各省份。

5. 教育环境四级指标框架及排名与分析

（1）指标框架

教育环境指标下设两个四级指标：地方政府财政支出中教育支出比重、每 10 万人口高等学校在校生数。

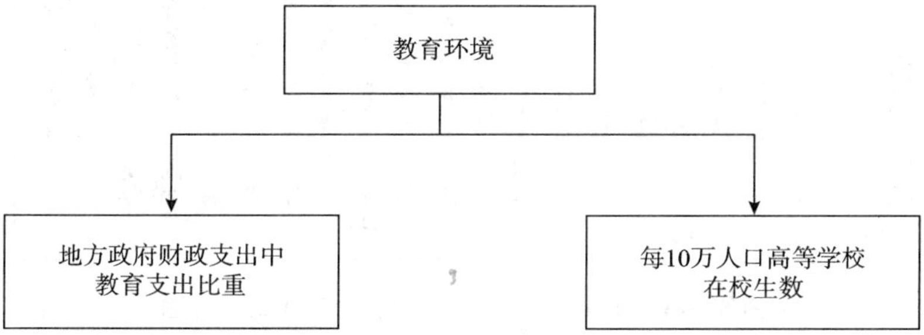

图 6—39 教育环境指标框架图

（2）教育环境具体指标分析

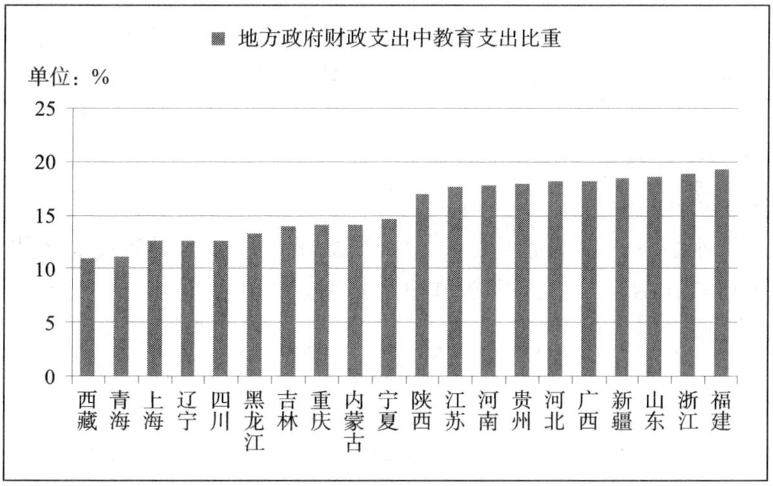

图 6—40 地方政府财政支出中教育支出比重排名图

数据来源：国家统计局. 中国统计年鉴 2011 [M]. 北京：中国统计出版社，2011.

图 6—40 显示，地方政府财政支出中教育支出比重指标分布较为均衡，相互之间差距不大，西藏—宁夏是地方政府财政支出中教育支出比重最低的 10 个省份，均不足 15%；福建—陕西是地方政府财政支出中教育支出比重最高的 10 个省份，排名第 1 位的福建约为 19.34%。

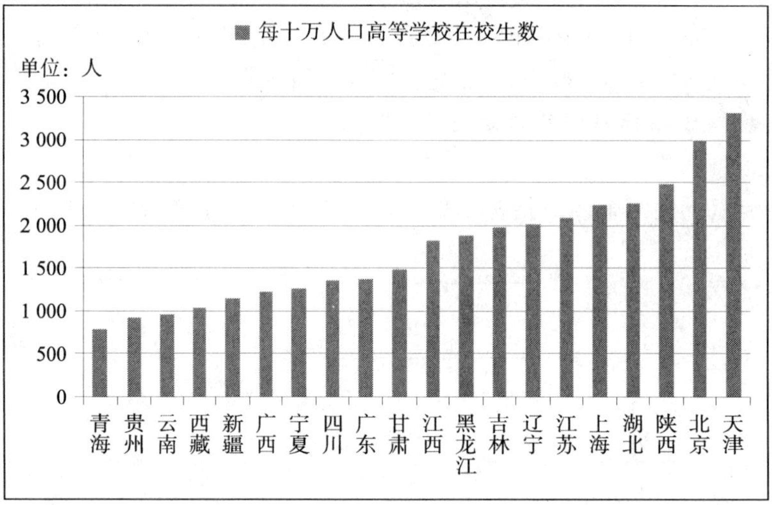

图6—41 每10万人口高等学校在校生数排名图

数据来源：国家统计局．中国统计年鉴2011［M］．北京：中国统计出版社，2011．

图6—41显示，青海—甘肃是每10万人口高等学校在校生数最少的10个省份，均不足1 500人，其中青海、贵州、云南的每10万人口高等学校在校生数不足1 000人；天津—江西是每10万人口高等学校在校生数最多的10个省份，其中天津（3 304人）、北京（2 993人）的每10万人口高等学校在校生数约3 000人上下，处于领先位置。

6．文化环境四级指标框架及排名与分析

（1）指标框架

文化环境指标下设6个四级指标：文化机构数量、从业人员数量、图书出版量、音像出版量、出版发行机构数量、有线广播电视入户率。

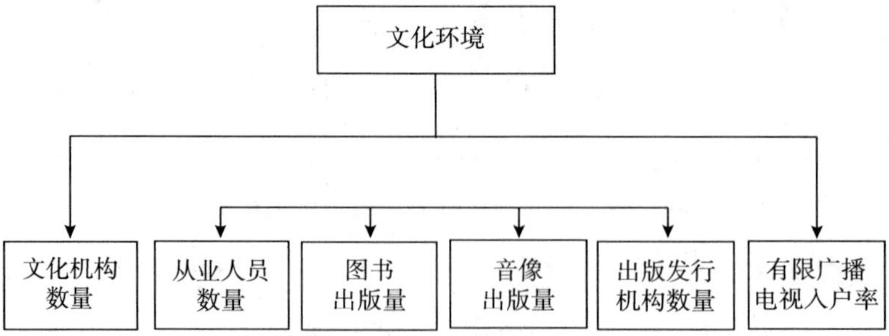

图6—42 文化环境指标框架图

（2）文化环境具体指标分析

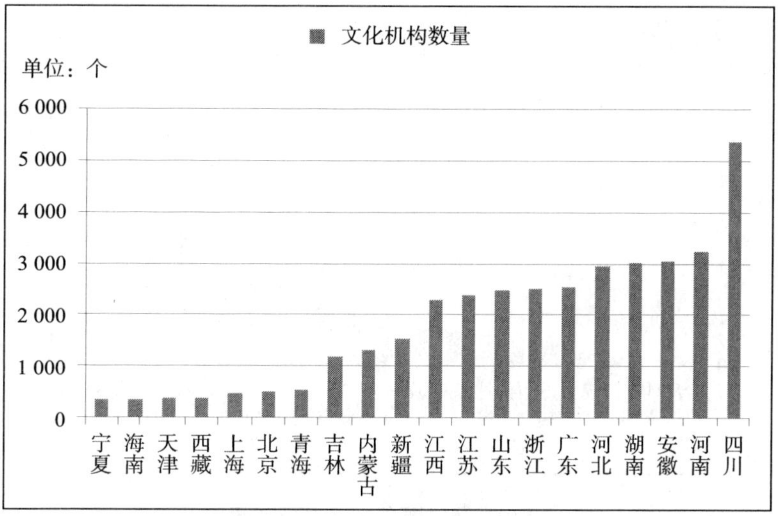

图 6－43　文化机构数量排名图

数据来源：国家统计局．中国统计年鉴 2011［M］．北京：中国统计出版社，2011．

图 6－43 显示，宁夏—新疆是文化机构数量排名最低的 10 个省份，除吉林、内蒙古、新疆外，其余省份均不足 1 000 个；四川—江西是文化机构数量排名最高的 10 个省份，均超过 2 000 个，其中，四川以 5 363 个排名第 1 位。

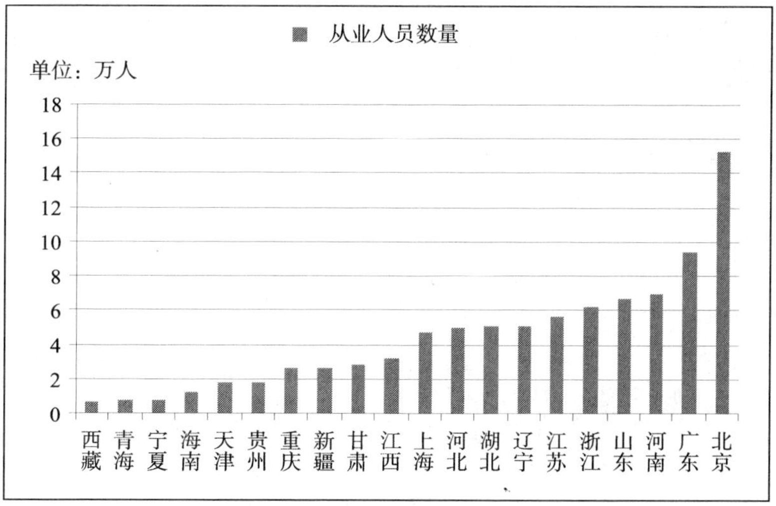

图 6－44　文化产业从业人员数量排名图

数据来源：国家统计局．中国统计年鉴 2011［M］．北京：中国统计出版社，2011．

图 6－44 显示，西藏—江西是文化产业从业人员数量排名最后 10 位的省份，全部不足 4 万人。北京—上海是排名前 10 位的省份，其中，北京位居第 1 位，文化产业从业人员数量为 15.25 万人，大幅领先于其他省份。

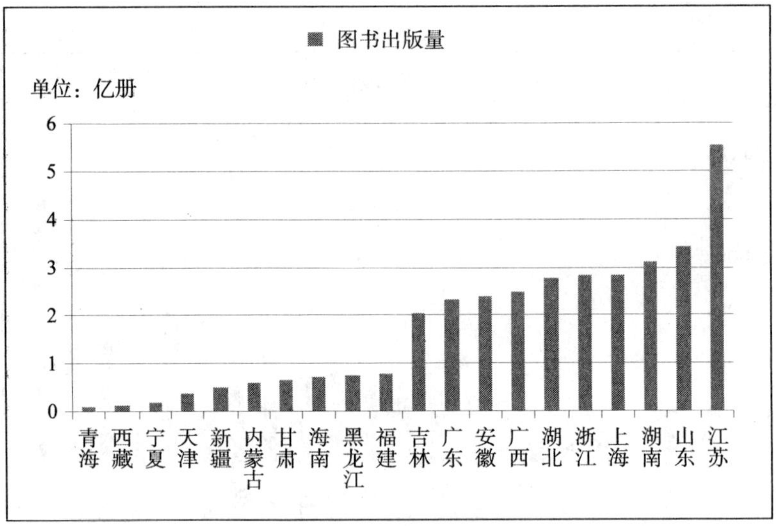

图 6－45　图书出版量排名图

数据来源：国家统计局．中国统计年鉴 2011 [M]．北京：中国统计出版社，2011.

图 6－45 显示，青海—福建为图书出版量最低的 10 个省份，均不足 1 亿册。江苏—吉林是排名前 10 位的省份，其中，江苏明显高于其他省份，约为 5.53 亿册。

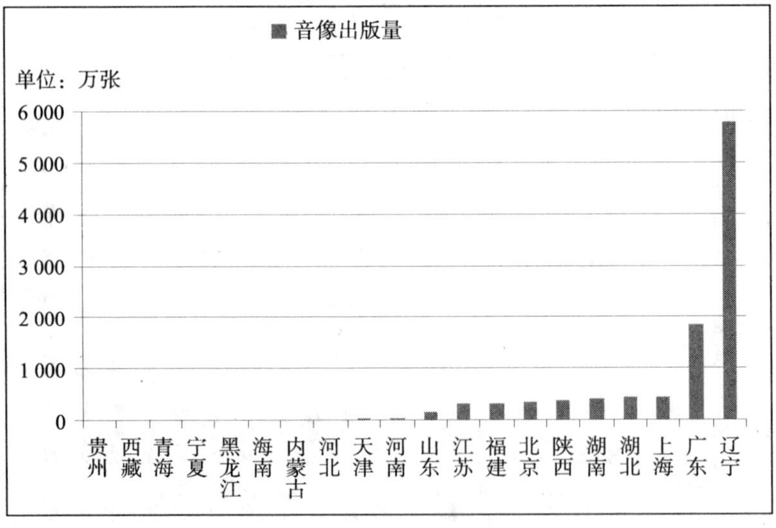

图 6－46　音像出版量排名图

数据来源：国家统计局．中国统计年鉴 2011 [M]．北京：中国统计出版社，2011.

图 6－46 显示，贵州—河南是音像出版量最低的 10 个省份，其中，贵州（0.4 万张）、西藏（0.9 万张）不足 1 万张。辽宁—山东是音像出版量最高的 10 个省份，辽宁的出版量高达 5 767.2 万张，遥遥领先，是排名第 2 位的广东（1 847.6 万张）的 3 倍多。

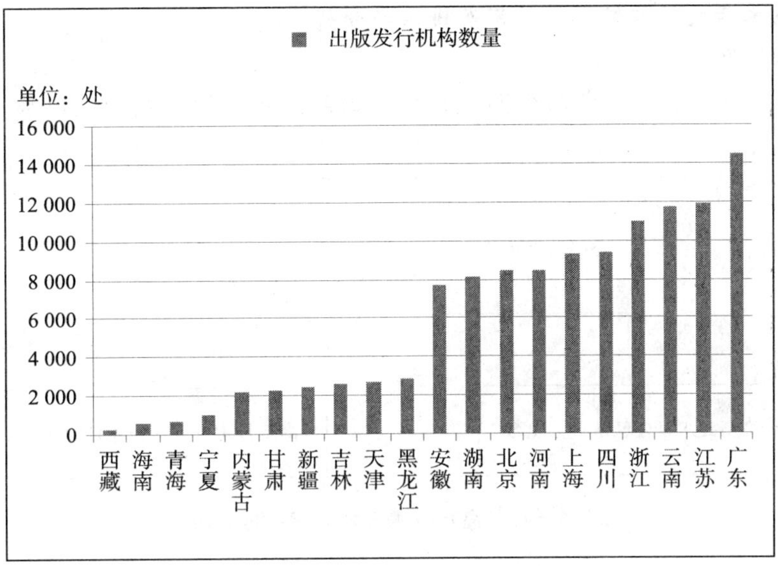

图 6—47　出版发行机构数量排名图

数据来源：国家统计局. 中国统计年鉴 2011 [M]. 北京：中国统计出版社，2011.

图 6—47 显示，西藏—黑龙江是出版发行机构数量排名最后的 10 个省份，其中，西藏、海南、青海不足 1 000 处；广东—安徽是排名前 10 位的省份，其中，广东（14 487 处）位居第 1 位，稍领先于其他省份。

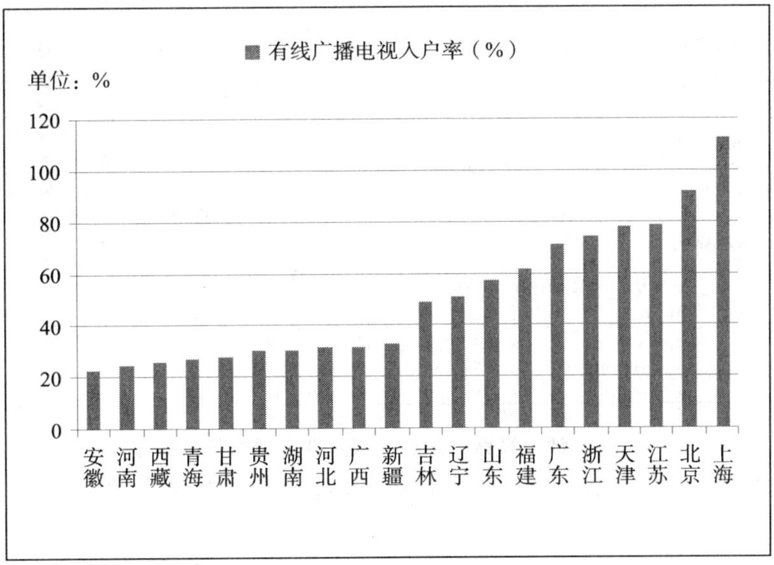

图 6—48　有线广播电视入户率排名图

数据来源：国家统计局. 中国统计年鉴 2011 [M]. 北京：中国统计出版社，2011.

图 6—48 显示，新疆—安徽是有线广播电视入户率排名后 10 位的省份，相互之间差距不大，排名最后一位的安徽为 22.6%；上海—吉林是排名前 10 位的省份，基本呈阶梯状上升，上海排名第 1 位，入户率超过 100%。

7. 高新技术开发区四级指标框架及排名与分析

（1）指标框架

高新技术开发区指标下设两个四级指标：高新技术开发区从业人员数、高新技术开发区技术性收入。

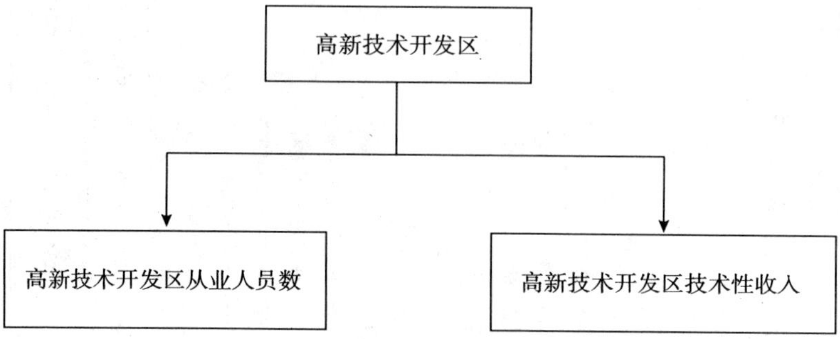

图 6—49 高新技术开发区指标框架图

（2）高新技术开发区具体指标分析

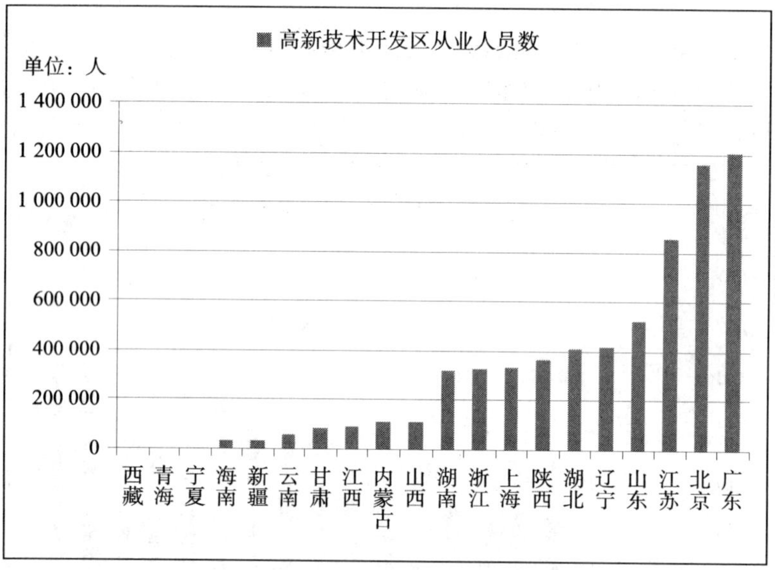

图 6—50 高新技术开发区从业人员数排名图

数据来源：国家统计局，科学技术部．中国科技统计年鉴 2011［M］．北京：中国统计出版社，2011.

图 6—50 显示，高新技术开发区从业人员数指标差异较大。西藏—山西是高新技术开发区从业排名最低的 10 个省份，除山西、内蒙古外，其余 9 个省份均不足 10 万人，西藏、青海、宁夏甚至为 0；广东—湖南是高新技术开发区从业排名最高的 10 个省份，其中广东、北京的高新技术开发区从业人员超过 100 万人。

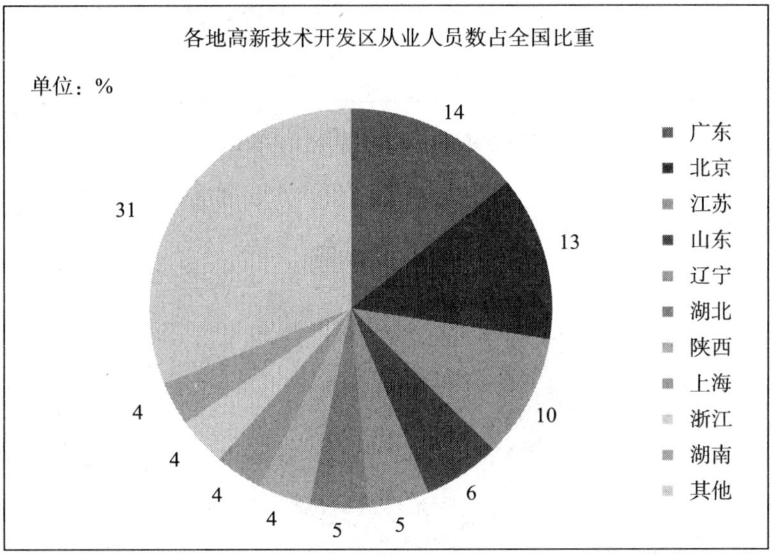

图 6—51　各地高新技术开发区从业人员数占全国比重图

数据来源：国家统计局，科学技术部. 中国科技统计年鉴 2011 [M]. 北京：中国统计出版社，2011.

图 6—51 显示，广东（14%）、北京（13%）、江苏（10%）三省市所占比重相差不大，均超过 10%，三者之和约为 37%。除去排名靠前的 10 个省份，其他各省份所占比重约为 30%。

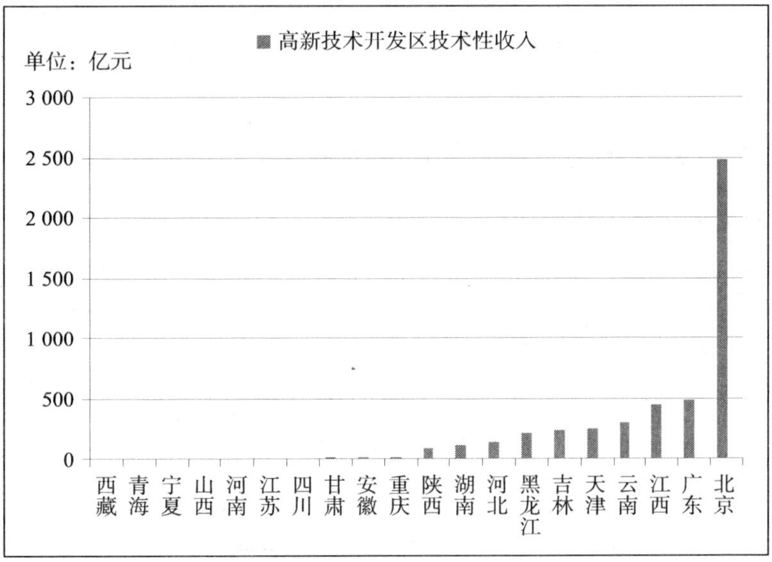

图 6—52　高新技术开发区技术性收入排名图

数据来源：国家统计局，科学技术部. 中国科技统计年鉴 2011 [M]. 北京：中国统计出版社，2011.

图 6—52 显示，西藏—重庆为高新技术开发区技术性收入最低的 10 个省份，其中，西藏、青海、宁夏、山西此项指标数据不足 1 亿元。北京—陕西是该项指标排名前 10 位

的省份，其中，北京约为 2 478.10 亿元，占据绝对优势，是第 2 名广东（485.95 亿元）的 5 倍多。

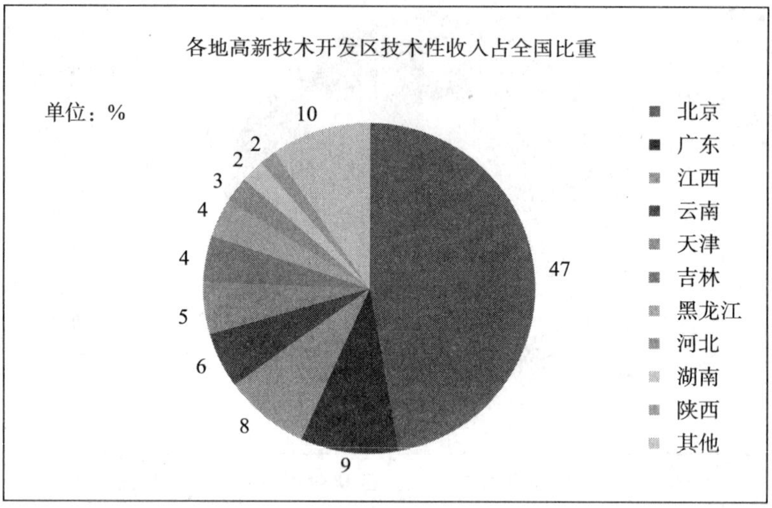

图 6—53 各地高新技术开发区技术性收入占全国比重图

数据来源：国家统计局，科学技术部. 中国科技统计年鉴 2011 [M]. 北京：中国统计出版社，2011.

图 6—53 显示，高新技术开发区技术性收入指标分布很不均衡，北京高新技术开发区技术性收入占全国的比重达到 47%，几乎占一半。除去排名靠前的 10 个省份，其余 21 省份合计比重只占到 10%。

五、知识产权试点示范三级指标框架及排名与分析

1. 知识产权试点示范三级指标框架及指数排名

(1) 指标框架

知识产权试点示范指标下设 4 个三级指标：知识产权试点示范城市、知识产权试点示范园区、知识产权试点单位、文化产业示范。

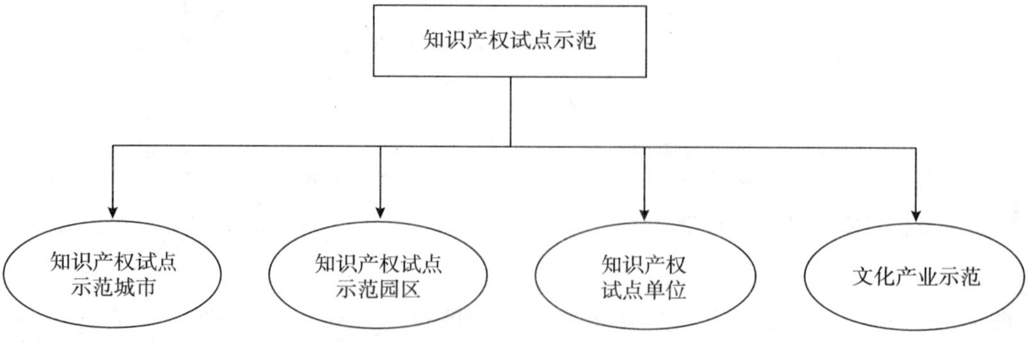

图 6—54 知识产权试点示范指标框架图

（2）指数及排名

表6—5　知识产权试点示范指标指数及排名表

区域	知识产权试点示范		知识产权试点示范城市		知识产权试点示范园区		知识产权试点单位		文化产业示范	
	指数	排名	指数	排名	指数	排名	指数	排名	指数	排名
山东	0.740	1	1.000	1	1.000	1	0.512	10	0.449	10
广东	0.563	2	0.385	7	0.571	3	0.419	18	0.877	1
江苏	0.562	3	1.000	1	0.714	2	0.116	26	0.419	11
浙江	0.533	4	0.692	3	0.429	4	0.651	5	0.358	16
河南	0.452	5	0.538	4	0.143	10	0.512	10	0.613	4
北京	0.438	6	0.154	14	0.143	10	0.860	2	0.596	6
河北	0.428	7	0.077	21	0.143	10	0.837	3	0.654	3
湖南	0.425	8	0.538	4	0.429	4	0.256	20	0.477	7
福建	0.404	9	0.231	10	0.000	22	1.000	1	0.387	14
湖北	0.358	10	0.308	8	0.286	7	0.465	14	0.375	15
陕西	0.347	11	0.154	14	0.429	4	0.093	27	0.714	2
安徽	0.338	12	0.538	4	0.143	10	0.209	22	0.461	8
吉林	0.335	13	0.154	14	0.143	10	0.651	5	0.393	13
辽宁	0.325	14	0.231	10	0.143	10	0.465	14	0.460	9
天津	0.309	15	0.154	14	0.143	10	0.651	5	0.286	17
江西	0.289	15	0.154	14	0.143	10	0.465	14	0.394	12
山西	0.286	17	0.077	21	0.000	22	0.465	14	0.602	5
黑龙江	0.285	18	0.077	21	0.000	22	0.791	4	0.272	18
上海	0.270	19	0.154	14	0.143	10	0.535	9	0.248	21
重庆	0.235	20	0.231	10	0.286	7	0.279	19	0.144	29
四川	0.227	21	0.308	8	0.143	10	0.233	21	0.224	24
内蒙古	0.217	22	0.077	21	0.143	10	0.488	12	0.158	27
广西	0.212	23	0.077	21	0.000	22	0.581	8	0.188	25
新疆	0.189	24	0.231	10	0.286	7	0.000	31	0.241	22
云南	0.169	25	0.077	21	0.143	10	0.186	24	0.270	19
海南	0.159	25	0.077	21	0.000	22	0.488	12	0.071	31
贵州	0.149	27	0.154	14	0.000	22	0.209	22	0.234	23
甘肃	0.100	28	0.077	21	0.000	22	0.070	28	0.251	20
西藏	0.080	28	0.000	30	0.000	22	0.186	24	0.135	30
宁夏	0.064	30	0.077	21	0.000	22	0.023	30	0.155	28
青海	0.060	31	0.000	30	0.000	22	0.070	28	0.168	26

知识产权试点示范的指数排名与各地的国家知识产权试点示范城市数、国家知识产权试点示范园区数、企事业知识产权试点单位数以及文化相关示范单位等指标相关。分析表 6—5 可以发现，知识产权试点示范指数排名前 10 位的省份是：山东、广东、江苏、浙江、河南、北京、河北、湖南、福建、湖北；排名后 10 位的省份是：内蒙古、广西、新疆、云南、海南、贵州、甘肃、西藏、宁夏、青海。具体详见本书下文各项指标分析。

2. 知识产权试点示范城市四级指标框架及排名与分析

（1）指标框架

知识产权试点示范城市指标用国家知识产权试点示范城市数来度量。

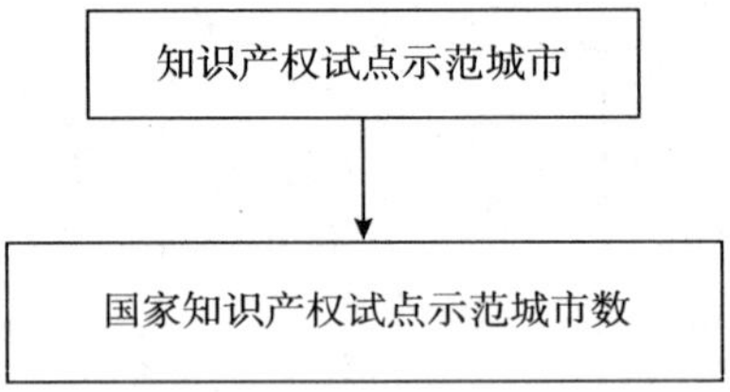

图 6—55 知识产权试点示范城市指标框架图

（2）知识产权试点示范城市具体指标分析

表 6—6 国家知识产权试点示范城市表

国家知识产权工作示范城市	四川成都、湖北武汉、湖北宜昌、吉林长春、山东济南、广东广州、河南洛阳、湖南长沙、湖南湘潭、江西南昌、浙江杭州、辽宁沈阳、甘肃兰州、浙江金华、山东青岛、山东东营、福建福州、江苏泰州、云南昆明、贵州贵阳、山东潍坊、湖南株洲、黑龙江哈尔滨、河北石家庄、河南郑州、辽宁大连、安徽合肥、福建厦门、江苏苏州、山西太原、江苏常州、浙江宁波、浙江温州、广东佛山、江苏南京、江苏镇江、安徽芜湖、海南海口、广西桂林、山东淄博、山东烟台、江苏无锡、广东汕头、新疆乌鲁木齐、四川德阳
国家知识产权示范城市创建市	陕西西安、浙江台州、江苏南通、河南南阳、安徽铜陵、湖北黄石、山东泰安、山东济宁、河南新乡、陕西宝鸡、福建泉州、江苏昆山、内蒙古包头、江苏张家港、江西新余、广东东莞、宁夏银川、新疆昌吉回族自治州、江苏常熟、浙江义乌、江苏丹阳、湖北十堰、浙江嘉兴、浙江湖州、安徽巢湖、山东诸城、湖南常德市、新疆克拉玛依
国家知识产权试点城市	山东临沂、辽宁鞍山、湖南益阳、安徽马鞍山、山东莱芜、安徽蚌埠、安徽淮北、湖南邵阳、湖南郴州、山东德州、广东惠州、四川攀枝花、河南安阳、浙江绍兴、吉林通化、江苏盐城、河南平顶山、贵州安顺、江苏吴江、山东菏泽、河南许昌、四川宜宾、北京市海淀区、北京市朝阳区、天津市和平区、天津市西青区、上海市闵行区、上海市宝山区、重庆市沙坪坝区、重庆市九龙坡区、重庆市南岸区

资料来源：国家知识产权试点城市、国家知识产权示范城市、国家知识产权示范城市创建市［EB/OL］.［2012—01—01］. http：//www.sipo.gov.cn/zlgls/zhc/cs/cssdzcwj/201104/t20110425_600890.html.

3. 知识产权试点示范园区四级指标框架及排名与分析

(1) 指标框架

知识产权试点示范园区指标用国家知识产权试点园区、示范园区数来度量。

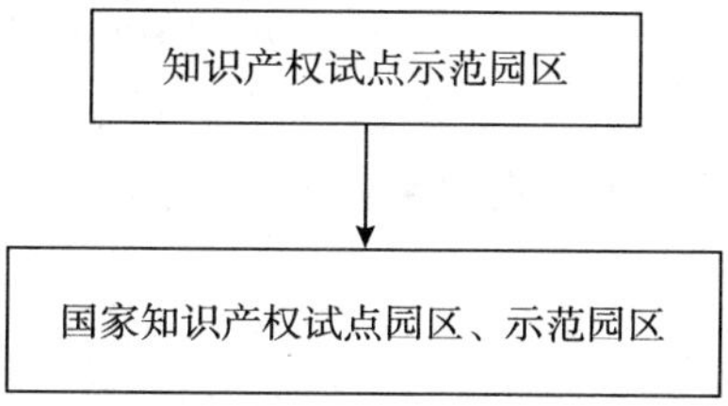

图 6—56　知识产权试点示范园区指标框架图

(2) 知识产权试点示范园区具体指标分析

表 6—7　国家知识产权试点园区、示范园区表

国家知识产权示范、示范创建园区	武汉东湖新技术开发区、杨凌农业高新技术产业化示范区、长春高新技术产业开发区 、天津滨海高新技术产业园区、青岛高新技术产业开发区、张江高科技园区、苏州工业园区、中关村科技园区、成都高新技术产业开发区、包头稀土高新技术产业开发区、襄樊高新区、苏州高新区、无锡工业设计园
国家知识产权试点园区	深圳市高新技术产业园区、西安高新技术产业开发区、广州市人民政府、威海火炬高技术产业开发区、杭州高新技术产业开发区、株洲高新技术产业开发区、中国石油大学国家大学科技园、长沙经济技术开发区、南昌高新技术产业开发区、重庆江北区五里店工业设计中心、石家庄高新技术产业开发区、江苏昆山经济技术开发区、重庆西永微电子产业园区、乌鲁木齐高新技术产业开发区、洛阳高新技术产业开发区、合肥高新技术产业开发区、无锡高新技术产业开发区、沈阳高新技术产业开发区、昆明高新技术产业开发区、湘潭高新技术产业开发区、杭州经济技术开发区、宁波高新技术产业开发区、惠州仲凯高新技术产业开发区、潍坊高新技术产业开发区、烟台经济技术开发区、佛山高新技术产业开发区、乌鲁木齐经济技术开发区、青岛经济技术开发区、淄博高新技术产业开发区、宝鸡高新技术产业开发区

资料来源：国家知识产权试点园区、示范园区创建区 [EB/OL]. [2012—01—01]. http：//www.sipo.gov.cn/zlgls/zhc/yq/yqzcwj/201104/t20110425_600895.html.

4. 知识产权试点单位四级指标框架及排名与分析

(1) 指标框架

知识产权试点单位指标用企事业知识产权试点单位数来度量。

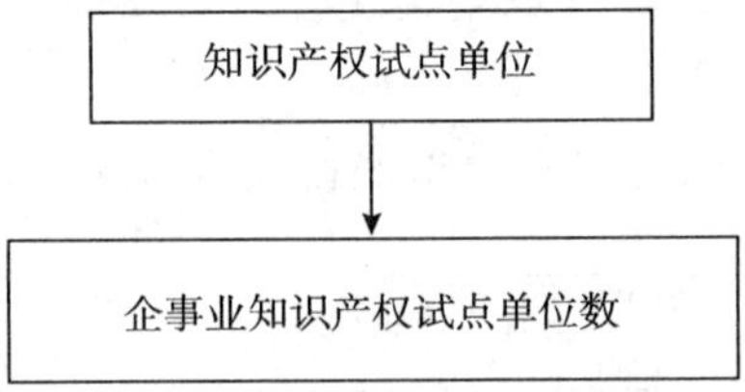

图 6－57 知识产权试点单位指标框架图

（2）知识产权试点单位具体指标分析

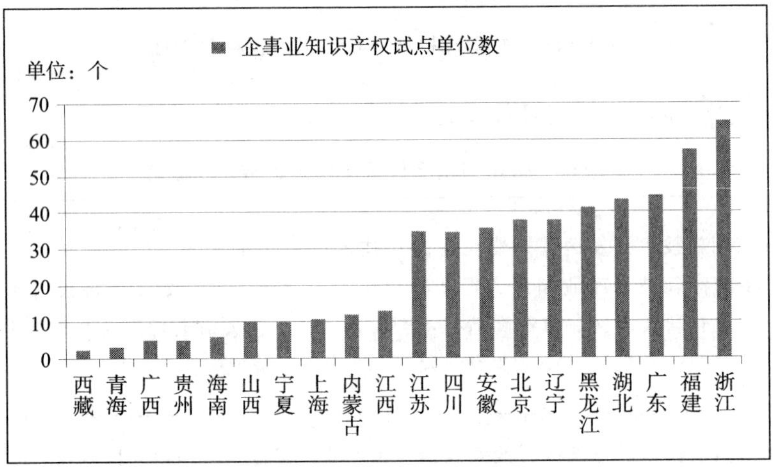

图 6－58 企事业知识产权试点单位数排名图

数据来源：全国企事业知识产权试点单位（第四批）[EB/OL]. [2012－01－01]. http://www.sipo.gov.cn/sipo2010/zlgls/zxdt/zxgzdt/201101/t20110126_488595.html.

图 6－58 显示，西藏—江西这 10 个省份企事业知识产权试点单位数都较少，排名在后 10 位，西藏、青海、广西、贵州、海南不足 10 个，从江苏开始数目达到 30 个以上，浙江超过 60 个试点单位。

5. 文化产业示范四级指标框架及排名与分析

（1）指标框架

文化产业示范指标用国家文化产业示范基地数与全国文化产业项目服务工程数两个指标来度量。

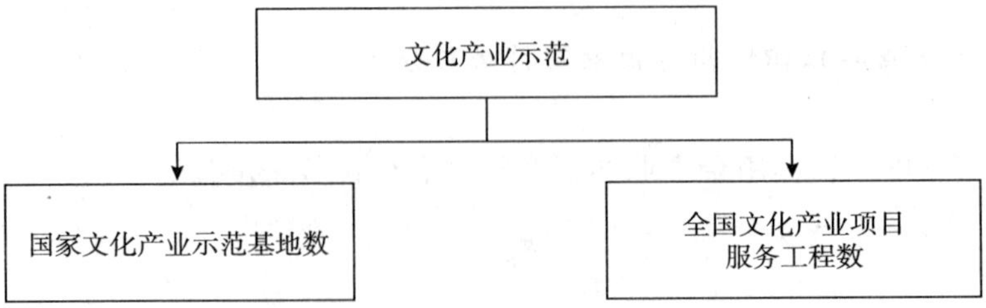

图 6－59 文化产业示范指标框架图

（2）文化产业示范具体指标分析

表 6—8 国家文化产业示范基地表 单位：个

国家知识产权试点园区	北京数字娱乐发展有限公司、北京京都文化投资管理公司、北京贯辰传媒有限公司、北京人大文化科技园建设发展有限公司、北京钧天坊古琴文化艺术传播有限公司、中央新闻纪录电影制片厂（动漫）、北京中外名人文化产业集团有限公司、天津神界漫画有限公司、天津市猛犸科技有限公司、天津市津宝乐器有限公司、大厂评剧歌舞团演艺有限责任公司、河北金音乐器集团有限公司、蔚县圆通文化创意有限责任公司、阳城县皇城相府（集团）实业有限公司、山西晋阳嫦娥文化艺术有限公司、内蒙古鄂尔多斯市达拉特旗响沙湾旅游有限公司（文化旅游）、内蒙古力王工艺美术有限公司、大连圣亚旅游控股股份有限公司（文化旅游）、沈阳三农博览园有限公司、吉林省宇平工艺品制造有限公司、吉林禹硕动漫游戏科技股份有限公司、黑龙江冰尚杂技舞蹈演艺制作有限公司、哈尔滨太阳岛风景区资产经营有限公司、上海天地软件创业园有限公司、上海今日动画影视文化有限公司、扬州智谷投资管理有限公司、江苏周庄文化创意产业投资发展有限公司、江苏金一文化发展有限公司、杭州神采飞扬娱乐有限公司、宁波音王集团有限公司、衢州醉根艺品有限公司、桐城市佛光铜质工艺品有限公司、蚌埠光彩投资有限责任公司、中国宣纸集团公司、艾派集团（中国）有限公司、莆田市集友艺术框业有限公司、福安市珍华工艺品有限公司、萍乡市升华实业有限公司、同方泰豪动漫产业投资有限公司、山东周村古商城旅游发展有限公司（文化旅游）、威海刘公岛实业发展有限公司、潍坊杨家埠民俗艺术有限公司、开封清明上河园股份有限公司、镇平石佛寺珠宝玉雕有限公司、项城市汝阳刘笔业有限公司、海豚传媒股份有限公司、武汉艾立卡电子有限公司、湖南大剧院、拓维信息系统股份有限公司、广东中凯文化传媒有限公司、广州珠江钢琴集团股份有限公司、羊城创意产业园、深圳华强文化科技集团股份有限公司、深圳市永丰源实业有限公司、深圳市同源南岭文化创意园有限公司、海南天涯在线网络科技有限公司、广西钦州坭兴陶艺有限公司、重庆商界传媒有限公司、凉山文化广播电影电视传媒有限公司、贵州平坝县天龙旅游投资开发有限公司（文化旅游）、大理风花雪月文化传播有限责任公司、拉萨市城关区古艺建筑美术公司、宝鸡市文化旅游产业开发建设有限公司、西安大唐西市文化产业投资有限公司、陕西富平陶艺村有限责任公司、敦煌飞天文化产业发展有限责任公司、青海藏羊地毯集团有限公司、青海工艺美术厂有限责任公司、宁夏华夏西部影视城有限公司（文化旅游）、新疆国际大巴扎开发有限公司

数据来源：国家文化产业示范基地（第四批）[EB/OL]．[2012—01—01]．http：//www.mcprc.gov.cn/sjzznew2011/whcys/whcys_yqjdjs/201111/t20111128_158557.html.

表 6—8 为国家文化产业示范基地名单，各省份分布较为均衡，北京最多，有 7 个。

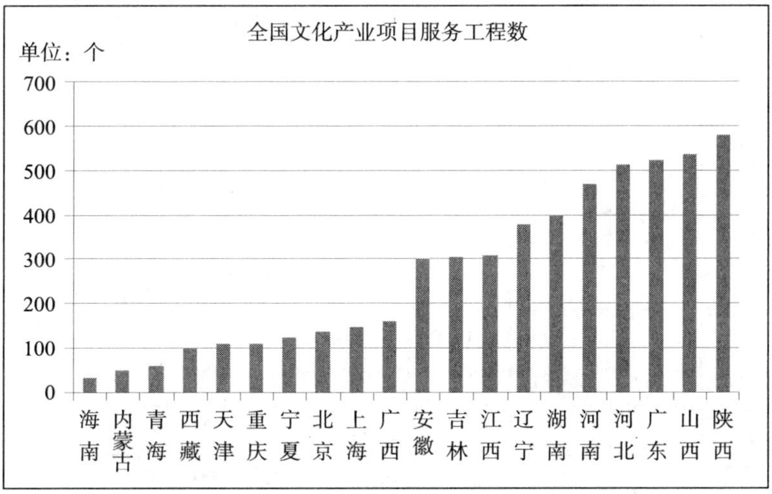

图 6—60 全国文化产业项目服务工程数排名图

数据来源：[EB/OL]．[2012—01—01]．http：//trade.cnci.gov.cn/cn_p_area_list.aspx.

图 6—60 显示，广西—海南是全国文化产业项目服务工程数排名后 10 位的省份，其中，西藏、内蒙古、青海不足百项；陕西—安徽则是排名前 10 位的省份，陕西、山西、广东、河北均超过 500 项，属于第一集团。

六、企业创造潜力三级指标框架及排名与分析

1. 企业创造潜力三级指标框架及指数排名

（1）指标框架

企业创造潜力指表下设 4 个三级指标：企业科研基础、企业人才投入、企业资本投入、企业新产品开发。

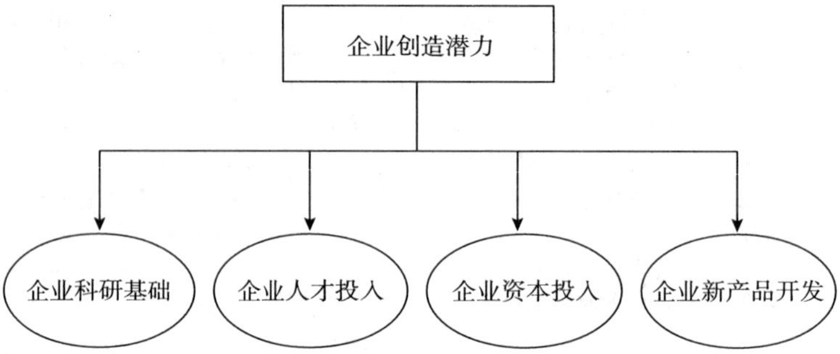

图 6—61　企业创造指标框架图

（2）指数及排名

表 6—9　企业创造潜力指标指数及排名表

区域	企业创造潜力		企业科研基础		企业人才投入		企业资本投入		企业新产品开发	
	指数	排名	指数	排名	指数	排名	指数	排名	指数	排名
江苏	0.719	1	0.703	2	0.488	9	0.757	8	0.926	1
广东	0.713	2	0.494	11	0.621	4	0.824	4	0.911	2
浙江	0.638	3	0.858	1	0.403	16	0.764	6	0.526	4
湖南	0.636	4	0.674	3	0.707	3	1.000	1	0.164	14
山东	0.635	5	0.562	6	0.465	10	0.813	5	0.700	3
北京	0.600	6	0.524	8	0.956	1	0.731	10	0.187	12
上海	0.572	7	0.443	15	0.719	2	0.739	9	0.385	5
天津	0.520	8	0.464	13	0.543	7	0.862	2	0.211	10
湖北	0.498	9	0.481	12	0.571	5	0.697	12	0.242	7
重庆	0.493	10	0.561	7	0.440	13	0.846	3	0.125	17
安徽	0.485	11	0.606	5	0.420	15	0.678	13	0.237	8
黑龙江	0.449	12	0.371	18	0.548	6	0.760	7	0.116	18

续表

区域	企业创造潜力		企业科研基础		企业人才投入		企业资本投入		企业新产品开发	
	指数	排名	指数	排名	指数	排名	指数	排名	指数	排名
辽宁	0.420	13	0.294	22	0.455	12	0.670	14	0.259	6
陕西	0.406	14	0.412	16	0.457	11	0.620	17	0.136	16
贵州	0.395	15	0.501	10	0.306	24	0.725	11	0.046	22
河南	0.385	16	0.510	9	0.395	17	0.417	18	0.219	9
福建	0.373	17	0.399	17	0.291	26	0.640	16	0.164	13
江西	0.351	18	0.332	21	0.339	21	0.650	15	0.083	20
河北	0.283	19	0.356	19	0.356	18	0.270	24	0.151	15
宁夏	0.274	20	0.610	4	0.206	28	0.262	26	0.019	28
甘肃	0.272	21	0.448	14	0.341	20	0.265	25	0.034	24
四川	0.270	22	0.220	29	0.295	25	0.374	21	0.189	11
山西	0.262	23	0.260	25	0.320	22	0.380	20	0.087	19
新疆	0.248	24	0.337	20	0.351	19	0.282	23	0.021	27
广西	0.245	25	0.245	26	0.256	27	0.407	19	0.071	21
内蒙古	0.236	26	0.282	23	0.312	23	0.307	22	0.044	23
吉林	0.232	27	0.232	28	0.440	14	0.222	28	0.034	26
青海	0.168	28	0.267	24	0.159	30	0.239	27	0.005	30
西藏	0.166	29	0.035	31	0.500	8	0.131	30	0.000	31
云南	0.143	30	0.238	27	0.110	31	0.189	29	0.034	25
海南	0.089	31	0.187	30	0.161	29	0.000	31	0.008	29

分析表6—9可以发现，企业创造潜力指标排名前10位的省份是：江苏、广东、浙江、湖南、山东、北京、上海、天津、湖北、重庆；排名后10位的省份是：四川、山西、新疆、广西、内蒙古、吉林、青海、西藏、云南、海南。企业科研基础、企业人才投入、企业资本投入和企业新产品开发4个指标从不同维度衡量企业创造潜力，这4项指标的排名有一定的波动，缺乏明显的一致性趋势。总体而言，企业创造潜力的排名趋势依旧是东部省份靠前，中西部省份落后。排名前10位中，湖南、湖北是亮点，分别排名第4位和第9位，体现了中西部地区企业发展的良好前景。

2. 企业科研基础四级指标框架及排名与分析

(1) 指标框架

企业科研基础指标用大中型工业企业中有科技机构的企业占全部企业比重、大中型工业企业中有R&D活动的企业占全部企业比重、企业R&D科学家和工程师占全社会R&D科学家和工程师比重3个指标来度量。

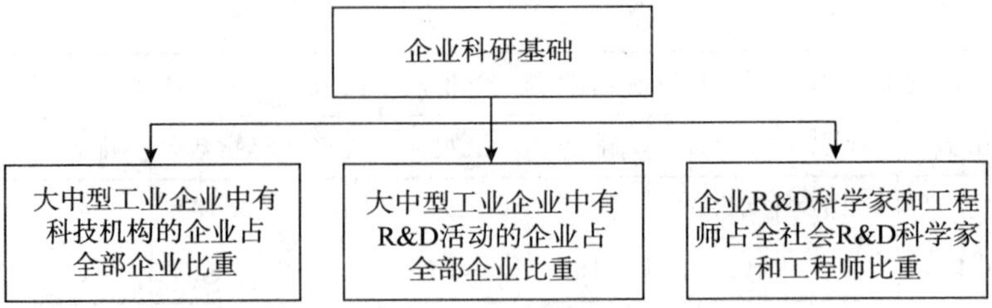

图 6—62　企业科研基础指标框架图

（2）企业科研基础具体指标分析

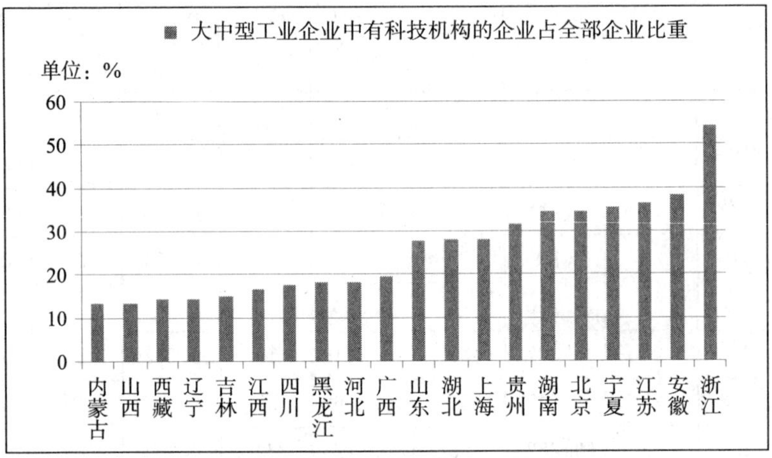

图 6—63　大中型工业企业中有科技机构的企业占全部企业比重图

数据来源：国家统计局，科学技术部．中国科技统计年鉴 2011 [M]．北京：中国统计出版社，2011.

图 6—63 显示，内蒙古—广西是大中型工业企业中有科技机构的企业占全部企业比重较低的 10 个省份，均不超过 20%，内蒙古最低，约为 13%。浙江—山东是大中型工业企业中有科技机构的企业占全部企业比重较高的 10 个省份，浙江最高，超过 50%，领先全国。

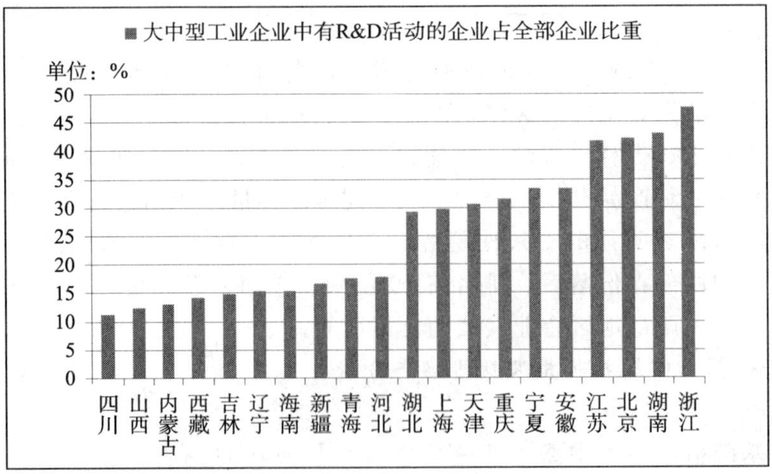

图 6—64　大中型工业企业中有 R&D 活动的企业占全部企业比重排名图

数据来源：国家统计局，科学技术部．中国科技统计年鉴 2011 [M]．北京：中国统计出版社，2011.

图 6—64 显示，四川—河北是大中型工业企业中有 R&D 活动的企业占全部企业比重最低的 10 个省份，其中，四川最低，约为 11%。浙江—湖北则是排名最高的 10 个省份，其中，浙江比重最高，约为 47%，另外，湖南、北京、江苏比重也超过 40%。

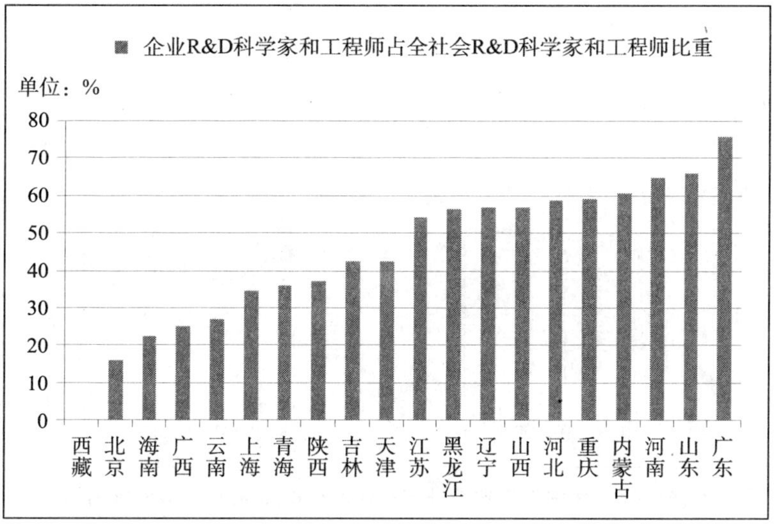

图 6—65　企业 R&D 科学家和工程师占全社会 R&D 科学家和工程师比重排名图

数据来源：国家统计局，科学技术部．中国科技统计年鉴 2011［M］．北京：中国统计出版社，2011.

图 6—65 显示，西藏—天津这 10 个省份企业 R&D 科学家和工程师占全社会 R&D 科学家和工程师比重是最低的，西藏是 0；广东—江苏为此项指标最高的 10 个省份，均超过 50%，其中广东高达 75.98%。

3. 企业人才投入四级指标框架及排名与分析

（1）指标框架

企业人才投入指标用大中型工业企业 R&D 人员占从业人员比重、大中型工业企业研发机构硕士以上学历人员比重两个指标衡量。

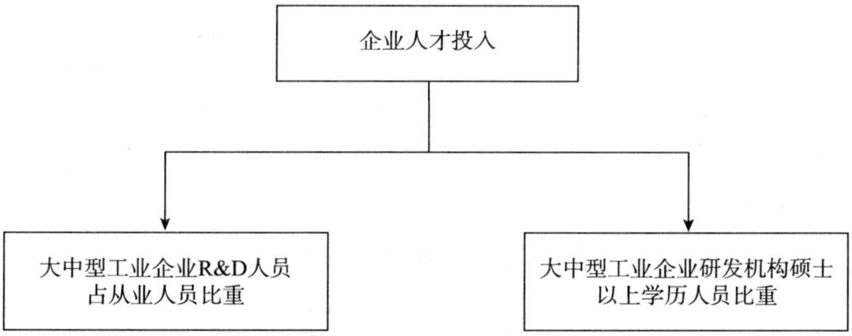

图 6—66　企业人才投入指标框架图

（2）企业人才投入具体指标分析

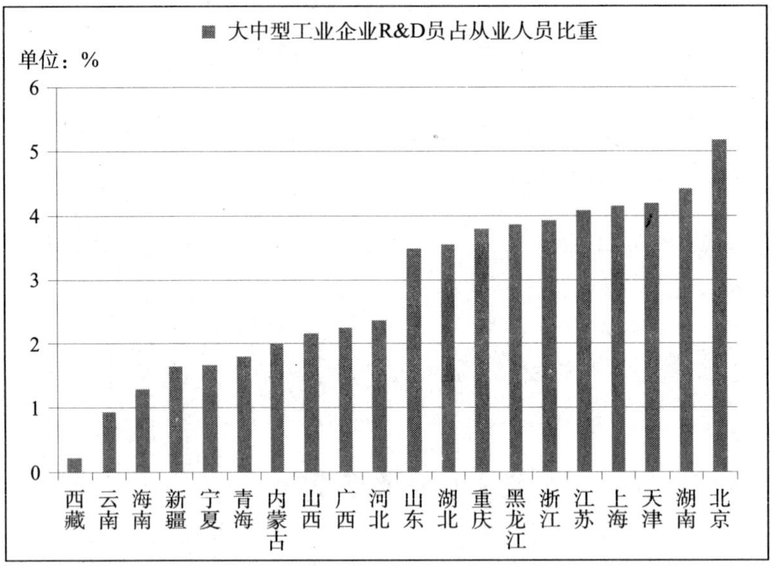

图 6－67 大中型工业企业 R&D 人员占从业人员比重排名图

数据来源：国家统计局，科学技术部．中国科技统计年鉴 2011 [M]．北京：中国统计出版社，2011．

图 6－67 显示，西藏—河北是大中型工业企业 R&D 人员占从业人员比重最低的 10 个省份，其中，西藏和云南不足 1%，西藏更是只有 0.21%。北京—山东则是排名最高的 10 个省份，其中，北京最高，约为 5.18%，稍微领先。其他省份差别不是很大。

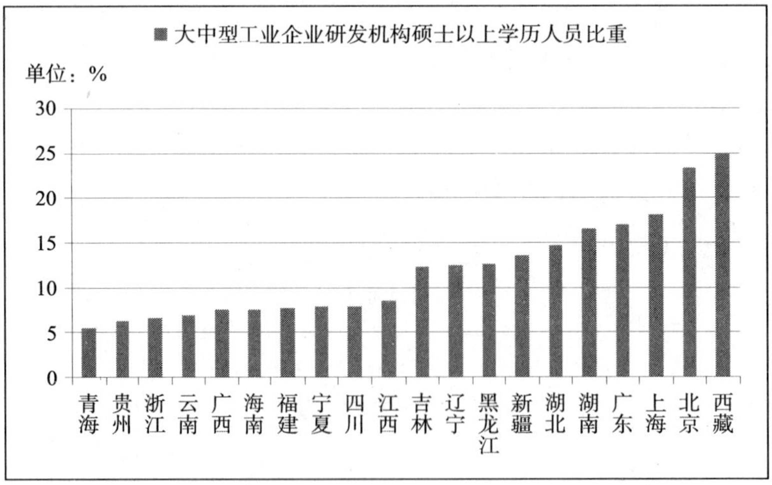

图 6－68 大中型工业企业硕士以上学历人员比重排名图

数据来源：国家统计局，科学技术部．中国科技统计年鉴 2011 [M]．北京：中国统计出版社，2011．

图 6－68 显示，青海—江西是大中型工业企业硕士以上学历人员比重最低，都不超过

10%。西藏—吉林是比重最高的10个省份，西藏最高，达到25%。

4. 企业资本投入四级指标框架及排名与分析

（1）指标框架

企业资本投入指标用大中型工业企业R&D经费占主营业务收入比重指标衡量。

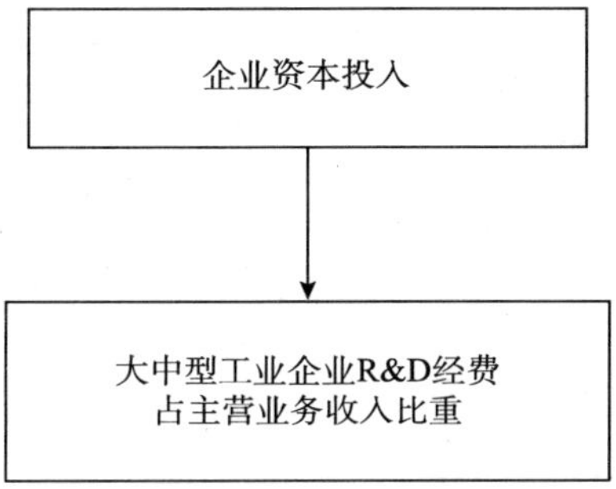

图6—69 企业资本投入指标框架图

（2）企业资本投入具体指标分析

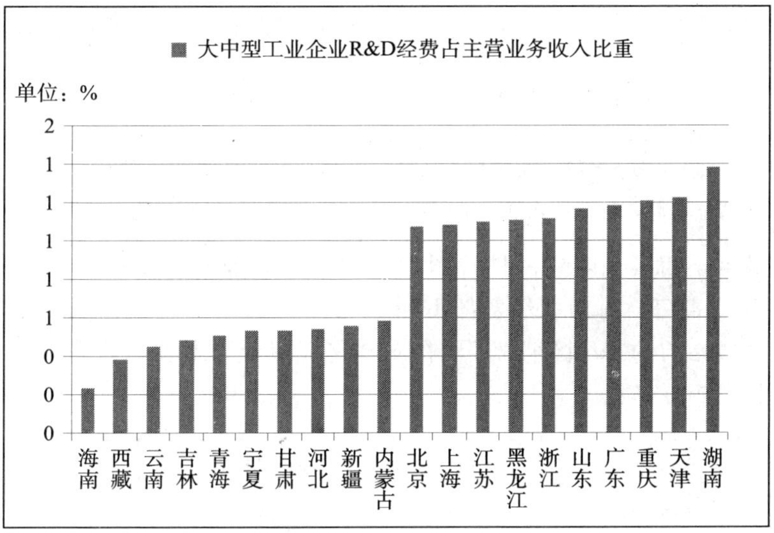

图6—70 大中型工业企业R&D经费占主营业务收入比重排名图

数据来源：国家统计局，科学技术部. 中国科技统计年鉴2011［M］. 北京：中国统计出版社，2011.

图6—70显示，海南—内蒙古是大中型工业企业R&D经费占主营业务收入比重排名最低的10个省份，湖南—北京是排名最高的10个省份。各省份此项指标都不高，说明大中型工业企业应更关注企业研发设计工作，加大R&D经费投入，提高研发工作对企业效益的贡献。

5. 企业新产品开发四级指标框架及排名与分析

（1）指标框架

企业新产品开发指标用大中型工业企业开发新产品经费、大中型工业企业新产品开发项目数两个指标衡量。

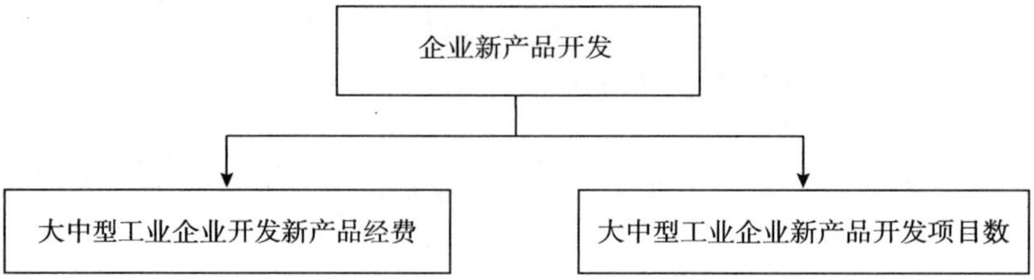

图 6—71　企业新产品开发指标框架图

（2）企业新产品开发具体指标分析

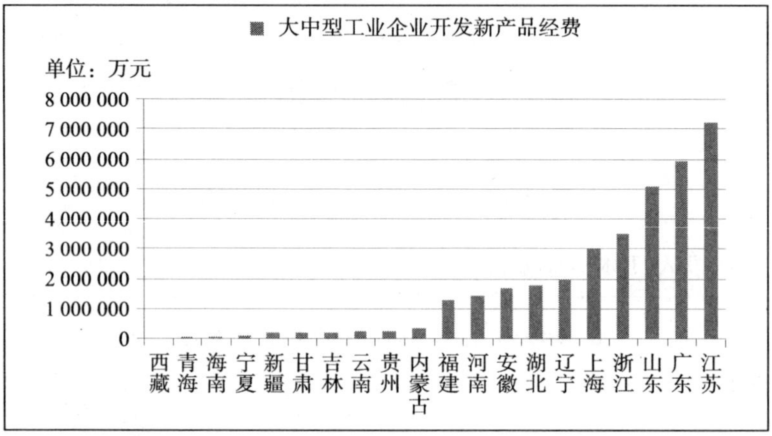

图 6—72　大中型工业企业开发新产品经费排名图

数据来源：国家统计局，科学技术部．中国科技统计年鉴 2011［M］．北京：中国统计出版社，2011．

图 6—72 显示，西藏—内蒙古是我国大中型工业企业开发新产品经费排名最靠后的 10 个省份，西藏、青海、海南的经费都不到 10 亿元，江苏—福建是大中型工业企业开发新产品经费排名最靠前的 10 个省份，均在 100 亿元以上，其中，江苏（720 亿元）领先于其他省份，超过 600 亿元。

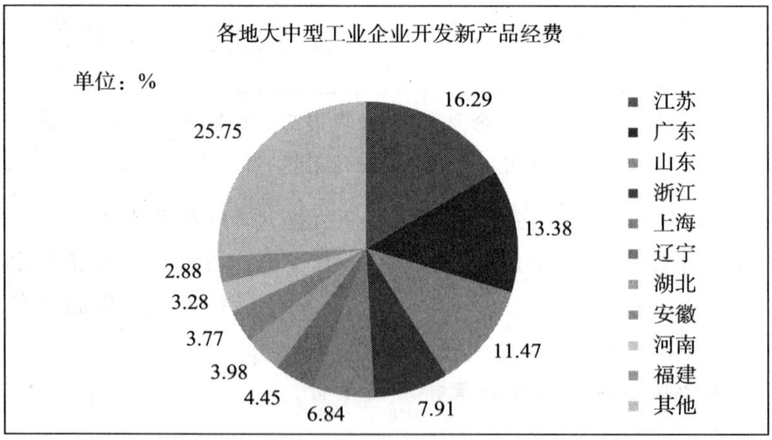

图 6—73　各地大中型工业企业开发新产品经费占全国比重图

数据来源：国家统计局，科学技术部．中国科技统计年鉴 2011［M］．北京：中国统计出版社，2011．

通过图 6－73 可以看出，江苏、广东、山东、浙江是我国大中型工业企业开发新产品经费占全国比重最高的 4 个省，四省总和接近 50％。

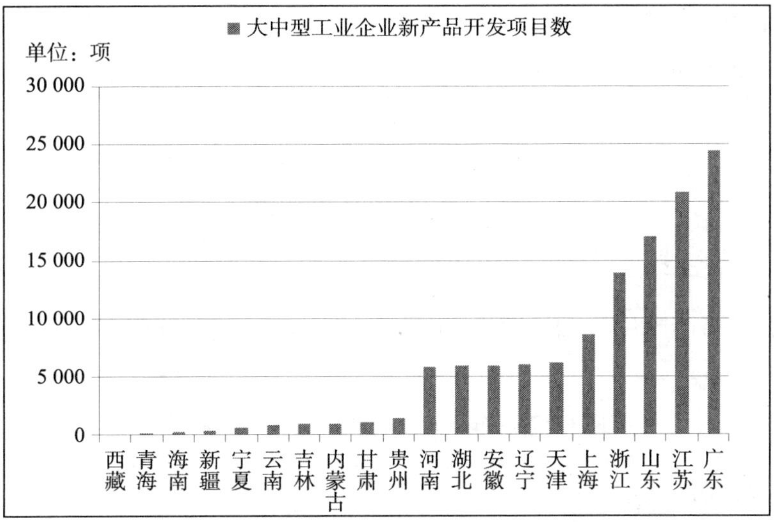

图 6－74　大中型工业企业新产品开发项目数排名图

数据来源：国家统计局，科学技术部．中国科技统计年鉴 2011［M］．北京：中国统计出版社，2011．

图 6－74 显示，大中型工业企业新产品开发项目数各省份差异较大，西藏—贵州是排名后 10 位的省份，西藏、青海、海南项目数不足 500 项，广东—河南则是排名靠前的 10 个省份，广东约为 2.4 万项，领先于其他省份。

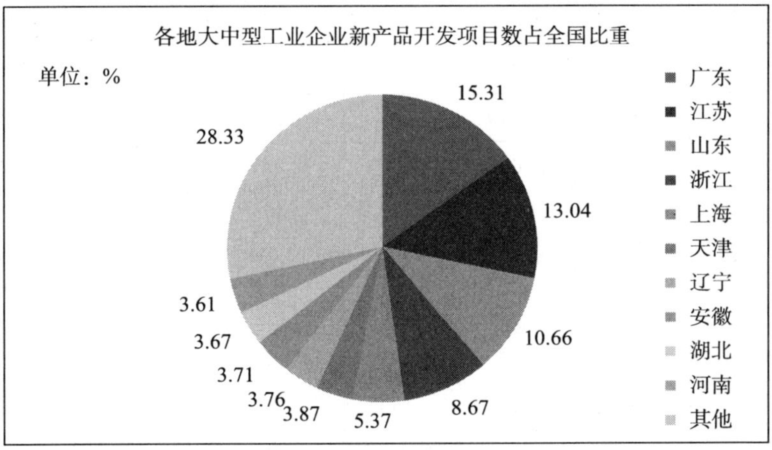

图 6－75　各地大中型工业企业新产品开发项目数占全国比重图

数据来源：国家统计局，科学技术部．中国科技统计年鉴 2011［M］．北京：中国统计出版社，2011．

图 6－75 显示，浙江、江苏、广东、山东所占比重较大 4 个省总和为 48.99％，接近 50％，排名靠前的 10 个省份的总和近 72％。

七、知识产权行政保护三级指标框架及排名与分析

1. 知识产权行政保护三级指标框架及指数排名

（1）指标框架

知识产权行政保护指标下设 3 个三级指标：专利行政执法、商标行政执法、海关行政执法。

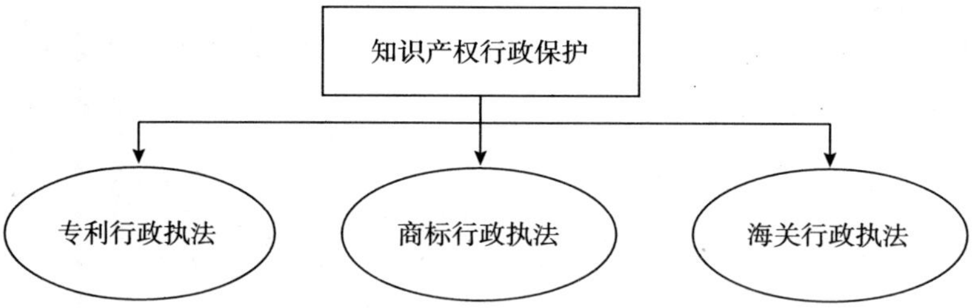

图 6—76 知识产权行政保护指标框架图

（2）指数及排名

表 6—10 知识产权行政保护指标指数及排名表

区域	知识产权行政保护		专利执法		商标执法		海关执法	
	指数	排名	指数	排名	指数	排名	指数	排名
广东	0.815	1	0.866	1	0.695	2	0.883	1
浙江	0.682	2	0.549	4	0.734	1	0.762	2
山东	0.363	3	0.742	2	0.285	5	0.063	7
上海	0.337	4	0.080	19	0.681	3	0.248	4
福建	0.305	5	0.330	10	0.320	4	0.265	3
江苏	0.256	6	0.519	5	0.227	6	0.021	8
湖南	0.251	7	0.606	3	0.147	10	0.001	20
湖北	0.188	8	0.390	7	0.170	8	0.004	15
贵州	0.185	9	0.509	6	0.045	25	0.000	25
安徽	0.176	10	0.382	8	0.145	11	0.000	25
河南	0.155	11	0.235	12	0.227	7	0.003	16
北京	0.153	12	0.114	16	0.131	12	0.213	5
辽宁	0.151	13	0.371	9	0.067	19	0.014	10
新疆	0.131	14	0.326	11	0.056	23	0.012	11
四川	0.107	15	0.207	13	0.114	13	0.000	23
天津	0.087	16	0.115	15	0.028	27	0.117	6

续表

区域	知识产权行政保护		专利执法		商标执法		海关执法	
	指数	排名	指数	排名	指数	排名	指数	排名
江西	0.072	17	0.141	14	0.076	17	0.000	25
黑龙江	0.063	18	0.103	17	0.078	16	0.006	13
山西	0.054	19	0.000	29	0.160	9	0.000	22
云南	0.050	20	0.074	21	0.061	20	0.016	9
陕西	0.048	21	0.065	23	0.079	15	0.000	21
重庆	0.044	22	0.051	24	0.075	18	0.007	12
甘肃	0.042	23	0.079	20	0.047	24	0.000	25
海南	0.041	24	0.096	18	0.027	28	0.000	24
河北	0.041	25	0.043	25	0.079	14	0.000	25
内蒙古	0.034	26	0.071	22	0.029	26	0.001	19
广西	0.026	27	0.014	28	0.060	21	0.005	14
青海	0.025	28	0.014	27	0.059	22	0.000	25
吉林	0.016	29	0.020	26	0.026	29	0.002	18
宁夏	0.002	30	0.000	29	0.007	30	0.000	25
西藏	0.001	31	0.000	29	0.000	31	0.003	17

分析表6—10可以发现，知识产权行政保护排名前10位的省份是：广东、浙江、山东、上海、福建、江苏、湖南、湖北、贵州、安徽，东部地区省份略多，排名后10位的省份是：重庆、甘肃、海南、河北、内蒙古、广西、青海、吉林、宁夏、西藏，除海南、河北外，均为中西部省份。需要说明的是，由于指标在构建过程中，始终以客观为第一要则，因此，专利执法、商标执法和海关执法是以实际发生并处理的案件量、金额等指标进行计算，因此，存在指标情况与实际情况有一定偏差的可能性。

2. 专利行政执法四级指标框架及排名与分析

（1）指标框架

专利行政执法指标下设两个四级指标：专利侵权和其他纠纷结案量、查处专利假冒案件结案量。

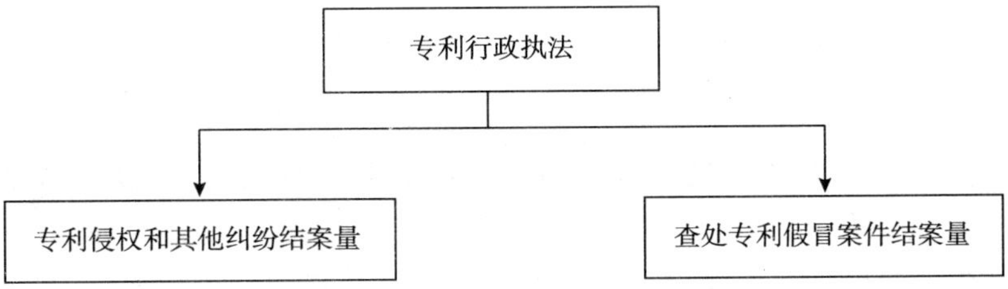

图6—77　专利行政执法指标框架图

（2）专利行政执法具体指标分析

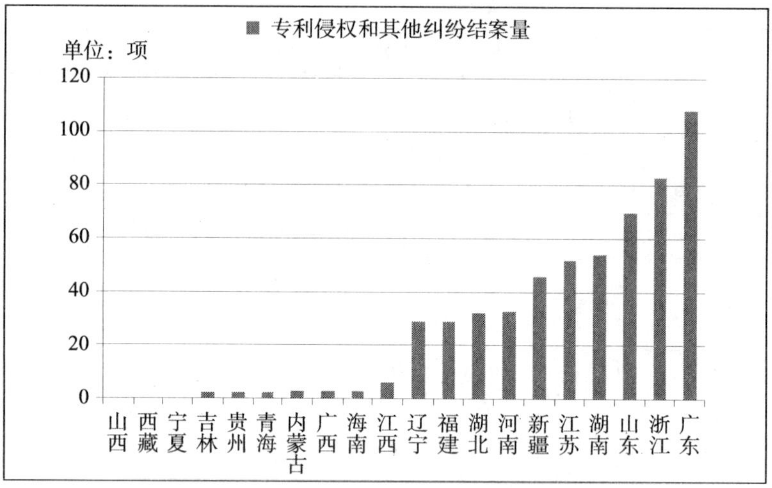

图 6—78　专利侵权和其他纠纷结案量排名图

数据来源：国家知识产权局．2010 年专利统计年报［R/OL］．［2012—03—12］．http：//www.sipo.gov.cn/ghfzs/zltjjb/jianbao/year2010/indexy.html.

图 6—78 显示，山西—江西是专利侵权和其他纠纷结案量排名最靠后的 10 个省份，其中，山西、西藏、宁夏均为 0，广东—辽宁是排名靠前的 10 个省份，其中，广东排名第 1 位，约为 108 项。

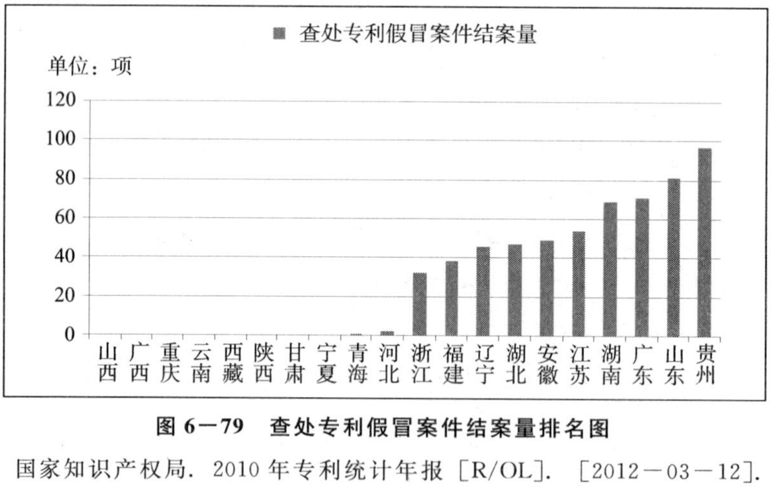

图 6—79　查处专利假冒案件结案量排名图

数据来源：国家知识产权局．2010 年专利统计年报［R/OL］．［2012—03—12］．http：//www.sipo.gov.cn/ghfzs/zltjjb/jianbao/year2010/indexy.html.

图 6—79 显示，河北—山西是查处冒充专利行为和假冒他人专利行为结案量排名靠后的 10 个省份，除河北（2 件）、青海（1 件）外，其余均为 0，贵州—浙江是排名靠前的 10 个省份，其中，贵州排名第 1 位，约为 97 项。

3. 商标行政执法四级指标框架及排名与分析

（1）指标框架

商标行政执法指标下设两个四级指标：查处商标违法案件总数、查处商标违法案件案值。

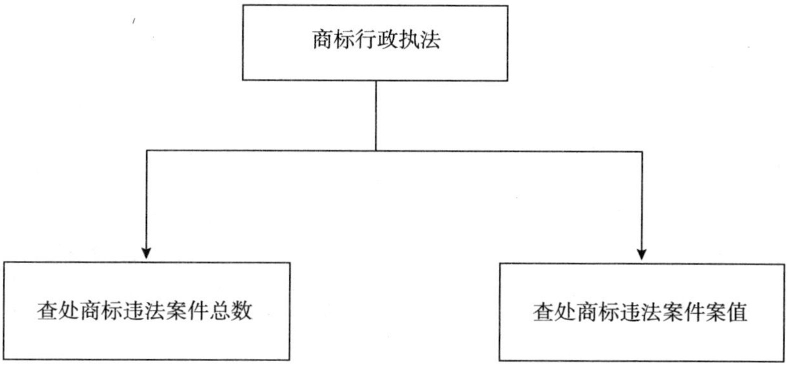

图 6—80　商标行政执法指标框架图

（2）商标行政执法具体指标分析

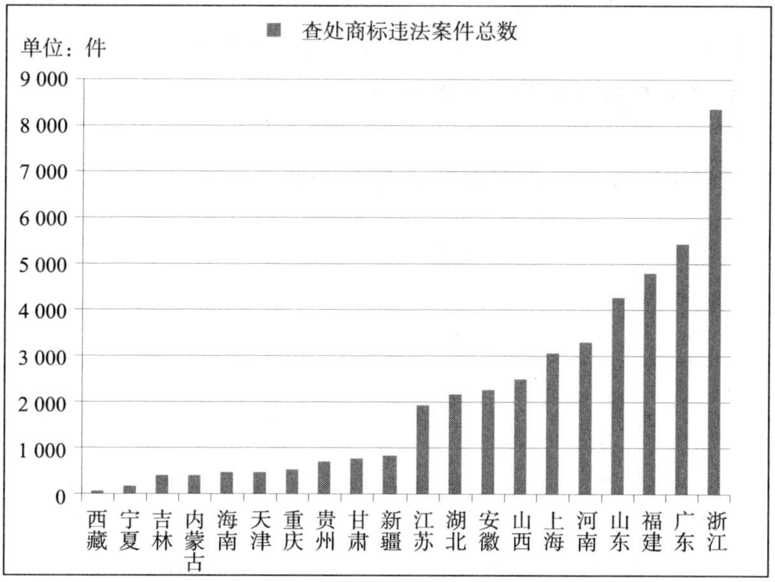

图 6—81　查处商标违法案件总数排名图

数据来源：国家统计局. 中国知识产权统计年报 2010 [M]. 北京：知识产权出版社，2011.

图 6—81 显示，西藏—新疆是查处商标一般违法案件量最少的 10 个省份，均不超过 1 000 件，其中，西藏最低，约为 62 件；浙江—江苏是查处商标一般违法案件量最多的 10 个省份，其中浙江（8 382 件）查处商标一般违法案件量超过 8 000 件，远远领先于国内其他各省份。

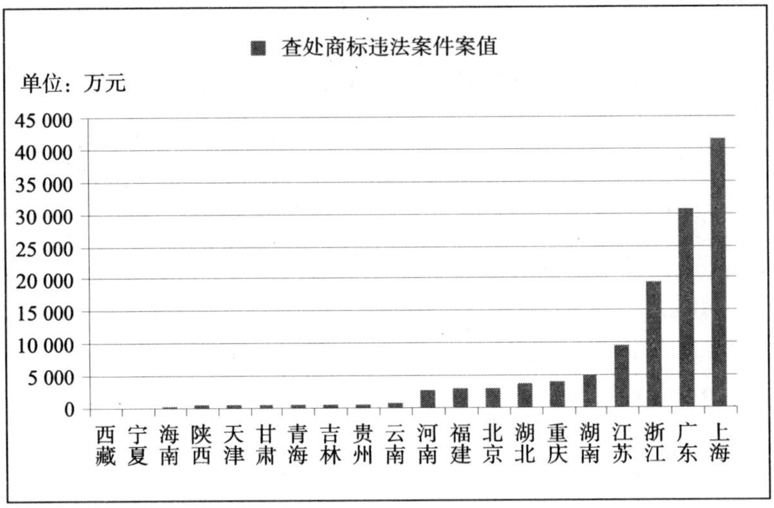

图 6－82 查处商标违法案件案值排名图

数据来源：国家知识产权局. 中国知识产权统计年报 2010 [M]. 北京：知识产权出版社，2011.

图 6－82 显示，西藏—云南是查处商标违法案件案值最少的 10 个省份，均不足 1 000 万元，而其中西藏（43 万元）不足 100 万元；上海—河南是查处商标违法案件案值最多的 10 个省份，其中，上海以 41 380 万元，遥遥领先于国内其他省份。

4. 海关行政执法四级指标框架及排名与分析

（1）指标框架

海关行政执法指标下设两个四级指标：海关扣留侵权商品数量、海关扣留侵权商品价值。

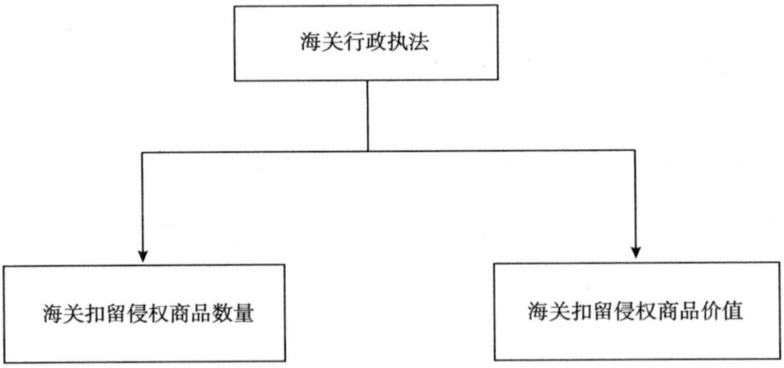

图 6－83 海关行政执法指标框架图

（2）海关行政执法具体指标分析

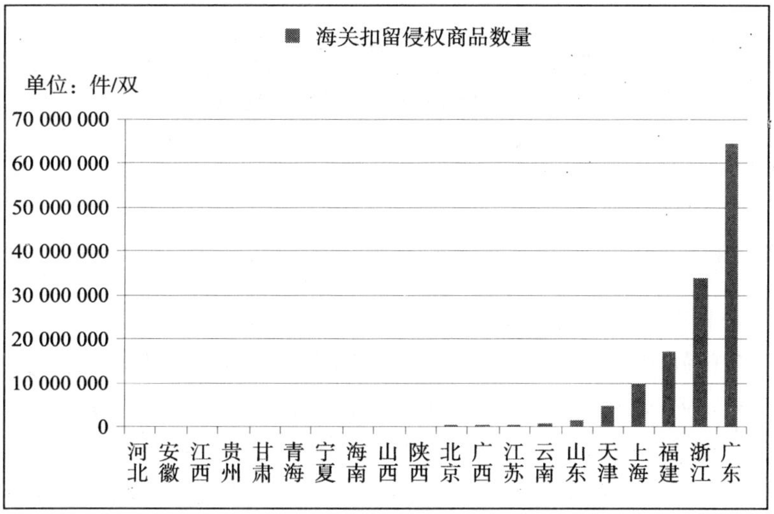

图 6—84　海关扣留侵权商品数量排名图

数据来源：国家知识产权局．中国知识产权统计年报 2010［M］．北京：知识产权出版社，2011．

图 6—84 显示，此项指标分布较为集中，基本上集中在几个沿海省份，其中，广东（1 717 万件）、浙江（3 376 万件）、福建（6 452 万件）大幅领先于其他省份。

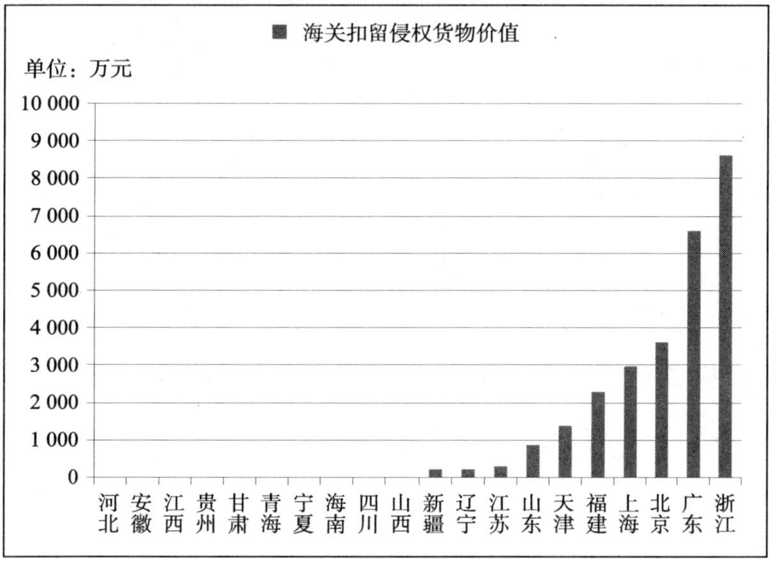

图 6—85　海关扣留侵权商品价值排名图

数据来源：国家知识产权局．中国知识产权统计年报 2010［M］．北京：知识产权出版社，2011．

图 6—85 显示，与海关扣留侵权商品数量指标类似，海关扣留侵权商品价值基本上集中在几个沿海省份，其中，浙江（8 603 万元）、广东（6 589 万元）大幅领先于其他省份。

第七章 中国区域知识产权综合实力进步指标指数排名与分析

一、知识产权综合实力进步指标框架

知识产权综合指数立足于反映全国各省份知识产权的综合实力现状，侧重于存量。为更全面反映各省份的知识产权状况，我们引入了知识产权综合实力进步指标，侧重于增量，以反映各省份在知识产权方面所取得的进步。本报告前六章对中国区域知识产权综合实力各项指标的指数与排名作了较为全面、细致的分析，基本完成了对中国区域知识产权发展现状的考察。知识产权综合实力进步指标框架如图7—1所示，评价方法同样为综合指数法。

表7—1 知识产权综合实力进步指标框架

知识产权综合实力进步	产出水平进步	百万人口年度专利申请量增幅
		百万人口年度商标申请量增幅
	流动水平进步	技术市场成交合同金额与GDP比例增幅
		年度专利申请代理量增幅
	促进经济社会发展进步	人均GDP增幅
		综合能耗产出率增幅
	创造潜力进步	R&D人员全时当量总计增幅
		R&D支出占GDP比重增幅

下面对知识产权综合实力进步指数的计算结果作详细分析。

二、知识产权综合实力进步指标指数排名与分析

表7—2 2010年中国区域知识产权综合实力进步指标指数及排名

区域	综合实力进步		产出水平进步		流动水平进步		促进经济社会发展进步		创造潜力进步	
	指数	排名	指数	排名	指数	排名	指数	排名	指数	排名
贵州	0.676	1	0.645	3	0.534	4	0.978	1	0.545	11
海南	0.570	2	0.360	15	0.652	1	0.482	17	0.784	1
安徽	0.565	3	0.713	2	0.540	3	0.577	9	0.429	18
广西	0.528	4	0.562	4	0.336	6	0.604	7	0.612	7
陕西	0.512	5	0.726	1	0.324	8	0.637	3	0.359	19

续表

区域	综合实力进步		产出水平进步		流动水平进步		促进经济社会发展进步		创造潜力进步	
	指数	排名	指数	排名	指数	排名	指数	排名	指数	排名
新疆	0.510	6	0.398	11	0.550	2	0.473	20	0.619	6
吉林	0.461	7	0.230	21	0.184	27	0.771	2	0.659	3
青海	0.460	8	0.215	23	0.283	10	0.612	5	0.728	2
河南	0.441	9	0.490	7	0.234	19	0.473	19	0.565	8
福建	0.437	10	0.382	12	0.304	9	0.421	22	0.640	4
天津	0.432	11	0.503	5	0.275	13	0.594	8	0.354	20
江苏	0.417	12	0.367	14	0.385	5	0.452	21	0.463	15
内蒙古	0.410	13	0.335	17	0.278	12	0.489	16	0.536	12
甘肃	0.399	14	0.502	6	0.223	21	0.608	6	0.264	24
江西	0.390	15	0.456	9	0.330	7	0.515	14	0.261	25
重庆	0.375	16	0.413	10	0.283	11	0.525	13	0.279	23
湖南	0.368	17	0.336	16	0.234	18	0.397	26	0.504	13
辽宁	0.352	18	0.222	22	0.262	15	0.632	4	0.291	22
广东	0.345	19	0.205	24	0.258	16	0.279	29	0.637	5
黑龙江	0.343	20	0.140	31	0.178	28	0.506	15	0.547	10
湖北	0.342	21	0.182	27	0.177	29	0.553	11	0.457	16
山西	0.340	22	0.371	13	0.204	23	0.532	12	0.252	26
浙江	0.333	23	0.175	28	0.188	26	0.405	25	0.564	9
山东	0.321	24	0.196	25	0.271	14	0.332	27	0.484	14
河北	0.308	25	0.186	26	0.189	25	0.415	23	0.441	17
云南	0.301	26	0.250	20	0.204	22	0.405	24	0.347	21
四川	0.301	27	0.323	18	0.162	30	0.479	18	0.240	27
宁夏	0.289	28	0.475	8	0.019	31	0.561	10	0.100	31
北京	0.235	29	0.153	30	0.251	17	0.331	28	0.205	29
上海	0.209	30	0.171	29	0.196	24	0.229	30	0.240	28
西藏	0.208	31	0.274	19	0.225	20	0.226	31	0.106	30

2008 年中国区域知识产权综合实力进步指标指数最高的 10 个省份是：山西、安徽、山东，湖南、内蒙古、江苏、四川、湖北、天津、重庆，2009 年最高的 10 个省份是：重庆、内蒙古、宁夏、安徽、江西、云南、海南、江苏、陕西、湖南，2010 年排名最高的 10 个省份是：贵州、海南、安徽、广西、陕西、新疆、吉林、青海、河南、福建。

纵览历史数据，我们不难发现，连续三年都排名前 10 的省份只有安徽，连续两年排名前 10 位的有：重庆、湖南、内蒙古、江苏、海南、陕西等，这些省份也在综合实力指数上面有相应的进步。其中，绝大部分都是中西部省份，反映了西部地区基础薄弱，基数较低，相对而言，有一定的追赶优势，也反映了部分西部省份存在跨越式发展的可能性，在部分产业领域，尤其是高技术产业领域，可能超越东部省份。值得注意的是，江苏连续两年都排名前 10 位，是东部地区中唯一一个省份。

同时，这些指数也反映了另外一个现象，即区域特征逐渐出现分化的趋势，部分西部省份进步显著，也有部分原地踏步，甚至倒退，东部省份同样如此。几年之后，综合实力指数方面的表现应该会更加明显。

三、知识产权产出水平进步指标与排名

1. 知识产权产出水平进步指标的排名与分析

表 7—3 知识产权产出水平进步指标指数及排名

区域	产出水平进步		百万人口年度专利申请量增幅		百万人口年度商标申请量增幅	
	指数	排名	指数	排名	指数	排名
陕西	0.726	1	0.453	3	1.000	1
安徽	0.713	2	1.000	1	0.427	13
贵州	0.645	3	0.343	9	0.946	3
广西	0.562	4	0.340	10	0.784	4
天津	0.503	5	0.346	8	0.660	6
甘肃	0.502	6	0.308	15	0.696	5
河南	0.490	7	0.353	6	0.626	7
宁夏	0.475	8	0.000	31	0.950	2
江西	0.456	9	0.291	17	0.620	8
重庆	0.413	10	0.522	2	0.303	19
新疆	0.398	11	0.316	14	0.480	11
福建	0.382	12	0.327	11	0.438	12
山西	0.371	13	0.233	27	0.509	10
江苏	0.367	14	0.380	4	0.353	16
海南	0.360	15	0.207	28	0.513	9
湖南	0.336	16	0.346	7	0.327	18
内蒙古	0.335	17	0.286	18	0.385	15
四川	0.323	18	0.297	16	0.349	17
西藏	0.274	19	0.122	30	0.427	14
云南	0.250	20	0.316	12	0.183	21
吉林	0.230	21	0.244	24	0.217	20
辽宁	0.222	22	0.360	5	0.083	29
青海	0.215	23	0.316	13	0.115	26

续表

区域	产出水平进步		百万人口年度专利申请量增幅		百万人口年度商标申请量增幅	
	指数	排名	指数	排名	指数	排名
广东	0.205	24	0.278	20	0.133	23
山东	0.196	25	0.271	21	0.120	25
河北	0.186	26	0.240	25	0.131	24
湖北	0.182	27	0.259	22	0.105	27
浙江	0.175	28	0.246	23	0.105	28
上海	0.171	29	0.197	29	0.145	22
北京	0.153	30	0.234	26	0.072	30
黑龙江	0.140	31	0.279	19	0.000	31

分析表7—3可以发现，2010年中国区域知识产权产出水平进步指标排名前10位的省份是：陕西、安徽、贵州、广西、天津、甘肃、河南、宁夏、江西、重庆，排名后10位的省份是：辽宁、青海、广东、山东、河北、湖北、浙江、上海、北京、黑龙江，与综合实力进步指标趋势类似，仍然是中西部省份靠前，东部省份稍靠后。

2. 知识产权产出水平进步具体指标分析

（1）百万人口年度专利申请量增幅指标分析

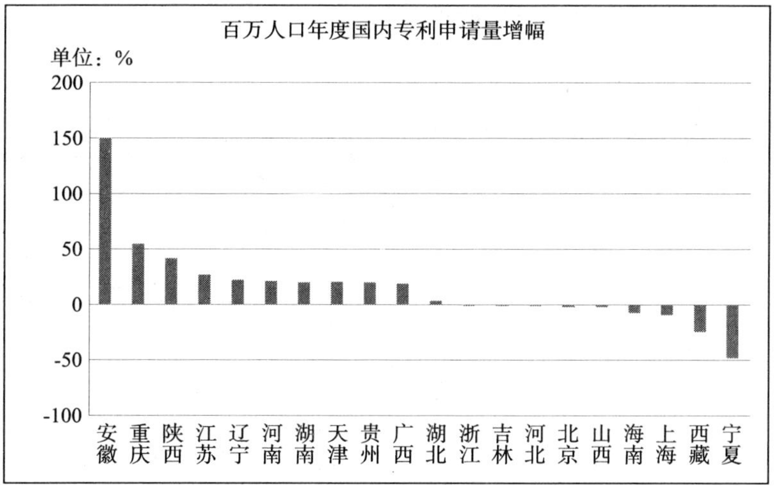

图7—1　百万人口年度专利申请量增幅排名图

数据来源：国家知识产权局. 2010年专利统计年报［R/OL］. ［2012—03—12］. http：//www.sipo.gov.cn/ghfzs/zltjjb/jianbao/year2010/indexy.html；国家统计局. 中国统计年鉴2011［M］. 北京：中国统计出版社，2011.

图7—1表明，安徽—广西是2010年百万人口年度专利申请量增幅最高的10个省份，安徽领先于其他省份，超过100%，翻了一番多。湖北—宁夏是2010年百万人口年度专利申请量增幅最低的10个省份。其中，宁夏更是减少了近50%。

(2) 百万人口年度商标申请量增幅指标分析

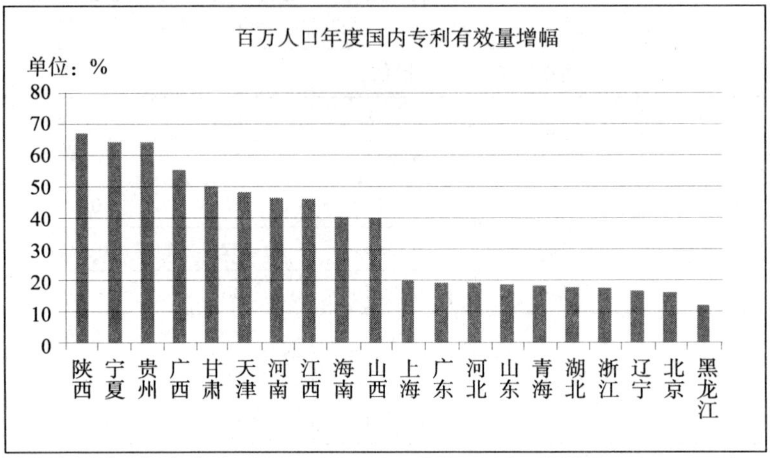

图 7—2　百万人口年度商标申请量增幅排名图

数据来源：国家知识产权局．中国知识产权统计年报 2010 [M]．北京：知识产权出版社，2011；国家统计局．中国统计年鉴 2011 [M]．北京：中国统计出版社，2011.

图 7—2 表明，陕西—山西是 2010 年百万人口年度商标申请量同期增幅最高的 10 个省份，其中，陕西、宁夏和贵州均超过 60%，领先于其他省份。上海—黑龙江是增幅最低的 10 个省份，其中，黑龙江最低，增长 12.05%。

四、知识产权流动水平进步指标与排名

1. 知识产权流动水平进步指标排名与分析

表 7—4　知识产权流动水平进步指标指数及排名

区域	流动水平进步		技术市场成交合同金额与 GDP 比例增幅		年度专利申请代理量增幅	
	指数	排名	指数	排名	指数	排名
海南	0.652	1	1.000	1	0.305	28
新疆	0.550	2	0.555	3	0.546	2
安徽	0.540	3	0.079	15	1.000	1
贵州	0.534	4	0.742	2	0.326	24
江苏	0.385	5	0.296	4	0.474	8
广西	0.336	6	0.292	6	0.381	16
江西	0.330	7	0.294	5	0.367	17
陕西	0.324	8	0.112	11	0.536	3
福建	0.304	9	0.134	9	0.475	7
青海	0.283	10	0.084	14	0.482	6

续表

区域	流动水平进步		技术市场成交合同金额与 GDP 比例增幅		年度专利申请代理量增幅	
	指数	排名	指数	排名	指数	排名
重庆	0.283	11	0.244	7	0.322	26
内蒙古	0.278	12	0.200	8	0.356	21
天津	0.275	13	0.046	20	0.505	4
山东	0.271	14	0.118	10	0.423	11
辽宁	0.262	15	0.040	23	0.483	5
广东	0.258	16	0.112	12	0.405	13
北京	0.251	17	0.090	13	0.412	12
湖南	0.234	18	0.000	31	0.469	9
河南	0.234	19	0.033	27	0.435	10
西藏	0.225	20	0.065	16	0.384	14
甘肃	0.223	21	0.064	17	0.382	15
云南	0.204	22	0.042	22	0.366	18
山西	0.204	23	0.043	21	0.364	19
上海	0.196	24	0.032	28	0.359	20
河北	0.189	25	0.052	19	0.326	25
浙江	0.188	26	0.037	26	0.340	23
吉林	0.184	27	0.015	30	0.354	22
黑龙江	0.178	28	0.039	24	0.317	27
湖北	0.177	29	0.054	18	0.300	30
四川	0.162	30	0.021	29	0.303	29
宁夏	0.019	31	0.037	25	0.000	31

分析表 7—4 可以发现，2010 年中国区域知识产权流动水平进步指标排名靠前的 10 个省份是：海南、新疆、安徽、贵州、江苏、广西、江西、陕西、福建、青海，排名后 10 位的省份是：云南、山西、上海、河北、浙江、吉林、黑龙江、湖北、四川、宁夏。技术市场成交合同金额与 GDP 比例增幅和年度专利申请代理量增幅两个指标一致性很弱，总体来看，技术市场成交合同金额与 GDP 比例增幅指标与流动水平进步指数较为一致，而年度专利申请代理量增幅则有独立趋势。

2. 知识产权流动水平进步具体指标分析

(1) 技术市场成交合同金额与 GDP 比例增幅指标分析

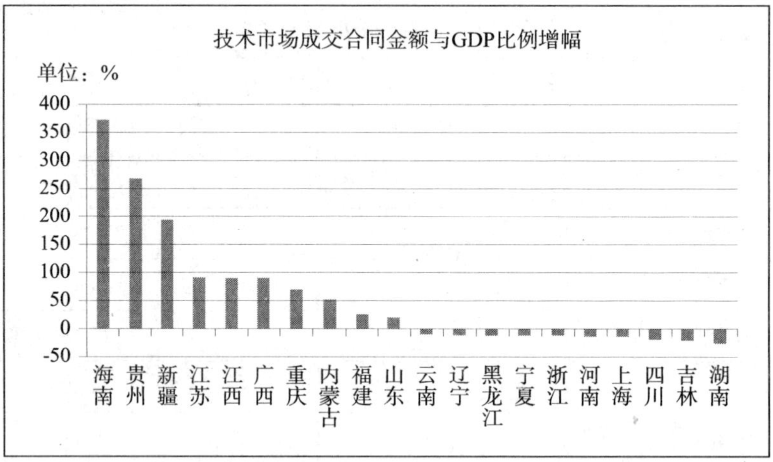

图 7—3　技术市场成交合同金额与 GDP 比例增幅排名图

数据来源：国家统计局．中国统计年鉴 2011 [M]．北京：中国统计出版社，2011.

图 7—3 显示，海南—山东是 2010 年技术市场成交合同金额与 GDP 比例增幅排名前 10 位的省份，其中，海南、贵州、新疆均超过 150%，增幅惊人。云南—湖南是增幅后 10 位的省份，全部为负，其中，湖南降幅达到 25.87%。

(2) 年度专利申请代理量增幅指标分析

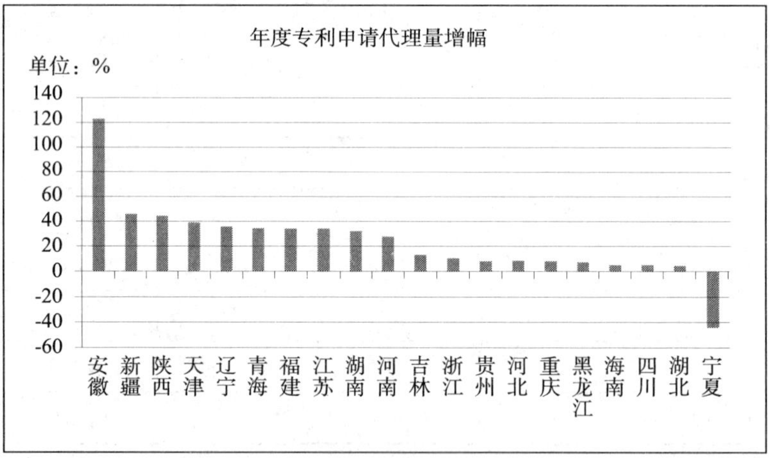

图 7—4　年度专利申请代理量增幅排名图

数据来源：国家知识产权局．2010 年专利统计年报 [R/OL]．[2012—03—12]．http：//www.sipo.gov.cn/ghfzs/zltjjb/jianbao/year2010/indexy.html.

图 7—4 显示，安徽—河南是 2010 年年度专利申请代理量增幅排名前 10 位的省份，安徽以较大幅度领先，超过 100%，其他总体上呈现阶梯状分布，差距不大。吉林—宁夏是增幅排名后 10 位的省份，其中，宁夏更是降幅达到 45.18%。

五、知识产权促进经济社会发展进步指标与排名

1. 知识产权促进经济社会发展进步指标排名与分析

表 7—5　知识产权促进经济社会发展进步指标指数及排名

区域	促进经济社会发展进步		人均 GDP 增幅		单位地区生产总值能耗降幅	
	指数	排名	指数	排名	指数	排名
贵州	0.978	1	0.957	2	1.000	1
吉林	0.771	2	0.679	19	0.863	2
陕西	0.637	3	0.862	6	0.411	6
辽宁	0.632	4	0.708	16	0.556	4
青海	0.612	5	0.819	8	0.406	8
甘肃	0.608	6	0.865	5	0.350	10
广西	0.604	7	1.000	1	0.207	22
天津	0.594	8	0.597	24	0.591	3
安徽	0.577	9	0.899	3	0.254	16
宁夏	0.561	10	0.810	10	0.313	13
湖北	0.553	11	0.802	11	0.305	14
山西	0.532	12	0.712	15	0.353	9
重庆	0.525	13	0.723	14	0.328	12
江西	0.515	14	0.790	12	0.240	20
黑龙江	0.506	15	0.729	13	0.282	15
内蒙古	0.489	16	0.640	22	0.337	11
海南	0.482	17	0.834	7	0.129	27
四川	0.479	18	0.817	9	0.142	26
河南	0.473	19	0.702	18	0.245	19
新疆	0.473	20	0.875	4	0.070	30
江苏	0.452	21	0.657	21	0.247	18
福建	0.421	22	0.665	20	0.177	25
河北	0.415	23	0.591	25	0.239	21
云南	0.405	24	0.608	23	0.202	23
浙江	0.405	25	0.561	26	0.248	17
湖南	0.397	26	0.707	17	0.087	29
山东	0.332	27	0.546	27	0.118	28
北京	0.331	28	0.251	30	0.410	7
广东	0.279	29	0.357	29	0.201	24
上海	0.229	30	0.000	31	0.458	5
西藏	0.226	31	0.452	28	0.000	31

分析表 7－5 可以发现，2010 年中国区域知识产权促进经济社会发展进步指标排名前 10 位的省份是：贵州、吉林、陕西、辽宁、青海、甘肃、广西、天津、安徽、宁夏，排名后 10 位的省份是：福建、河北、云南、浙江、湖南、山东、北京、广东、上海、西藏。

2. 知识产权促进经济社会发展进步具体指标分析

（1）人均 GDP 增幅指标分析

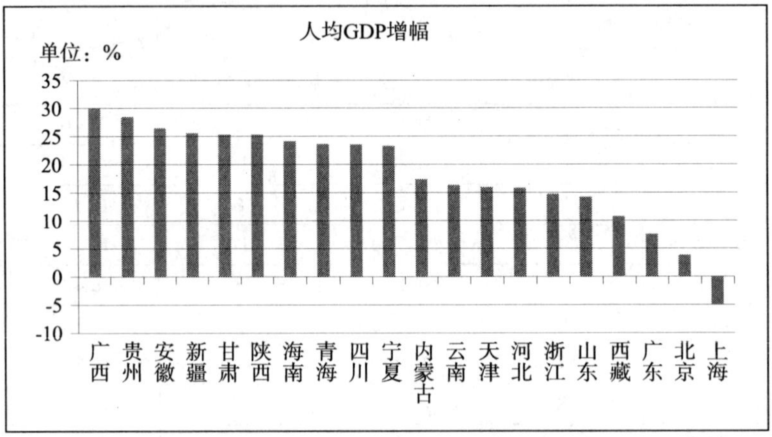

图 7－5 人均 GDP 增幅排名图

数据来源：国家统计局. 中国统计年鉴 2011［M］. 北京：中国统计出版社，2011.

图 7－5 显示，广西—宁夏是 2010 年人均 GDP 增幅最高的 10 个省份，均超过 15％。内蒙古—上海是人均 GDP 增幅最低的 10 个省份，其中，上海略有下降。

（2）单位地区生产总值能耗降幅指标分析

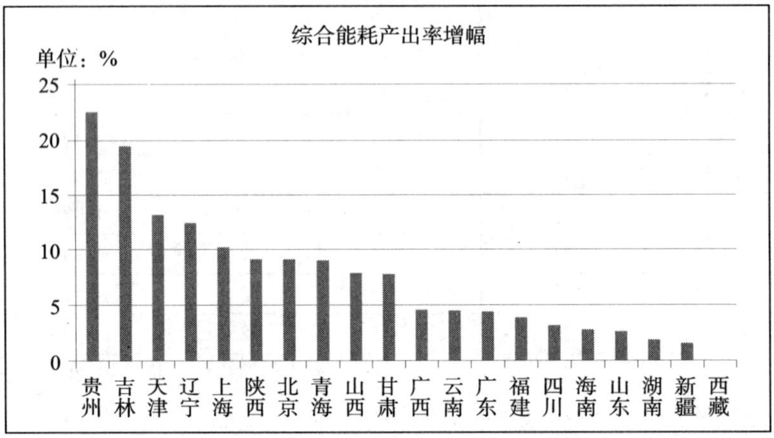

图 7－6 综合能耗产出率增幅排名图

数据来源：国家统计局. 中国统计年鉴 2011［M］. 北京：中国统计出版社，2011.

图 7－6 显示，贵州—甘肃是 2010 年综合能耗产出率增幅最高的 10 个省份，均超过 5％；广西—西藏是增幅最低的 10 个省份，均不足 5％。

六、知识产权创造潜力进步指标与排名

1. 知识产权创造潜力进步指标排名与分析

表 7—6　知识产权创造潜力进步指标指数及排名

区域	创造潜力进步		R&D 人员全时当量总计增幅		R&D 支出占 GDP 比重增幅	
	指数	排名	指数	排名	指数	排名
海南	0.784	1	0.820	4	0.749	2
青海	0.728	2	0.456	22	1.000	1
吉林	0.659	3	0.779	8	0.539	3
福建	0.640	4	0.992	2	0.289	14
广东	0.637	5	1.000	1	0.274	15
新疆	0.619	6	0.732	13	0.506	5
广西	0.612	7	0.738	11	0.485	6
河南	0.565	8	0.594	16	0.536	4
浙江	0.564	9	0.974	3	0.154	25
黑龙江	0.547	10	0.751	10	0.343	9
贵州	0.545	11	0.786	7	0.305	12
内蒙古	0.536	12	0.752	9	0.321	11
湖南	0.504	13	0.736	12	0.272	16
山东	0.484	14	0.799	5	0.170	22
江苏	0.463	15	0.797	6	0.129	27
湖北	0.457	16	0.520	19	0.395	7
河北	0.441	17	0.616	15	0.266	17
安徽	0.429	18	0.522	18	0.336	10
陕西	0.359	19	0.526	17	0.193	20
天津	0.354	20	0.708	14	0.000	31
云南	0.347	21	0.499	20	0.194	19
辽宁	0.291	22	0.424	24	0.159	23
重庆	0.279	23	0.469	21	0.090	29
甘肃	0.264	24	0.348	25	0.179	21
江西	0.261	25	0.449	23	0.072	30
山西	0.252	26	0.160	29	0.344	8
四川	0.240	27	0.183	28	0.298	13
上海	0.240	28	0.320	26	0.159	24
北京	0.205	29	0.301	27	0.108	28
西藏	0.106	30	0.081	30	0.131	26
宁夏	0.100	31	0.000	31	0.201	18

分析表 7—6 可以发现，2010 年中国区域知识产权创造潜力进步指标排名前 10 位的

省份是：海南、青海、吉林、福建、广东、新疆、广西、河南、浙江、黑龙江，排名后10位的省份是：辽宁、重庆、甘肃、江西、山西、四川、上海、北京、西藏、宁夏，东部地区中有排名靠前的，如广东、浙江；也有排名靠后的，如上海、北京；从中可以预示未来多年的发展态势，部分东部省份在该项指标上的落后，是否意味当地科技发展面临瓶颈，是一个值得研究的命题。

2. 知识产权创造潜力进步具体指标分析

（1）R&D 人员全时当量总计增幅指标分析

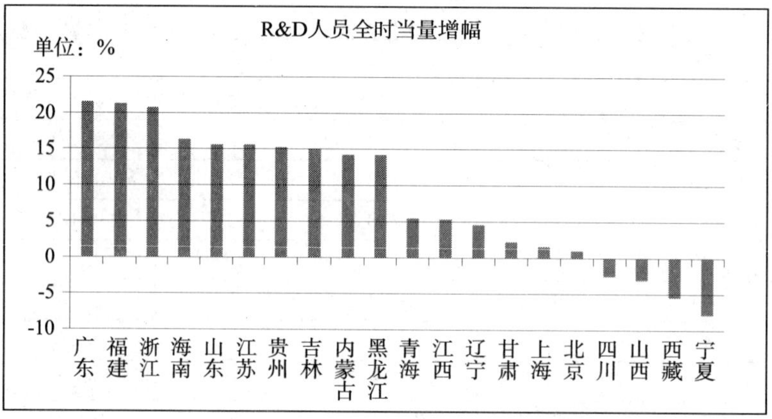

图 7—7 R&D 人员全时当量总计增幅排名图

数据来源：国家统计局．中国统计年鉴 2011［M］．北京：中国统计出版社，2011．

图 7—7 显示，广东—黑龙江是 2010 年 R&D 人员全时当量总计增幅最高的 10 个省份，增幅均超过 10%；青海—宁夏是 R&D 人员全时当量总计增幅最低的 10 个省份，除青海（5.55%）、江西（5.35%）外，均不足 5%，其中，四川、山西、西藏、宁夏出现负增长。

（2）R&D 支出占 GDP 比重增幅指标分析

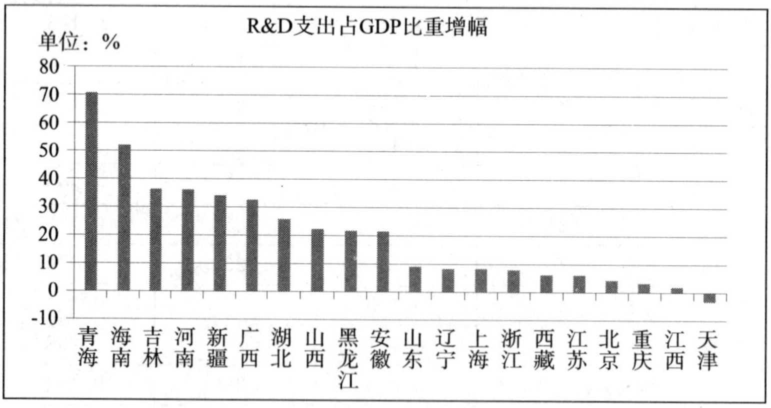

图 7—8 R&D 支出占 GDP 比重增幅排名图

数据来源：国家统计局．中国统计年鉴 2011［M］．北京：中国统计出版社，2011．

图 7—8 显示，青海—安徽是 2010 年 R&D 支出占 GDP 比重增幅排名全国前 10 位的省份，其中，青海和海南均超过 50%，领先于其他省份，山东—天津是排名后 10 位的省份，天津出现负增长。

第八章　中国区域专利指标排名与分析

一、专利指标框架

专利是知识产权的重要体现，专利产出的规模、效率、效益和增长速度可以作为一个地区知识产权总体情况的指针，如果把知识产权比作一个躯体，那么，专利指标就是一个体温计，透过这一指标，我们可以知道地区知识产权运行是否顺畅。

基于此，我们创建了专利指标体系。专利指标分为四层指标，其中，二级指标有5个，分别是：专利规模、专利效率、专利效益、专利发展速度以及专利保护，力图全面反映专利的情况。

表8—1　专利指标框架

	二级指标	三级指标	四级指标
专利	专利规模	专利申请情况	百万人口年度国内专利申请量
			百万人口年度PCT专利申请量
	专利效率	产出效率	（人才产出效率）万名专业技术人员年度职务发明专利申请量
			（资本产出效率）亿元R&D经费内部支出年度发明专利申请量
		流动效率	年度专利申请代理量
	专利效益	专利有效性	百万人口国内专利有效量
		专利金奖	专利金奖拥有量
		技术国际竞争力	万名R&D人员向国外转让专利使用费和特许费
	专利发展速度	专利规模增幅	百万人口年度国内专利申请量增幅
		专利效益增幅	百万人口年度国内专利有效量增幅
	专利保护	专利行政执法	专利侵权和其他纠纷结案量
			查处专利假冒案件结案量

下面对专利各项指标的计算结果作详细分析。

二、专利各项指标的指数及排名

表8—2 专利指标指数及排名表

区域	专利		专利规模		专利效率		专利效益		专利发展速度		专利保护	
	指数	排名	指数	排名	指数	排名	指数	排名	指数	排名	指数	排名
广东	0.587	1	0.726	3	0.689	2	0.411	3	0.244	24	0.866	1
江苏	0.546	2	0.538	4	0.869	1	0.282	5	0.520	2	0.519	5
北京	0.523	3	0.977	1	0.378	5	0.978	1	0.165	28	0.114	16
上海	0.442	4	0.746	2	0.599	3	0.641	2	0.146	29	0.080	19
浙江	0.411	5	0.420	5	0.438	4	0.336	4	0.312	16	0.549	4
安徽	0.356	6	0.118	11	0.219	8	0.059	16	1.000	1	0.382	8
山东	0.319	7	0.142	9	0.186	12	0.181	7	0.345	13	0.742	2
湖南	0.251	8	0.063	15	0.130	18	0.070	14	0.385	7	0.606	3
天津	0.247	9	0.402	6	0.251	7	0.186	6	0.282	19	0.115	15
辽宁	0.232	10	0.142	8	0.205	11	0.112	8	0.331	15	0.371	9
贵州	0.218	11	0.015	22	0.129	19	0.028	22	0.406	6	0.509	6
福建	0.214	12	0.144	7	0.138	16	0.088	12	0.370	8	0.330	10
湖北	0.210	13	0.091	13	0.132	17	0.073	13	0.364	10	0.390	7
四川	0.203	14	0.080	14	0.158	14	0.099	11	0.472	4	0.207	13
陕西	0.198	15	0.110	12	0.205	10	0.107	9	0.504	3	0.065	23
重庆	0.194	16	0.134	10	0.207	9	0.106	10	0.471	5	0.051	24
河南	0.167	17	0.040	17	0.126	20	0.068	15	0.365	9	0.235	12
新疆	0.150	18	0.020	21	0.083	24	0.018	24	0.300	17	0.326	11
海南	0.130	19	0.014	26	0.262	6	0.024	23	0.253	23	0.096	18
云南	0.115	20	0.014	25	0.168	13	0.032	21	0.289	18	0.074	21
江西	0.115	21	0.015	24	0.048	28	0.011	28	0.360	11	0.141	14
黑龙江	0.107	22	0.041	16	0.096	22	0.056	17	0.239	25	0.103	17
甘肃	0.105	23	0.015	23	0.071	25	0.018	25	0.342	14	0.079	20
广西	0.090	24	0.012	28	0.053	27	0.016	26	0.354	12	0.014	28
河北	0.087	25	0.026	20	0.057	26	0.035	20	0.276	21	0.043	25
吉林	0.086	26	0.033	18	0.104	21	0.039	19	0.232	26	0.020	26
山西	0.080	27	0.026	19	0.086	23	0.012	27	0.278	20	0.000	29
内蒙古	0.073	28	0.010	29	0.009	31	0.010	29	0.266	22	0.071	22
青海	0.054	29	0.009	30	0.018	30	0.008	30	0.222	27	0.014	27
宁夏	0.045	30	0.013	27	0.034	29	0.049	18	0.129	30	0.000	29
西藏	0.043	31	0.002	31	0.150	15	0.001	31	0.061	31	0.000	29

从表 8—2 可以发现，专利指标排名前 10 位的省份是：广东、江苏、北京、上海、浙江、安徽、山东、湖南、天津、辽宁，其中，东部省份占据 8 席，处于领先地位，与上年相比，进入前 10 位的中西部省份数量略有下降，上年有四川、湖南、安徽、湖北 4 个省份，说明竞争较为激烈。排名后 10 位的省份是：黑龙江、甘肃、广西、河北、吉林、山西、内蒙古、青海、宁夏、西藏，基本与上年相同，只有宁夏是“新面孔”。

从二级指标的指数表现来看，在专利规模、专利效率和专利效益方面，各省份表现基本一致，但是在专利发展速度和专利保护上，波动较大。广东、北京、上海等专利指标指数表现强势的省份在专利发展速度指标排名上较为靠后，分别仅列第 24 位、第 28 位、第 29 位，应引起重视。而江苏在保持较大的专利规模的同时，发展速度仍然较快，居第 2 位，发展后劲十足。

三、专利规模指数及排名

表 8—3　专利规模指数及排名表

区域	专利规模		区域	专利规模	
	指数	排名		指数	排名
北京	0.977	1	河南	0.040	17
上海	0.746	2	吉林	0.033	18
广东	0.726	3	山西	0.026	19
江苏	0.538	4	河北	0.026	20
浙江	0.420	5	新疆	0.020	21
天津	0.402	6	贵州	0.015	22
福建	0.144	7	甘肃	0.015	23
辽宁	0.142	8	江西	0.015	24
山东	0.142	9	云南	0.014	25
重庆	0.134	10	海南	0.014	26
安徽	0.118	11	宁夏	0.013	27
陕西	0.110	12	广西	0.012	28
湖北	0.091	13	内蒙古	0.010	29
四川	0.080	14	青海	0.009	30
湖南	0.063	15	西藏	0.002	31
黑龙江	0.041	16			

从表 8—3 可以看出，专利规模指标排名前 10 位的省份是：北京、上海、广东、江苏、浙江、天津、福建、辽宁、山东、重庆，与上年比，变化不大，重庆替代了陕西的位置。排名后 10 位的省份是：贵州、甘肃、江西、云南、海南、宁夏、广西、内蒙

古、青海、西藏。基本上维持东强西弱的格局，经济发达地区专利规模较大的规律依然存在，反映了这些地区的先发优势。

四、专利效率指数及排名

表 8—4　专利效率指数及排名表

区域	专利效率		产出效率		流动效率	
	指数	排名	指数	排名	指数	排名
江苏	0.869	1	0.738	2	1.000	1
广东	0.689	2	0.629	3	0.749	2
上海	0.599	3	0.788	1	0.409	4
浙江	0.438	4	0.304	9	0.572	3
北京	0.378	5	0.473	5	0.283	5
海南	0.262	6	0.522	4	0.003	29
天津	0.251	7	0.391	6	0.110	12
安徽	0.219	8	0.257	12	0.181	7
重庆	0.207	9	0.351	7	0.064	16
陕西	0.205	10	0.272	11	0.139	9
辽宁	0.205	11	0.236	13	0.174	8
山东	0.186	12	0.147	22	0.226	6
云南	0.168	13	0.310	8	0.027	22
四川	0.158	14	0.186	15	0.130	10
西藏	0.150	15	0.299	10	0.000	31
福建	0.138	16	0.172	18	0.104	14
湖北	0.132	17	0.150	20	0.113	11
湖南	0.130	18	0.178	16	0.083	15
贵州	0.129	19	0.234	14	0.024	23
河南	0.126	20	0.144	23	0.108	13
吉林	0.104	21	0.174	17	0.033	20
黑龙江	0.096	22	0.155	19	0.037	18
山西	0.086	23	0.136	24	0.036	19
新疆	0.083	24	0.150	21	0.016	26
甘肃	0.071	25	0.127	25	0.016	25
河北	0.057	26	0.063	29	0.050	17

续表

区域	专利效率		产出效率		流动效率	
	指数	排名	指数	排名	指数	排名
广西	0.053	27	0.084	26	0.023	24
江西	0.048	28	0.070	27	0.027	21
宁夏	0.034	29	0.065	28	0.004	28
青海	0.018	30	0.032	30	0.003	30
内蒙古	0.009	31	0.007	31	0.010	27

从表8—4可以看出，专利效率指标排名前10位的省份是：江苏、广东、上海、浙江、北京、海南、天津、安徽、重庆、陕西。排名后10位的省份是：黑龙江、山西、新疆、甘肃、河北、广西、江西、宁夏、青海、内蒙古。基本上仍然是维持东部地区强势的格局，但是中西部省份的表现也不错，前10位中占据3席，分别是安徽、重庆、陕西，而排名后10的省份中也有河北这样的较发达省份。

五、专利效益指数及排名

表8—5　专利效益指数及排名表

区域	专利效益		专利有效性		专利金奖		技术国际竞争力	
	指数	排名	指数	排名	指数	排名	指数	排名
北京	0.978	1	0.934	2	1.000	1	1.000	1
上海	0.641	2	1.000	1	0.341	3	0.581	2
广东	0.411	3	0.557	5	0.439	2	0.237	3
浙江	0.336	4	0.897	3	0.098	10	0.015	20
江苏	0.282	5	0.623	4	0.195	5	0.028	10
天津	0.186	6	0.400	6	0.098	10	0.061	7
山东	0.181	7	0.189	8	0.195	5	0.160	4
辽宁	0.112	8	0.166	10	0.146	7	0.025	11
陕西	0.107	9	0.093	13	0.220	4	0.008	24
重庆	0.106	10	0.173	9	0.122	9	0.023	12
四川	0.099	11	0.127	11	0.073	14	0.096	5
福建	0.088	12	0.196	7	0.049	18	0.020	14
湖北	0.073	13	0.104	12	0.098	10	0.017	17
湖南	0.070	14	0.064	16	0.098	10	0.049	8
河南	0.068	15	0.051	19	0.146	7	0.006	27

续表

区域	专利效益		专利有效性		专利金奖		技术国际竞争力	
	指数	排名	指数	排名	指数	排名	指数	排名
安徽	0.059	16	0.074	15	0.073	14	0.029	9
黑龙江	0.056	17	0.074	14	0.073	14	0.019	15
宁夏	0.049	18	0.054	18	0.024	23	0.069	6
吉林	0.039	19	0.062	17	0.049	18	0.008	25
河北	0.035	20	0.043	20	0.049	18	0.013	22
云南	0.032	21	0.018	24	0.073	14	0.004	28
贵州	0.028	22	0.020	23	0.049	18	0.016	18
海南	0.024	23	0.017	26	0.049	18	0.007	26
新疆	0.018	24	0.033	22	0.000	27	0.021	13
甘肃	0.018	25	0.010	29	0.024	23	0.019	16
广西	0.016	26	0.014	28	0.024	23	0.010	23
山西	0.012	27	0.034	21	0.000	27	0.001	29
江西	0.011	28	0.017	25	0.000	27	0.015	19
内蒙古	0.010	29	0.016	27	0.000	27	0.015	21
青海	0.008	30	0.000	31	0.024	23	0.000	30
西藏	0.001	31	0.004	30	0.000	27	0.000	30

从表 8—5 可以看出，专利效益指标排名前 10 位的省份是：北京、上海、广东、浙江、江苏、天津、山东、辽宁、陕西、重庆。排名后 10 位的省份是：贵州、海南、新疆、甘肃、广西、山西、江西、内蒙古、青海、西藏。专利效益指标排名仍然维持经济发达地区占优的局面，在分项指标（指标层）专利有效性、专利金奖、技术国际竞争力上，大部分省份表现有较高的一致性，波动较小，个别省份有一定的波动。

六、专利发展速度指数及排名

表 8—6 专利发展速度指数及排名表

区域	专利发展速度		专利规模发展		专利效益发展	
	指数	排名	指数	排名	指数	排名
安徽	1.000	1	1.000	1	1.000	1
江苏	0.520	2	0.380	4	0.661	2
陕西	0.504	3	0.453	3	0.556	4
四川	0.472	4	0.297	16	0.647	3

续表

区域	专利发展速度		专利规模发展		专利效益发展	
	指数	排名	指数	排名	指数	排名
重庆	0.471	5	0.522	2	0.420	9
贵州	0.406	6	0.343	9	0.469	6
湖南	0.385	7	0.346	7	0.424	8
福建	0.370	8	0.327	11	0.413	11
河南	0.365	9	0.353	6	0.377	12
湖北	0.364	10	0.259	22	0.470	5
江西	0.360	11	0.291	17	0.428	7
广西	0.354	12	0.340	10	0.369	15
山东	0.345	13	0.271	21	0.418	10
甘肃	0.342	14	0.308	15	0.376	14
辽宁	0.331	15	0.360	5	0.302	18
浙江	0.312	16	0.246	23	0.377	13
新疆	0.300	17	0.316	14	0.284	20
云南	0.289	18	0.316	12	0.261	21
天津	0.282	19	0.346	8	0.219	25
山西	0.278	20	0.233	27	0.322	16
河北	0.276	21	0.240	25	0.312	17
内蒙古	0.266	22	0.286	18	0.245	23
海南	0.253	23	0.207	28	0.299	19
广东	0.244	24	0.278	20	0.209	26
黑龙江	0.239	25	0.279	19	0.200	27
吉林	0.232	26	0.244	24	0.221	24
青海	0.222	27	0.316	13	0.129	28
北京	0.165	28	0.234	26	0.097	29
上海	0.146	29	0.197	29	0.095	30
宁夏	0.129	30	0.000	31	0.258	22
西藏	0.061	31	0.122	30	0.000	31

从表 8—6 我们可以看出，发展速度指标排名前 10 位的省份是：安徽、江苏、陕西、四川、重庆、贵州、湖南、福建、河南、湖北。排名后 10 位的省份是：内蒙古、海南、广东、黑龙江、吉林、青海、北京、上海、宁夏、西藏。与其他速度指标类似，中西部

省份占先，但应该了解，作为单个指标，其高低大小可能不能完整反映出实质，必须结合其他指标才能提供一个较为完整的轮廓。有些省份发展速度较快，可能很大程度上是因为基数非常小，因此，单一指标的变化可能就会给整体指标带来很大的波动，其发展持续性有待进一步验证，而安徽、四川、重庆等省份则连续多年发展速度进入前10位，可能的确发展潜力巨大，未来将会有较好表现。

七、专利保护指数及排名

表8—7 专利保护指数及排名表

区域	专利保护		区域	专利保护	
	指数	排名		指数	排名
广东	0.866	1	黑龙江	0.103	17
山东	0.742	2	海南	0.096	18
湖南	0.606	3	上海	0.080	19
浙江	0.549	4	甘肃	0.079	20
江苏	0.519	5	云南	0.074	21
贵州	0.509	6	内蒙古	0.071	22
湖北	0.390	7	陕西	0.065	23
安徽	0.382	8	重庆	0.051	24
辽宁	0.371	9	河北	0.043	25
福建	0.330	10	吉林	0.020	26
新疆	0.326	11	青海	0.014	27
河南	0.235	12	广西	0.014	28
四川	0.207	13	山西	0.000	29
江西	0.141	14	西藏	0.000	30
天津	0.115	15	宁夏	0.000	31
北京	0.114	16			

从表8—7我们可以看出，专利保护指标排名前10位的省份是：广东、山东、湖南、浙江、江苏、贵州、湖北、安徽、辽宁、福建。排名后10位的省份是：内蒙古、陕西、重庆、河北、吉林、青海、广西、山西、西藏、宁夏。专利保护的排名整体上缺乏明显的趋势，可能是因为指标选取的因素，另外也可能是因为某些地区发展知识产权缺乏系统明晰的战略，因此，在专利保护行动上有一定的自发性，与其他知识产权发展策略存在一定的脱节，欠缺协同效应。

第九章 中国区域商标指标指数排名与分析

一、商标指标框架

商标是知识产权的重要组成部分，商标的申请、注册、保护是知识产权发展水平的重要体现。基于此，我们创建了商标指标体系。商标指标共由3级指标构成，其中，一级指标有5个，分别是：商标规模、商标活跃、商标效益、商标发展速度、商标保护，一级指标又由若干个二、三级指标构成，具体如表9—1所示。

表9—1 商标指标框架

	一级指标	二级指标	三级指标
商标	商标规模	商标申请情况	百万人口年度商标申请量
	商标活跃	商标申请代理情况	商标代理机构（含律师事务所）数
	商标效益	商标有效性	百万人口有效商标量
		驰名商标	驰名商标拥有量
		“中华老字号”	“中华老字号”商标拥有量
	商标发展速度	商标规模发展情况	百万人口年度商标申请量增幅
		商标效益发展情况	百万人口有效商标量增幅
	商标保护	商标行政执法	查处商标一般违法案件量
			查处商标侵权假冒案件量

下面对商标各项指标的计算结果作详细分析。

二、商标各项指标指数及排名

表9—2 商标各项指标指数及排名

区域	商标		商标规模		商标活跃		商标效益		商标发展速度		商标保护	
	指数	排名	指数	排名	指数	排名	指数	排名	指数	排名	指数	排名
北京	0.573	1	1.000	1	0.894	2	0.675	1	0.164	27	0.131	12
广东	0.567	2	0.412	4	1.000	1	0.583	4	0.147	28	0.695	2
浙江	0.505	3	0.582	3	0.357	3	0.632	3	0.220	25	0.734	1
上海	0.473	4	0.675	2	0.272	4	0.649	2	0.087	31	0.681	3
福建	0.327	5	0.385	5	0.142	7	0.382	7	0.405	13	0.320	4
江苏	0.297	6	0.196	7	0.251	5	0.499	5	0.310	20	0.227	6

续表

区域	商标		商标规模		商标活跃		商标效益		商标发展速度		商标保护	
	指数	排名	指数	排名	指数	排名	指数	排名	指数	排名	指数	排名
山东	0.251	7	0.109	10	0.204	6	0.415	6	0.241	23	0.285	5
陕西	0.224	8	0.124	9	0.040	20	0.090	20	0.787	2	0.079	15
河南	0.221	9	0.062	18	0.079	11	0.120	13	0.619	5	0.227	7
贵州	0.190	10	0.023	29	0.020	24	0.027	28	0.833	1	0.045	25
重庆	0.185	11	0.157	8	0.091	9	0.107	18	0.494	9	0.075	18
天津	0.184	12	0.253	6	0.050	16	0.257	8	0.330	18	0.028	27
安徽	0.181	13	0.057	21	0.085	10	0.111	17	0.505	8	0.145	11
四川	0.174	14	0.078	13	0.107	8	0.217	10	0.354	17	0.114	13
广西	0.159	15	0.024	28	0.022	23	0.036	26	0.655	3	0.060	21
江西	0.157	16	0.056	22	0.027	22	0.084	21	0.542	7	0.076	17
湖南	0.152	17	0.055	24	0.064	14	0.175	12	0.320	19	0.147	10
宁夏	0.152	18	0.072	14	0.007	28	0.024	29	0.650	4	0.007	30
山西	0.144	19	0.031	27	0.018	25	0.100	19	0.411	12	0.160	9
青海	0.137	20	0.046	25	0.004	30	0.020	30	0.557	6	0.059	22
云南	0.128	21	0.057	20	0.045	18	0.072	22	0.404	14	0.061	20
湖北	0.125	22	0.062	17	0.051	15	0.117	15	0.223	24	0.170	8
新疆	0.119	23	0.063	16	0.040	19	0.044	25	0.393	15	0.056	23
河北	0.117	24	0.060	19	0.068	13	0.185	11	0.193	26	0.079	14
辽宁	0.112	25	0.085	12	0.075	12	0.219	9	0.113	30	0.067	19
内蒙古	0.112	26	0.070	15	0.015	26	0.062	23	0.381	16	0.029	26
甘肃	0.108	27	0.000	31	0.011	27	0.035	27	0.447	11	0.047	24
吉林	0.101	28	0.056	23	0.048	17	0.117	14	0.257	22	0.026	29
西藏	0.099	29	0.013	30	0.000	31	0.004	31	0.478	10	0.000	31
海南	0.095	30	0.087	11	0.005	29	0.045	24	0.308	21	0.027	28
黑龙江	0.080	31	0.045	26	0.037	21	0.114	16	0.127	29	0.078	16

2010 年商标指标排名前 10 位的省份是：北京、广东、浙江、上海、福建、江苏、山东、陕西、河南、贵州，主要是东部省份，与上年相比，排名稍有变化，陕西和贵州是新晋，替代了河北和安徽，后两者分别位居上年的第 9 位和第 10 位。排名后 10 位的省份是：湖北、新疆、河北、辽宁、内蒙古、甘肃、吉林、西藏、海南、黑龙江，主要是中西部地区，表明商标指标与经济发展水平有较密切的关系，可以从一个侧面反映出，在

工业、商业经济欠发达的地区，自主创业意识较为淡薄，企业家精神匮乏，品牌观念落后。

从一级指标的表现来看，在商标规模、商标活跃和商标效益指数方面，各省份表现基本一致，但是在商标发展速度和商标保护上，波动较大。北京、广东、浙江、上海等商标指标表现强势的省份在商标发展速度指标排名上较为靠后，分别仅列第 27 位、第 28 位、第 25 位、第 31 位，造成这一现象的原因可能有 3 个方面：一是这些省份发展较早，基数大，因此，增长幅度不会像初期那么显著；二是这些省份发展遇到一定的瓶颈，面临发展方式的转变；三是相对而言，中西部省份起步晚，基数小，因此速度快。

三、商标规模指数及排名

表 9—3　商标规模指数及排名

区域	商标规模		区域	商标规模	
	指数	排名		指数	排名
北京	1.000	1	湖北	0.062	17
上海	0.675	2	河南	0.062	18
浙江	0.582	3	河北	0.060	19
广东	0.412	4	云南	0.057	20
福建	0.385	5	安徽	0.057	21
天津	0.253	6	江西	0.056	22
江苏	0.196	7	吉林	0.056	23
重庆	0.157	8	湖南	0.055	24
陕西	0.124	9	青海	0.046	25
山东	0.109	10	黑龙江	0.045	26
海南	0.087	11	山西	0.031	27
辽宁	0.085	12	广西	0.024	28
四川	0.078	13	贵州	0.023	29
宁夏	0.072	14	西藏	0.013	30
内蒙古	0.070	15	甘肃	0.000	31
新疆	0.063	16			

从表 9—3 可以看出，商标规模指标排名前 10 位的省份是：北京、上海、浙江、广东、福建、天津、江苏、重庆、陕西、山东，与上年基本相同，唯一的变化时陕西替代辽宁进入前 10 位，山东下滑一个位次至第 10 位。排名后 10 位的省份是：江西、吉林、湖南、青海、黑龙江、山西、广西、贵州、西藏、甘肃。基本上维持东强西弱的格局，符合社会发展规律，因为这些经济发达地区具有先发优势，受益于前期积累。

四、商标活跃指数及排名

表 9—4 商标活跃指数及排名

区域	商标活跃		区域	商标活跃	
	指数	排名		指数	排名
广东	1.000	1	吉林	0.048	17
北京	0.894	2	云南	0.045	18
浙江	0.357	3	新疆	0.040	19
上海	0.272	4	陕西	0.040	20
江苏	0.251	5	黑龙江	0.037	21
山东	0.204	6	江西	0.027	22
福建	0.142	7	广西	0.022	23
四川	0.107	8	贵州	0.020	24
重庆	0.091	9	山西	0.018	25
安徽	0.085	10	内蒙古	0.015	26
河南	0.079	11	甘肃	0.011	27
辽宁	0.075	12	宁夏	0.007	28
河北	0.068	13	海南	0.005	29
湖南	0.064	14	青海	0.004	30
湖北	0.051	15	西藏	0.000	31
天津	0.050	16			

从表 9—4 可以看出，商标活跃指标排名前 10 位的省份是：广东、北京、浙江、上海、江苏、山东、福建、四川、重庆、安徽，与上年基本相同，仅仅是安徽替代了辽宁；排名后 10 位的省份是：江西、广西、贵州、山西、内蒙古、甘肃、宁夏、海南、青海、西藏。商标活跃指标的情况与商标规模指标基本一致，都是东强西弱，经济发达地区占优，商标规模较大的地区，必然伴随着中介市场的活跃，较符合逻辑。

五、商标效益指数及排名

表 9—5 商标效益指数及排名

区域	商标效益		商标有效性		驰名商标		“中华老字号”	
	指数	排名	指数	排名	指数	排名	指数	排名
北京	0.675	1	1.000	1	0.375	6	0.650	2
上海	0.649	2	0.603	3	0.345	9	1.000	1

续表

区域	商标效益		商标有效性		驰名商标		“中华老字号”	
	指数	排名	指数	排名	指数	排名	指数	排名
浙江	0.632	3	0.670	2	0.720	4	0.506	4
广东	0.583	4	0.432	4	1.000	1	0.317	7
江苏	0.499	5	0.224	6	0.739	3	0.533	3
山东	0.415	6	0.119	8	0.759	2	0.367	5
福建	0.382	7	0.381	5	0.575	5	0.189	9
天津	0.257	8	0.212	7	0.192	13	0.367	5
辽宁	0.219	9	0.112	9	0.356	8	0.189	9
四川	0.217	10	0.080	12	0.299	11	0.272	8
河北	0.185	11	0.067	16	0.337	10	0.150	12
湖南	0.175	12	0.049	20	0.364	7	0.111	20
河南	0.120	13	0.036	24	0.203	12	0.122	18
吉林	0.117	14	0.068	15	0.172	14	0.111	20
湖北	0.117	15	0.060	17	0.146	16	0.144	15
黑龙江	0.114	16	0.069	14	0.096	19	0.178	11
安徽	0.111	17	0.041	21	0.153	15	0.139	17
重庆	0.107	18	0.086	11	0.130	17	0.106	22
山西	0.100	19	0.026	26	0.123	18	0.150	12
陕西	0.090	20	0.056	19	0.065	22	0.150	12
江西	0.084	21	0.038	23	0.092	20	0.122	18
云南	0.072	22	0.026	27	0.046	23	0.144	15
内蒙古	0.062	23	0.060	18	0.088	21	0.039	26
海南	0.045	24	0.106	10	0.031	26	0.000	30
新疆	0.044	25	0.080	13	0.034	25	0.017	27
广西	0.036	26	0.012	28	0.046	23	0.050	24
甘肃	0.035	27	0.003	30	0.023	28	0.078	23
贵州	0.027	28	0.000	31	0.031	26	0.050	24
宁夏	0.024	29	0.039	22	0.023	28	0.011	28
青海	0.020	30	0.031	25	0.023	28	0.006	29
西藏	0.004	31	0.011	29	0.000	31	0.000	30

从表 9—5 可以看出，商标效益指标排名前 10 位的省份是：北京、上海、浙江、广东、江苏、山东、福建、天津、辽宁、四川，与上年相比，辽宁替代了河北的位置。排名后 10 位的省份是：云南、内蒙古、海南、新疆、广西、甘肃、贵州、宁夏、青海、西藏，仍然维持经济发达地区占优的局面，在商标有效性、驰名商标、"中华老字号"上，各省份表现有较高的一致性，波动较小。

六、商标发展速度指数及排名

表 9—6 商标发展速度指数及排名

区域	商标发展速度		商标规模发展		商标效益发展	
	指数	排名	指数	排名	指数	排名
贵州	0.833	1	0.946	3	0.721	2
陕西	0.787	2	1.000	1	0.574	7
广西	0.655	3	0.784	4	0.527	9
宁夏	0.650	4	0.950	2	0.350	15
河南	0.619	5	0.626	7	0.612	5
青海	0.557	6	0.115	26	1.000	1
江西	0.542	7	0.620	8	0.463	10
安徽	0.505	8	0.427	13	0.583	6
重庆	0.494	9	0.303	19	0.686	3
西藏	0.478	10	0.427	14	0.529	8
甘肃	0.447	11	0.696	5	0.198	26
山西	0.411	12	0.509	10	0.313	19
福建	0.405	13	0.438	12	0.372	12
云南	0.404	14	0.183	21	0.625	4
新疆	0.393	15	0.480	11	0.305	20
内蒙古	0.381	16	0.385	15	0.378	11
四川	0.354	17	0.349	17	0.358	14
天津	0.330	18	0.660	6	0.000	31
湖南	0.320	19	0.327	18	0.314	18
江苏	0.310	20	0.353	16	0.268	22
海南	0.308	21	0.513	9	0.103	29
吉林	0.257	22	0.217	20	0.298	21
山东	0.241	23	0.120	25	0.362	13
湖北	0.223	24	0.105	27	0.341	16

续表

区域	商标发展速度		商标规模发展		商标效益发展	
	指数	排名	指数	排名	指数	排名
浙江	0.220	25	0.105	28	0.336	17
河北	0.193	26	0.131	24	0.254	24
北京	0.164	27	0.072	30	0.257	23
广东	0.147	28	0.133	23	0.161	27
黑龙江	0.127	29	0.000	31	0.254	25
辽宁	0.113	30	0.083	29	0.143	28
上海	0.087	31	0.145	22	0.029	30

从表 9—6 可看出，商标发展速度指标排名前 10 位的省份是：贵州、陕西、广西、宁夏、河南、青海、江西、安徽、重庆、西藏。排名后 10 位的省份是：吉林、山东、湖北、浙江、河北、北京、广东、黑龙江、辽宁、上海。与其他速度指标类似，完全颠覆了商标规模、活跃、效益等指标方面的传统格局，但应该了解，作为单个指标，其高低大小可能不能完整反映出实质，结合其他指标才能提供一个较为完整的轮廓。例如，云南、贵州等省发展速度较快，可能很大程度上是因为基数较小，但同时，这种格局也反映中西部地区潜力巨大。

七、商标保护指数及排名

表 9—7　商标保护指数及排名

区域	商标保护		查处商标违法案件总数		查处商标违法案件案值	
	指数	排名	指数	排名	指数	排名
浙江	0.734	1	1.000	1	0.468	3
广东	0.695	2	0.647	2	0.742	2
上海	0.681	3	0.363	6	1.000	1
福建	0.320	4	0.570	3	0.069	9
山东	0.285	5	0.507	4	0.064	11
江苏	0.227	6	0.224	10	0.231	4
河南	0.227	7	0.388	5	0.066	10
湖北	0.170	8	0.253	9	0.088	7
山西	0.160	9	0.294	7	0.027	17
湖南	0.147	10	0.172	13	0.121	5
安徽	0.145	11	0.263	8	0.027	16

续表

区域	商标保护		查处商标违法案件总数		查处商标违法案件案值	
	指数	排名	指数	排名	指数	排名
北京	0.131	12	0.192	11	0.070	8
四川	0.114	13	0.189	12	0.039	12
河北	0.079	14	0.124	16	0.034	13
陕西	0.079	15	0.150	14	0.008	28
黑龙江	0.078	16	0.140	15	0.017	20
江西	0.076	17	0.119	17	0.033	14
重庆	0.075	18	0.055	25	0.095	6
辽宁	0.067	19	0.102	20	0.032	15
云南	0.061	20	0.104	19	0.017	22
广西	0.060	21	0.100	21	0.020	19
青海	0.059	22	0.106	18	0.012	25
新疆	0.056	23	0.091	22	0.020	18
甘肃	0.047	24	0.083	23	0.010	26
贵州	0.045	25	0.077	24	0.014	23
内蒙古	0.029	26	0.041	28	0.017	21
天津	0.028	27	0.048	26	0.009	27
海南	0.027	28	0.047	27	0.007	29
吉林	0.026	29	0.041	29	0.012	24
宁夏	0.007	30	0.013	30	0.002	30
西藏	0.000	31	0.000	31	0.000	31

从表 9—7 我们可以看出，商标保护指标排名前 10 位的省份是：浙江、广东、上海、福建、山东、江苏、河南、湖北、山西、湖南。排名后 10 位的省份是：青海、新疆、甘肃、贵州、内蒙古、天津、海南、吉林、宁夏、西藏，整体上依然是东强西弱。商标保护指数的高低反映了当地执法的能力和效果，它一方面反映了当地执法部门的重视和工作能力，另一方面也反映了当地违法情况的数量。

专题一　2008～2010 年北京市知识产权各项指标的指数排名变化及政策分析

北京在 2010 年度的知识产权发展态势依然欣欣向荣，稳坐综合排名第一的“八角椅”，这也表明在“十一五”时期首都知识产权工作深入贯彻落实科学发展观，大力实施首都的知识产权战略，知识产权创造、管理、运用和保护能力明显提升，知识产权在首都经济社会发展中的引领支撑作用得到有效发挥，知识产权激励科技创新活动的社会价值得到充分彰显。而 2011 年更是“十二五”规划的开局之年，也是实施国家知识产权战略的关键之年，在这一年中，北京的知识产权依然蓬勃发展，实现了多项突破、多项创新，在多个方面给全国其他省市的知识产权发展战略制定及举措的实施提供了很好的借鉴经验。北京作为中国的政治、经济、文化中心所起到的模范带头作用，有利于作为制度主体的我国各级政府部门以及作为市场主体的我国各类企事业单位之知识产权运作能力的提升，从而促进国家、地区与企事业单位的知识产权战略尽快向注重有效运作和运作有效转型，最终实现我国知识产权事业的全面发展。

一、2008～2010 年北京市知识产权产出水平指标的指数排名变化及政策分析

北京知识产权产出水平指标的指数排名位居全国第一。总体来说，不管是从知识产权产出数量及质量，还是单独考察北京市企业及高校和研发机构的知识产权运作程度上来看，北京市均处于国内领先水平。

1. 2008～2010 年北京市知识产权人均产出指标的指数排名变化情况

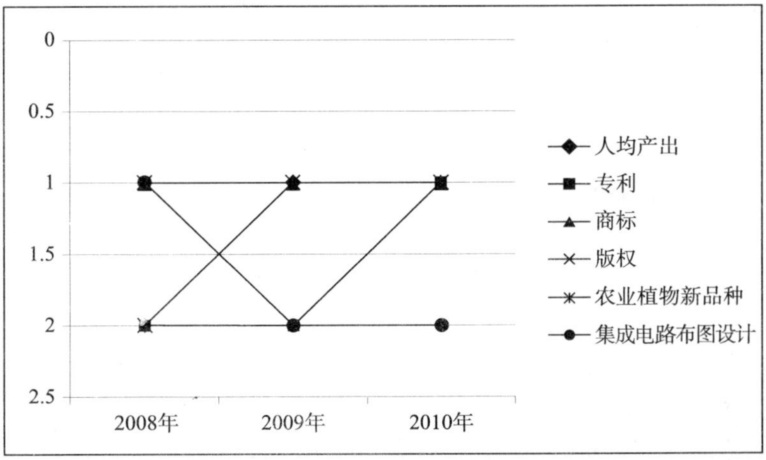

（专题）图 1—1　2008～2010 年北京市知识产权人均产出指标的指数排名变化图

从（专题）图 1—1 可以看出，北京市近 3 年来在专利、商标、著作权等知识产权人均

产出方面一直保持平稳的发展态势，在同全国其他省份相比较的情况下，排名基本保持不变，且均领先于其他大部分省份。其中，人均产出综合指标、商标人均指标、版权人均指标、农业植物新品种人均指标近 3 年排名均居全国之首，而专利、集成电路布图设计人均指标近 3 年则均排名第二，这体现出北京市各个领域的知识产权人均产出量十分均衡，且在国内处于领先地位。

2. 2008～2010 年北京市知识产权产出质量指标的指数排名变化情况

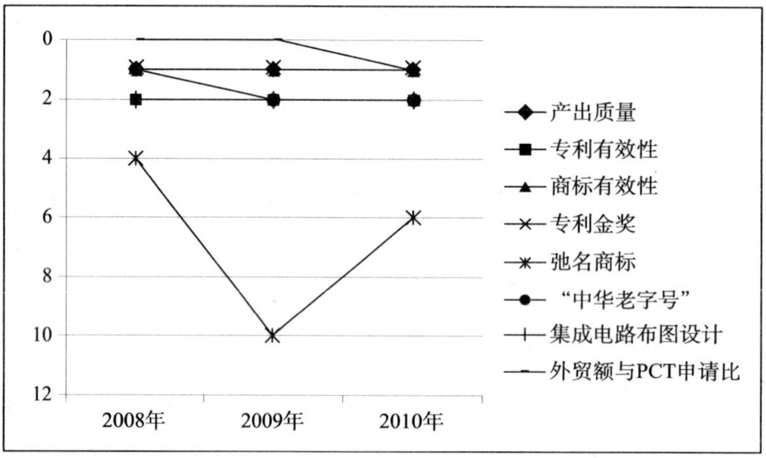

（专题）图 1—2　2008～2010 年北京市知识产权产出质量指标的指数排名变化图

从（专题）图 1—2 可以看出，北京市在知识产权产出质量指标的指数排名上，个别指标的变化还是比较明显的，主要是驰名商标指标，其在 2008 年排名第 4 位，到 2009 下降至第 10 位，而后又在 2010 年上升至第 6 位。其他指标的指数排名变化不大，基本在前两名位置波动，可见北京的知识产权产出质量还是非常高的。外贸额与 PCT 申请比指标是 2012 年新增加的一个四级指标，北京市的该指标指数排名第 1 位。

3. 2008～2010 年北京市知识产权产出效率指标的指数排名变化情况

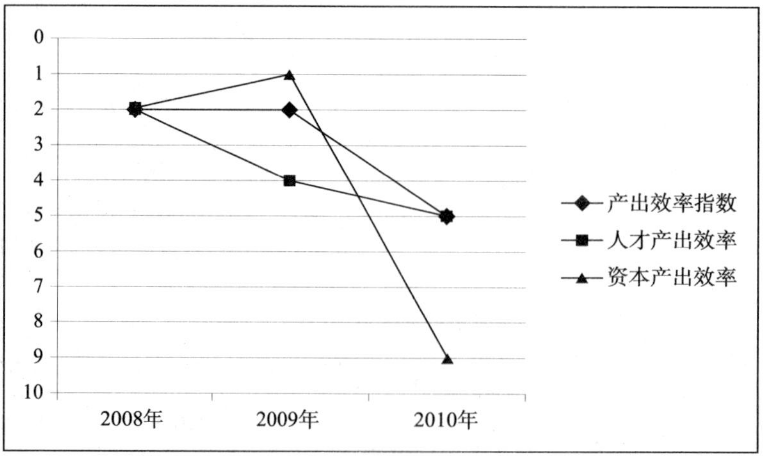

（专题）图 1—3　2008～2010 年北京市知识产权产出效率指标的指数排名变化图

从（专题）图1—3可以看出，北京近3年知识产权产出效率排名变化还是比较大的，总排名由2008年和2009年的第2位滑落至2010年的第5位，其下级指标中人才产出效率排名也呈现出逐年下降的态势，而资本产出效率排名虽然在2009年位居第1位，但是2010年则降至第9位，为3个指标3年中排名最低。

4. 2008～2010年北京市知识产权企业产出指标的指数排名变化情况

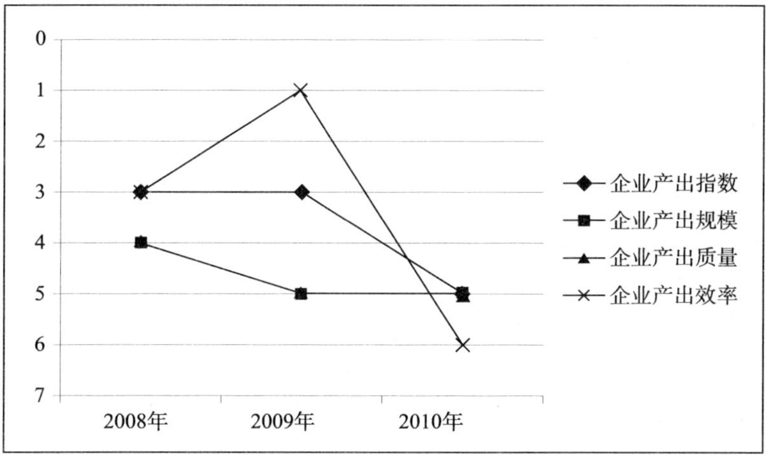

（专题）图1—4　2008～2010年北京市知识产权企业产出指标的指数排名变化图

（专题）图1—4显示，北京知识产权企业产出指标的指数排名在2008年和2009年均居全国第3位，2010年下降至第5位，企业产出规模、企业产出质量指标的指数排名基本一致，在2008年均居第4位，2009年、2010年均居第5位，变化幅度较小。而从企业产出效率指标看，北京市在近3年的排名呈现出了“折线形”发展形态，从2008年的第3位，到2009年的第1位，再到2010年第6位，变化较大，排名略有下降。

2010年，北京市专利申请量57 296件，同比增长14.1%，专利授权量33 511件，同比增长46.2%。其中，发明专利申请量达33 466件，同比增长14.1%，发明专利申请占比为58.4%，结构全国最优；亿元GDP专利申请量4.2件，每万人发明专利申请量19件，在全国遥遥领先；以企事业单位为申请人的职务专利申请量达46 325件，同比增长16%，职务专利申请占比为80.9%，位居全国第2位；国际专利申请（PCT）数量达1 272件，位居全国第2位。北京市之所以能够实现专利数据成几何级数的增长，并且除专利外的其他知识产权也同样取得骄人的成绩，这同北京市积极实施知识产权战略，市、区两级政策的有机衔接与配合，共同推动首都知识产权战略的深度实施是分不开的。

第一，高层确定行动纲领，宏观指引区域知识产权发展。

2009年4月，“科技北京”行动计划颁布，通过实施“2812科技北京建设工程”，将首度建设成为我国创新发展的核心引领区和具有全球影响力的科技创新中心。

2009年5月6日，北京市政府出台了《关于实施首都知识产权战略的意见》（以下简称《意见》）。这是北京市首次以集成宣言式落实《国家知识产权战略纲要》（以下简称

《纲要》）的政府文本。

《意见》集成了对北京市对实施知识产权战略的新认识，明确了北京市未来知识产权工作的战略目标：到 2020 年，把北京打造成为全国知识产权创造的核心区、知识产权保护的示范区、知识产权商用化的先行区、知识产权工作体制机制的创新区、知识产权国际交流的窗口区。

对实施知识产权战略过程中应着重应对那些关键问题，《意见》也集中做了布署：大力发展知识产权产业；构建知识产权导向的创新创业政策体系；服务中央在京单位；发挥中关村科技园区知识产权龙头带动作用；实施知识产权保护工程；完善知识产权服务体系

《意见》最后还着重明确了北京市政府及知识产权管理部门在新阶段的知识产权工作要点：创新知识产权体制机制；建设知识产权人才队伍；加强知识产权对外交流与合作；营造知识产权文化氛围。

《意见》是北京市将《纲要》同地区经济、特色相结合的产物，是北京在落实知识产权战略发展道路中的一座“里程碑”。《意见》自公布后就必然会成为北京市今后一段时期内知识产权发展的纲领性文件，对北京知识产权建设发挥着战略性的指导作用。

第二，市级层面抓好“督”与“促”。

为保证知识产权战略落实到位，从而推动知识产权工作融入首都经济发展大局，在 2009 年以北京市政府名义建立了由 29 家单位组成的首都知识产权战略工作联席会议制度，制订了《首都知识产权战略任务分工》和《2009～2010 年首都知识产权战略实施推进计划》，并建立了相应的评估机制，全市联动推动知识产权战略实施的局面就此形成。2010 年，北京市继续大力推进知识产权战略的纵深实施，制订实施了知识产权战略运用专项工程——先导工程，北京市知识产权局、市发委和市金融局等联席会议单位先后就重大经济活动知识产权审议机制的构建、金融投资领域知识产权风险的评估控制等重要事宜进行了会商。联席会议制度协调了北京市政府部门之间的知识产权工作，有利于发挥整体合力，从而实现政府部门知识产权管理价值的最大化。❶

第三，区县层面明确“推”与“帮”。

北京市各区县纷纷制定实施鼓励区县内企业自主创新、保护并有效运用知识产权的政策措施。以丰台区为例，丰台区知识产权局积极探索、创新工作方式，积极服务科技企业，并于 2009 年 7 月 6 日颁布了《丰台区专利奖励及转化资助办法》。该《办法》侧重于对发明专利申请及授权的奖励。如对申请人获得国内专利授权的发明专利，奖励额度达到 8 000 元/件，对申请人获得国外专利授权的发明专利，奖励额度达到 50 000 元/件。同时，《办法》还规定对全区具有较高科技含量，并可预见有较好的经济效益和社会效益的转化项目给予资助，对联盟内符合条件的项目将给予优先资助。该《办法》颁布后，丰台区知识产权局切实落实该《办法》且围绕“科技北京行动计划”和“两带四区”建

❶ 崔静思. 北京——打造世界城市的健康之“芯”[N]. 中国知识产权报，2011—06—03 (5).

设，大力实施首都知识产权战略，以提高自主创新能力、加快科技成果产业化为着力点，使得全区企业自主创新活力大幅提高，2010 年全区专利申请的数量和质量均有了明显提升。而由于专利转化项目的支持方向与园区重点产业的紧密契合，也使丰台区的科技企业成果产业化能力得到较大提升，从而为区域自主创新能力的提升注入不竭动力，为“城南行动计划”建设、助推经济发展做出了贡献。丰台区奖励专利授权和转化项目标准高、力度大，在区县同类专利奖励政策中位居第 1 位。

在鼓励专利申请方面，亦庄经济技术开发区的奖励力度较大，即对获得授权的国内发明、实用新型、外观设计专利，每件分别给予 2 万元、8 000 元、2 000 元的支持，对获得授权的国外专利，每项给予 10 万元的支持。中关村科技园区管委会出台的《中关村专利促进资金管理办法》也规定，对于符合园区产业发展方向的企业，按照其获得国内发明专利授权件数，每件给予 5 000 元的资金支持，且每家企业每年最高资助金额不超过 100 万元。

二、2008～2010 年北京市知识产权流动水平指标的指数排名变化及政策分析

北京市知识产权流动水平指标的指数排名从总体上看略低于其他 3 个一级指标的指数排名，今年位居第 4 位。知识产权流动水平主要考察的是知识产权的运用及向生产力转化的能力，北京在知识产权转化及运用方面有许多尝试、创新，其成功的经验可供其他省市参考借鉴。

1. 2008～2010 年北京市技术市场交易指标的指数排名变化情况

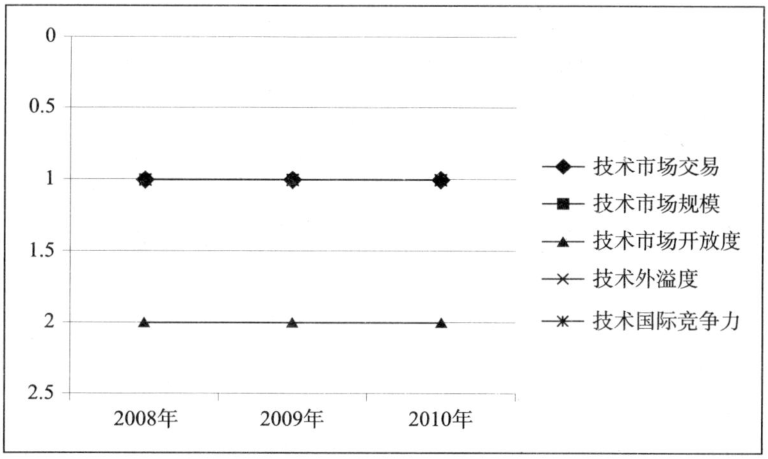

（专题）图 1－5 2008～2010 年北京市技术市场交易指标的指数排名变化图

从（专题）图 1－5 可以看出，近 3 年北京在技术市场交易指标的指数排名上基本保持一致，除了技术市场开放度指标的指数排名近 3 年均为第 2 位之外，包括技术市场交易综合指标在内的其他几个指标排名均居第 1 位，这说明北京市在技术市场交易这一环节的发展水平是很高的，且具有很强的竞争力。

2. 2008～2010 年北京市知识产权服务机构指标的指数排名变化情况

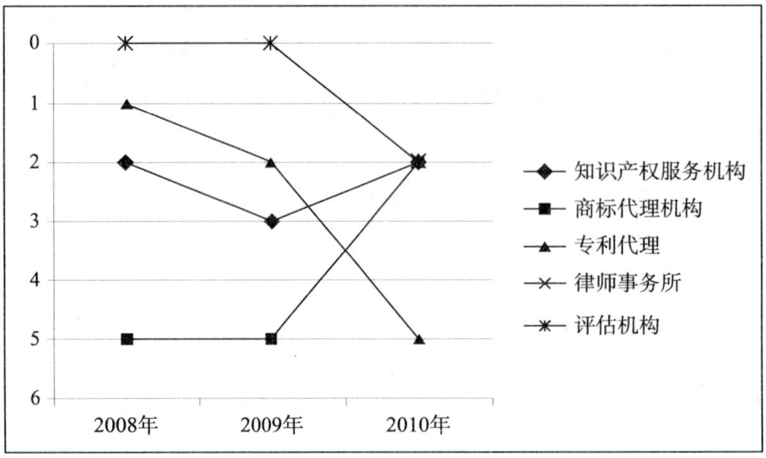

（专题）图 1—6 2008～2010 年北京市知识产权服务机构指标的指数排名变化图

2012 年的指数报告对知识产权服务机构这一指标也做了较大的变动，首先是名称由以往的“知识产权中介”改为“知识产权服务机构”，另外则是增加了律师事务所和评估机构两个四级指标。这种变更比以往仅考察商标代理及专利代理更为科学、全面。（专题）图 1—6 显示，2012 年新增的两个四级指标的指数排名，北京均居第 2 位，商标代理机构指标的指数排名北京则由前两年的第 5 位跃升第 2 位，专利代理指标的指数排名则在 2010 年则滑落至第 5 位。

3. 2008～2010 年北京市知识产权企业技改、引进指标的指数排名变化情况

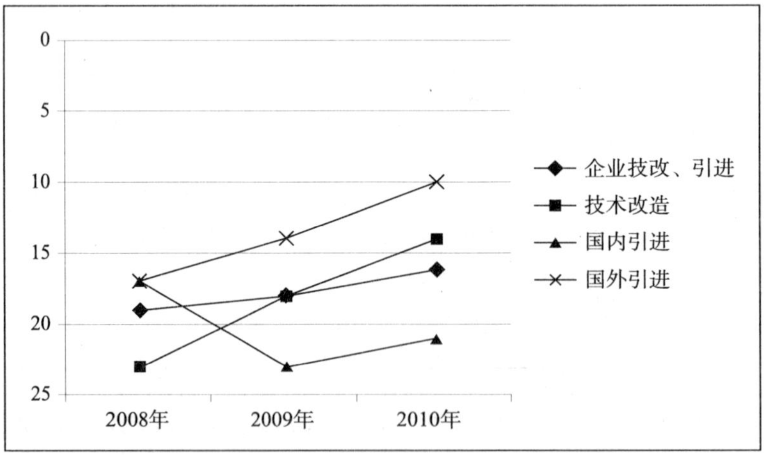

（专题）图 1—7 2008～2010 年北京市知识产权企业技改、引进指标的指数排名变化图

北京市的企业技改、引进指标的指数排名近 3 年均较为靠后，这也是导致北京的知识产权流动水平综合指标的指数排名靠后的主要原因。企业技改、引进指标主要是以企业技改、引进技术而所支出的经费的多少作为考量依据，而北京的企业近 3 年在此项开支相

对其他省份较少。

知识产权的高效产出，不仅给北京带来巨大的市场价值，还为全国的知识产权技术交易发挥重要作用。以专利为例，2010年北京市专利技术合同成交839项，实现成交金额134.74亿元。专利技术交易的广泛流动也从一个方面折射出北京市知识产权流动具有较高的水平。这说明北京市在促进知识产权流动方面所实施的众多政策及措施举得了很好的效果，具有示范作用。

第一，为激励和支持专利技术商用化，促进知识产权的权利流转和实施。北京市知识产权局联合北京市财政局共同下发了《北京市专利商用化促进办法》（以下简称《办法》)。《办法》于2010年8月1日起正式施行，主要规定了北京市级财政部门将设立专项资金，以每年进行评审的方式对通过专利转让、专利许可等方式实现专利商用化的突出项目进行资助。《办法》对专利商用化行为、资助标准、申请材料审查、评审及时限等方面都做出了明确规定。

第二，北京市在2008首创并实施了知识产权托管工程。知识产权托管工程，是北京市知识产权局针对企业知识产权工作缺乏专业力量支持的迫切需求推出的一个专项工程。该工程采取政府、园区、知识产权中介组织三方合作形式，以构建供需对接平台、优化资源配置为手段，将企业对知识产权管理的需求与中介机构的专业化服务相结合，通过协议形式将政府的知识产权管理与服务延伸至产业园区。简单来说，就是利用北京优质丰富的知识产权中介服务资源，为企业量身定做符合其特点的知识产权解决方案。北京市朝阳区、海淀区、昌平区等区县相继启动了本区知识产权托管工程。托管工程满足了企业对知识产权管理的迫切需求，统筹配置了知识产权服务资源，有利于进一步提高企业的自主创新能力。以海淀区中关村软件园孵化器作为海淀区第一家知识产权托管试点单位为例，经过一年的托管试点，园区企业，特别是中小型和处在初创期的企业，在知识产权申请、保护和利用方面的意识大大增强，知识产权申请数量大幅增长。据统计，知识产权托管工程试点一年来，园区企业商标申请共70多件，申请量增长160%；专利申请量共32件，申请量增长600%；软件著作权登记共520件，申请量增长200%；集成电路布图设计共37件，增长量为120%，知识产权侵权为零。

第三，积极推动知识产权质押贷款，为中小企业解决融资难的问题。为充分发挥政府引导、协调、扶持和服务功能，整合政府、银行、中介机构、社会团体等服务资源，解决中小企业融资瓶颈问题，2007年6月，北京市知识产权局通过“百千对接工程”，与交通银行北京分行合作，签署了总额度为20亿元的知识产权质押融资战略合作框架协议，开始规模化地推动知识产权质押贷款工作。2009年5月，与北京银行合作签署了《全面战略合作暨推动知识产权质押融资协议》，计划在未来3年由北京银行拿出50亿元的知识产权质押贷款专项资金。进入2010年后，北京市又制定并推动实施了《北京市知识产权质押贷款质权处置周转金管理办法》，充分发挥政策的引导功能，在不改变最终责任体系的条件下，通过调动银行的积极性，促进知识产权质押贷款工作的健康发展。在北京市知识产权局的引导、协调和推动下，北京市已率先形成了市场主导型的知识产权质押贷款模式，企业、中介机构和银行按照市场规律形成了有效的运行机制，从而促进了北京市知识产权质押贷款工作的健康、持续发展。通过质押贷款工作的实施，有效提升了首都知识产权综合运用能力，同时也使得企业成为最大的受益人。❶

第四，实施区县知识产权“十九个一”专项工程，促进知识产权融入区域经济并支撑区域经济发展。2010年初，在北京市知识产权局的支持下，19家知识产权专业服务机构与区县知识产权局签署了“区县知识产权专业支持战略合作协议”，标志着正式启动区县知识产权专业支持计划——“牵手计划”。该“牵手计划”重点实施区县知识产权“十九个一”专项工程，即18个区县和北京经济技术开发区根据本区域工作重心和经济布局特点，分别实施一项知识产权融入区域经济建设的重点专项工作。北京市知识产权局在整体推动区县知识产权“十九个一”专项工程时，充分体现了“四个不同”的设计理念和工作构架，即知识产权融入领域不同、工作路段不同、权利侧重不同、工作层面不同。具体体现为：目前北京市已完成的18个区县和北京经济技术开发区中各特定专项的整体设计，有助于推动知识产权融入移动通讯等高技术领域、文化创意领域、旅游文化领域、生态农业领域等不同领域；工作涉及前端知识产权风险管控、知识产权权利布局、知识产权缺欠补救、产品走向海外市场的知识产权保护跟进等不同工作路段；专项推动中有些侧重专利权、软件著作权和集成电路布图设计专有权，有些侧重商标权和地理标志，有些侧重植物品种权，有些侧重传统知识的知识产权保护等，使专项推动的知识产权权利侧重有所不同；在专项设计中，有的注重典型实体的打造和具体实例的构建，有的要形成具有普遍指导意义的工作指引文本，有的要制定有关支持政策或创建新的工作机制与模式，从而使专项工程的工作层面有所不同。另外，北京市在区县设计“十九个一”专项工程时注重结合区域的功能定位、区域特色、经济结构和发展重点，增强专项工作的定向性和针对性，例如面向东城区设计了特色文化街区知识产权立体保护专项，面向西城区设计了金融投资领域知识产权风险的评估控制专项，面向朝阳区设计了中国移动谷知识产权战略运用专项，面向石景山区设计了动漫创意领域知识产权百强培植专项，面向平谷区设计了旅游文化产业知识产权保护缺欠弥补专项，面向怀柔区设计了特色农产品深加工领域知识产权护航专项，面向延庆县设计了特定领域知识产权分散资源集成化管理与运用专项等。❷

三、2008～2010年北京市知识产权综合绩效指标的指数排名变化及政策分析

国家“十二五”规划将“每万人口发明专利拥有量提高到3.3件”作为国民经济与社会发展综合考核指标首次纳入其中。可见，知识产权的发展对于地区经济与社会发展综合水平的提高有着不可替代的促进作用。北京市的知识产权发展水平在全国来说是首屈一指的，而对北京的综合绩效指标的考察，也从侧面可以印证二者是相辅相成且齐头并进的。

---

❶ 崔静思．北京——打造世界城市的健康之“芯”[N]．中国知识产权报，2011－06－03（5）．

❷ 加强专项推动找准知识产权与区域发展契合点[EB/OL]．（2011－07－27）[2012－02－11]．http://www.sipo.gov.cn/dfzz/beijing/xwdt/ywdt/201007/t20100727_528029.htm.

1. 2008～2010 年北京市宏观经济绩效指标的指数排名变化情况

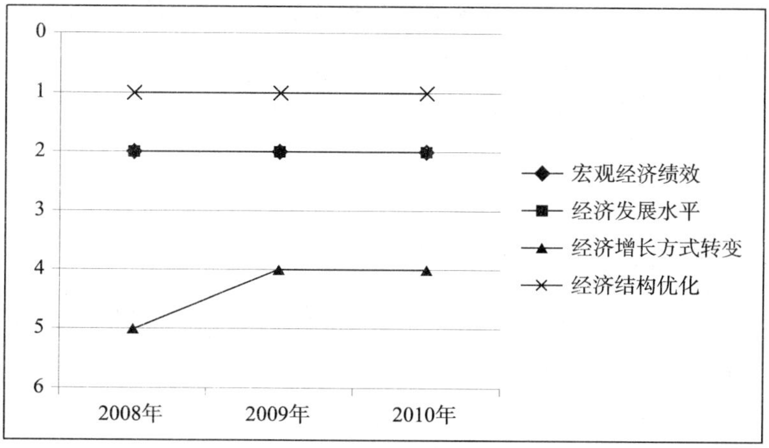

（专题）图 1—8　2008～2010 年北京市宏观经济绩效指标的指数排名变化图

（专题）图 1—8 显示，北京市宏观经济绩效和经济发展水平两个指标近 3 年均排名第 2 位，而经济机构优化指标的指数近 3 年均排名第 1 位。相比其他 3 个指标，北京市的经济增长方式转变指标的指数排名略显靠后，但是 2009 年上升一个位次，排名第 4 位，而在 2010 年则保持了这种平稳的发展势头。由此可见，北京市作为我国的首都城市，其在经济结构转型、经济发展综合水平方面在全国都处于佼佼者的地位。

2. 2008～2010 年北京市社会进步绩效指标的指数排名变化情况

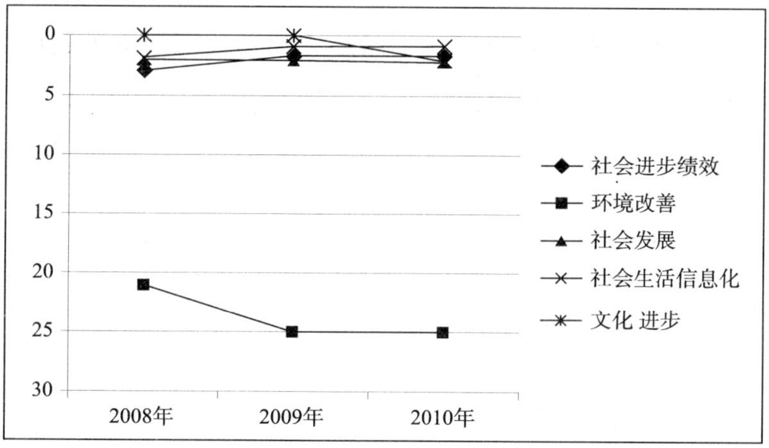

（专题）图 1—9　2008～2010 年北京市社会进步绩效指标的指数排名变化图

如（专题）图 1—9 所示，北京市近 3 年的社会进步绩效指标的指数排名分别为 2008 年的第 3 位、2009 年的第 2 位及 2010 年的第 2 位，位次基本无太大的变动。北京的社会发展指标的指数排名近 3 年均为第 2 位，社会生活信息化指标的指数排名由 2008 年的第 2 位，到 2009 年的第 1 位，而 2010 年则保持了第 1 位的排名。需要着重注意的是北京的环境改善指标和文化进步指标。北京的环境改善指标指标的指数排名在全国属于偏后的位置，2009 年、2010 年均居第 25 位，而环境改善指标以环境质量及环境污染治理为考量指标，排名靠前的省份多集中于沿海地区。文化进步指标为 2012 年指数报告新增加的一项指标，北京的文化进步指标指标的指数排名位居全国第 2 位。

3. 2008～2010 年北京市企业发展绩效指标的指数排名变化情况

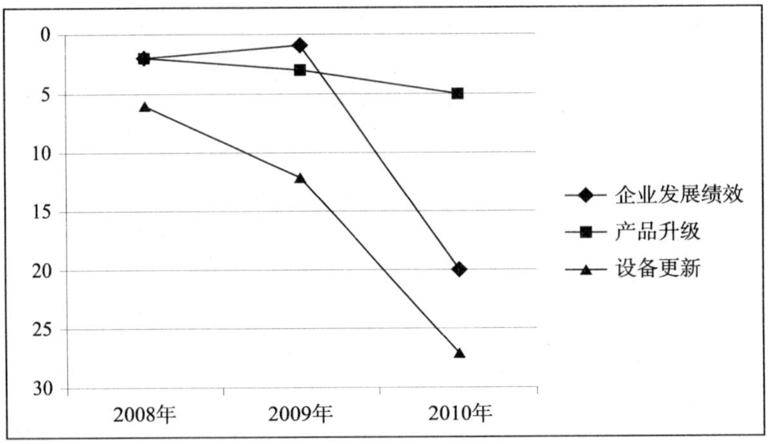

（专题）图 1—10　2008～2010 年北京市企业发展绩效指标的指数排名变化图

本项指标的指数排名是北京市各项指标的指数排名中为数不多的近 3 年变化较大且在 2010 年均为下降趋势的排名。图 1—10 显示，在企业发展绩效综合排名中，北京市由 2009 年的第 1 位下降至 2010 年的第 20 位，下降幅度非常大。另外一个下降幅度很大的指标为设备更新指标，分别由 2008 年的第 6 位下降至 2009 年的第 12 位，在 2010 年继续下行，滑落至第 27 位。

四、2008～2010 年北京市知识产权创造潜力指标的指数排名变化及政策分析

北京市知识产权创造潜力指标近 3 年的排名均处于前列，说明北京在知识产权可持续发展上呈现出良好的态势。创造潜力指标是从多个方面进行考评的，而北京在各个方面均展现出作为“首善之都”的领航者姿态。

1. 2008～2010 年北京市知识产权创造投入指标的指数排名变化情况

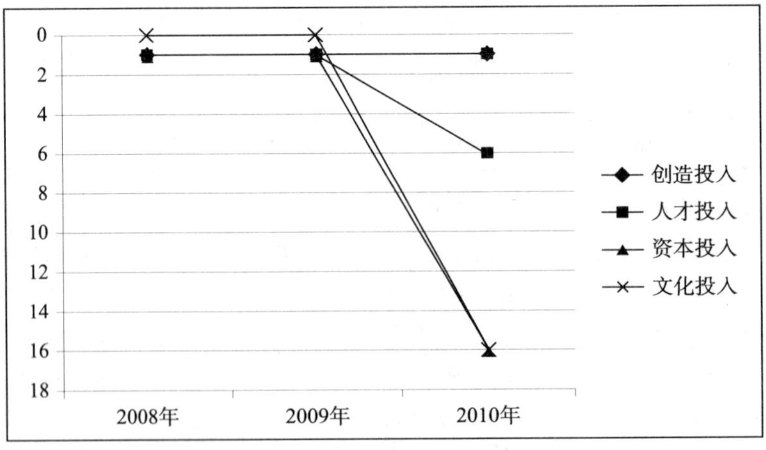

（专题）图 1—11　2008～2010 年北京市知识产权创造投入指标的指数排名变化图

（专题）图 1—11 显示，北京市创造投入综合指标的指数排名均遥遥领先于其他各省份，位居第一。而人才投入指标、资本投入指标的指数排名在 2010 年均有所下降，尤以资本投入指标下降幅度最大，滑落至第 16 位。另外，2010 年新增加了文化投入指标的指数排名，北京在此项排名中位居第 16 位，在全国处于中等水平。

2. 2008～2010 年北京市知识产权创造成果指标的指数排名变化情况

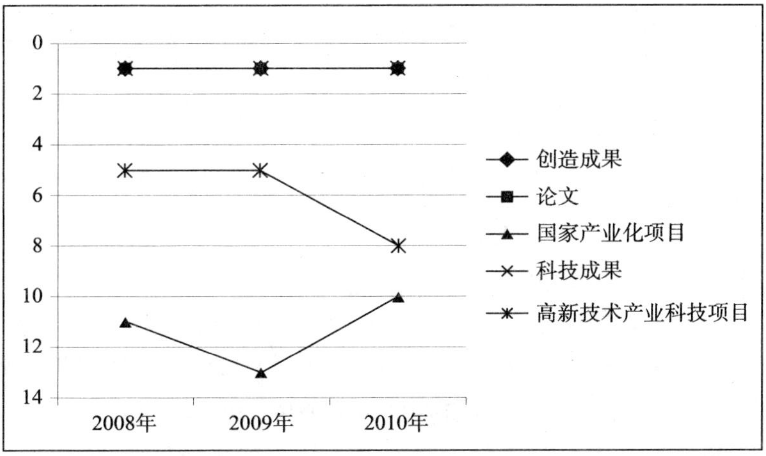

（专题）图 1—12　2008～2010 年北京市知识产权创造成果指标的指数排名变化图

北京市创造成果综合、论文、科技成果三项指标的指数排名近 3 年均领先于全国其他省份，位居第一。（专题）图 1—12 显示，国家产业化项目指标由 2008 年、2009 年的第 5 位，稍稍下降 3 个名次。而北京高新技术产业科技项目指标的指数排名，分别是 2008 年第 11 位，2009 年第 13 位，2010 年提升到第 10 位。

3. 2008～2010 年北京市知识产权创造环境指标的指数排名变化情况

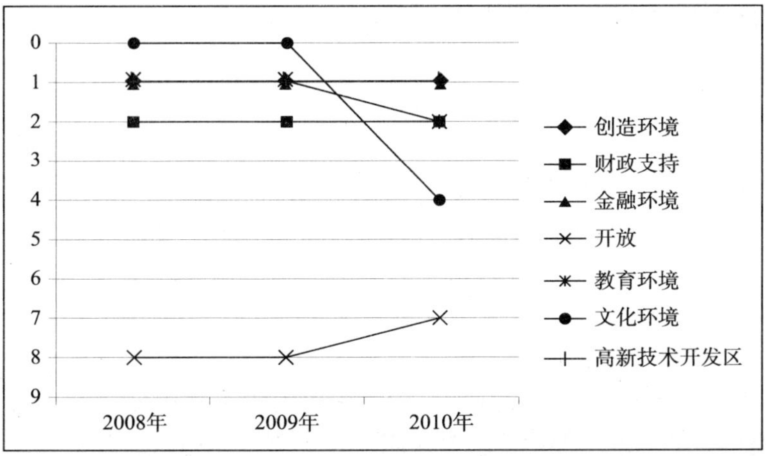

（专题）图 1—13　2008～2010 年北京市知识产权创造环境指标的指数排名变化图

2012 年的指数报告将文化环境指标也作为考量一个地区的知识产权创造环境指标的一个衡量标准，北京在该指标的指数排名中位居全国第 4 位。除了文化环境指标外，北京市创造环境的几个指标的指数排名在 2008 年、2009 年基本无任何变化，在 2010 年则出现略微的变动，其中开放指标的指数为第7位。

4.2008～2010年北京市知识产权试点示范指标的指数排名变化情况

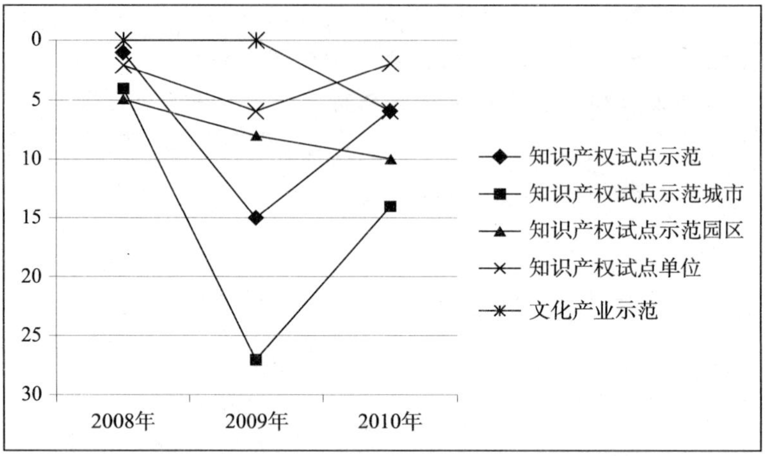

（专题）图1—14 2008～2010年北京市知识产权试点示范指标的指数排名变化图

截至2011年1月，国家知识产权试点城市北京有两个，分别是北京市海淀区、北京市朝阳区；截至2011年4月，国家知识产权示范示范创建园区北京有一个，为中关村科技园区。2012年指标框架新增加了文化产业示范指标，作为衡量地区知识产权试点示范指标的一个参考标准。而北京的文化产业示范指标的指数2012年在全国排名第6位。

第一，专利试点、专利示范工作是北京企业知识产权推动工作体系中的一个重点环节。自2007年9月以来，北京市知识产权局开始开展专利试点示范工作，截至2010年底，北京市已有专利试点企业2 411家；专利示范单位80家。据统计，专利试点、专利示范企业的专利申请量分别占到全市企业专利申请量的40%和25%，着重发展中关村国家自主创新示范园区的知识产权建设。❶

第二，《关于实施首都知识产权战略的意见》（以下简称《意见》）提出：要发挥中关村科技园区知识产权龙头带动作用，强化中关村一区多园多基地的专项功能定位，引导和聚集特定功能的“专利池”生成，进一步充实中关村发展的知识产权内涵，助力中关村成为具有全球影响力的科技创新中心。

中关村国家自主创新示范区建设是知识产权服务首都经济发展的重要路径。中关村地区是世界上少有的智力资源聚集区，创新力非常活跃。集聚了40多所高等院校、100多家国家骨干科研院所、65家国家重点实验室和60家国家工程中心。25%的“863计划”项目和36%的“973计划”落座中关村。2009年3月，国务院批复中关村建设国家自主创新示范区，北京市委市政府随后出台了《关于建设中关村国家自主创新示范区的若干意见》，明确提出要举全市之力建设中关村国家自主创新示范区。另外，北京市知识产权局还从资金上、制度上给中关村园区企业提供更多的帮助，例如设立了中关村专利促进资金，专项资金扶持自主创新。《中关村科技园区专利促进资金管理办法》实施4年来，

❶ 张海志．创新北京一志存高远，脚踏实地［N］．中国知识产权报，2011—06—15（5）．

发放资金近亿元，先后有 593 家中关村企业得到这一资金的资助，资助金额达 9 560 万元。仅 2010 年，就有 185 家企业的 2 063 项专利得到 2 170 万元资助。❶

而在中关村知识产权保护方面，北京也采取多项创新措施。例如，在中关村设立中关村知识产权单位，专门负责中关村园区的知识产权工作；建立“12330”知识产权举报投诉专线，这个是建立了市、园区、孵化器三级投诉平台，畅通中关村企业对知识产权的这种侵权行为的投诉，也便于进行高效的监管；设立了知识产权巡回审理厅，联合海淀法院对发生在中关村园区具有典型意义的案件进行审理；2010 年 4 月份成立了诉前纠纷调解中心，将知识产权纠纷化解在法庭之外，有利于知识产权纠纷的高效解决，降低了企业应诉成本。

正是政府、企业、高校及科研机构等各方面的共同努力，促使中关村企业专利申请量已经连续 3 年突破万件，且最近两年一直稳定在 1.4 万件以上。“十一五”时期，中关村专利申请年平均增长率 27.7%，比全市平均增长率 21.2%高出 6.5 个百分点。而“十一五”时期，中关村企业专利授权年均增长率 44.6%，比全市年平均增长率高出 14 个百分点，占“十一五”时期全市专利授权增长总量的近三成，成为全市专利授权量持续增长的重要推动力。专利授权量也实现了数量级的增长，从 2001 年的不足 800 件，到 2010 年的 8 834 件，而中关村的知识产权保护水平也逐年提高，在国内都处于领先地位。

后奥运时期中关村在首都经济发展和世界城市建设中的重要引擎的地位和作用更为突出。中关村将进一步发挥其在探索中国特色自主创新道路中的先锋作用，担当起从“中国制造”到“中国创造”这一跨越式发展的历史使命。在建设自主创新示范区的过程中，知识产权的生成、运用、增值和保护是基础，是支撑，也是保障。知识产权综合能力决定着中关村国家自主创新示范区建设的成效。因此，中关村知识产权工作是首都知识产权工作的重中之重，是首都知识产权事业服务经济发展大局的主要抓手。

5. 2008～2010 **年北京市企业创造潜力指标的指数排名变化情况**

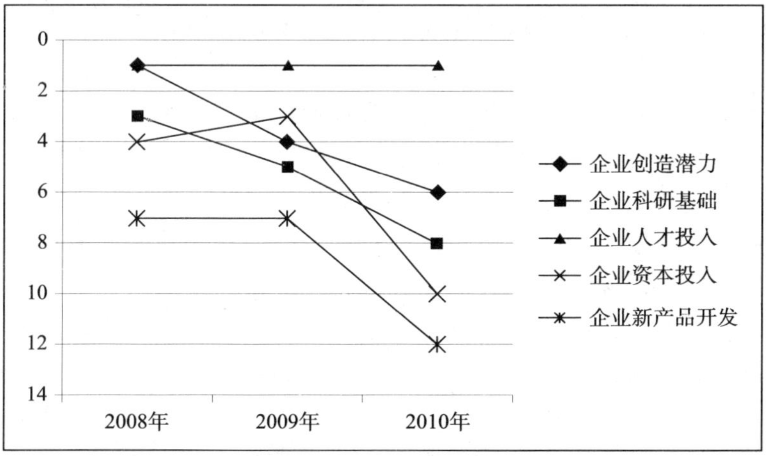

（专题）图 1—15 2008～2010 年北京市企业创造潜力指标的指数排名变化图

❶ 与“科技北京”同行全力服务首都建设世界城市新目标［EB/OL］．（2011—08—02）［2012—01—11］．http：//news. china. com. cn/rollnews/2010—08/02/content _ 3563267 _ 2. htm.

从图 1—15 可以看出，北京近 3 年在企业创造潜力指标的指数排名中略有下降，从 2008 年的第 1 位，下将到 2010 年的第 6 位。其中，除了企业人才投入指标的指数排名近 3 年均稳坐第 1 位之外，企业科研基础、企业资本投入、企业新产品开发 3 个指表标的指数排名均在 2010 年有所下降，而企业新产品开发指标的指数排名则最为靠后，为第 12 位。

目前，北京经济形成以高新技术产业和现代制造业、文化创意产业和现代服务业为重点的高端产业发展格局，六大高端产业功能区的带动示范效应也初步显现。而高端产业和高端产业功能区的核心要素都是知识产权，离不开知识产权的支撑、增值、激励、规范、评价和保护作用。然而，要将该能动作用充分实现，首先就需要政府加强对区域企业的政策性引导。

第一，北京落实“四个服务”精神的要求，凝神聚力服务中央在京资源。

北京市委书记刘淇在参加“北京服务中央在京企业和金融机构工作座谈会”时表示，北京要强化首都经济的管理，为首都这些高端、优质资源发展提供服务。中央在京企业和科研院所是首都新一轮科学发展、提高首都发展的质量和水平的重要依托。中央在京企业、科研院所集聚了一大批科技智力资源，创新成果丰硕，采取有效措施提升其知识产权意识，增强知识产权综合能力，对提升首都知识产权整体实力和建设世界城市，将起到有力的助推作用。

第二，北京市国资委与北京市知识产权局联合出台了《加强市属国有企业知识产权工作的指导意见》，旨在进一步提高市属国有企业知识产权创造、运用、保护和管理能力，激发创造活力。

第三，着力推动知识产权联盟建设，帮助企业维护权益。

2008 年，北京知识产权局开展了细分行业知识产权联盟工作，引导产业链中的重点企业、科研院所、高校成立了知识产权联盟。联盟旨在联盟成员间构建专利池，形成知识产权共同经营的合作模式，提高和扩充联盟企业的创新转化能力，开展多方面、多层次的合作，以期共建行业标准，共同抵御涉及行业性的专利风险。截至目前，北京市已引导成立 7 个细分行业知识产权联盟：北京市音视频行业知识产权联盟、北京市智能终端行业知识产权联盟、北京市 OLED 行业知识产权联盟、北京市智能卡行业知识产权联盟、云计算知识产权创新联盟、诊断试剂知识产权创新联盟和高技术服务业（钢铁行业）知识产权创新联盟。这些联盟有效地推动了集成创新、协同发展，提升了行业的核心竞争力，已经成为提高行业知识产权整体水平和风险防御能力的重要形式。“相比协会、行会等行业组织，知识产权联盟更细分，专注于知识产权相关问题的解决，”爱国者数码科技有限公司法律与知识产业部知识产权主管黄晶说，“大多数协会是政府主导，是自上而下的，而联盟是自下而上的，由企业发起组建，企业内在主动性更强，而且联盟规模小，一般 5～8 家企业，灵活性更高。”

第四，2010 年 10 月北京市知识产权局在北京经济技术开发区正式启动中小企业知识产权战略推进工程。这是为了进一步推进首都知识产权战略实施，助力首都中小企业经济发展方式转变的一大举措。该工程确定北京经济技术开发区和中关村生命科学为北京市首批中小企业知识产权战略推进工程实施单位，旨在于通过加快培育拥有自主知识产权、知名品牌和较强竞争力的中小企业，全面提升中小企业的知识产权创造、运用、保护和管理能力，为首都持续创新增添核心动力保驾护航。中小企业知识产权战略推进工程计划用3年时间，力争在北京市范围内，培育形成两个具有自主知识产权优势的中小企业聚集区；建立10家中小企业知识产权辅导服务机构；培训200～300名中小企业知识产权工作者和经营管理人员，形成切实有效中小企业知识产权综合服务援助等机制等。

6.2008～2010年北京市知识产权行政保护指标的指数排名变化情况

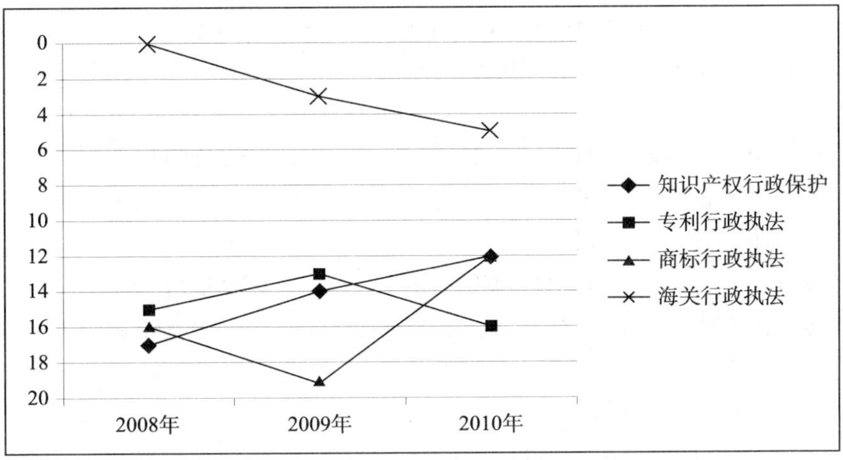

（专题）图1—16 2008～2010年北京市知识产权行政保护指标的指数排名变化图

从（专题）图1—16可以看出，北京市的知识产权行政保护指标近3年的排名均处于全国各省份的中间位置，但是呈现出了排名上升的态势，由2008年的排名第17位上升至2010年的第12位。专利行政执法和商标行政执法两个指标近3年排名则略显波动，排名同国内其他省份相比优势较小。而海关行政执法指标的指数排名虽呈现略微下滑的趋势，由2009的第3位下降至2010年的第5位，但是其在全国的排名仍远远领先于北京市的专利行政执法和商标行政执法两个指标的指数排名。

2010年北京市在知识产权保护方面主要有以下几个亮点。

第一，加大知识产权执法力度。2010年，北京市认真落实国务院关于开展打击侵犯知识产权和制售假冒伪劣商品专项行动工作部署，北京市知识产权局主动承担北京市“双打”领导小组办公室相关工作，有效维护市场秩序。2010年，北京市知识产权局共处理专利侵权纠纷33件，立案查处假冒专利案件7件；北京市工商局立案查处商标假冒侵权案件1 645件，案值2 666万元，罚款1 727万元；北京市文化执法总队共受理举报1 392起，移交案件14起，累计收缴非法出版物、非法音像制品71.5万余册（张）；北京市城管执法局收缴盗版图书、音像制品和电脑软件约13.8万册（张），共计罚款13.8万元；北京海关共查获案件156批次，查获侵权商品数量约30.4万件，案值约合人民币3 556.4万元；北京市公安局共查处侵权盗版类案件257起，抓获犯罪嫌疑人315人，收缴盗版书、光盘68.9万册（张）；北京市检察机关共受理公安机关移送提请审查逮捕侵犯知识产权类涉嫌犯罪案件88件142人；全市法院知识产权庭受理各类一审知识产权纠纷案件8 923件，审结一审案件8 855件，受理各类二审知识产权案件2 027件，审结1 886件。

第二，完善知识产权防御体系。北京市知识产权局会同北京市工商局、商务委和版权局，制定《北京市大型商业零售经营单位知识产权保护合同》示范文本，已向社会推荐使用5 000多份。北京市知识产权局与市公安局共同签署《查处专利违法犯罪案件合作协议书》，加强行政执法与刑事司法的有效衔接。国家知识产权局专利复审委员会与北京市知识产权局签订《案件合作协议》，加快案件结案进度。北京市知识产权局全年进驻由政府主办或者具有国际、国内重大影响的展会16个，解决展会知识产权侵权投诉70余件。❶

第三，开展知识产权海外预警与应急救助，帮助企业提高知识产权风险预防和应对能力。近年来，中国企业在“走出去”的过程中，不断遭遇愈演愈烈的专利冲突。从后果看，这种专利冲突影响的不仅仅是单个被诉企业，往往还波及整个行业。因此，在中国产品走出国门之前，进行专利风险预警分析，针对竞争对手可能采取的专利压制，制订应对策略将非常重要。为响应企业的此种需求，2007年，北京市财政局、北京市知识产权局共同设立了企业海外知识产权预警和应急救助专项资金，此后每年均在北京市开展知识产权海外预警与应急救助项目。北京市现已投入上千万元在全市重点产业领域开展了30多个专利预警与应急救助项目。通过这些项目的预警分析发现，一些在拟出口或已出口的目标市场国存在专利侵权风险。在随即跟进调整市场策略、修正技术方案、采取规避设计等系列工作之后，帮助了华旗资讯、北大方正等一大批企业避免陷入“专利陷阱”。综合几年专利预警的项目经验，在2011年，北京市发布了《企业海外知识产权预警指导规程》，该规程为企业提供了专利预警操作具体的流程指引，能够帮助企业科学构建与其海外经营战略相对应的专利风险预警机制，进而帮助企业从被动应对纠纷转化为主动防御海外专利风险。

第四，指导企业合法参展，有效构筑展会知识产权保护预防体系，减少展会冲突和实现保护。北京市2007年出台了《北京市展会知识产权保护办法》，该办法的出台主要是因为近些年来我国企业在国内外各大展会上经常被国外企业投诉知识产权侵权，有的企业的展品甚至在参展过程中直接被下架，虽然有部分企业的产品在事后的维权中被认定为没有侵权，但是综合整个事件的影响都给我国企业造成了难以估量的损失。在这种背景之下，《北京市展会知识产权保护办法》应运而生，《办法》是为了加强展会知识产权保护，维护展会秩序，促进会展业健康发展，根据有关法律、法规，结合北京市实际情况制定的。适用于北京市行政区域内举办的展览会、展示会、博览会、交易会、展示会等活动中有关专利权、商标权、版权等知识产权的保护。《办法》颁布后的几年中，北京市知识产权局组织执法人员多次入驻“花博会”等重要展会，解决展会中发生的知识产

❶ 2011年北京市知识产权工作会议［EB/OL］.（2011－04－21）［2012－01－12］. http：//www. beijing. gov. cn/zbft/zwhd/wz/t1163428. htm.

权侵权投诉100余件，取得了满意的效果，维护和展示了首都良好形象。

第五、北京市知识产权局、工商局、商务委和版权局制定了《北京市大型商业零售经营单位知识产权保护合同》示范本，有效推动了销售行业和知识产权保护工作。北京市工商局制定了《商标代理组织专项整顿工作方案》；北京市版权局研究制定了《北京市2010年推进企业使用正版软件工作方案》，进一步深化了企业软件正版化工作；北京市质监局制定了《地理标志使用单位年度考核评价表》，加强了地理标志使用单位的监督和管理；北京市城管执法局制定了《全国两会期间保护知识产权专项执法工作方案》，确保两会期间安全，有序的环境秩序。在政策引领下，不断强化专业规范，北京市高级人民法院制定了下发《关于网络著作权纠纷案件若干问题的指导意见（一）（试行）》，明确了网络著作权案件审理中的一系列重要问题。

专题二 2008～2010年上海市知识产权各项指标的指数排名变化及政策分析

2004年9月，上海市政府率先在全国制定《上海知识产权战略纲要（2004年～2010年）》，为了保证与2008年6月5日颁布的《国家知识产权战略纲要》有效对接，上海市政府又于2008年9月出台了《关于上海实施〈国家知识产权战略纲要〉的若干意见》，从建立知识产权交易市场、加强知识产权保护工作等8个方面提出了25项举措，使上海地方知识产权战略实现了与国家知识产权战略全方位、全覆盖、全过程的有机衔接。

同济大学对纲要实施情况的终期评估报告中指出，《纲要》实施7年卓有成效，有效地提升了上海知识产权的创造能力、增强了上海知识产权的运用能力、提高了上海知识产权的管理能力、加大了上海知识产权的保护能力、建立了上海知识产权的人才培养机制，实现了《纲要》提出的预定目标。在知识产权创造方面，7年来，上海市知识产权创造的数量与质量均有了稳步提升，并逐步由传统的偏重知识产权创造数量的数量型战略向注重知识产权申请量与授权质量的并举战略转变；在要素市场建立方面，经过多年的孕育与发展，上海基本形成了知识产权创造、知识产权转移与转化、知识产权管理、知识产权交易、知识产权质押融资、知识产权评估、知识产权咨询、知识产权担保、知识产权法律服务等全方位、多层次、宽领域的市场要素；在转化渠道建设方面，“上海市知识产权试点园区”、上海市知识产权交易中心、上海市版权交易中心、国家专利技术上海展示交易中心、上海文化产权交易所等众多机构与机制的建立充分促进了知识产权的市场化；在知识产权保护方面，上海已经形成了立法、司法、行政、法律服务等较为全面完整的知识产权保护体系，高质量的知识产权法治环境与投资环境初步显现；在人才培养和人才集聚方面，通过高校培养、中小学普及、社会培训、专家咨询等形式，上海初步形成了较为完整的知识产权人才培养与集聚体系；在运作体制完善方面，上海市不断推进政府职能改革，知识产权工作“管理型”政府不断向“服务型”政府转变，上海市知识产权联席会议工作机制及其作用不断得以发挥。[1]

上海市知识产权局大力推进实施知识产权战略，全面促进知识产权创造、运用、保护、管理工作发展，具体体现在专利申请的数量和质量显著提升、完善知识产权工作的政策和措施、加强战略性新兴产业知识产权工作、推进企事业单位知识产权工作、开展知识产权宣传培训工作、做好知识产权服务工作、深化知识产权质押融资工作、营造保护知识产权良好环境、推动知识产权领域国内外交流合作、促进全局系统自身建设发展等10个方面。从2012年的指数报告中也能看出，上海市在知识产权的产出水平、创造潜力、流动水平、综合绩效

---

[1] 《上海知识产权战略纲要（2004年～2010年）》终期评估报告出炉［EB/OL］.（2011－04－11）［2012－02－19］. http：//www.shanghai.gov.cn/shanghai/node2314/node2315/node4411/u21ai495861.html.

等各方面取得了不菲的成绩，知识产权综合实力仅次于北京市，位居全国第二。

一、2008～2010 年上海市知识产权产出水平指标的指数排名变化及政策分析

区域知识产权的产出水平涉及知识产权人均产出、产出质量、产出效率以及企业产出 4 个方面，知识产权产出水平一定程度上代表了本区域知识产权发展现状，上海市知识产权产出水平全国排名第 3 位。

1. 2008～2010 年上海市知识产权人均产出指标的指数排名变化情况

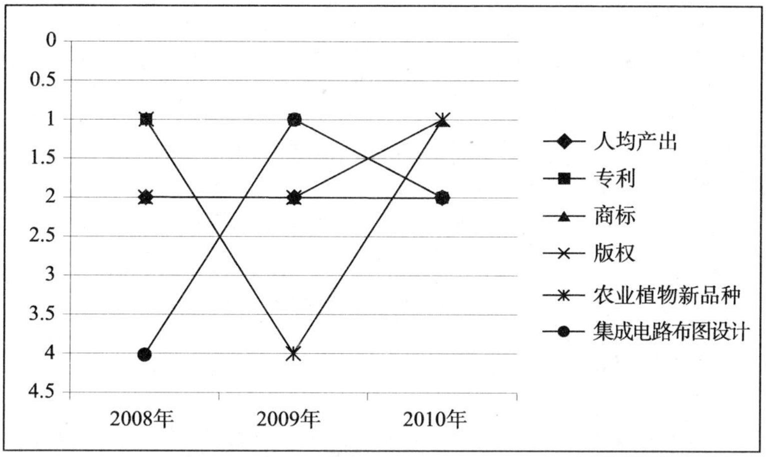

（专题）图 2—1　2008～2010 年上海市知识产权人均产出指标的指数排名变化图

（专题）图 2—1 显示，上海市连续 3 年人均产出位居第二，专利和集成电路布图设计产出指标在 2010 年略有下降，但商标、版权和农业植物新品种几个指标都有明显进步，知识产权人均产出排名中，各项三级指标较为均衡，位居前二，这与上海市在知识产权产出方面的政策措施推动有着密不可分的关系。

2. 2008～2010 年上海市知识产权产出质量指标的指数排名变化情况

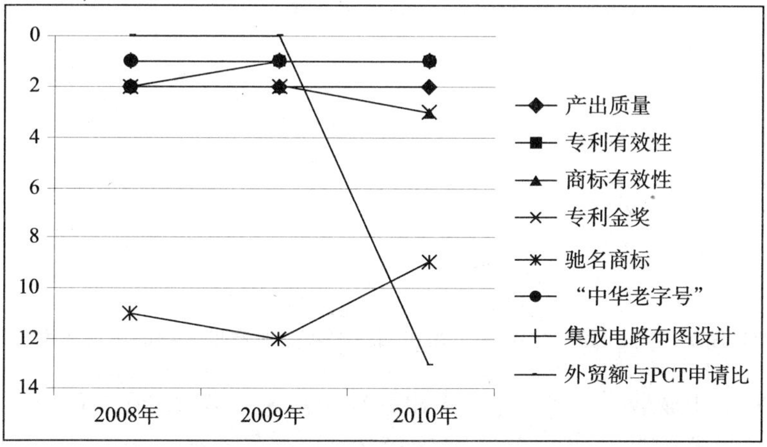

（专题）图 2—2　2008～2010 年上海市知识产权产出质量指标的指数排名变化图

（专题）图 2—2 显示，上海市知识产权产出质量二级指标保持稳定地位。三级指标中，专利有效性和集成电路布图设计连续 3 年保持绝对优势，蝉联榜首，“中华老字号”的排名甚至超过北京，名列第一，商标有效性和专利金奖尽管略有下降，但仍在前三甲范围内。驰名商标指标相对于 2009 年进步明显，仍有进步空间。在新增的外贸额与 PCT 申请比三级指标中，上海市位居 13 名。

3. 2008～2010 年上海市知识产权产出效率指标的指数排名变化情况

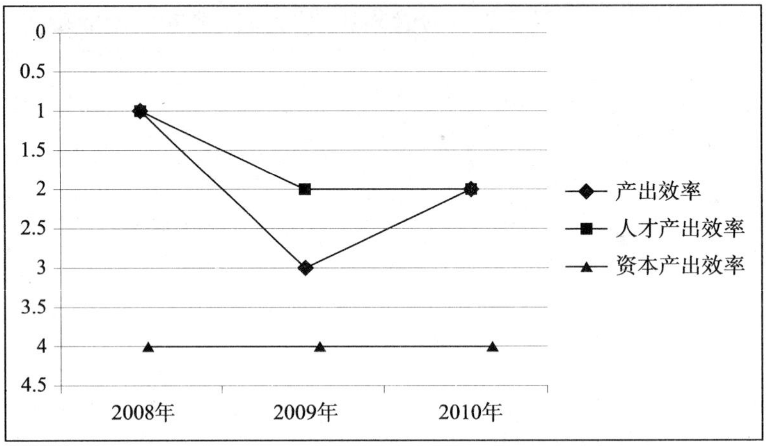

（专题）图 2—3　2008～2010 年上海市知识产权产出效率指标的指数排名变化图

从（专题）图 2—3 可以看出，上海市产出效率指标在 3 年中略有变动，2010 年与人才产出效率并居第 2 位，资本产出效率连续 3 年排名第 4 位，都属于全国领先。

4. 2008～2010 年上海市知识产权企业产出指标的指数排名变化情况

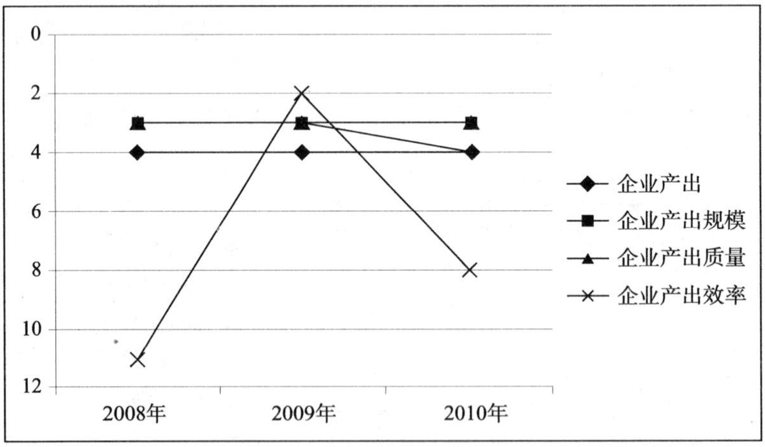

（专题）图 2—4　2008～2010 年上海市知识产权企业产出指标的指数排名变化图

（专题）图 2—4 显示，上海市企业产出二级指标 3 年仍稳定在全国第 4 名，其三级指标中，企业产出规模从 2008 年、2009 年的第 3 名降至第 4 名，企业产出质量仍维持其第 3 名的领先位置，企业产出效率有较大波动，从 2008 年的 11 名到 2009 年的第 2 名，

2010年回落至第8名。

综合以上4个知识产权产出水平的三级指标可以看出，上海市2010年知识产权创造能力不断提升。而这除了有国家知识产权战略的制定和推进外，与上海市对知识产权的重视和激励政策也是密不可分的。2010年上海市起草制定新一轮知识产权规划和战略。联席会议办公室启动了《上海市知识产权发展第十二个五年规划》和《上海市知识产权战略纲要（2010～2020年）》编制工作，其中《规划》完成了初稿，《纲要》形成了提纲并开展了课题研究。上海市发改委、经信委、工商局和版权局等部门分别起草了《上海市战略性新兴产业发展“十二五”规划》、《上海市产业知识产权“十二五”发展规划（纲要）》、《上海商标中长期发展纲要》和《上海版权工作“十二五”发展规划》。二是重视完善知识产权法规、政策。上海市科委完成了《上海市科学技术进步条例》的修订，并会同有关部门出台了《关于鼓励和促进科技创业实施意见》等一系列政策性文件，在全国率先制定上海大型科学仪器设施共享地方性法规，施行大型科学仪器设施资源共享鼓励企业技术创新；上海市商务委制定了《关于促进本市与贸易有关的知识产权工作的若干意见》；上海市知识产权局与财政局、工商局、版权局、金融办等单位指导出台了《上海市知识产权质押评估技术规范（试行）》；上海市国资委重点推进“知识产权纳入国有企业考评指标体系”的制定和完善。上海市高级人民法院和版权局共同探索建立著作权纠纷委托调解机制，出台了《关于开展著作权纠纷委托调解工作的意见（试行）》。

通过知识产权各相关部门的努力，以及上海市各行业对知识产权的重视，使得知识产权产出水平不断提高，除了图表显示的排名变化外，下面一组数字也能清楚地展现2010年上海市知识产权的产出成果：2010年全市专利申请量、授权量分别达到71 196件、48 215件，比上年分别增长14.4%和38.1%；发明专利申请量为26 165件，增长18.9%；上海市每百万人发明专利授权量达到299件；PCT国际专利申请725件，增长49.1%。申请注册商标60 243件，增长43.8%；核准注册商标70 417件，增长95.7%；新认定256件上海市著名商标、26件驰名商标、软件著作权登记7 905件，增长44.38%；其他作品著作权登记2 636件，增长18.89%。集成电路布图设计登记281件，占全国总量的25.36%。申请植物新品种12件。[1]

而随着上海市各项政策不断推进和“十二五”规划的实施，我们有理由相信上海市在知识产权产出方面会创造新的骄人成绩。

二、2008～2010年上海市知识产权流动水平指标的指数排名变化及政策分析

美国国立标准技术研究所（NIST）曾发布了一份著名的“死亡之谷”报告，称从技术到产品的转移过程，存在着恐怖的“死亡之谷”，用以形容很多科研成果还没走向市场，就被埋没在技术商品化的过程中。知识产权价值的实现在于其参与市场，作为交易对象在市场流动，实现技术的产业化，通过建立知识产权市场促进交易实现，借助知识产权服务业的力量推动知识产权经济价值化，企业通过技改、引进技术实现生产力的提

[1] 上海市历年专利申请统计表［EB/OL］.（2010－05－03）［2012－02－19］. http：//www.sipa.gov.cn/gb/zscq/nodec/nodec1/userobject1ai8072.html.

高和发展，促进国民经济的整体发展。

1. 2008～2010 年上海市技术市场交易指标的指数排名变化情况

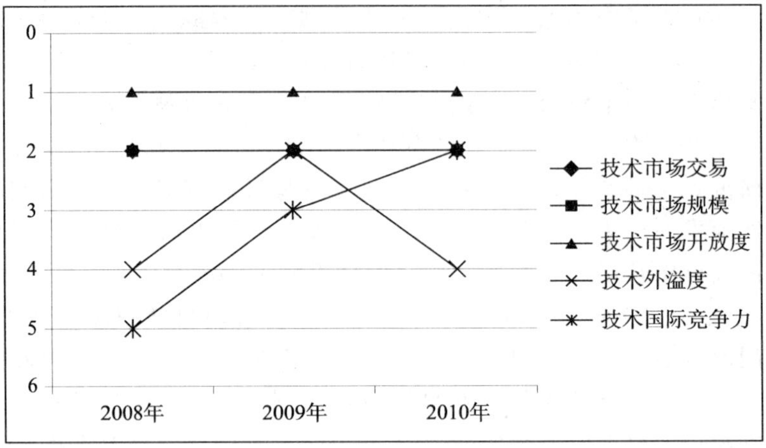

（专题）图 2－5　2008～2010 年上海市技术市场交易指标的指数排名变化图

从（专题）图 2－5 可以看出，上海市技术市场交易指标的指数排名稳居第 2 位，其中技术市场开放度指标名列榜首，技术市场规模指标连续 3 年位居第二，值得一提的是技术国际竞争力指标连续增长，体现了上海这个国际化大都市在知识产权技术竞争力的优势。技术外溢度指标略有波动，在 2009 年上升至第 2 位后，2010 年重新回到 2008 年的水平，依然列第 4 位。

上海市在推动知识产权全面发展过程中，加大了知识产权公共服务力度。在全国率先建立了知识产权质押评估管理体系，推动浦东、徐汇、闵行、杨浦等区开展试点；国家知识产权局批准上海设立区域专利信息服务中心、上海知识产权（专利信息）公共服务平台全年访问量 12 万余人次，新增注册用户 1 600 多家；国家（上海）专利技术展示交易中心接受并通过了国家知识产权局的考核验收，成功举办了第四届“中国·上海专利周”活动，期间，共有 7 个项目通过合作、转让、普通许可、共同开发等方式进行了签约，其中 6 个为能源环保类项目，一个为生物医药类项目，总共成交金额 7 365 万元；上海市版权局在全国率先研究编制、发布了地方的版权产业报告，并成立了上海版权服务中心，版权纠纷调解中心，上海版权交易中心完成融资、版权转让、咨询服务等各类版权综合交易 29 亿元。❶

而上海在知识产权质押融资方面的各项政策非常值得其他各省份借鉴，形成了知识产权质押融资的上海模式，正在成为上海解决中小企业融资难题的突破口和新模式。2009 年 8 月，上海市正式出台《关于本市促进知识产权质押融资工作的实施意见》。由上海市政府分管领导牵头召集，建立市促进知识产权质押融资工作联席会议。在联席会议指导下，由上海市相关部门、银行等融资服务机构和社会中介组织共同构建上海市知识产权质押融资服务平台。开展知识产权资产评估工作，创新知识产权质押融资方式，培育知识产权质押物流转市场体系，形成知识产权质押融资风险多方分担机制，健全知识

❶ 上海市人民政府新闻办公室．4 月 19 日市政府新闻发布会：《2010 年上海知识产权发展和保护白皮书》主要内容等［EB/OL］．［2012－02－19］．http：//www.shio.gov.cn/shxwb/xwfb/node169/node260/userobject1ai8713．html.

产权质押融资保障机制，实施知识产权质押融资试点。2009 年 10 月 11 日，由上海联合产权交易所实际运作的上海知识产权交易中心正式揭牌，为知识产权质押融资提供质押物评估、流转等功能平台体系。2009 年，上海产权市场知识产权交易成交金额达 99.87 亿元，其中，高新技术产权交易成交 156 宗，成交金额 37.48 亿元；商标权、版权、专利权和其他无形资产交易达 2.76 亿元。2009 年，上海共有 64 家企业总计获得 84 笔知识产权质押融资贷款额，贷款额度合计达到 1.15 亿元。这一数额是以往同类贷款总和的 2 倍，出现了爆发式增长，且未出现呆账坏账情况。2010 年 6 日，国家知识产权局批复在浦东建设“全国知识产权质押融资试点”城区。

针对知识产权价值评估难，2010 年 7 月 1 日，上海又配套出台实施了《上海市知识产权质押评估实施办法（试行）》，规范本市评估机构、注册资产评估师及相关当事方在知识产权质押评估过程中的行为，明确相关责任和义务，加强知识产权质押评估的行业自律监管，进一步开展规范知识产权质押评估试点工作，为企业知识产权质押融资打下更加良好的制度基础。2010 年，上海市知识产权局在浦东、徐汇、闵行、杨浦等 4 个城区组织开展的知识产权质押融资试点工作取得初步成效，4 个城区有 62 家企业获得了知识产权质押贷款 1.7 亿元。其中浦东新区有 36 家企业获得知识产权质押贷款 7 561 万元；徐汇区有 14 家企业获得知识产权质押贷款 7 000 万元；闵行区有 9 家企业获得知识产权质押贷款 1 750 万元；杨浦区有 3 家企业获得知识产权质押贷款 700 万元。在 62 家企业中有 6 家企业是直接从银行获得了知识产权质押贷款 1 921 万元。[1] 2011 年，全年全市有 134 家企业获得了知识产权质押融资贷款 2.267 亿元。[2]

2. 2008～2010 年上海市知识产权服务机构指标的指数排名变化情况

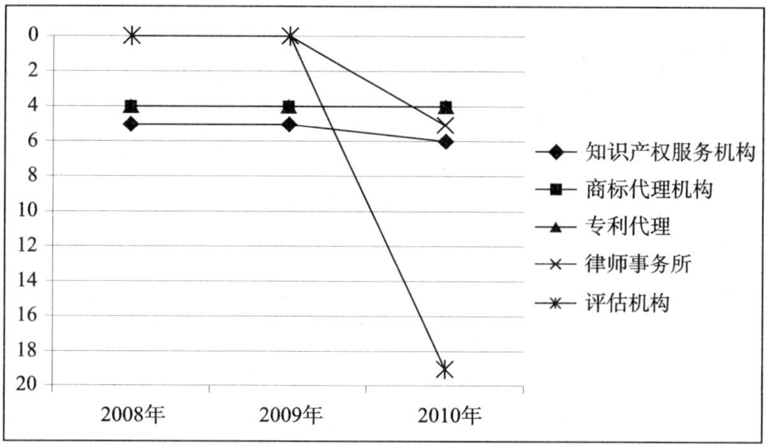

（专题）图 2－6　2008～2010 年上海市知识产权服务机构指标的指数排名变化图

知识产权服务业作为知识产权长足发展的助推器，与地方知识产权产出、交易、评估等多方面都有密切联系，随着知识产权服务机构的进一步发展，2012 年的指数排名中

---

❶ 马翠莲．知识产权质押融资的上海模式［N］．上海金融报，2011－09－27．

❷ 国家知识产权局．2010 年度报告：地方知识产权工作［EB/OL］．［2012－02－19］．http：//www．sipo．gov．cn/gk/ndbg/2010/．

特地新增了律师事务所和评估机构两个三级指标。(专题) 图 2—6 显示，上海市知识产权服务机构综合指标排名在 2010 年略有下降，由 2008 年、2009 年的第 5 名下降一个位次；商标代理机构和专利代理机构的排定仍稳定在第 4 位；在新增的律师事务所指标中，上海排名第 5 位；评估机构排名较低，仅位居第 19 名。

根据国家知识产权局进行的全国专利代理机构年检工作相关统计数据显示，2010 年上海共有专利代理机构 70 家和专利代理人 555 人，分别比 2009 年增加了 8 家和 37 人。2011 年，上海市知识产权局将研究制定促进上海市知识产权服务业发展的若干意见，继续加快培育知识产权中介代理服务机构，积极支持和引导专利代理机构拓宽业务范围，推进上海知识产权服务业向规范化、特色化、规模化方向发展。随着知识产权质押等知识产权交易政策的施行，市场对知识产权服务机构的需求将会增加，尤其是评估机构，迫切需要专业人才进入市场，协助推进知识产权流动的加速。

3. 2008～2010 年上海市知识产权企业技改、引进指标的指数排名变化情况

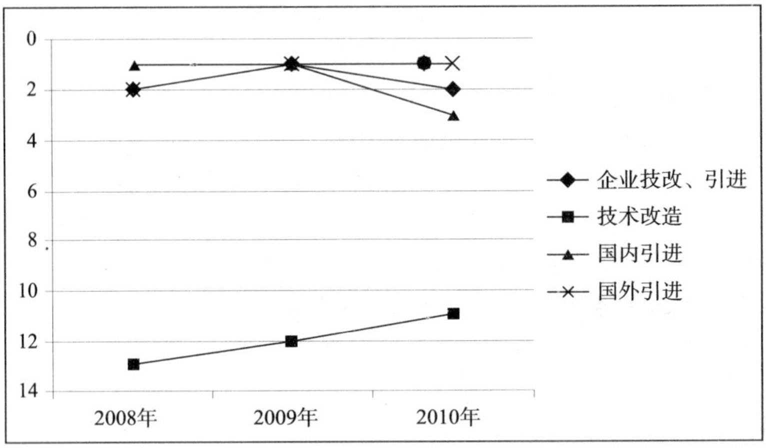

(专题) 图 2—7 2008～2010 年上海市企业技改、引进指标的指数排名变化图

企业技术改造、国内引进和国外引进 3 项指标考察的是规模以上工业企业技改、引进和消化技术成果的投入和能力。图 2—7 显示，上海市企业技改、引进指标的综合水平较高，2008 年、2009 年连续两年位居榜首，2010 年列第 2 名；国内引进指标有小幅度变动，2010 年降两名至第 3 名；国际引进指标优势明显，2010 年保持第 1 名的领先地位；与国际引进和国内引进两个三级指标相比，技术改造指标的排名较为落后，但已经连续两年排名上升，有望在政策的支持下取得更好的成绩。

上海市知识产权局、商务委和商业联合会等共同商议制定相关政策引导企业在尊重知识产权的同时，加快新产品开发和技术改造，提升企业自主创新能力和知识产权保护能力。

三、2008～2010 年上海市知识产权综合绩效指标的指数排名变化及政策分析

知识产权的发展与区域经济水平及社会整体发展水平有着紧密联系，纵观近几年的知识产权指数排名，位居知识产权综合水平前列的始终是北京、上海、广东等经济发展及社会发展较好的省份。上海市社会总体环境的发展也推动了知识产权行业的发展。

1. 2008～2010 年上海市宏观经济绩效指标的指数排名变化情况

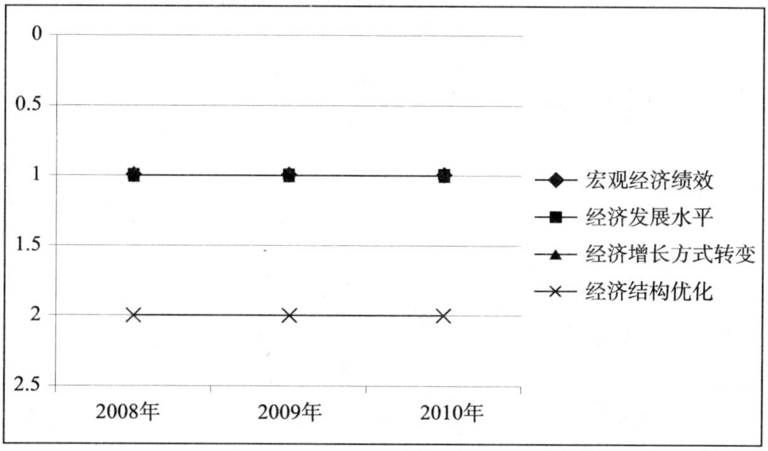

（专题）图 2－8　2008～2010 年上海市宏观经济绩效指标的指数排名变化图

上海市连续 3 年宏观经济绩效的优势非常明显，宏观经济绩效及经济发展水平排名第 1 位，经济增长方式转变及经济结构优化排名第 2 位。作为国家级的经济中心城市，上海和北京在经济国际化、科技、资本、对外交通等服务等在全国处于领先地位，成为我国参与世界产业分工和经济领域竞争的代表性城市，具有全国性的资源集聚和经济辐射能力，同样这两个城市在知识产权发展中也起着带头作用。

2. 2008～2010 年上海市社会进步绩效指标的指数排名变化情况

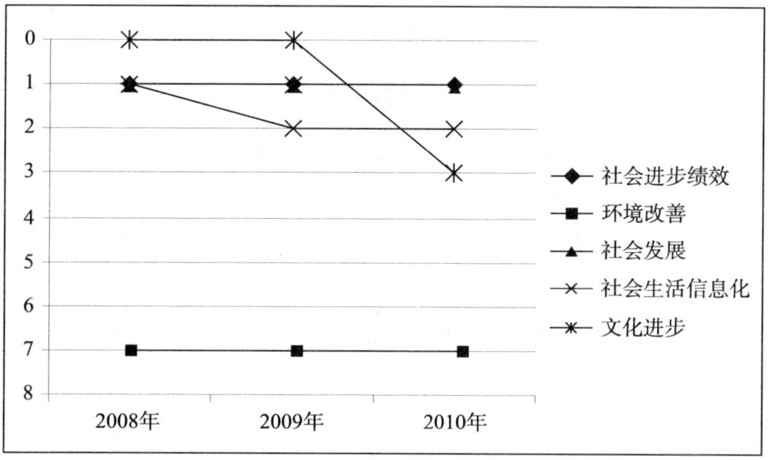

（专题）图 2－9　2008～2010 年上海市社会进步绩效指标的指数排名变化图

从（专题）图 2－9 可见，上海市社会进步绩效综合排名连续 3 年位居第一；社会生活信息化指标从 2008 年的第 1 位略有下降，2009 年和 2010 年位居第二；在 2012 年新增的文化进步指标中，上海市排名第 3 位，与其社会进步绩效的综合指数较为匹配；环境改善方面，尽管上海市连续 3 年排名第 7 位，属于全国前列，但想对于本市的其他指标而言，仍有较大的进步空间。

3. 2008～2010 年上海市企业发展绩效指标的指数排名变化情况

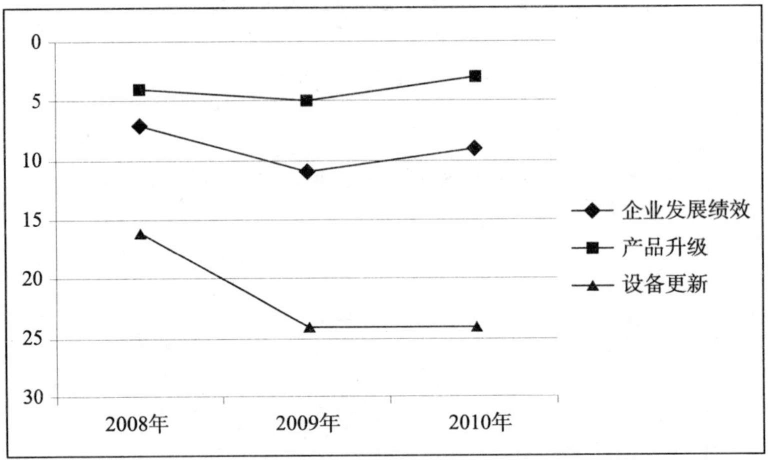

（专题）图 2—10　2008～2010 年上海市企业发展绩效指标的指数排名变化图

（专题）图 2—10 显示，上海市社会发展绩效指标在经历了 2009 年的略微下降后，在 2010 年排名重新上升，位居全国第 9 名；产品升级排名甚至超越了 2008 年，位居第 3 名；设备更新指标从 2008 年的第 16 名在 2009 年降至第 24 名后，2010 年的排名没有明显变化。

从经济发展阶段看，上海经济增长方式转变相对于全国其他地区应该说是超前的，它正在从投资导向的准集约型增长向以创新导向为特征的集约型经济增长转变。而创新的主要来源是技术进步，所以在上海目前的经济增长方式转变过程中，技术进步将越来越发挥其重要的作用。知识产权将促进经济增长方式的转变，反之，经济增长方式转变依赖于并将推动知识产权的创造、交易，要求对知识产权做充分保护。

四、2008～2010 年上海市知识产权创造潜力指标的指数排名变化及政策分析

知识产权创造潜力的排名很大程度上决定了区域知识产权进一步发展的空间和能力，上海市在创造潜力的优势地位有助于其在未来知识产权的整体发展。

1. 2008～2010 年上海市知识产权创造投入指标的指数排名变化情况

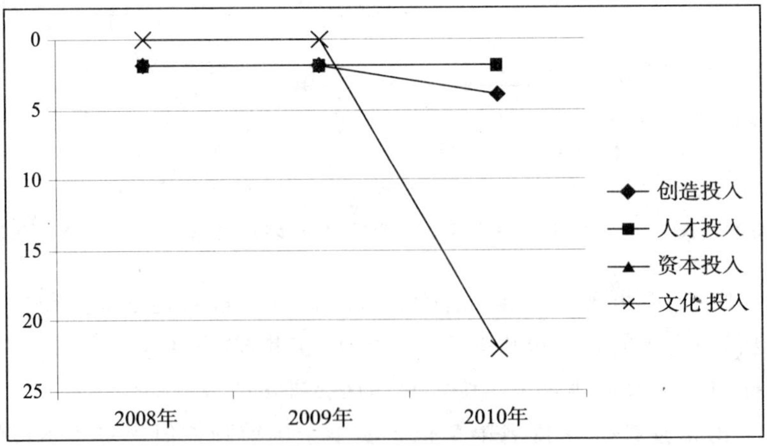

（专题）图 2—11　2008～2010 年上海市知识产权创造投入指标的指数排名变化图

（专题）图 2－11 显示，创造投入继 2008 年和 2009 年的第 2 名之后，2010 年降至第 4 名；而人才投入和资本投入两个在创造投入中占重要地位的三级指标连续 3 年排名稳居第 2 名；在新增的文化投入三级指标中，上海市排名仅为第 22 位。

2010 年，上海市财政局安排专项资金，加大对知识产权创造和品牌建设的支持力度，全年总金额 1.15 亿元。上海市发改委、经信委按照“调结构、促转型”的工作要求，大力推进高级技术产业化，培育战略性新兴产业，积极促进知识产权创造、运用和保护。上海市商务委通过国际技术进出口贴息政策、商务促进资金及地方相关配套政策，鼓励企业跟踪和引进国际先进技术，组织科研攻关，形成一批具有自主知识产权、自主品牌的技术和产品。上海市建交委结合国际低碳经济的发展趋势和国家队节能减排的刚性要求，鼓励企业加大节能减排技术的研发，2010 年科研项目产出了一批知识产权成果。上海市工商局以培育驰（著）名商标为重点大力推动企业自主商标发展，重点支持先进制造业、现代服务业、高新技术产业、特色农副产品、中小企业商标发展。[1]

2. 2008～2010 年上海市知识产权创造成果指标的指数排名变化情况

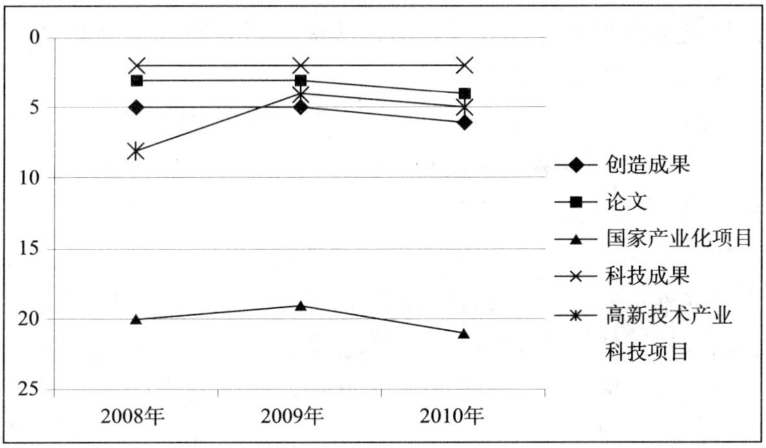

（专题）图 2－12　2008～2010 年上海市知识产权创造成果指标的指数排名变化图

（专题）图 2－12 显示，上海市创造成果整体排名 2010 年较 2009 年略有下降，其中创造成果在连续两年排名第 5 位后，2010 年降为第 6 名；论文数量也从 2008 年、2009 年的第 4 名，降至 2010 年的第 6 名；国家产业化项目在整个创造成果三级指标中排名最为落后，2009 年升至第 19 名后，2010 年降为第 21 名；科技成果是创造成果中最为领先的三级指标，也连续 3 年居于第 2 位；高新技术产业科技项目在 2010 年位居第 5 名。

[1] 上海市人民政府新闻办公室．4 月 19 日市政府新闻发布会：《2010 年上海知识产权发展和保护白皮书》主要内容等［EB/OL］．［2012－02－19］．http：//www.shio.gov.cn/shxwb/xwfb/node169/node260/userobject1ai8713．html.

3. 2008～2010 年上海市知识产权创造环境指标的指数排名变化情况

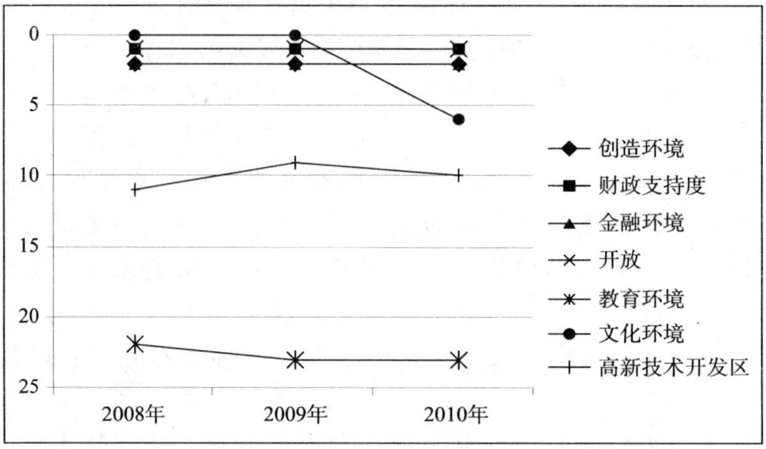

（专题）图 2－13　2008～2010 年上海市知识产权创造成果指标的指数排名变化图

（专题）图 2－13 显示，在创造环境的三级指标中，财政支持度、金融环境、开放等指标的排名较为领先且比较稳定；教育环境的排名略低；新增的文化环境指标排名第 6 位；高新技术开发区指标在 2010 年位居第 10 位。

为了营造良好的知识产权创造环境，上海市知识产权联席会议办公室组织评选和公布了 2008 年度上海保护知识产权十大典型案例，发布了《2008 年上海知识产权发展和保护状况白皮书》。是版权局组织开展全国百家知名出版社签署“版权保护宣言”活动，得到全国 130 多家知名出版单位响应；开展“绿树签行动 2009”版权保护主题教育活动，号召广大青少年“尊重知识、保护版权、支持正版、抵制盗版”。市司法局利用深入推进“法律六进”活动、“12·4”全国法制宣传日和第 22 届“上海宪法周”等系列活动，积极开展知识产权保护法制宣传工作。上海市法院系统对典型知识产权案例进行网络视频直播或图文直播，组织法官到企业开展知识产权司法保护讲座。相关部门继续推进全市商业系统“销售真品牌，保护知识产权”承诺活动，承诺单位增至 210 家，涉及门店 4 978 个。[1] 通过不同的措施，面对不同层次人群开展相应的知识产权活动，在学校、企事业单位直至整个社会中间，树立了鼓励知识产权创造，全力保护知识产权，严厉打击侵犯知识产权行为的良好氛围。

上海市知识产权相关部门积极组织各类面对企事业单位的教育培训活动，通过知识产权政策解读、座谈巡讲等提升知识产权意识，提高相关人员的知识产权管理和运用能力、市人力资源和社会保障局会同市知识产权居继续组织开展知识产权公需科目教育，全年全市共有 15 361 名企事业单位专业技术人员参加，上海市农委先后以育种人员、

[1] 上海市人民政府新闻办公室．4 月 19 日市政府新闻发布会：《2010 年上海知识产权发展和保护白皮书》主要内容等［EB/OL］．［2012 － 02 － 19］．http：//www.shio.gov.cn/shxwb/xwfb/node169/node260/userobject1ai8713.html.

种业企业等为对象举办了植物新品种保护相关知识培训；上海市工商局组织了打造驰名商标专业培训和企业海外商标注册与维权培训；上海市版权局联合国资委、银监局等对上海市国有大中型企业和金融服务机构进行了软件正版化专题培训。上海市知识产权局积极推进国家知识产权局在同济大学设立“国家知识产权培训（上海）基地”；组织上海市第四次专利管理工程师资格考试；有 103 人获得了“专利管理工程师”证书；举办各类知识产权人才培训班 18 个，培训学员 1 070 余名；面向企业举办了“欧洲专利制度研讨会”、“第五届中日（上海）企业知识产权研讨会”、《专利审查指南》培训班。

4. 2008～2010 年上海市知识产权试点示范指标的指数排名变化情况

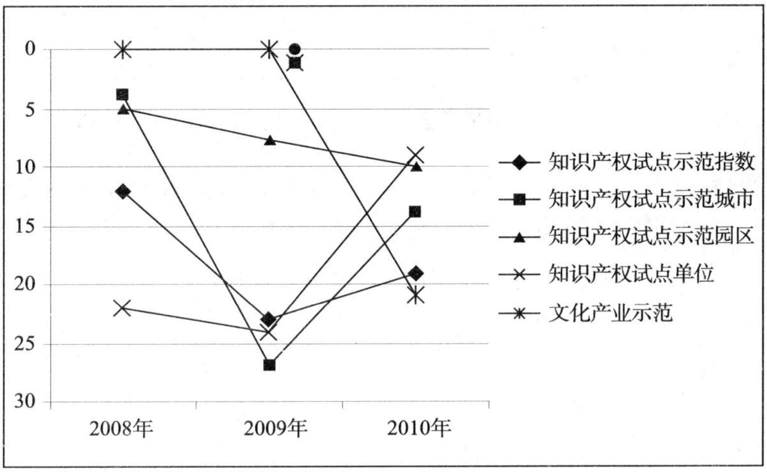

（专题）图 2－14　2008～2010 年上海市知识产权试点示范指标的指数排名变化图

（专题）图 2－14 显示，除知识产权试点示范园区连续 3 年连续下降外，知识产权示范城市、知识产权试点单位和知识产权在经历了 2009 年的大幅下降后，2010 年重新呈上升趋势，体现了上海在知识产权试点示范企业及园区等建设上政策的积极反馈。在新增的文化产业示范指标中，上海市排名较其他三级指标略低，仅位居第 21 名。

《2010 年上海知识产权发展和保护白皮书》中指出，上海市企事业单位知识产权工作扎实推进。一是推进知识产权试点、示范工作。上海市经信委等六部门共同认定了 20 家第五批“上海市知识产权示范企业”；上海市知识产权局认定 147 家和 37 家企业为 2009 年度上海市专利工作试点企业、示范企业；上海市版权局推荐的 10 家企业被国家版权局授予“全国软件正版化工作示范单位”；上海市卫生局与知识产权局共同认定了上海市卫生系统首批 9 家知识产权示范单位和 8 家第二批试点单位；上海市教委与知识产权局共同评选了 36 家上海市知识产权示范、试点学校。

5. 2008～2010 年上海市企业创造潜力指标的指数排名变化情况

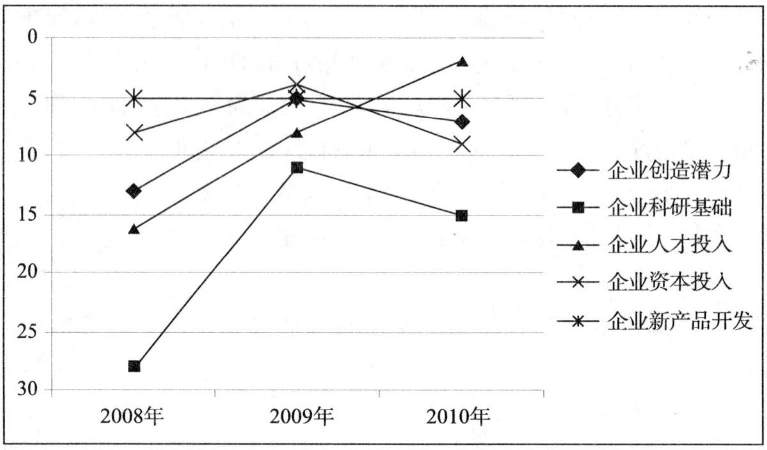

（专题）图 2—15　2008～2010 年上海市企业创造潜力指标的指数排名变化图

除企业新产品开发连续 3 年稳居第 5 位，及企业人才投入持续增长，排名连续上升至 2011 年的第 2 位外，其余三级指标均经历 2009 年的上升和 2010 年的略有下降，这与全国各省份企业重视知识产权，增加知识产权投入有很大关系。

6. 2008～2010 年上海市知识产权行政保护指标的指数排名变化情况

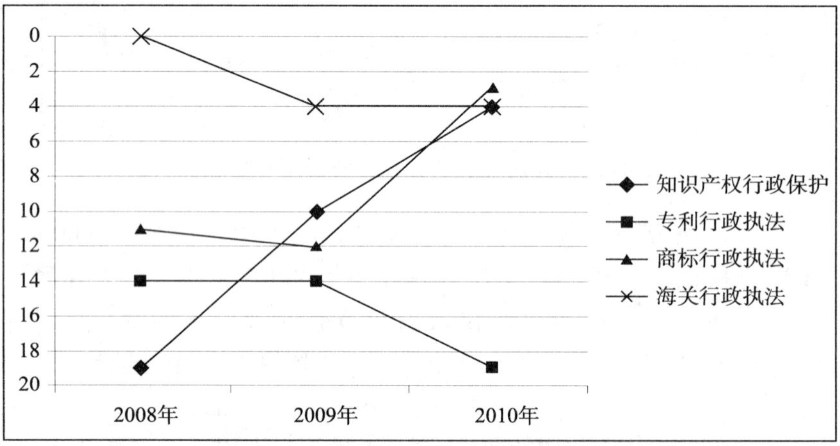

（专题）图 2—16　2008～2010 年上海市知识产权行政保护指标的指数排名变化图

（专题）图 2—16 显示，上海市在短短 3 年间知识产权行政保护指标的指数排名由 2008 年的第 19 名经过两年的持续进步，在 2010 年排名第 4 位；虽然专利行政执法排名略有下降，但在商标行政执法指标的大步前进，和海关行政执法指标平稳领先的情况下，上海市知识产权行政保护取得了明显的进步。

借力 2010 年世博会的举行，上海市知识产权行政保护系统有效整合，默契配合，在国家知识产权局及相关部门的领导下，积极有效地开展了知识产权的行政保护，并取得了丰硕的成果，同时利用世博会的时机极好的营造了知识产权保护的社会环境及文化环境。

国家知识产权局会同公安部、海关总署、工商总局、版权局、高检院、贸促会、新闻办联合下发《关于开展2010年世博会知识产权保护专项行动的通知》，紧抓“加强监管、完善管理；注重配合、严格执法；加大宣传，营造氛围”三大工作重点，在全国范围统一部署世博会知识产权保护专项工作，加强对地方工作的指导与协调。国家知识产权局制定印发《2010年上海世博会专利执法维权工作方案》，围绕世博会标志的外观设计保护，参展品专利权稳定性等重点内容，对专利执法维权工作做出全面部署，加大专利侵权假冒的打击力度。各地方知识产权局按照《方案》要求，制定本地区世博会执法维权工作方案，积极落实，在全国范围内深入开展专利执法维权工作。在世博会打击盗版音像制品专项行动中，以上海、江苏、浙江、北京、广东为重点，各地版权执法部门共取缔非法摊点2 933个，收缴盗版音像制品494万张，立案查处音像盗版案件370余起，依法处理了北京东方新感觉音像出版社、学苑音像出版社、吉林音像出版社等企业的违法行为。为加强世博会知识产权海关保护力度，海关总署先后5次核准58项世博会知识产权海关备案。世博会期间，全国海关共查扣各类侵权货物15 397批，查获侵权货物9 400余万件，涉案货物价值1.84亿元人民币。公安部从构筑平安世博、维护国家形象的大局出发，部署全国公安机关开展上海世博会保护知识产权专项行动，各地积极行动，强化落实，及时侦破了宋庆民等人制售假冒世博会门票、特许商品案、等一批涉及世博知识产权的大要案件。据统计，上海世博会期间，各地共破获侵犯知识产权犯罪案件1 589起，抓获犯罪嫌疑人3 006名，缴获各类假冒盗版商品1 260余万件，涉案总价值达13.7亿元。[1] 联席会议成员单位持续深入开展了“保护世博会知识产权”专项执法行动，有效遏制了侵犯世博会知识产权的势头。

世博会期间，市知识产权联席会议相关成员单位各司其职、相互配合，全面贯彻落实《2010年上海世博会知识产权保护纲要》。

一是建立健全世博会知识产权工作机制。组建了由多部门组成的“世博知识产权联络员”队伍，形成了信息通报、快速应急工作机制；成立了打击整治销售假冒世博会特许商品等“三贩”违法行为的联合指挥部，有效改善了世博会园区及其周边保护环境；建立了长三角世博会专利、商标、版权等知识产权保护合作机制。

二是组织开展专项行动。上海全市公安、工商、版权、知识产权、海关、文化执法、城管执法等部门持续深入开展了“保护世博会知识产权”专项执法行动，有效遏制了侵犯世博会知识产权的势头。其中，上海市公安系统共查破侵犯涉博知识产权违法犯罪案件471起，抓获处理违法犯罪嫌疑人员5 008人，缴获假冒海宝、世博纪念章、纪念邮币等涉博侵权商品200余万件。工商部门查处侵犯世博会标志专有权案件582件。海关专门成立世博会知识产权工作领导小组，重点开展保护工作。

三是加大参展者知识产权服务力度。上海市知识产权联席会议办公室按照《2010年上海世博会知识产权保护纲要》的要求，协调相关部门借助全国知识产权维权援助公益热线“12330”增设了世博会知识产权举报投诉服务功能，统一接收与世博会组织者和参

---

[1] 国家知识产权局．二〇一〇年中国知识产权保护状况［EB/OL］．［2012－02－19］．http：//www.nipso.cn/onews.asp? id=11394.

展者知识产权有关的投诉和举报。上海世博局设立“上海世博会参展者知识产权服务中心”，在世博园区内统一接受各参展方有关知识产权保护的咨询，指导各参展方的相关知识产权事务，协调和解决各参展方的有关知识产权纠纷。

四是畅通世博会知识产权司法救济途径。上海全市法院设立审理涉世博知识产权案件专项合议庭，精心审理涉世博案件，共受理涉世博知识产权民事案件 8 件，审结 7 件；受理涉世博侵犯知识产权刑事案件 16 件，审结 9 件。上海全市检察院对侵犯世博会知识产权的 63 起案件共 113 名犯罪嫌疑人提起了公诉。

五是大力营造保护世博会知识产权氛围。在全市范围内组织开展了以“创新与知识产权让世博更精彩”为主题的宣传周活动，通过媒体宣传、资料发放、文艺巡演、讲座论坛、现场咨询等进行知识产权宣传；召开了世博知识产权专题新闻发布会；在“东方网”开通了“世博会与知识产权”专栏，开展网络有奖问答和在线访谈等。[1] 国家知识产权相关部门、上海及周边地区知识产权相关部门的工作为举办一届成功、精彩、难忘的世博会营造了良好的市场秩序和知识产权保护环境。

除世博会知识产权保护专项工作以外，2010 年上海市相关单位继续深入开展打击侵犯知识产权和销售假冒伪劣商品等专项行动，查处了一大批侵犯知识产权案件，加强对国内外大型展会的知识产权纠纷和侵权处理，为不少的海外参展企业提供知识产权法律服务。上海市商务委按照国务院的统一部署，牵头相关部门，开展打击侵犯知识产权和制售假冒伪劣商品专项行动，制定了专项行动实施方案，加强宣传、检查督促工作；同时，上海市商务系统重点涉外知识产权保护以及中华老字号、商贸流通企业知识产权保护等工作。上海市公安系统共查破各类侵犯知识产权违法犯罪案件 769 起，抓获处理违法犯罪人员5 500余人，涉案总值 8.5 亿余元，追缴金额 7.3 亿余元，缴获各类侵权商品 340 余万件。上海市工商部门共查处商标违法案件 3 079 件，没收侵权商品（标识）122 万件，处罚款 2 609 万元。

上海市知识产权相关部门除了采取各种措施激励知识产权创造，推动知识产权交易，完善知识产权保护外，也注重加强对新情况、新问题的研究、研讨。联席会议各成员单位积极围绕知识产权工作的热点、重点、难点，开展调查研究、交流研讨等活动，为本市知识产权重大决策提供参考。例如，上海市科委开展了“开放式创新环境下公共财政资助科技项目的知识产权管理研究”、“知识产权评估与质押运用”等系列课题研究；上海市农委开展调查摸底，全面掌握本市植物新品种权申请及保护状况；上海市国资委对系统内出资企业知识产权状况进行了调查，基本查清了出资企业知识产权保护及产出、知识产权运用及转化、知识产权管理及保护等基本情况，为出资企业知识产权的评价和考核体系的建立与完善打下了基础；联席会议成员单位组织了“上海知识产权国际论坛”等一系列具有较大影响力的国内、国际知识产权交流研讨活动。[2]

---

[1] 上海市人民政府新闻办公室. 4 月 19 日市政府新闻发布会：《2010 年上海知识产权发展和保护白皮书》主要内容等 [EB/OL]. [2012-02-19]. http://www.shio.gov.cn/shxwb/xwfb/node169/node260/userobject1ai8713.html.

[2] 上海市人民政府新闻办公室. 4 月 19 日市政府新闻发布会：《2010 年上海知识产权发展和保护白皮书》主要内容等 [EB/OL]. [2012-02-19]. http://www.shio.gov.cn/shxwb/xwfb/node169/node260/userobject1ai8713.html.

随着知识产权“十二五”规划的推进，上海市将继续贯彻科学发展观，全面落实市委市政府关于“创新驱动、转型发展”的要求，以引领产业升级为目标，以战略性新兴产业为重点，以服务培育企业为基础，以知识产权服务体系为载体，全面提升上海知识产权的创造、运用、保护和管理能力，充分发挥知识产权在促进上海结构调整和转变经济发展方式中的支撑作用。

专题三　2008～2010 年广东省知识产权各项指标的指数排名变化及政策分析

在 2010 年的知识产权指数排名中，广东省依然保持建设知识产权强省的的强劲势头，稳拿第三。这与广东省对知识产权工作的高度重视是分不开的。2010 年，广东省在知识产权工作中深入贯彻落实科学发展观，紧紧围绕加快转型升级、建设幸福广东省的核心任务，实施知识产权战略。以“激励创造、有效运用、依法保护、科学管理”为方针，提高企业知识产权创造和运用能力，加强知识产权公共服务，努力营造一个知识产权法制的环境，培育壮大具有自主知识产权的技术、产品和企业，实现从知识产权大省到知识产权强省的跨越。

一、2008～2010 年广东省知识产权产出水平指标的指数排名变化及政策分析

广东省知识产权产出水平指标的指数排名位居全国第 4 位，从知识产权产出的数量、质量或者企业、高校及研发机构的知识产权运作程度上来看，广东省的知识产权产出水平是处于全国较高水平的。

1. 2008～2010 年广东省知识产权人均产出指标的指数排名变化情况

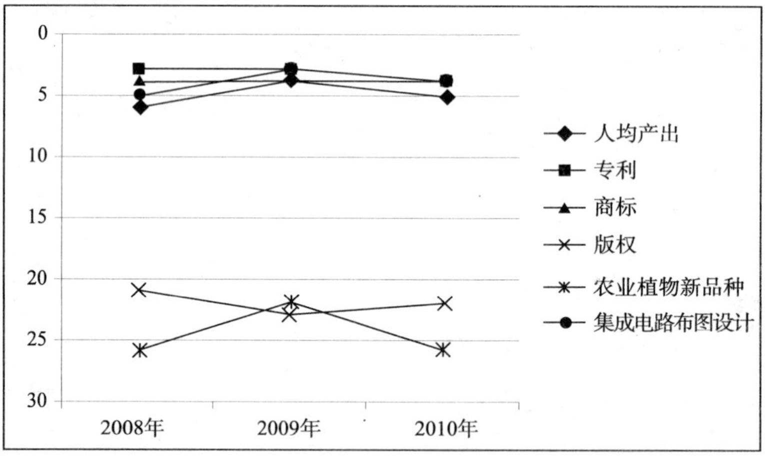

（专题）图 3－1　2008～2010 年广东省知识产权人均产出指标的指数排名变化图

从（专题）图 3－1 可以看出，广东省近 3 年来在专利、商标、著作权等知识产权人均产出方面有一些较小的波动。在同全国其他省份相比较的情况下，集成电路布图设计和专利的人均指数有轻微的波动，集成电路布图设计人均指数整体呈上升趋势，专利人均指数在保持了两年的第 3 位，后于 2010 年下降一个位次，位居第 4 名。商标人均指数保持稳定，近 3 年一直位居第 4 位。版权人均指数与农业植物新品种人均指数相对于集成电路、专利、商标人均指数来说排名较为靠后，均保持在第 20 名与第 26 名之间。农业植

物新品种和版权的人均指数还有上升的空间。

广东省知识产权工作之所以做得如此出色，是与国家的支持、鼓励及当地的优惠政策分不开的。2010年，广东省政府将“知识产权产出指标”纳入省份厅级党政领导班子和领导干部落实科学发展观评价指标体系中，把“百万人口发明专利申请量、授权量”列为重点监测指标[1]，列入广东国民经济和社会发展计划中，知识产权工作的重要性随之凸显。

广东省知识产权政策法规体系不断完善。“十一五”期间，根据知识产权战略实施的配套要求和长远需要，广东省制定了一系列促进知识产权创造、运用、保护和管理的政策法规。广东省人大常委会颁布了《广东省专利条例》，广东省政府印发了《广东省著名商标认定和管理规定》，广东省有关部门出台了《广东省知识产权示范企业认定办法（暂行）》、《国（境）外专利申请资助办法》、《著作权侵权投诉管理办法》、《广东省实施技术标准战略专项资金管理办法》（试行）、《广东省著名商标认定和管理的实施细则》等一系列文件。[2]

2012年，广东省《关于加快建设知识产权强省的决定》对未来5年广东省知识产权事业发展做出了全面部署，确立了建设知识产权强省的发展目标。《决定》指出，经过5年的努力，知识产权创造活力增强，知识产权运用成效卓著，知识产权保护状况显著改善，知识产权服务能力稳步提升。到2015年，广东全省百万人口发明专利申请量700件，PCT国际专利申请量比2010年翻一番，各类作品的著作权登记量年均增速达15%，国内有效注册商标总量达到100万件，中国驰名商标达到500件，版权兴业示范基地达到150个，作品著作权自愿登记代办机构20家以上，建成特色产业专利信息数据库30个。[3]

2. 2008～2010年广东省知识产权产出质量指标的指数排名变化情况

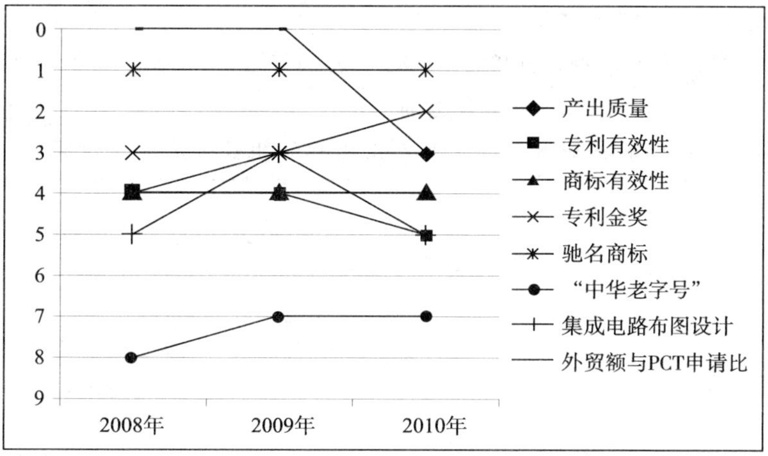

（专题）图3—2 2008～2010年广东省知识产权产出质量指标的指数排名变化图

---

❶ 广东发明专利授权量连续四年居中国第一［EB/OL］.（2011－04－27）［2012－01－15］. http://www.chinanews.com/gn/2011/04－27/3000181.shtm.

❷ 广东省知识产权事业发展“十二五”规划［EB/OL］.（2011－09－19）［2012－01－23］. http://www.jmpj.gov.cn/zfgb/gd_zfgb_nr.aspx? guid=1452.

❸ 建设知识产权强省助推发展方式转变［EB/OL］.（2011－04－26）［2012－01－20］. http://epaper.nfdaily.cn/html/2011－04/26/content_6953633.htm.

从（专题）图 3－2 可以看出，广东省知识产权产出质量方面，只有个别指标变化较为明显，如集成电路布图设计指标在 2008 年排名第 5 位，到 2009 年上升至第 3 位，但是到 2010 年又下降至第 5 位。其他指标的指数排名变化不大，基本上是上下波动一个名次。外贸额与 PCT 申请比是 2012 年新增加的一个四级指标，该指标的指数排名中，广东排在第 3 位。

3. 2008～2010 年广东省知识产权产出效率指标的指数排名变化情况

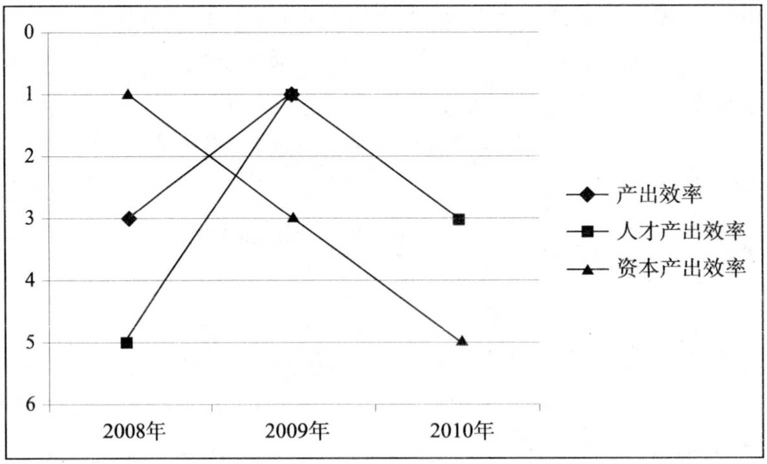

（专题）图 3－3　2008～2010 年广东省知识产权产出效率指标的指数排名变化图

（专题）图 3－3 可以看出，广东近 3 年知识产权产出效率波动还是比较大的，2008 年排在第 3 位，2009 年上升至第 1 位，2010 年又滑落了第 3 位。其下级指标中人才产出效率也不太稳定，2008 年排名第 5 位，2009 年上升至第 1 位，但是 2010 年又降到第 3 位。资本产出效率较为不乐观，从 2008 年第 1 名的好成绩一路直降到 2010 年的第 5 位。不过，总体来说，这 3 个指标均居于全国前 5 位。

4. 2008～2010 年广东省知识产权企业产出指标的指数排名变化情况

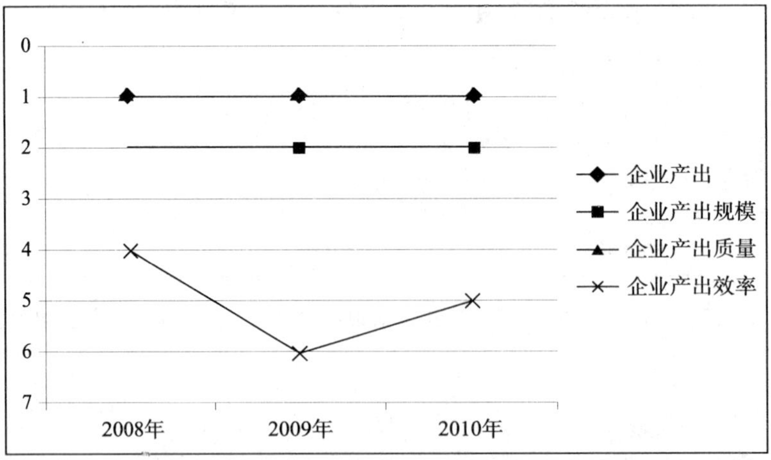

（专题）图 3－4　2008～2010 年广东省知识产权企业产出质量指标的指数排名变化图

（专题）图 3－4 显示，广东知识产权企业产出指标近 3 年来均居全国首位，企业产出规模、企业产出质量两个指标 3 年来排名未变，前者排名第 2 位，后者排名第 1 位。只有企业产出效率指标变化较大，出现了“折线形”的发展态势，从 2008 年的第 4 名到 2009 年的第 6 名，再到 2010 年第 5 名，变化较大，排名略有下降。

二、2008～2010 年广东省知识产权流动水平指标的指数排名变化及政策分析

广东省知识产权流动水平指标今年排名较高，位居全国第 2 位，说明广东省在这方面做的比较好，知识产权转化及运用方面有许多创新之处，值得其他省份参考借鉴。

1. 2008～2010 年广东省技术市场交易指标的指数排名变化情况

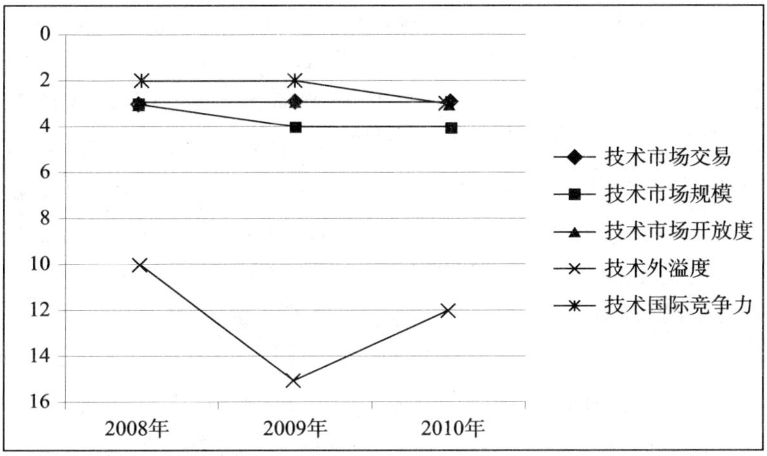

（专题）图 3－5　2008～2010 年广东省技术市场交易指标的指数排名变化图

从（专题）图 3－5 可以看出，近 3 年广东在技术市场交易三级指标方面保持不变，均居第 3 位，其下级指标：技术市场规模、技术市场开放度、技术国际竞争力的指数排名较为稳定，均在前 4 名内波动。只有技术外溢度指标变化较为明显，2008 年排在第 10 位，2009 年滑落至第 15 位，2010 年又回升到第 12 位。这说明广东省在技术市场交易这一环节的发展水平还是比较高的，技术外溢度指标还有较大的提升空间。

2. 2008～2010 年广东省知识产权服务机构指标的指数排名变化情况

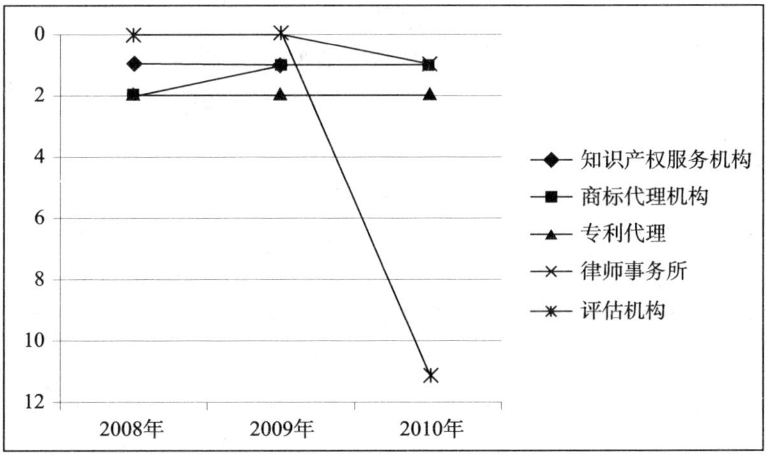

（专题）图 3－6　2008～2010 年广东省知识产权服务机构指标的指数排名变化图

从（专题）图 3—6 可以看出，知识产权服务机构这一指标在 2012 年的指数报告中有很多与以往不同的地方，首先是名称的改变，由往年的“知识产权中介”改为“知识产权服务机构”；其次，增加了两个下级指标：“律师事务所”和“评估机构”。这种变更比以往仅考察商标代理及专利代理更为科学、全面。在 2012 年新增的两个指标中，律师事务所指标广东排名第 1 位，评估机构指标较为靠后，排在第 11 位。商标代理机构指标的指数排名则由前 2008 年的第 2 位上升至 2009 年和 2010 年的第 1 位，而专利代理的指数排名也很靠前，且 3 年稳居第 2 位。

知识产权管理水平和服务能力不断提高。“十一五”期间，广东省和各市政府知识产权办公会议制度逐步完善，省、市、县（区）三级知识产权管理体系初步建成，政府知识产权宏观管理水平日益提高。坚持日常宣传和专项宣传相结合、普及宣传与重点宣传相结合，进一步提高了全社会的知识产权意识；推进知识产权学历教育，加强在职人员培训，实施“百千万知识产权人才培育工程”，培养了一大批知识产权专业人才。广东全省知识产权服务体系不断完善，建立了广东知识产权服务中心，构建了省、市、行业（企业）三级专利信息服务体系，登记、代理、融资、鉴定、评估、诉讼等知识产权服务机构队伍不断壮大，专利代办业务水平和服务能力不断提高。❶

为了增强知识产权竞争力，推动经济发展，广东省委、省政府提出了“建设知识产权强省”的相应举措，通过推行知识产权评估机制、构建知识产权交易体系、发展知识产权中介服务机构、鼓励金融机构开展知识产权质押来促进知识产权的产业化。同时，加强知识产权战略的实施，专利与标准化相结合，有力地推动由“广东制造”向“广东创造”的转变。

《广东省知识产权战略纲要（2007～2020 年）》明确，广东省将推行知识产权评估机制。以知识产权资产作价出资成立有限责任公司或股份有限公司，行政单位拍卖、转让、置换知识产权，国有企事业单位改制、合并、分立、清算、投资、转让置换等等涉及知识产权的，以及以知识产权许可外国公司、企业、其他经济组织或各人使用的，都必须进行知识产权评估。该政策有力地推动了经济的发展，既肯定了知识产权的重要价值，又对企事业单位来说增加了出资、融资的方式，大大缓解了资金的压力。目前，广东省的评估机构逐渐增多，知识产权评估工作也渐渐步入了正轨。

《纲要》明确，广东省将加快发展知识产权代理、信息服务、资产评估、司法鉴定和行业许可转让业务等各类中介服务机构。积极发展多层次的知识产权交易市场，构建知识产权交易体系。建设知识产权交易网络，发布知识产权信息，积极引入和利用社会资金、风险投资、金融信贷等支持知识产权的创造、运用和产业化。❷ 截至 2010 年，广东省拥有各类专利代理及分支机构 186 家、商标代理机构 1 249 家。一个省的知识产权中介服务机构的多少在一定程度上能够衡量该省的知识产权的发展状况，广东省通过积极发展知识产权的交易市场，通过举行拍卖会、交易会等措施最大限度发挥知识产权的力量与作用。

---

❶ 广东省知识产权事业发展“十二五”规划［EB/OL］.（2011－09－19）［2012－01－23］. http://www.jmpj.gov.cn/zfgb/gd_zfgb_nr.aspx?guid=1452.

❷ 广东推出一系列措施促进知识产权产业化［EB/OL］.（2007－12－05）［2012－01－23］. http://news.xinhuanet.com/newscenter/2007－12/05/content_7205340.htm.

3. 2008～2010年广东省知识产权企业改进、引进指标的指数排名变化情况

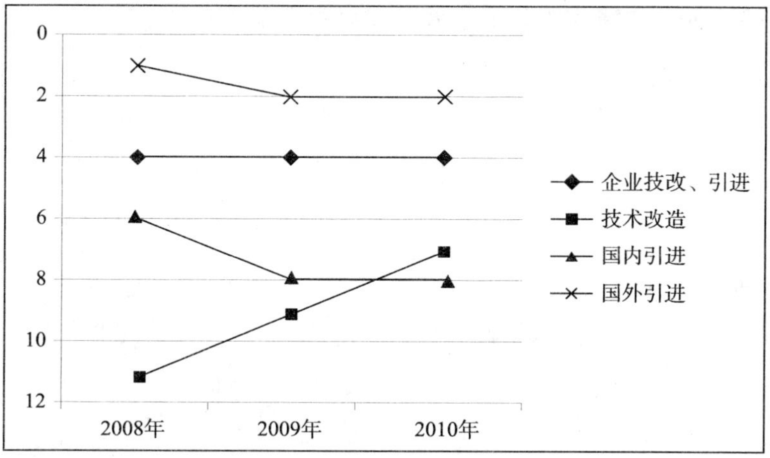

（专题）图3—7　2008～2010年广东省知识产权企业技改、引进指标的指数排名变化图

（专题）图3—7显示，广东省的企业技改、引进指标的指数排名近3年均较为靠前，稳居全国第4名。企业技改、引进指标主要是以企业技改、引进技术而所支出的经费的多少作为考量依据。广东省在国外引进方面做的比较好，国外引进指标由2008年的第1名变为2009年、2010年的全国第2位。技术改造指标一路飙升，由2008年的第11位上升为2010年的第7位。国内引进指标稍有下降，由2008年的第6位下降至2010年的第8位。总体来说，广东省的企业近3年在此项开支较其他省份偏多，相应地，成绩也会较好。

2010年，广东省知识产权职能部门进一步加强与港澳台与境外有关机构的交流合作，举办了“中日（广东）知识产权研讨会”等系列大型活动。粤港知识产权合作内容被纳入《粤港合作框架协议》，顺利完成粤港保护知识产权专责小组第八次会议确定的13个项目。双方将计划完善两地侵犯知识产权案件信息通报制度，深化开展信息共享、执法协作、人员交流培训等合作，并建立区域知识产权保护体系和知识产权资料库，共同打击跨境侵权违法犯罪行为。

广东省知识产权局与香港生产力促进局联合研制的《创新知识企业通用规范》由广东省质监局评审通过并发布实施，该规范已成为广东省推荐性地方标准，两地还合作启动了创新知识企业指标体系研究计划。[1]

三、2008～2010年广东省知识产权综合绩效指标的指数排名变化及政策分析

广东省在响应国家“十二五”规划要求“每万人口发明专利拥有量提高到3.3件”的同时，在本省也做出了相应的举措，将“知识产权产出指标”纳入省份厅级党政领导班子和领导干部落实科学发展观评价指标体系中，把“百万人口发明专利申请量、授权量”列为重点监测指标，列入广东国民经济和社会发展计划中。可见，知识产权的发展与当地政府的重视程度是密不可分的。广东省的知识产权发展水平在全国是属于先进行列的，

[1] 广东发明专利授权量连续四年居中国第一［EB/OL］.（2011－04－27）［2012－01－15］. http://www.chinanews.com/gn/2011/04－27/3000181.shtm.

当然，广东省的综合绩效也不例外。

1.2008～2010 年广东省宏观经济绩效指标的指数排名变化情况

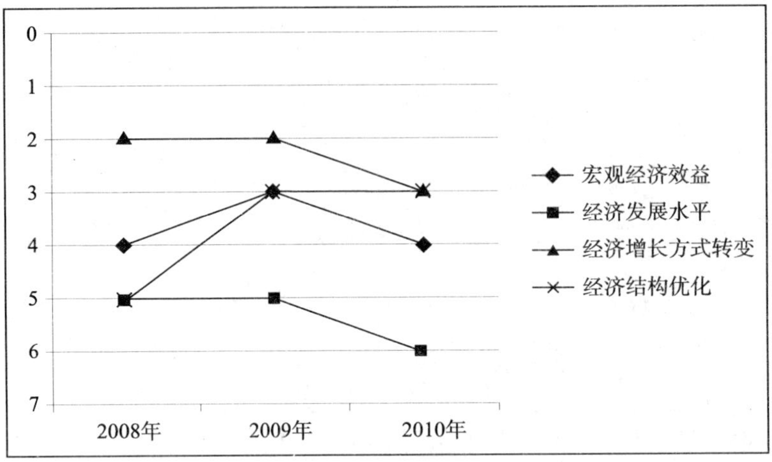

（专题）图 3—8　2008～2010 年广东省宏观经济绩效指标的指数排名变化图

从（专题）图 3—8 可见，广东省宏观经济效益指标跌宕起伏，2008 年位于全国第 4 名，2009 年上升为全国第 3 名，而到 2010 年又恢复到第 4 名。经济发展水平指标近 3 年徘徊在第 5 名左右。经济增长方式转变指标成绩较好，近几年均排在前 3 名。经济结构优化指标总体呈上升趋势，由 2008 年的第 5 位上升至 2009 年的第 3 位，并在 2010 年继续保持第 3 位的好成绩。由此可见，广东省作为知识产权大省，其在经济结构转型、经济发展综合水平方面在全国都处于前列。

2.2008～2010 年广东省社会进步绩效指标的指数排名变化情况

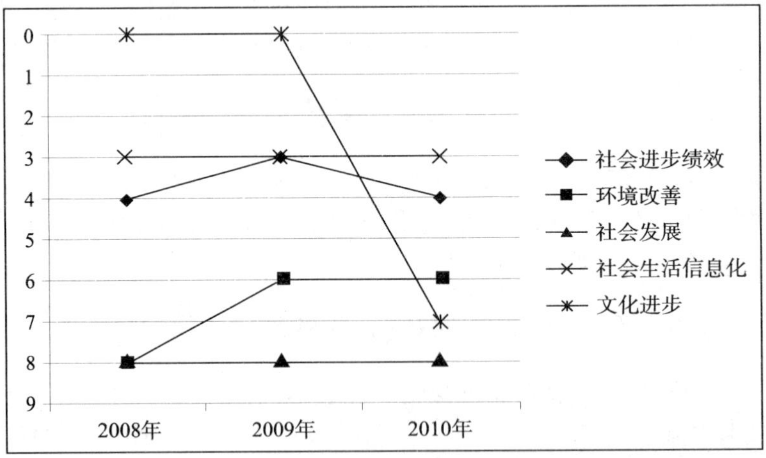

（专题）图 3—9　2008～2010 年广东省社会进步绩效指标的指数排名变化图

广东省近 3 年的社会进步绩效指标的指数排名分别为 2008 年的第 4 名、2009 年的第 3 名及 2010 年的第 4 名，名次基本无太大的变动。广东的环境改善指标 2008 年为全国第 8 位，2009 年与 2010 年均上升为第 6 位。社会发展指标和社会生活信息化指标近 3 年保持稳定，分别为第 8 位和第 3 位。文化进步为 2012 年指数报告新增加的一项指标，广东的文化进步指标的指数排名位居全国第 7 位。

3. 2008～2010 年广东省企业发展绩效指标的指数排名变化情况

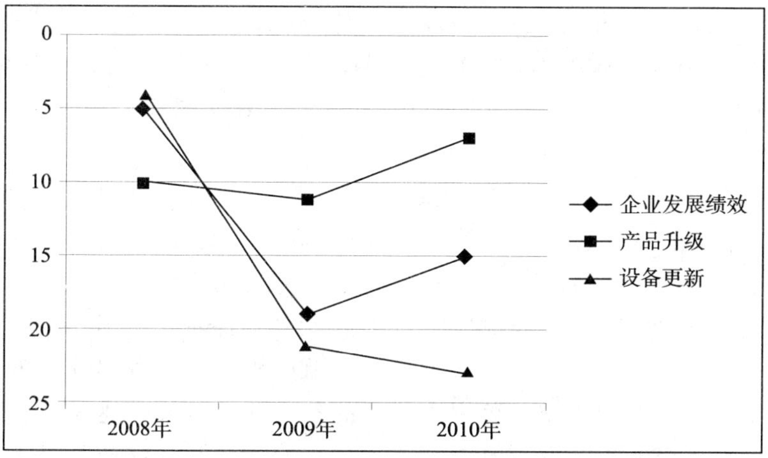

（专题）图 3－10　2008～2010 年广东省企业发展绩效指标的指数排名变化图

从（专题）图 3－10 可见，本项排名是广东省各项指标的指数排名中为数不多的近 3 年变化较大的排名。在企业发展绩效综合排名中，广东省由 2008 年的第 5 位直线下降至 2009 年的第 19 位，下降幅度非常大，2010 年稍有回升，上升至第 15 位。另外一个下降幅度很大的指标为设备更新指标，分别由 2008 年的第 4 位下降至 2009 年的第 21 位，在 2010 年继续下行，滑落至第 23 位。

四、2008～2010 年广东省创造潜力指标的指数排名变化及政策分析

广东省知识产权创造潜力指标近 3 年成绩显著，均排在前 2 名，说明广东省总体上在知识产权可持续发展上呈现出了良好的态势。创造潜力指标是从多个方面进行考评的，因此，广东省需要在各个方面齐头并进。

1. 2008～2010 年广东省知识产权创造投入指标的指数排名变化情况

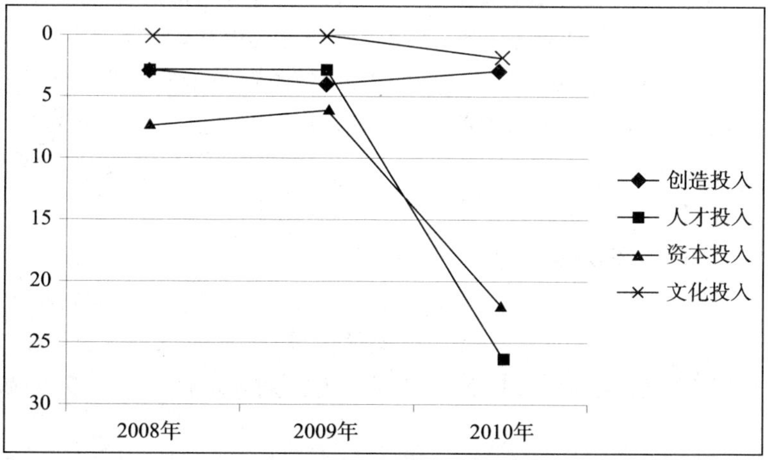

（专题）图 3－11　2008～2010 年广东省知识产权创造投入指标的指数排名变化图

（专题）图 3－11 显示，广东省创造投入指标在近 3 年指数较为稳定，2008 年排名第 3 位，2009 年排名第 4 位，2010 年又回升到第 3 位。人才投入指标波动很大，2008 年、2009 年均保持前列，2010 年直线滑落至第 26 位。资本投入指标跟人才投入指标很相似，2008 年、2010 年排在第 7 位左右，2010 年比较靠后，排到了 22 位。另外，2012 年指数报告新增加文化投入指标，广东省在此项排名第 2 位，在全国处于先进水平。

广东省有先进的政策支撑知识产权的发展。

第一，《广东省知识产权战略纲要（2007～2020 年）》（以下简称“纲要”）是广东省政策重视知识产权工作的重要体现，通过纲要的实施有效地推动了知识产权工作的进行，增强了广东省的竞争力与活力。

《纲要》指出，建立健全知识产权创造激励机制。允许企业将当年实际发生的研究开发经费等全额计入管理费用，允许事业单位将知识产权研发等费用计入事业经费。企业购买国内外先进技术、专利支出，可享受规定的税收优惠政策。建立政府采购自主知识产权产品机制，对省内企业开发具有自主知识产权的重要装备和产品，实施政府首购政策。加大对国内发明专利、国（境）外专利申请的资助力度。建立对植物新品种权创造及申请保护的激励机制。鼓励企事业单位通过知识产权入股、员工持股和股权、期权等多种分配、奖励形式，逐步形成激励发明创造的新型分配制度。鼓励专利技术转让或许可他人实施。制订配套政策措施，加大对职务发明的发明人、设计人奖励及报酬力度。继续重奖获得中国世界名牌产品、中国驰名商标、中国名牌产品和中国专利奖的单位，每两年开展一次广东专利奖评选和表彰活动。鼓励各地级以上市制订适合本地特点的知识产权奖励制度。对作出突出贡献的妇女授予“省级巾帼发明家”荣誉称号。认定一批青少年发明创造特色基地，开展“南粤青少年发明之星”评选活动和创意大赛。

《纲要》规定，广东省将“鼓励、引导和支持金融和风险投资加大对知识产权实施和产业化的资金投入”；支持拥有自主知识产权的企业发行企业债券或在境内外上市融资；鼓励金融机构依法开展知识产权质押；加大对企业自主知识产权实施的贷款担保力度；支持、鼓励和推广知识产权有偿转让或作价入股；鼓励发展创业资金，促进对中小企业重点知识产权项目的实施和产业化。目前，知识产权资本运营能力逐步提高，广东省拥有国家知识产权质押融资试点城市 4 个，一批中小企业已运用知识产权质押融资获得贷款。[1]

第二，广东省注重知识产权人才培养，营造良好的知识产权文化氛围。从小学开始抓起，培养知识产权保护意识，成立了省级中小学知识产权示范学校。2010 年，广东省各级知识产权职能部门积极组织大型宣传活动，营造尊重知识产权的社会氛围。广东省知识产权局组织的编写《创新与知识产权制度》纳入领导干部“转变经济发展方式”培训内容，多家单位联合召开亚运会知识产权保护新闻发布会。广东省知识产权局与教育厅、团省委、少工委共同确定首批示范学校 10 所，广东省知识产权试点学校达到 191 所。广东全省各级知识产权管理部门开展各类培训班近百期，培训人数达 5 万余人次。广东省

[1] 广东推出一系列措施促进知识产权产业化［EB/OL］．（2007－12－05）［2012－01－23］．http：//news.xinhuanet.com/newscenter/2007－12/05/content_7205340.htm.

人力资源和社会保障厅在深圳市组织开展知识产权专业技术资格评审试点工作，共 223 人参加笔试，取得专业技术资格 93 人，为全省开展知识产权人才评价工作奠定了良好基础。

值得一提的是，2010 年 9 月 25 日广东省根据国家知识产权局《知识产权人才“十一五”规划》和《广东省专利工作“十一五”规划》，制订并发布了“百千万知识产权（专利）人才培育工程”实施方案。[1]

该方案目标任务是：到 2020 年，通过实施人才培育工程，在知识产权领域中以专利工作为主，培养 100 名左右精通知识产权法律法规、熟悉知识产权国际规则、具有较高理论水平或实务技能的高层次专门人才；培养 1 000 名左右具有较高理论水平和实务技能的知识产权专业人才；培训 10 000 名左右企事业单位知识产权管理人才、专利信息检索分析人才及企事业单位知识产权工作和知识产权中介服务后备人才，初步培养建立一支适应广东省经济社会和知识产权事业发展需要的专利人才队伍。

百名高层次知识产权人才的培养：针对政府知识产权管理部门骨干人员，企事业单位知识产权部门负责人及业务骨干，知识产权中介服务机构高水平专业人员，高校和研究机构知识产权教学和研究人员。采用在工作实践中学习锻炼和集中培训相结合的培养方式，各级知识产权管理部门、企事业单位、知识产权中介服务机构、高校和知识产权教学研究机构要积极为培养高层次人才搭建平台，创造条件，有计划地安排培养对象承担重要工作和重大项目，选送培养对象参加各级各类进修培训，开展学术交流，参加课题研究，提高他们在知识产权方面的组织管理、专业服务、学术研究和涉外应对能力，促进人才在实践中锻炼成长。广东省知识产权局每年举办一到两期高层次知识产权人才研修班，选派人员出国进修。

千名知识产权专业人才的培养：针对政府知识产权管理部门管理和执法人员，企事业单位知识产权部门业务骨干，知识产权中介服务机构专业人员。根据不同培养对象，分别举办政府知识产权管理及行政执法研修班、企事业单位知识产权管理及实务研修班、知识产权中介服务实务研修班。每年举办 6 期，每期 50 人。由广东省知识产权局主办，有关高校知识产权学院和省专利信息中心承办，各地级以上市知识产权局配合知识产权学院组织学员实地考察活动。

万名知识产权人才的培训：针对企事业单位知识产权管理人员、专利信息检索分析专业人员和企事业单位研发人员，在校大学生、大学专科以上学历自愿参加知识产权业务培训的其他人员，以及报名参加专利代理人资格考试和培训的人员。各地级以上市知识产权局负责本市企事业单位知识产权管理人员、专利信息检索分析专业人员和研发人员的培训。广州、深圳每年培训 300 人，珠三角地区各 6 个市每年各培训不少于 150 人，粤东、粤西和粤北 13 个市每年各培训 50 人。广东省专利信息中心负责部分专利信息检索分析专业人员的培训、专利代理人资格考试考前培训，每年培训 350 人。

广东省知识产权局在年度工作经费中安排百千万知识产权（专利）人才培育工程专

[1] 广东省知识产权局. 广东省“百千万知识产权（专利）人才培育工程”实施方案［EB/OL］.（2011－09－25）［2012－1－16］. http：//zwgk. gd. gov. cn/006940335/201106/t20110601＿128292. html.

项经费，主要用于举办百名高层次知识产权人才研修班和千名知识产权专业人才研修班，并对各地级以上市开展万名知识产权业务人才培训给予部分经费支持。

广东省各地级以上市知识产权局应将人才培养经费列入年度预算，安排专项经费开展万名知识产权业务人才培训，扶持本市人员参加百名高层次知识产权人才研修班和千名知识产权专业人才研修班。鼓励有条件的地市制定符合本地区实际的人才培育规划，深入开展知识产权人才培育工作。

2. 2008～2010 年广东省知识产权创造成果指标的指数排名变化情况

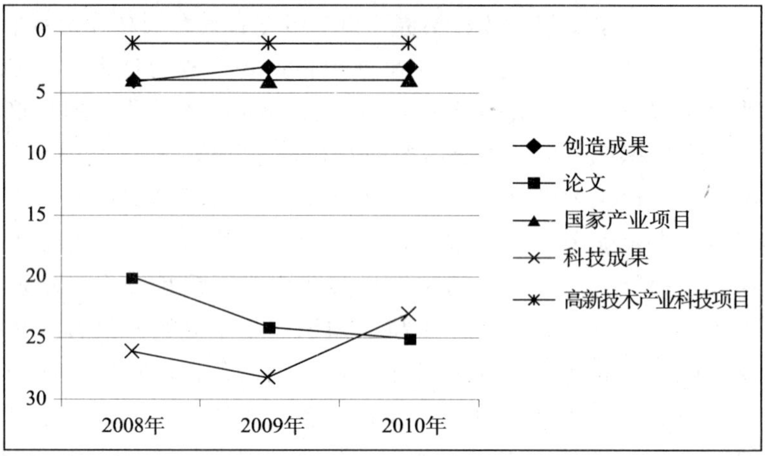

（专题）图 3－12　2008～2010 年广东省知识产权创造成果指标的指数排名变化图

（专题）图 3－12 显示，广东省创造成果综合指标、高新技术产业科技项目指标及国家产业项目指标的指数排名近 3 年均位于全国前 5 位。论文指标和科技成果指标的指数排名较为靠后，近 3 年排名均处于二十几位。

3. 2008～2010 年广东省知识产权创造环境指标的指数排名变化情况

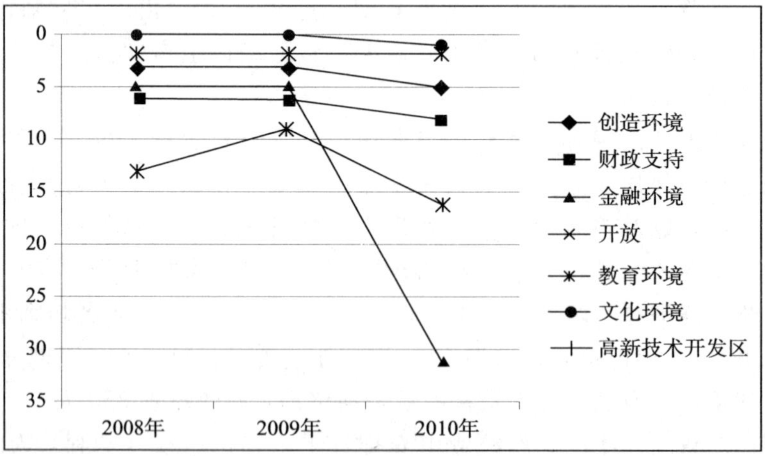

（专题）图 3－13　2008～2010 年广东省知识产权创造环境指标的指数排名变化图

2012 年的指数报告将文化环境指标也作为考量一个地区的知识产权创造环境的一个

衡量标准，广东省在该指标的指数排名中位居全国第1位。除了文化环境指标外，广东省创造环境的几个指标的指数排名在2008年和2009年基本无变化，在2010年个别指标出现较大的变动，其中金融环境指标由往年的第5位降到第31位。

《关于加快建设知识产权强省的决定》（以下简称《决定》）明确了广东省加快建设知识产权强省的指导思想，对未来5年全省知识产权事业发展做出了全面部署，确立了建设知识产权强省的发展目标，明确了一系列扶持政策和推进措施。

《决定》明确了广东省加快建设知识产权强省的指导思想：深入贯彻落实科学发展观，紧紧围绕加快转型升级、建设幸福广东省的核心任务，实施知识产权战略，坚持“激励创造、有效运用、依法保护、科学管理”的方针，以满足经济发展方式转变的重大需求为主线，以提高企业知识产权创造和运用能力为重点，以加强知识产权公共服务为突破口，以营造知识产权法制和社会环境为基础，努力形成现代产业知识产权竞争优势，培育壮大具有自主知识产权的技术、产品和企业，实现从知识产权大省到知识产权强省的跨越。

《决定》明确了一系列扶持政策和推进措施。《决定》明确，要突出企业知识产权主体地位，支持企业建立知识产权制度，支持企业大力开展发明创造，重奖重大知识产权发明创造者；要发展重点产业自主知识产权，实施战略性新兴产业知识产权专项工程，实施重点产业（集群）专利联盟推进计划，实施商标品牌战略，实施版权兴业工程，推行重大经济和创新活动知识产权审查评估；要加速推进知识产权转化工作，促进自主知识产权产业化，推动知识产权交易，完善知识产权投融资机制，推进自主专利技术标准化；要加强知识产权保护，完善知识产权保护机制，严厉打击知识产权违法犯罪及侵权行为，加强重点地区、行业和特定领域的知识产权保护；要增强知识产权服务和管理能力，推进知识产权信息服务，促进知识产权代理和代办服务，建设知识产权服务和管理专业队伍，促进区域知识产权协调发展，深化知识产权国际交流及粤港澳台合作，健全涉外知识产权争端应对机制。

《决定》要求各级党委和政府充分认识加快建设知识产权强省的重要意义，增强责任感和紧迫感，切实把这项工作抓紧抓好。同时要求各市、县（市、区）人民政府完善知识产权工作领导体制和工作机制，制定实施专项规划。《决定》强调，要着力加大资金投入，加强宣传教育，强化督查考评，确保知识产权强省目标任务全面落实。[1]

广东省在支持知识产权建设的同时，注重文化环境的建设。

第一，围绕知识产权热点、焦点话题，通过举办论坛、讲座、展览展示等形式开展保护知识产权的主题活动。积极整合社会资源，制作播出一批观赏性强的影视作品。利用知识产权典型案例，出版一批可读性强的知识产权优质书刊，全力营造全社会“尊重知识、崇尚创新、诚信守法”的文化氛围。积极开展知识产权培训教育工作。积极拓展培训渠道，支持具有行业、专业特色的知识产权培训服务，大力开展知识产权人才培养。

第二，加强对各级党政领导干部和公务员的知识产权教育力度，在全省范围内建立党校（行政学院）系统知识产权培训骨干队伍。引导发展知识产权学历教育，创新高校

---

[1] 广东省委、省政府颁布《关于加快建设知识产权强省的决定》[EB/OL].（2012－02－01）[2012－02－10]. http：//www.sipo.gov.cn/dtxx/gn/2012/201202/t20120201_643297.html.

知识产权人才培养模式。推动建立健全知识产权继续教育投入机制，完善政府引导、以需求为导向的继续教育体系。继续推进中小学、职业学校、大专院校知识产权普及教育，认定知识产权教育示范区及示范学校。加强知识产权文化的宣传教育工作，引导社会各界树立知识产权价值观。

第三，广泛开展知识产权宣传活动。加大知识产权宣传普及力度，努力打造和培育有广泛社会影响的宣传活动品牌。继续坚持日常宣传与专项宣传相结合、普及宣传与重点宣传相结合的方式，利用每年"国际消费者权益日"和"知识产权活动周"组织开展系列宣传活动。定期发布广东省知识产权保护状况，公布知识产权典型案件。在发挥报刊、广播、电视等传统媒体作用的同时，借助互联网、手机等新兴媒体优势，搭建权威高效的知识产权传播平台，宣传报道广东省知识产权工作的政策法规、重大事件和重要活动，进一步提高全社会知识产权意识。

4. 2008～2010 年广东省知识产权试点示范指标的指数排名变化情况

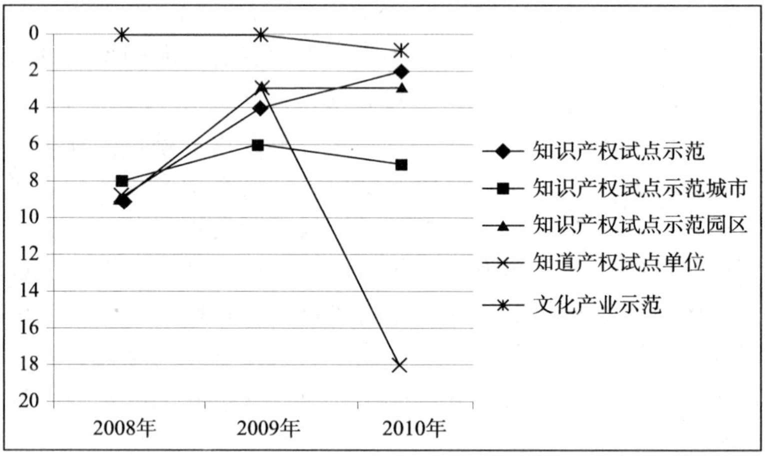

（专题）图 3－14 2008～2010 年广东省知识产权试点示范指标的指数排名变化图

广东省近几年加大了知识产权试点示范的力度，该项指标的指数呈上升趋势，由 2008 年的第 9 位上升至 2010 年的全国第 2 位的好成绩。知识产权试点示范城市指标变动不大。知识产权试点示范园区指标与知识产权试点示范指标相似，由 2008 年的第 9 位上升至 2010 年的第 3 位，有很大的进步。唯一不足的是，知识产权试点单位指标没有像往年一样一如既往地上升，反而是下降了，滑落至第 18 位。2012 年指标框架新增加了"文化产业示范"指标，作为衡量地区知识产权试点示范的一个参考标准。广东的文化产业示范指标今年在全国遥遥领先，排名第 1 位。

广东省近几年的知识产权工作做得有声有色，企事业单位知识产权意识不断增强，知识产权运用能力也有明显提高。在政府的支持和鼓励下涌现出一批具有核心竞争力的知识产权优势企业、示范企业、产业化基地及产业化园区。在注重鼓励企业不断创新的同时，加强了企业与高校之间的协作，推动产学研合作，使高校和科研院所的知识产权成果大量向企业转化。高新技术专利产品产值所占比重明显上升，专利技术转化为标准的数量和层次显著提高。商标成为企业经营的重要内容，企业运用商标能力不断提高，驰名商标、著名商标的市场影响力和价值不断提升，商标竞争优势不断增强，品牌带动效应显著。

“十二五”期间，广东省将启动“知识产权创造结构优化工程”项目，制定和实施知识产权奖励、产品采购、财政优惠政策，开展企事业单位知识产权创造试点，示范工作，提高广东省知识产权创造能力。[1]

5. 2008～2010年广东省企业创造潜力指标的指数排名变化情况

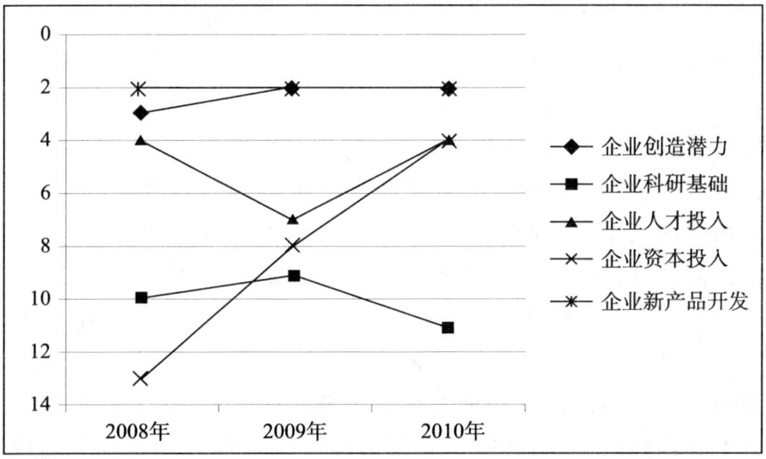

（专题）图3—15　2008～2010年广东省企业创造潜力指标的指数排名变化图

由（专题）图3—15可以看出，广东省企业新产品开发指标3年均处于全国第2位，企业创造潜力指标也从2008年的第3位稳定在2009年、2010年的第2位。企业人才投入指标、企业科研基础指标各自在2009年的名次上四名以内上下波动。值得一提的是企业资本投入，由2008年的第13位迅速上升为2010年的第4位。可见，广东省企业对知识产权重视程度逐渐加强，不断加大了资金的投入。

6. 2008～2010年广东省知识产权行政保护指标的指数排名变化情况

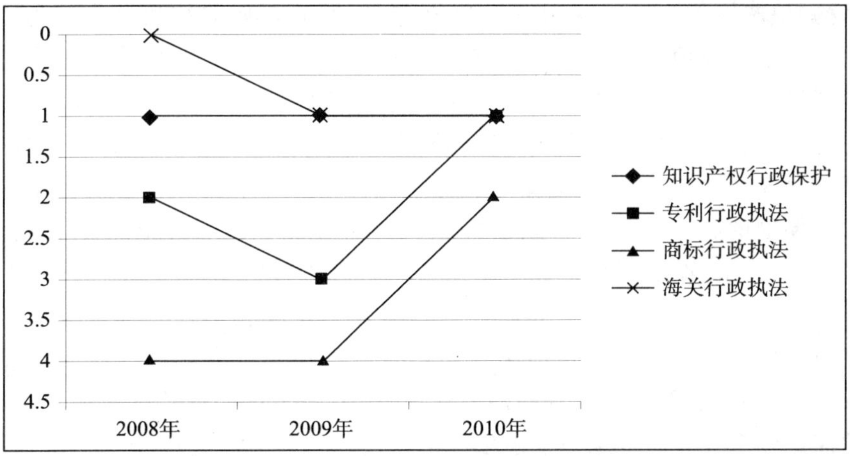

（专题）图3—16　2008～2010年广东省知识产权行政保护指标的指数排名变化图

---

[1] 广东省知识产权事业发展“十二五”规划［EB/OL］．（2011－09－19）［2012－01－23］．http：//www.jmpj.gov.cn/zfgb/gd_zfgb_nr.aspx? guid=1452.

从（专题）图3—16可以看出，广东省的知识产权行政保护指标近3年的排名均处于全国各省份的领先位置，排名第1位，值得其他省份参考和借鉴。专利行政执法、商标行政执法两个指标近3年排名则略显波动，排名同国内其他省份相比优势较大，均总体上呈上升趋势，2010年分别排名第1位和第2位。海关行政执法指标成绩斐然，2009年与2010年稳坐全国第一，其在全国的排名远远领先于广东省的专利行政执法和商标行政执法两项指标的指数排名。

首届广东省珠三角地区版权工作联席会议于2009年12月成功召开。会议讨论通过了《广东省珠三角地区版权保护工作协作意见》（简称《协作意见》）。《协作意见》主要包括版权交流培训、版权行政执法、版权公共服务等三方面内容，共有16条具体措施。实施《协作意见》，对加强珠三角地区版权保护工作协作，整合版权保护资源，依法保护著作权人的合法权益，促进版权产业发展将起到重要的推动作用。[1]

2010年9月29日，广东省第十一届人民代表大会常务委员会第二十一次会议通过《广东省专利条例》。自2010年12月1日起施行，标志着广东省知识产权事业迈入一个新的发展阶段，知识产权法制建设取得重大突破。截至2010年底，广东全省共设立4家知识产权维权援助中心，开通了“12330”维权援助与举报投诉公益服务热线，知识产权保护体系趋于完善。

广东省深入推进知识产权司法保护和机制创新，广东省法院系统积极推进审判机制改革，深圳、佛山、中山两级法院全面推行“三审合一”审判机制改革工作。同时，广东省深入开展打击侵犯知识产权和制售假冒伪劣商品专项行动。广东省政府印发《广东省打击侵犯知识产权和制售假冒伪劣商品专项行动实施方案》，成立了广东省打击侵犯知识产权和制售假冒伪劣商品专项行动领导小组，全省21个地级以上市人民政府也全部成立了领导小组并出台了实施方案，“双打”专项行动得到深入推进。

《广东省知识产权战略纲要（2007～2020年）》明确，规范行政执法行为，建立行政执法监管系统和重大事项通报制度。落实行政执法和刑事司法相衔接的工作机制，强化部门间的定期沟通和重大案件会商、通报制度，形成联合执法协调机制和纠纷快速解决机制。建立健全知识产权案件陪审员制度和专家顾问制度。为了保护知识产权不受侵犯，广东省将充分发挥行业协会在行业自律、交流合作、宣传培训等方面的积极作用，提高行业知识产权保护的社会化水平；鼓励广东省内各行业、区域建立知识产权保护联盟，形成强有力的知识产权保护网络；成立广东省“正版正货”保护联盟，打造“正版正货”品牌。广东省在“十一五”期间，知识产权行政和司法保护力度不断加大，行政执法和刑事司法相衔接机制和跨部门、跨地区知识产权保护协作机制不断完善，会展和行业协会知识产权保护不断增强，营造了良好的法制环境，初步形成了行政执法、会展保护、行业自律的保护体系，有力地维护了市场经济秩序。

---

[1] 首届广东省珠三角地区版权工作联席会议在广州召开［EB/OL］.（2010—01—08）［2012—01—21］http：//www.xwcbj.gd.gov.cn/news/html/zxdt/article/1262852737298.html.

专题四　2008～2010年江苏省知识产权各项指标的指数排名变化及政策分析

2010年，江苏省的知识产权事业也取得了长足的发展，专利申请量和授权量大幅增长，商标、版权、计算机软件著作权、植物新品种等知识产权产出量位居全国前列；企业知识产权主体地位得到强化，涌现出一批灵活运用知识产权规则、积极参与国际竞争的知识产权优势企业；知识产权管理服务水平稳步提高，知识产权法制环境进一步优化；知识产权成果转化运用能力明显提升，形成了一批重大自主创新产品，有力地推动了经济发展和社会进步。而在2012年的知识产权指数综合排名中，江苏省更是取得了全国第4名的骄人成绩。如此好的成绩的获得，是江苏省多年来坚持完善制度、出台政策，促进区域知识产权工作发展的结果。2009年年初，江苏省人民政府1号文件颁布实施《江苏省知识产权战略纲要》。同年2月15日，国家知识产权局便和江苏省人民政府签署了《创建实施知识产权战略示范省合作协议》。作为全国唯一的创建“知识产权战略示范省”，近3年来，江苏采取了一系列措施确保战略深入推进。

一、2008～2010年江苏省知识产权产出水平指标的指数排名变化及政策分析

江苏省近3年的知识产权产出水平在全国一直处于较为领先的地位，其下各项指标的指数排名基本也均位于国内前5名之列。其中产出效率指标以及其下的人才产出指标排名位居全国第一，领先于北京市、广东省等知识产权强省（市）。

1. 2008～2010年江苏省知识产权人均产出指标的指数排名变化情况

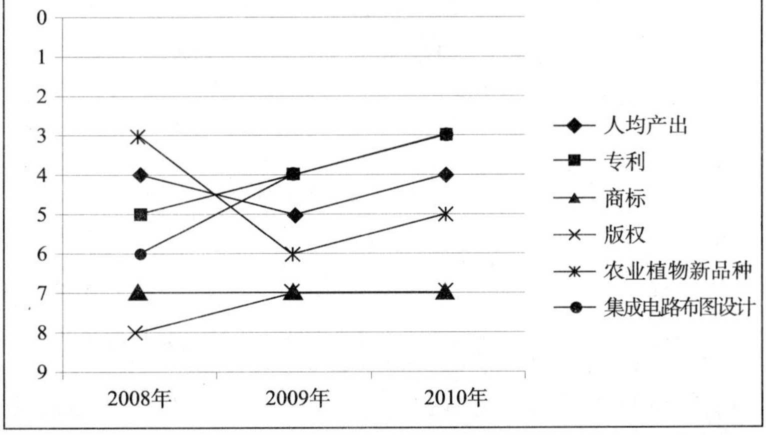

（专题）图4—1　2008～2010年江苏省知识产权人均产出指标的指数排名变化图

从（专题）图4—1可以看出，近3年江苏省知识产权产出水平从均量上看基本是处

于均衡发展的态势，排名上下浮动不大，其中专利、集成电路布图设计指标近 3 年的排名是上升的趋势，在 2010 年均位于国内第 3 位。而商标近 3 年排名没有发生变化，均位于国内第 7 位。

2. 2008～2010 年江苏省知识产权产出质量指标的指数排名变化情况

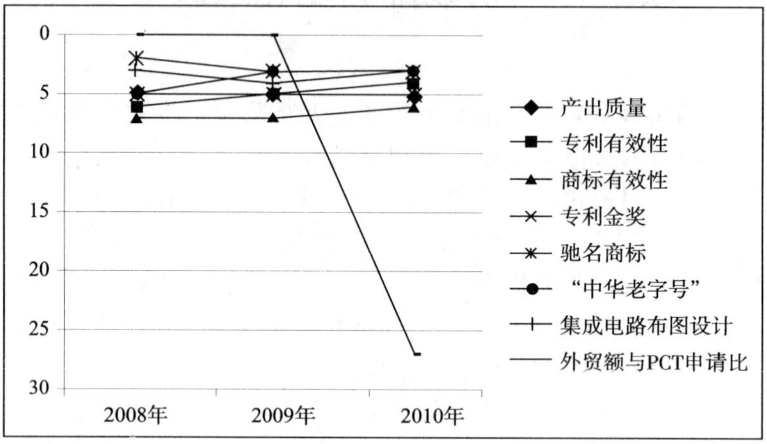

（专题）图 4—2　2008～2010 年江苏省知识产权产出质量指标的指数排名变化图

（专题）图 4—2 反映出江苏省知识产权产出质量在全国处于领先水平，各项指数近 3 年排名上下浮动不大，且均位于国内前 10 名之内，发展较为均衡，知识产权综合实力较强。唯有今年新增加的外贸额与 PCT 申请比指标的指数排名较为靠后，排在第 27 位。

3. 2008～2010 年江苏省知识产权产出效率指标的指数排名变化情况

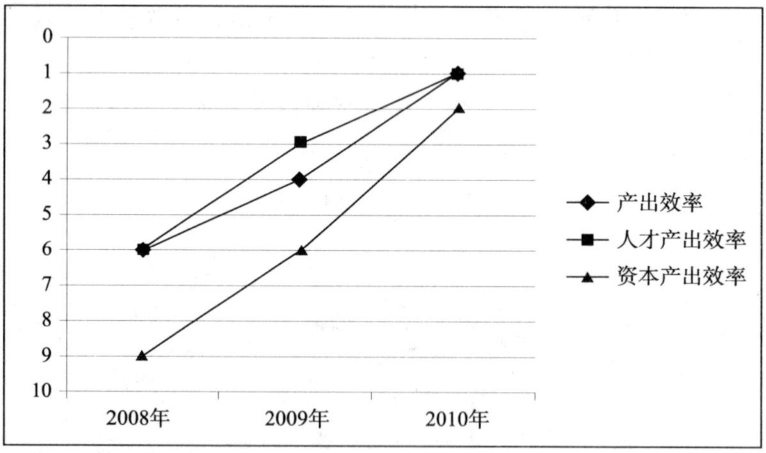

（专题）图 4—3　2008～2010 年江苏省知识产权产出效率指标的指数排名变化图

从（专题）图 4—3 可以看出，江苏省近 3 年知识产权产出效率指标的指数排名是逐年提高，说明江苏省在知识产权产出效率方面整体有了提升，在国内处于领先水平。在 2010 年，江苏省知识产权产出效率指标位居全国第一，人才产出效率指标位居全国第一，而资本产出效率指标位居全国第二，成绩骄人。

4.2008～2010年江苏省知识产权企业产出指标的指数排名变化情况

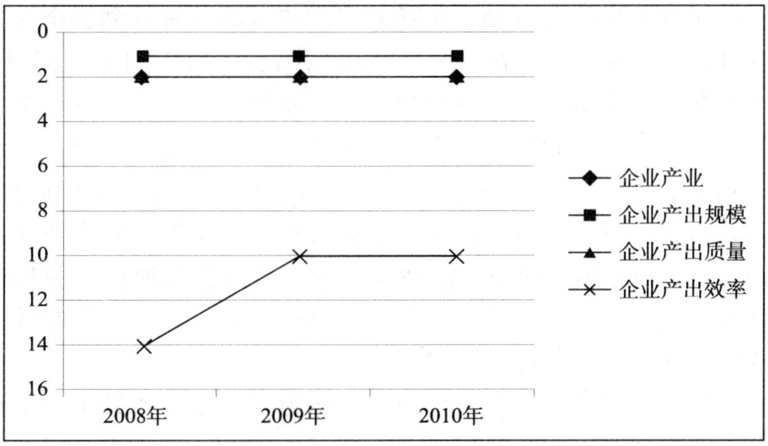

（专题）图4—4 2008～2010年江苏省知识产权企业产出指标的指数排名变化图

（专题）图4—4显示，从企业知识产权产出水平指标近3年的总体排名来看，江苏省在此项的优势也较为明显。仅企业产出效率指标的指数排名从2008年的第14位上升至2010年的第10位，其余指标的指数排名均位于国内前两名之列，这说明江苏省企业对知识产权非常重视，且实力相对其他省份来说也较强。

作为实施知识产权战略示范省，江苏拥有一个良好的发展基础。在专利方面，从2003年到2008年，江苏省6年间从全国第6位跃居为全国第1位，发明专利年授权量年均增幅达到43.4%，专利产出质量明显提高；在商标方面，在2008年全国最有价值品牌排行榜前100名中，江苏有4个品牌入围，品牌价值总量超过100亿元；而在版权方面，江苏省在“十一五”的前3年各类作品著作权登记量就已超过“十五”期间的总量。[1] 2010年，江苏专利产出继续领跑全国，专利申请量、专利授权量、企业专利申请量、企业专利授权量、发明专利申请量均位居全国第一。新申请商标66 306件，新增国内注册商标83 666件，全省有效注册商标总数达296 824件；新增地理标志申请8件，注册总量达43件。全省经国家工商行政管理总局认定的驰名商标总数达到199件，位居全国第三。各类作品著作权登记13 683件，同比增长32%。农业植物品种权申请量99件，授权量48件。全省累计农业植物品种权申请量552件，授权量271件。[2] 从知识产权指数排名中也可以看出，江苏省的各项知识产权产出指标近3年的排名提升速度很快，且在2010年多数位于国内前列。综合分析不难发现，江苏省近几年实施的一些政策和措施无疑是确定江苏省知识产权大省地位的“助推器”。

第一，不断拓展知识产权业务体系，先后指定实施了8个专项计划，也就是所谓的

---

[1] 崔静思．江苏——创建战略实施的示范省份［N］．中国知识产权报，2011－06－03（6）．

[2] 杜依民．江苏发布2010年江苏省知识产权发展与保护状况［EB/OL］．（2011－04－27）［2012－02－05］．http：//www.jsip.gov.cn/news/sjdtnews/201104/20110427_66718.html.

“八大计划”，即知识产权区域试点示范推进计划、知识产权人才培养计划、专利行政执法推进计划、正版正货承诺推进计划、企业知识产权战略推进计划、企业知识产权规范化管理示范创建计划、专利技术实施计划和知识产权软科学研究计划。同时确立了8项重点业务工作，即专利申请资助、重大项目知识产权审查论证、优秀专利项目与基础发明人评选、知识产权工程师职称评审、专利技术展示交易、知识产权公共信息服务、知识产权分析与预警研究、知识产权维权援助工作，基本形成了覆盖知识产权创造、运用、保护、管理好人才培养，贯通企业、院所、中介机构、社团组织的业务体系，多数省辖市和部分县（市、区）也根据本地的实际情况，设立了与省局配套的项目计划和重点业务工作，从而初步形成了全省上下协调、整体联动的工作格局，有力有效地推进了江苏省知识产权工作的不断发展与开拓创新。❶

第二，确立企业的知识产权工作主体地位。作为区域创新的最主要推动力，江苏省着力全面提升企业自主创新能力。2009年5月，江苏省政府制订出台了《关于加快推进工业结构调整和优化升级的实施意见》，明确设定研发投入，企业专利申请量、授权量，工业科技进步贡献率，省以上品牌产品销售收入等一批围绕科技创新和自主知识产权的指标，并与党政干部年度工作考核挂钩。2009年，江苏省研究制定了《企业知识产权管理规范》，成为国内首个企业知识产权管理地方标准。纵观规范的全文，其核心就是帮助企业构建科学完善的知识产权体系，促进企业自主创新能力建设。另外，江苏省知识产权局组织了60家企业实施知识产权战略推进计划，对已实施知识产权战略推进计划的160家企业的知识产权管理体系建设情况、知识产权发展状况、专利产品产值、利税等进行跟踪调查。苏州、扬州市被列为首批国家中小企业知识产权战略推进工程实施单位。正是因为江苏省实施了众多推动企业成为区域创新主体的措施，截至2010年底，江苏企业专利申请量和授权量分别达到125 089件和71 781件，同比增长分别达56.2%和52.8%，企业申请和授权量分别占全省专利申请量的53%和全省专利授权量的51.9%。2010年，江苏全省提出专利申请的企业首次破万，达到10 054家，同比增长19.9%，专利申请量超过100家的企业达276家，同比增长86%，专利申请超过500件的企业达到10家，涌现出一批知识产权优势企业，成为江苏发展自主知识产权和自主品牌的先锋力量。

二、2008～2010年江苏省知识产权流动水平指标的指数排名变化及政策分析

从指数排名上看，江苏省近3年的知识产权流动水平在全国也是较为领先的。多项指标的指数排名位居国内第1名，仅有部分指标的指数排名处于国内中等水平。取得如此好的成绩，说明江苏省在促进知识产权转化、运用、更好地提升生产力方面在国内是具有典型示范性的。

❶ 朱宇．朱宇局长在2011年全省知识产权局局长工作会议上的讲话［EB/OL］．（2011－03－04）［2012－02－04］．http：//www.jsip.gov.cn/wcm/webpage/zwgk/more.jsp？info_id＝15521．

1.2008～2010年江苏省技术市场交易指标的指数排名变化情况

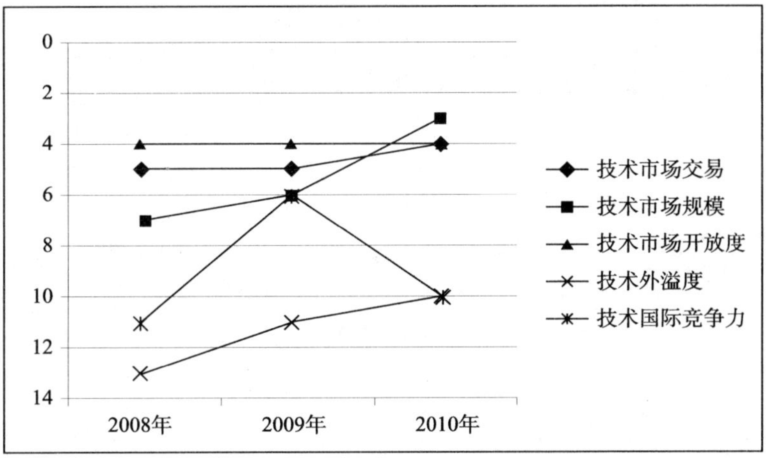

（专题）图4－5　2008～2010年江苏省技术市场交易指标的指数排名变化图

从（专题）图4－5可以看出，江苏省技术市场交易指标中除技术国际竞争力指标的指数排名在2010年有下降之外，其他指标的指数排名近3年均是上升的趋势。而技术市场开放度指标近3年均处于国内第4位，而技术市场规模指标也由2008年的第7位跃至2010年的第3位。

在促进知识产权流动方面，尤其是促进技术市场交易，扩大技术市场规模上，江苏省开展了许多资助、支持项目。例如2010年，江苏省知识产权局会同省发明协会共同组织开展江苏省百件优质发明专利评选，从2009年度授权的5 322件本省发明专利中评选出百件优秀专利，各省辖市优先从评选出的优质发明专利中推荐创造水平高、实施效益明显的专利技术申报2010年省专利技术实施计划。经过评选，12件发明专利技术被列为省级专利技术实施计划，而省辖市知识产权局则对本地区未入选的省级专利技术实施计划的优质发明专利转化实施予以支持。另外，江苏省还对737个省重大科技成果转化资金项目涉及的5 500件专利进行了审查，认定专利新产品230个。同时，江苏省内多个市也积极探索开展专利权质押融资工作，例如无锡市出台了《无锡市专利权质押贷款管理办法（试行）》，苏州市出台了《苏州市知识产权质押贷款管理暂行办法》以及《苏州市知识产权质押贷款扶持资金管理办法》等。南京市10家企业的10件专利获得贷款3 900万元，无锡市6家企业获得贷款4 020万元，镇江市25家科技型企业的25件专利获得贷款5 080万元。[1]

---

[1] 江苏省知识产权局. 2010年江苏省知识产权发展与保护状况［EB/OL］.（2011－04－27）［2012－01－24］. http：//www.jsip.gov.cn/wcm/webpage/zwgk/more.jsp? info_id＝14641.

2. 2008～2010 年江苏省知识产权服务机构指标的指数排名变化情况

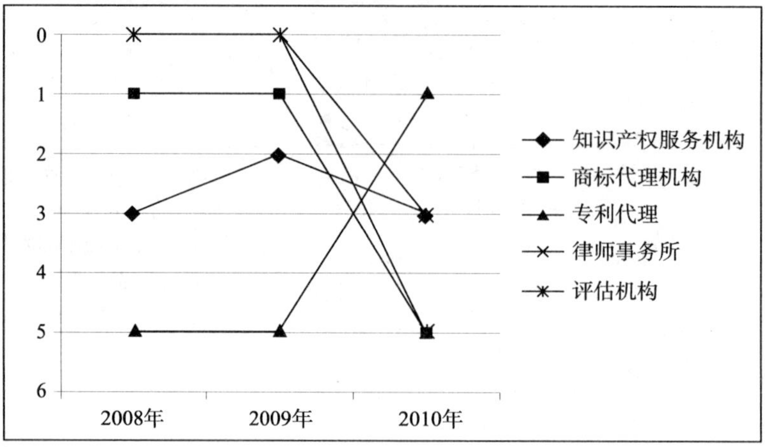

（专题）图 4－6　2008～2010 年江苏省知识产权服务机构指标的指数排名变化图

（专题）图 4－6 显示，江苏省知识产权服务机构综合指标在 2010 年排于国内第 3 位，其下级指标的指数排名也均位于国内前 5 名之列。而 2012 年新增加的律师事务所指标的指数排名为第 3 位，评估机构指数排名第 5 位，说明江苏省对知识产权服务机构发展的大力支持促进了省内知识产权服务机构整体水平的提高。据数据统计，2010 年江苏省新增专利代理机构 3 家，截至 2010 年底，江苏省一共拥有专利代理机构 48 家，专利代理总量 95 689 件；全省商标代理机构 230 家，全年商标代理总量 55 427 件。同时，在江苏省知识产权局的倡导下，江苏省专利信息中心、中国软件与技术服务股份有限公司、江苏省律师协会、南京众联专利代理有限公司等 7 家单位发起成立了江苏知识产权服务联盟，该联盟是全国首家知识产权服务联盟。联盟以“立足江苏、辐射华东、服务全国”为目标，以“服务公众、服务企业、服务社会、服务政府”为宗旨，共同构建资源共享、优势互补的知识产权服务共同体，提高知识产权服务能力和水平，联盟主要在专利咨询、检索水平、统计分析、侵权分析、知识产权预警、知识产权评估、知识产权鉴定、知识产权项目融资等方面进行协调与合作。此举加强了江苏省内各类知识产权服务机构之间以及知识产权服务机构与政府之间的合作与协调，促进了知识产权服务机构整体水平的提高，而最大的受益者莫过于企业等知识产权创新主体。高效优质的服务有助于快速提升企业等创新主体的研发、保护、转化、运用能力，减少企业在实施知识产权战略道路上的“后顾之忧”。

2010 年，江苏省知识产权局还下发通知组织了全省千家企业和百家高等院校、科研院所中开展百日知识产权服务行动。本次服务行动紧紧围绕贯彻实施国家和江苏省知识产权战略纲要的、创新实施知识产权战略示范省，进一步强化知识产权管理部门的服务职能，发挥知识产权中介服务机构作用，以千家高新技术企业、规模以上企业、行业龙头企业和百家重点高等院校、科研院所为重点，以“促创新、保增长”为宗旨，加强对企业、高等院校和科研院所知识产权工作的指导服务，培育一批专利申请大户，消灭一批零专利企业、高等院校和科研院所，大力推升专利申请数量和质量，促进全省企事业单位的知识产权创造和运用。服务行动的内容主要包括向企业、校所宣传国家和省知识产权相关政策，开展知识产权业务培训，深入企业、校所开展知识产权咨询服务和知识产权管理标准化建设指导，为有需求的企业、校所建立基本专利信息数据库等。本次行动，既体现了江苏省对于企业、高校、科研院所创新及知识产权保护的重视及扶持，也从侧面体现出江苏省在践行知识产权战略中越来越重视发挥知识产权服务机构的专业作用，提升企业、院所的知识产权保护效率。

3. 2008～2010年江苏省知识产权企业技改、引进指标的指数排名变化情况

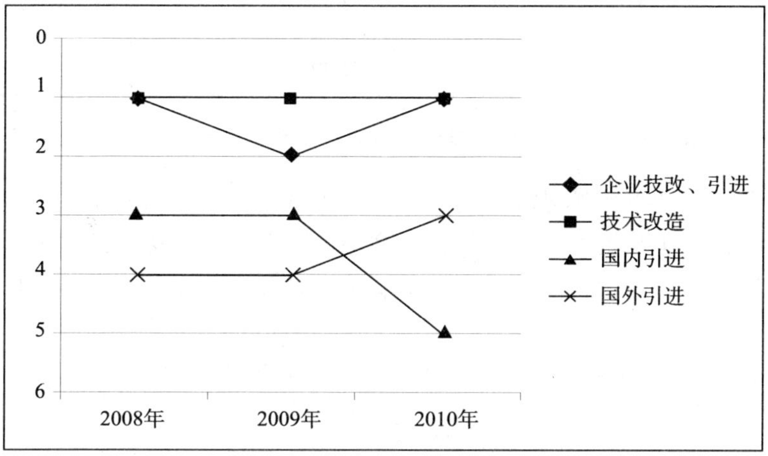

（专题）图4—7　2008～2010年江苏省知识产权企业技改、引进指标的指数排名变化图

从（专题）图4—7可以看出，江苏省企业技改、引进的水平在国内处于领先，其综合指数2008年排名第1位，2009年排名第2位，2010年又重回第1位。而技术改造指标的指数排名近3年均居国内第一，水平较高。众多指标中，国内引进指标在今年略微下降，排名第5位，落后于国外引进指标的指数排名的第3位。

三、2008～2010年江苏省知识产权综合绩效指标的指数排名变化及政策分析

江苏省近3年知识产权综合绩效指标的指数排名同国内其他各省份相比依旧较为靠前，在下级各项指标的指数排名虽然鲜有排名第1位的，但是大多数指标均排于国内前10位。因为本项指标主要是考察一个地区经济、社会多个方面的综合发展水平，从排名情况足以看出江苏省在国内处于经济大省的地位。

1. 2008～2010 年江苏省宏观经济绩效指标的指数排名变化情况

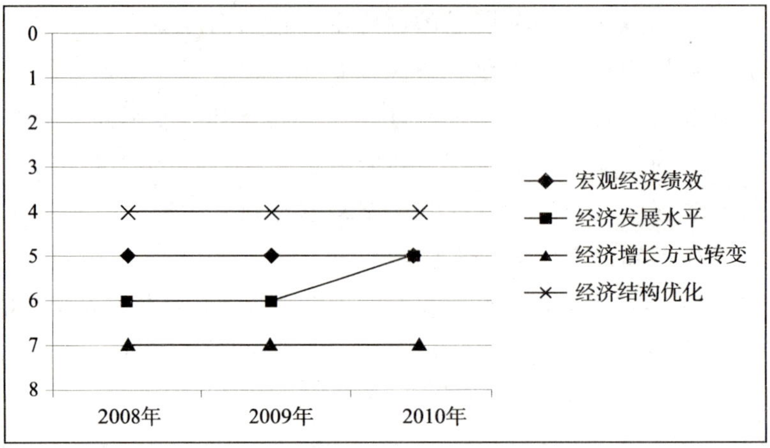

（专题）图 4—8　2008～2010 年江苏省宏观经济绩效指标的指数排名变化图

（专题）图 4—8 的指数排名较为清晰，江苏省的宏观经济绩效近 3 年发展较为平缓，宏观经济绩效指标 3 年来均排名第 5 位，经济增长方式转变指标 3 年来均排名第 7 位，而经济结构优化指标 3 年来均排名第 5 位。唯有经济发展水平指标由 2008 年、2009 年的第 6 位上升一个位次，在 2010 年位居国内第 5 位。

2. 2008～2010 年江苏省社会进步绩效指标的指数排名变化情况

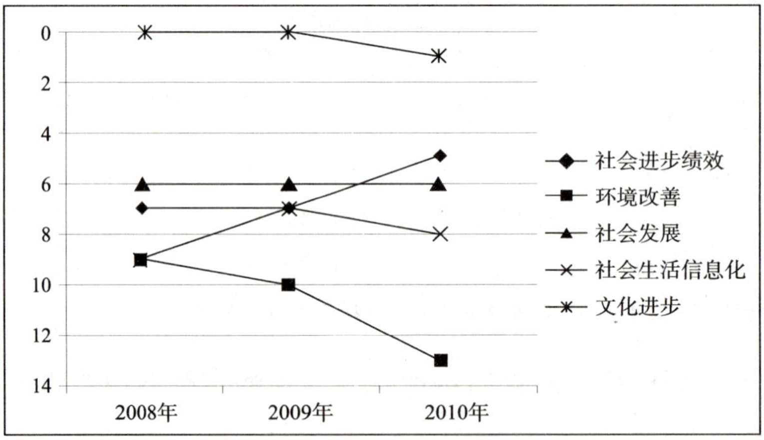

（专题）图 4—9　2008～2010 年江苏省社会进步绩效指标的指数排名变化图

（专题）图 4—9 显示，江苏省社会进步绩效指标由 2008 年和 2009 年的第 7 位，上升两个位次，2010 年排名第 5 位。在本项指标中，名次略微靠后的是环境改善指标，近 3 年呈现出下滑的趋势，在 2010 年排名第 13 位。如何平衡好经济发展与环境保护、改善的关系确实是我国城市建设中需要重视的问题。

2012 年新增加的文化进步指标，江苏省位居该项指数排名的第 1 位，说明江苏省在文化发展领域获得了丰硕的成果。江苏省也开展了许多普及全省知识产权意识，提升知识产权文化的活动。主要有：江苏省在 2010 年大力开展知识产权宣传工作，制作播出了

3集电视知识产权专题宣传片，约请《人民日报》、新华社、中央电视台等多家中央和省级媒体专题报道江苏省创建知识产权战略示范省的总体思路、推进措施、阶段性成果和实施知识产权战略促进经济发展方式转变的经验做法；江苏省工商局开通了江苏商标网，加大商标战略宣传力度，向社会发布全省商标战略实施报告；江苏省版权局继续做好“南通经验”的宣传报道工作；省法院发布知识产权司法保护蓝皮书，便于公众参考学习知识产权司法保护经验与方法；江苏省质监局组织开展“远离假冒伪劣”宣传教育进社区活动，发放《远离假冒伪劣》宣传片1万盘；南京海关围绕“知识产权宣传周”举行一系列宣传活动等等。另外，2010年江苏省知识产权对外交流与合作也日趋活跃，既组织了多次赴外考察学习活动，也邀请国外知识产权专业人士来华进行讲座。通过上述国际间的交流活动，为省内知识产权的工作人员灌输了一些新鲜的想法，借鉴了经验，也营造了活跃且积极向上的知识产权发展环境。

3. 2008～2010年江苏省企业发展绩效指标的指数排名变化情况

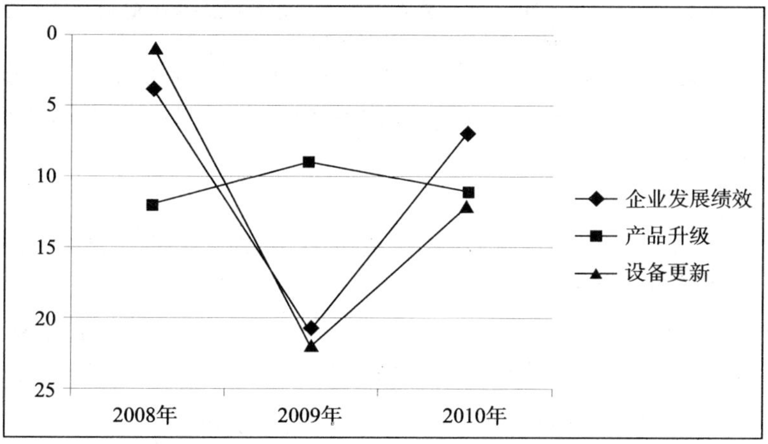

（专题）图4—10　2008～2010年江苏省企业发展绩效指标的指数排名变化图

在本项指标的指数排名中，从（专题）图4—10可以看出，江苏省的排名波动较大。企业发展绩效指标的指数排名在2009年滑落至第21位，而在2010年又快速上升至第7位。设备更新指标也是如此，由2009年的第22位上升至2010的第12位。产品升级指标近3年也均处于国内中等水平。

四、2008～2010年江苏省知识产权创造潜力指标的指数排名变化及政策分析

“从知识产权大省向知识产权强省跨越，深入推进创建实施知识产权战略示范省工作，江苏的知识产权事业发展前景光明。”在2012年年初的全国知识产权局局长会议期间，江苏省知识产权局局长朱宇发表了上述见解。可见，江苏省重视本地知识产权的“厚积薄发”，并对今后本省知识产权的跨越式发展拥有很大的信心。而对于连续3年蝉联中国区域创新能力排名榜首的江苏省来说，实现知识产权的强省目标可以说指日可待。

1. 2008～2010 年江苏省知识产权创造投入指标的指数排名变化情况

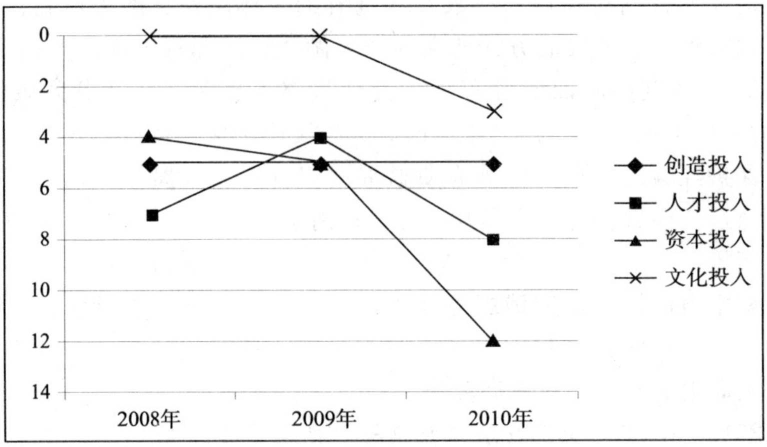

(专题) 图 4－11　2008～2010 年江苏省知识产权创造投入指标的指数排名变化图

从（专题）图 4－11 可以看出，在知识产权创造投入综合排名上，江苏近 3 年均居第 5 名。其中，人才投入指标由 2009 年的第 4 位下滑至第 8 位，资本投入指标在 2010 年下滑至第 12 位。而对于 2012 年新增加的文化投入指标，江苏省的排名在国内较为领先，位居国内前三之列。

据数据统计，2009 年，江苏全省、市、县专利专项经费投入逾 2.93 亿元。2010 年来，江苏省提出突出企业、大力实施知识产权创造运用能力提升工程的重点任务，围绕培育 10 家专利拥有量超千件的知识产权龙头企业、1 000 家专利拥有量超百件的知识产权优势企业的要求，大力实施知识产权创造运用能力提升工程，江苏省知识产权局和省财政厅共投入 1 200 万元资金支持 80 家企业实施知识产权战略。

2. 2008～2010 年江苏省知识产权创造成果指标的指数排名变化情况

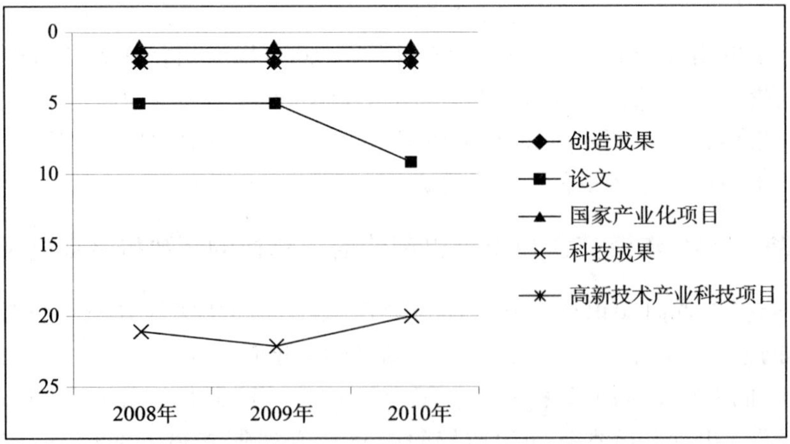

(专题) 图 4－12　2008～2010 年江苏省知识产权创造成果指标的指数排名变化图

（专题）图 4－12 显示，在本项指标的指数排名中，江苏省的创造成果指标、高新技术产业科技项目指标近 3 年均排名第 2 位，而国家产业化项目指标近 3 年江苏省均名列前茅，位居国内第一。仅有科技成果指标近 3 年均排名靠后，处于国内中等偏下水平。

3. 2008～2010 年江苏省知识产权创造环境指标的指数排名变化情况

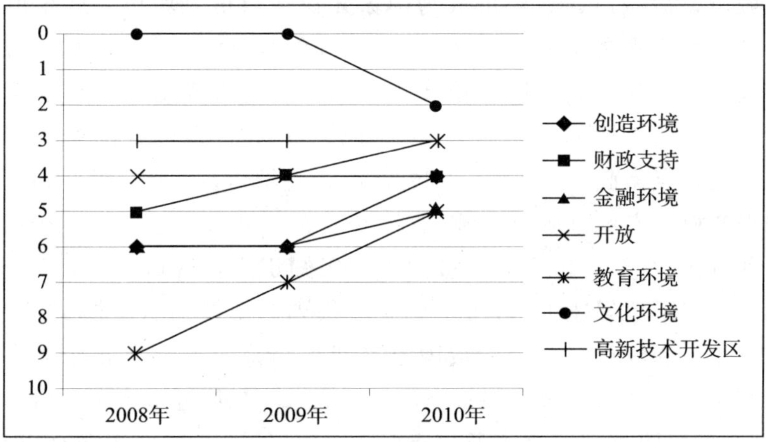

（专题）图 4－13　2008～2010 年江苏省知识产权创造环境指标的指数排名变化图

如（专题）图 4－13 所示，江苏省知识产权创造环境较为优越，各项指标的指数排名均进入国内前 10 位之列，发展较为均衡，从整体上有利于知识产权的发展及区域自主创新能力的提升。对于 2012 年新增加的文化环境指标，江苏省也交出了满意的"答卷"，该项指标的指数排名江苏省位居国内第 2 位。

4. 2008～2010 年江苏省知识产权试点示范指标的指数排名变化情况

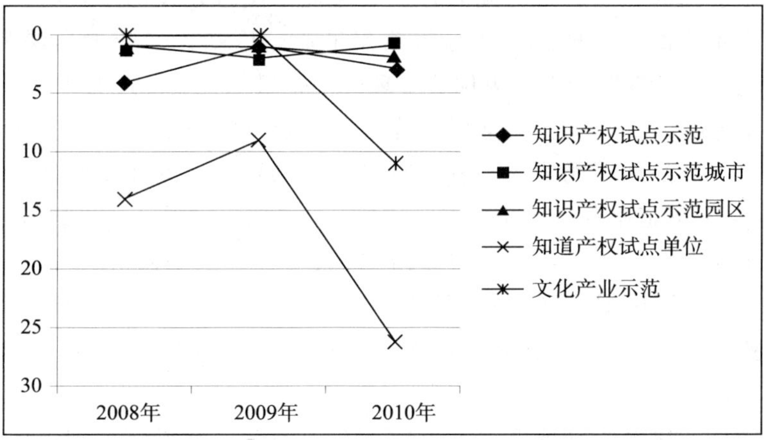

（专题）图 4－14　2008～2010 年江苏省知识产权试点示范指标的指数排名变化图

江苏省在知识产权试点示范指标的指数排名上具有较强的优势是显而易见的。从（专题）图 4－14可见，作为全国唯一的创建"实施知识产权战略示范省"，近 3 年来，江苏采取了一系列的措施确保战略深入推进。知识产权试点示范城市指标江苏省在 2010 年位居第 1 名，而知识产权试点示范园区指标，江苏省也一直遥遥领先，于 2010 年位居国内第2名。仅知识产权试点单位指标在2010年出现了下降，滑落至第26位。

在2010年，江苏省的知识产权区域试点示范工作依然有条不紊地展开。南京、无锡、镇江被列为国家知识产权工作示范城市，昆山、张家港、常熟和丹阳市被列为国家知识产权示范创建城市，盐城市、吴江市成为国家知识产权试点城市，启东市、南京市江宁区被列为国家知识产权强县工程。无锡工业设计园、苏州高新区被列入国家知识产权示范创建园区。大丰市、苏州吴中区和镇江京口区被列为省级知识产权示范市，扬州维扬区、中国宜兴环保科技工业园、无锡马山生物医药科技产业园、江苏盐城环保产业园被列入省级知识产权试点。截至2010年，共有11个直辖市、5个县级市和5个国家级园区被列为国家知识产权试点示范城市和园区，8个县级市列入国家知识产权强县工程，数量居全国第一；共有79个县（市、区）被列为省级知识产权区域试点，52个县（市、区）开展了省级知识产权示范创建工作，600个乡镇被列为市级知识产权试点示范。2010年，南京、无锡、苏州市和红豆集团分别被国家工商总局认定为国家商标战略实施示范城市和示范企业。苏州市和昆山市被评为省级版权示范市。[1] 从近3年的知识产权试点示范指标的指数排名变化图（（专题）图4—14）中，可以看出江苏省的知识产权试点示范指标一直处于国内领先水平，这是江苏省知识产权实力日积月累的体现，也是江苏省知识产权可持续发展的潜在动力。正因为上有各级政府的重视及政策扶持，下有园区企业的创新能动力，形成了江苏省经济发展的增长极，更为江苏省产业结构调整发挥了积极的作用。

“建设国家知识产权示范创建园区的一个重要途径，就是围绕发明专利、有自主知识产权、有市场竞争力、培育壮大一批创新型龙头企业。”这是江苏省在知识产权试点示范园区建设中一直遵循的一条真理。同时，以点带面，园区建设好了，城市也就获得了支撑，地方的经济才能蓬勃发展。以江苏省苏州工业园区知识产权的发展为例。据了解，目前在苏州工业园区，以发明专利为优势实现转型升级的企业已经有1 000多家，他们在生物医药、纳米光电、新能源、生态环保等新兴产业领域扮演者重要的角色，虽然企业规模都不是很大，但是创新能力、专利拥有量确非常可观，形成了园区“一道亮丽的风景线”，同时也促进了企业专利产品在国际市场上占有率的提升。近几年，苏州工业园专利申请年均增长50%，其中发明专利占比约50%。2010年，苏州工业园区的发明专利申请位居苏州各市区、园区第1位。在发明专利的推动下，苏州工业园区新兴产业呈现裂变增长，新兴产业实现产值1 472亿元，占规模以上工业总产值比重达到45.4%，同样居苏州各区县、园区第1位。[2]

令人欣喜的是，知识产权试点示范工作正在由原来以经济发达的苏南地区为主，向苏中、苏北地区推进，扬州、宿迁等地都显现出很高的参与热情。在江苏，以知识产权战略的推进为标志，浓厚的创新氛围正在形成。

---

[1] 江苏省知识产权局．2010年江苏省知识产权发展与保护状况［EB/OL］．（2011—04—27）［2012—01—24］．http：//www.jsip.gov.cn/wcm/webpage/zwgk/more.jsp？info_id=14641

[2] 赵建国．试点示范园区成为知识产权工作亮丽风景［N］．中国知识产权报，2011—06—10（3）．

5. 2008～2010 年江苏省企业创造潜力指标的指数排名变化情况

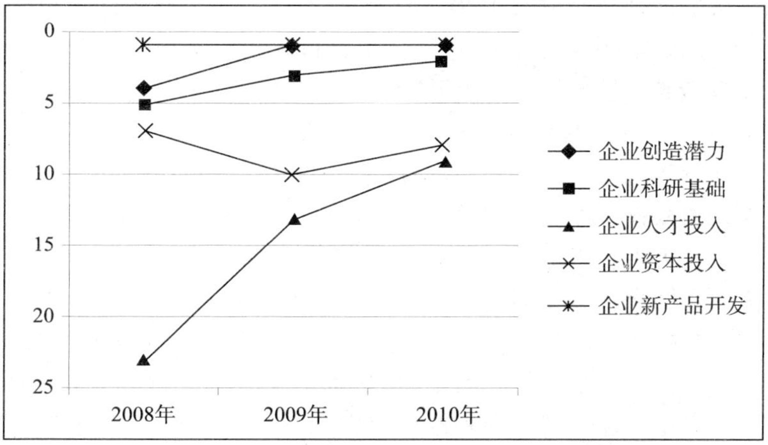

（专题）图 4－15 2008～2010 年江苏省企业创造潜力指标的指数排名变化图

企业的创造潜力很大程度地显示了一个地区的综合创造潜力。作为区域创新的最主要推动力，江苏省着力提升企业自主创新能力，并取得了显著的成效。（专题）图 4－15显示，江苏省的企业创造潜力、企业科研基础、企业新产品开发指标的指数排名近 3 年一直处于国内领先水平，位居前 5 名之列。而且江苏省近 3 年也是逐年提升企业的人才投入，使得该项指标的指数排名由 2008 年的第 23 位，一跃上升至 2010 年的第 9 位，真正实现了跳跃式发展。

以苏州市企业发展为例，在苏州市知识产权（版权）局的引导支持下，转型升级已经成为苏州企业普遍与自觉的行动。越来越多的企业，诸如宝时得机械（中国）有限公司、常熟开关制造有限公司等企业纷纷增加了对人才、资本的投入，加大了自主研发和自主品牌推广的力度，加强了对企业知识产权的管理，在向海内外推广自主知识产权的产品以占领国内外市场的同时，也促使了技术更好地向生产力转化，提升了企业的综合实力。正是因为此种发展模式，使得这些知识产权优势企业也进入了国家知识产权试点示范单位的行列，企业创造潜力得到空前的加强。

6. 2008～2010 年江苏省知识产权行政保护指标的指数排名变化情况

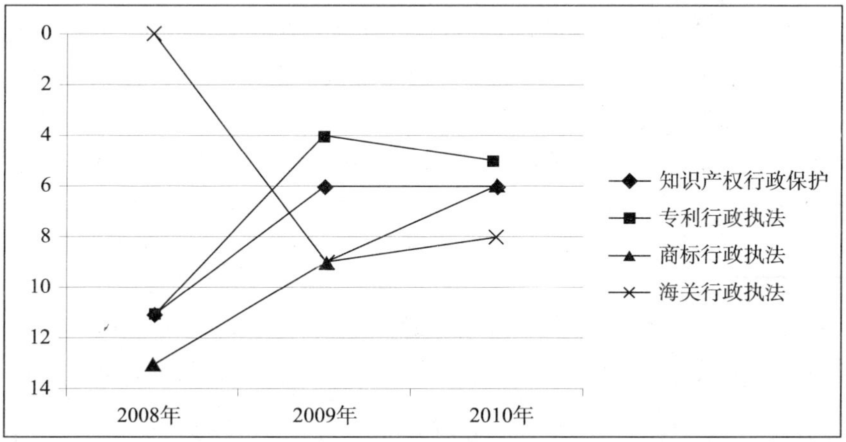

（专题）图 4－16 2008～2010 年江苏省知识产权行政保护指标的指数排名变化图

从（专题）图 4－16 可以看出，江苏省近 3 年一直不断加大知识产权执法力度，从而优化区域知识产权发展环境。总体来看，江苏省的行政保护指标水平位于国内前列，由 2008 年的第 11 位上升至 2010 年的第 6 位。专利行政执法、商标行政执法、海关行政执法三项指标的指数排名也呈现了总体上升的趋势。

2010 年，按照江苏省专利行政执法推进计划的整体部署，江苏省知识产权局制订印发了《江苏省专利行政执法规程》和专利行政执法法律文书制式文本，共 9 章 211 条。对全省专利行政执法的操作程序、工作原则、判定标准、适用法律和文书格式进行了系统、全面、细致的规范，为市县专利行政执法提供了指导和依据。江苏省知识产权局还制定出台了《关于进一步加强全省专利行政执法工作的指导意见》，明确了“到 2015 年，健全省份县三级专利行政执法工作体系，培养造就一支 500 名具有较强执法能力的专利执法队伍”的工作目标。[1] 在一系列政策及执法措施影响下，2010 年江苏省知识产权局系统接受了专利行政执法立案 109 件，其中专利侵权纠纷 54 件，假冒专利案件 54 件，专利权属纠纷 1 件；结案 67 件，其中专利侵权纠纷 51 件，假冒专利案件 15 件，专利权属纠纷 1 件。工商局系统查处各类违法商标管理案件 2 721 件，其中涉外案件 111 件，没收和销毁违法商标标识 40.34 万件，案值 1.49 亿元，罚款 3 260 万元。南京海关查获涉嫌侵权知识产权案件 87 起，涉嫌侵权货物物品 428 余万件，价值 645 余万件。

江苏省加强专利行政保护的举措在全国具有示范作用，主要有：（1）全力抓好打击侵犯知识产权和制售假冒伪劣商品专项行动。自该专项行动开展以来，江苏省知识产权局系统根据国务院的整体部署和江苏省政府、国家知识产权局的统一部署，认真贯彻落实行动要求，制定实施方案、即使动员部署，组织全省知识产权系统依法积极开展了一系列专项整治行动。截至 2010 年 12 月底，全省知识产权局系统共受理知识产权举报投诉案件 57 起，检查生产制造企业 2 800 余家、商贸流通企业 3 800 余家，立案 63 起。江苏全省工商行政管理系统检查各类经营主体 55 506 户，检查批发零售市场、集贸市场等各类市场 2 435 个，组织跨省份打假维权行动 22 次，整治重点区域 871 个，捣毁制假售假窝点 11 两个，查处制售假冒伪劣商品案件 966 起，案值 7 585 万元，罚没金额 790 万元，挽回经济损失 190 万元。南京海关共查获涉嫌侵犯知识产权案件 29 余件，查获涉嫌侵权货物物品 352 万余件，案值人民币 322 万元。（2）全面推进专利行政执法队伍建设。主要是要求江苏省内各级专利执法部门按照《江苏省专利促进条例》的规定配备执法人员，充实专利行政执法队伍，以此加大执法力度，提高执法质量。（3）深入推进“正版正货”示范创建工作。江苏省开展“正版正货”承诺活动已多年，取得了较好的效果。（4）健全执法协作机制。这主要是指江苏省知识产权局系统会同各级法院开展专利行政执法与司法审判的衔接工作调研，探索建立统一的专利侵权、假冒专利认定原则和判定标准。同时积极推进长三角地区专利行政执法协作机制建设，进一步完善案件移送、协作办案等工作机制等。[2]

---

[1] 2010 年江苏省知识产权年报［EB/OL］．（2011－05－011）［2012－02－19］．http：//www.jsip.gov.cn/wcm/webpage/zwgk/more.jsp? info_id＝14683.

[2] 2010 年江苏省知识产权发展与保护状况［EB/OL］．（2011－05－11）［2012－02－19］．http：//www.jsip.gov.cn/wcm/webpage/zwgk/more.jsp? info_id＝14641.

专题五　2008～2010年天津市知识产权各项指标的指数排名变化及政策分析

2010年是天津市知识产权工作具有里程碑意义的一年。《天津市知识产权战略纲要》、《实施天津市知识产权战略纲要任务分工》正式发布实施，《天津市专利促进与保护条例》立法和《天津市知识产权“十二五”规划》编制工作完成，知识产权促进发展方式转变和创新型城市建设的战略地位得到确立，知识产权管理进入战略管理和法制化管理的历史新阶段。企业专利试点、专利权质押融资、青少年专利促进行动等重点工作经验在全国推广，整体工作水平进入全国先进行列。

2010年，天津市知识产权局深入贯彻落实科学发展观，遵照胡锦涛总书记“一个排头兵”、“两个走在全国前列”、“四个着力”、“五个下功夫、见成效”的重要要求，围绕市委、市政府加快构筑“三个高地”，全力打好“五个攻坚战”的战略部署，按照“融入大局，促进创新，全力推进知识产权战略的实施”的工作主线，不断创新方法，系统推进各项工作，全面完成了全年各项任务。按同口径计算，2010年，江苏全市专利申请25 142件，同比增长31.0%，是“十一五”时期发展最快的一年；专利授权10 998件，同比增长52.4%；有效专利达到29 672件，同比增长44.6%，均创历史新高。天津当年有专利申请的企业达到1 800余家，近600家企业实现专利申请“零”突破。市区两级专利试点企业累计达到了611家，试点示范效果显著。新增专利权质押贷款1.76亿元，取得历史性新突破。培训各类知识产权人员超过1.2万人次，知识产权宣传培训效果显现，知识产权文化逐步深入人心。全市集行政保护、司法保护、自我救济等在内的知识产权保护体系基本建立，专利行政执法案件当年结案率达到100%，知识产权保护环境进一步优化。[❶]

2010年的知识产权综合实力指标中天津市排名与2009年排名持平，仍位居全国第7名，在知识产权建设中属于国家前列。

一、2008～2010年天津市知识产权产出水平指标的指数排名变化及政策分析

知识产权产出水平一定程度上代表了这一区域知识产权的创造力，也是推动科技进步和经济结构转型的无形资产。《天津市知识产权战略纲要》中提出要通过以下三项措施推动实施自主知识产权创造工程：一是提高企业自主知识产权创造能力。深化市和区县两级专利试点、示范和优势企业创建工作，快速增加自主知识产权的数量和质量，扶持企业开发前瞻性的核心技术和关键技术。引导创新要素向企业集聚，加快企业自主知识产权创造，提高企业将创新成果转变为自主知识产权的能力。提高商标注册数量，加强

❶　天津市知识产权局. 天津市知识产权局2010年工作总结［EB/OL］.（2011－04－11）［2012－02－19］. http：//www.tjipo.gov.cn/zwgk/zwgk/201104/t20110411_27098.html

对具有重大价值的作品、植物新品种、地理标志等自主知识产权的激励力度，推动更多的企业实现自主知识产权零的突破。二是提升高校与科研机构自主知识产权质量。重点支持科研机构、高校的知识产权创造活动，提高自主知识产权的申请、授权和维持量。将获得自主知识产权的数量和质量作为职称评定、职级晋升以及重点实验室、工程实验室、工程中心等创新基地认定、考核的重要条件。鼓励和引导高校、科研机构与企业通过委托开发、技术协作、共同研发等形式开展技术合作，加快自主知识产权的实施、转让和许可，充分体现自主知识产权的核心市场价值。三是加强社会化自主知识产权的创造。大力弘扬全社会创新创业精神，激发全社会发明创造热情。推广和普及发明创新方法，提高创新技巧。开展高校、中小学生发明创造竞赛活动，提高青少年创新能力，夯实创新人才基础。开展工业设计创造活动和创新大赛，提高天津产品的文化内涵。充分发挥工会、妇联、科协、行业协会等社会团体推进知识产权创造的重要作用，通过评选优秀专利发明人、技术革新能手、巾帼发明家和民间艺术家等，鼓励和支持自然人的发明创造，促进社会化知识产权创造体系的形成。[1]

2010 年天津市知识产权局继续加大实施知识产权创造工程力度，着力推进“十百千”企业知识产权培育计划（“千企工程”）。按同比口径计算，全市企事业专利申请量达到 17887 件，同比增长 32.8%，占全市总量的 71.1%。企业授权专利 7 189 件，同比增长 55.1%，占全市授权总量的 65.4%。27 家企业的 42 件 PCT 专利申请获得国家财政 155 万元的支持。[2] 在全国知识产权战略的大环境下，天津市知识产权产出一级指标的指数排名仍位居全国前列，体现了天津市促进知识产权申请、激励知识产权产出政策的良好成果。

1. 2008～2010 年天津市知识产权产出人均指标的指数排名变化情况

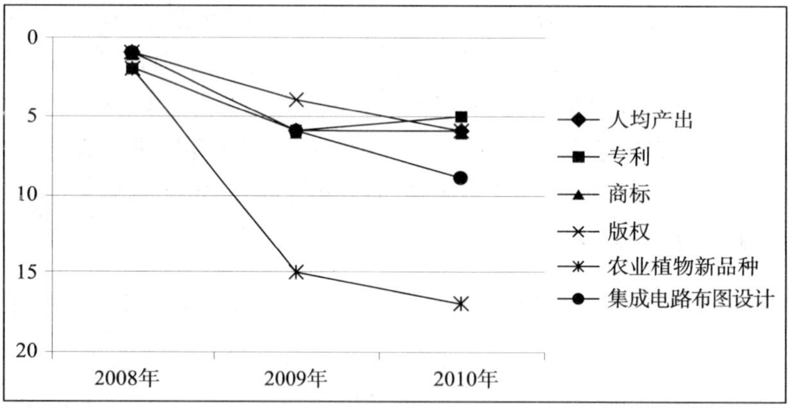

（专题）图 5—1　2008～2010 年天津市知识产权产出人均指标的指数排名变化图

（专题）图 5—1 显示，天津市 2008 年知识产权产出人均指标的指数排名较高，属于

---

[1] 天津市人民政府．天津市知识产权战略纲要［EB/OL］．（2010－06－11）　［2012－02－28］．http：//www.tjipo.gov.cn/ztbd/ldxz/gywj/201006/t20100611_23509.html

[2] 天津市知识产权局．天津市知识产权局 2010 年工作总结［EB/OL］．（2011－04－11）［2012－02－19］．http：//www.tjipo.gov.cn/zwgk/zwgk/201104/t20110411_27098.html

全国领先城市，而在2009年和2010年除产出人均二级指标和商标三级指标外，其余指标已经连续两年下降，其中农业植物新品种降幅较大，由2008年的第2位降至第17位；专利列全国第5位，产出人均和商标版权列全国第6位。

2. 2008～2010年天津市知识产权产出质量指标的指数排名变化情况

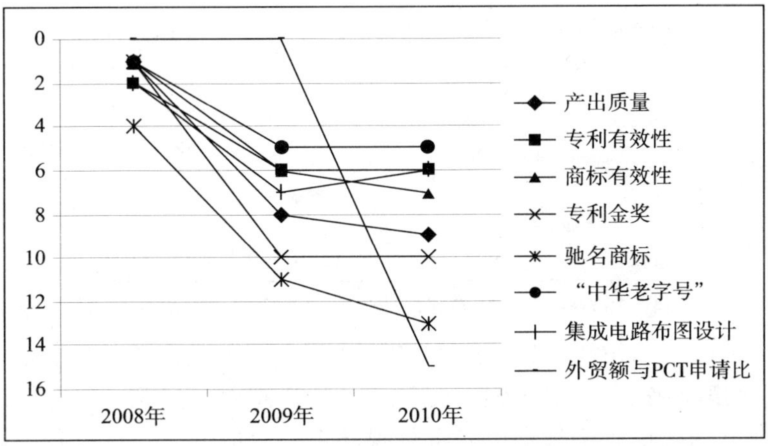

（专题）图5—2　2008～2010年天津市知识产权产出质量指标的指数排名变化图

如（专题）图5—2所示，天津市知识产权产出质量在2009年有较为明显的下降，而2010年除产出质量二级指标、商标有效性和驰名商标三级指标的排名略有下降外，其余指标基本与2009年持平，集成电路排名还略有上升，2010年新增的外贸额与PCT申请比三级指标天机排名第15位。

3. 2008～2010年天津市知识产权产出效率指标的指数排名变化情况

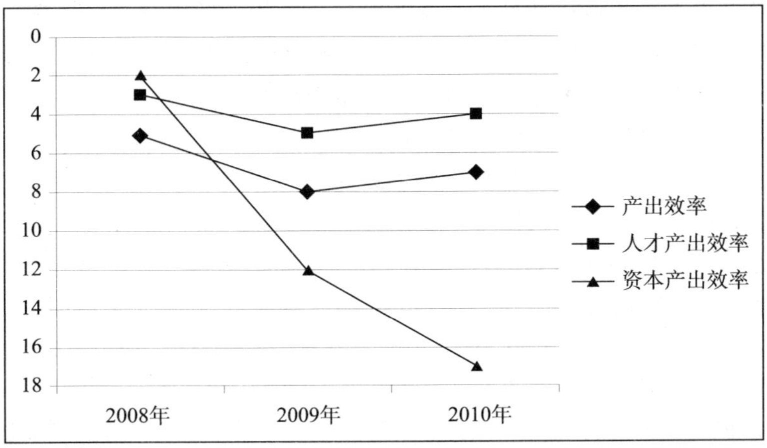

（专题）图5—3　2008～2010年天津市知识产权产出效率指标的指数排名变化图

从（专题）图5—3可以看出，天津市知识产权产出效率指标和人才产出效率指标的指数排名在2010年都有所提升，分别升至第4位和第7位，而资本产出效率指标的指数排名连续两年下降，且降幅明显，由2008年的第2位降至2010年的第17位。

4. 2008～2010 年天津市知识产权企业产出指标的指数排名变化情况

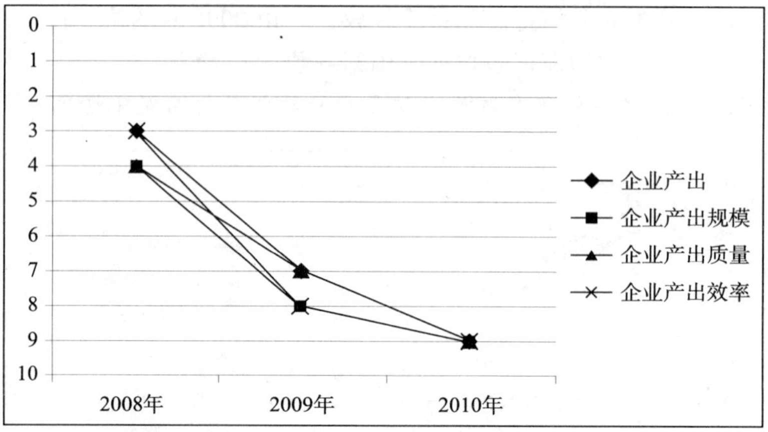

（专题）图 5－4　2008～2010 年天津市知识产权企业产出指标的指数排名变化图

从（专题）图5－4 可以看出，2008～2010 年，天津市知识产权企业产出指标的指数排名持续走低，从 2008 年的第 3 名、第 4 名连续降至第 9 名，尽管名次略有下降，但仍处于全国前列。

天津市实施知识产权战略过程中非常重视知识产权的创造，通过各种政策推动鼓励企业、高校及全社会的知识产权产权创造热情。

着力实施科技型中小企业知识产权促进行动。制定出台的《关于促进科技型中小企业发展行动方案（2010～2015 年）》，被列为天津市委、市政府发展科技型中小企业的重大战略十大政策性文件之一。《方案》明确提出“五年内基本消除科技型中小企业零专利现象”的工作目标，推出“加快自主知识产权创造，提高专利数量和质量；促进专利运用，提高科技型中小企业知识产权实施转化能力；加强知识产权保护，为科技型中小企业成长创造良好环境；加强指导，提高科技型中小企业知识产权管理能力；整合资源，加强科技型中小企业知识产权服务”等五大举措扶持科技型中小企业成长。天津市知识产权局领导带队的促进科技型中小企业发展知识产权服务队，和 57 名专家组成的知识产权专家团队，深入西青、静海等 11 个区县 60 多家中小企业，服务内容涉及知识产权创造、运用、保护和管理环节。天津全市 16 个区县知识产权局结合区域产业特点均制定完成实施方案，提出了比全市更高指标的具体工作目标。通过市区两级的帮扶，近 600 家企事业单位实现专利申请“零突破”，其中 510 家为中小企业成功转型为科技型企业，天堰科技、亚安科技等一批企业专利申请超过 50 件，金锚集团年专利授权已超过百件，向科技小巨人企业行列快速迈进。

提升区县知识产权创造数量和质量。指导深入开展区级专利试点工作。2010 年，区级试点企业专利申请量达到 2 783 件，授权量达到 1 137 件，分别同比增长 32.5％和 230.6％。西青区以进入国家知识产权强区试点为契机，将专利工作纳入街镇考核指标体系，开展企业知识产权一把手工程，全区年专利申请量达到 1 850 件，同比增长 8％。拥有授权专利的企业达到 227 家，培育专利试点企业 42 家，百利电气、新宇彩板等企业逐步成长为知识产权优势企业，太平洋制药等 3 家企业取得专利权质押贷款 2 600 万元，瑞能电气的专利项目达产后的销售收入预计 3 亿元。东丽区（先进制造业）和经济技术开发区（生物医药产业）的 543 家中小企业进入实施国家层面的中小企业知识产权战略推进工程。目前，两区积极成立实施工作领导小组，强化组织领导，制定战略推进计划，分别设立了工程实施专项资金 1 000 万元和 5 000 万元。计划 3 年内，推进东丽区最终消灭制造业聚集区内的零专利企业，专利申请与授权量年均增长 10%以上；推进开发区累计申请专利 500 件，授权专利 200 件，产业规模达到 200 亿元。

充分调动全社会发明创造的积极性。启动实施天津市工业品外观设计促进行动和青少年知识产权促进行动。两个行动对提升自主品牌工业产品外观设计水平，提高外观设计专利的数量和质量，增强青少年创新活动价值感和成就感，充分调动民间发明创造的积极性，营造浓郁的知识产权文化起到了积极作用。举办中小学科技辅导员培训、学生主题班会、工业品外观设计知识巡回宣讲等近 100 场，近万人接受培训。120 多所学校的上万名学生、2 000 名设计人员参加行动。以中小学生群体为主的青少年科学素养和创新能力的提升成为了天津市知识产权工作的一个亮点，国家知识产权局甘绍宁、鲍红两位副局长分别作出批示，给予充分肯定。2010 年 5 月 11 日，《中国知识产权报》在头版头条对此进行宣传报道，在全国引起积极反响。[1]

二、2008～2010 年天津市知识产权流动水平指标的指数排名变化及政策分析

为了落实《天津市知识产权战略纲要》提出的到 2012 年要将天津市建设成为国家知识产权产业化示范城市的战略目标，天津市知识产权局将知识产权转化与产业化工作放在突出位置来抓。2010 年，全市发明专利实施转化率达到 80%以上。天津大学的“双质体稳定节能筛”等 10 项专利荣获第十二届中国专利优秀奖，海鸥表业设计的机械手表（8007GA）获得首届中国外观设计优秀奖，获奖项目数量创历史新高。这些获奖专利累计销售 26 亿元。

知识产权产业化政策推动确实取得了不小的成果，但全国范围与其他知识产权建设大省份相比仍有较大进步空间。相对于其他 3 个二级指标而言，天津市知识产权流动水平指标的指数排名较低，仅位居全国第 12 名。

1. 2008～2010 年天津市技术市场交易指标的指数排名变化情况

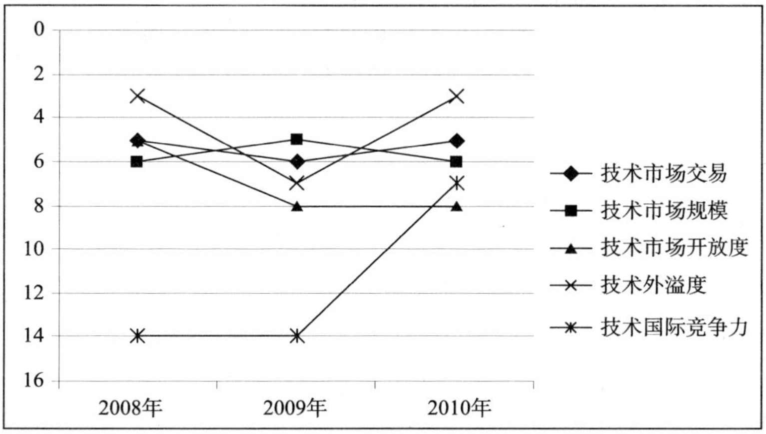

（专题）图 5－5　2008～2010 年天津市技术市场交易指标的指数排名变化图

[1] 天津市知识产权局．天津市知识产权局 2010 年工作总结［EB/OL］．（2011－04－11）［2012－02－19］．http：//www.tjipo.gov.cn/zwgk/zwgk/201104/t20110411_27098.html

（专题）图 5—5 显示，天津市技术市场交易指标的指数排名在 2010 年有不少进步。技术市场交易二级指标的排名由 2009 年的第 6 名升至第 5 名；技术市场规模指标的指数排名虽略有下降，但仍位居第 6 名；技术市场开放度指标的指数排名维持 2009 年的第 8 名；技术外溢度从 2009 年的第 7 名重新回到 2010 年的排名，位居第 3 名；技术国际竞争力进步较为明显，从第 14 名升至第 7 名。

2010 年，天津市专利权交易市场较为活跃，天津市知识产权局组织专利中介机构、金融服务机构的专家学者，共同开展《专利资产评估指引》、《专利许可贸易中评估服务机制建设的研究》等课题的研究工作，开通中国（天津）专利技术交易中心网上展示交易服务平台，知识产权交易中心顺利通过国家知识产权局验收。在东丽区成立了天津市第一家专利流转储备中心，提高专利技术的流动性。与天津市科委共同推进科技金融创新，与北方技术交易市场、新加坡知识产权交易所、市知识产权服务中心，共同建立的天津滨海国际知识产权交易所正式签约并紧张筹建，成为国内首家国际化、专业化、市场化的知识产权柜台交易平台，为具有自主知识产权的重大创新成果的实施转化提供了资金保障的新途径。据统计，天津全市专利权转让和交易数量达到 748 件，同比增加 60.9%，药物研究院“龙加通络胶囊”相关专利许可收入达 4 000 万元，天津大学“燃料乙醇”相关专利许可收入达 2 950 万元。专利实施许可备案 222 件，专利合同登记额 1.56 亿元。162 件外省份专利项目落户天津发展，较上年同比增长 80%。另外，天津市知识产权局围绕市优势产业、新型战略产业的发展需要，不断加强专利信息服务平台建设，已基本建成“中外专利数据服务平台”、“企业专利数据库服务平台”，提供免费专利文献数据 4 000 多万条，经过与相关行业协会、工商联共同推介，累计有 300 多家企业成为专利信息平台的企业用户。市知识产权服务中心指导金锚集团等 15 家企业开展专利战略研究，帮助天津碱厂等 4 家建立了企业专利数据库。通过知识产权信息服务平台的建设，扩展了技术的开放空间，无形中增加了技术的潜在交易对象，同时也增加了企业的市场竞争力。

2. 2008～2010 年天津市知识产权服务机构指标的指标的指数排名变化情况

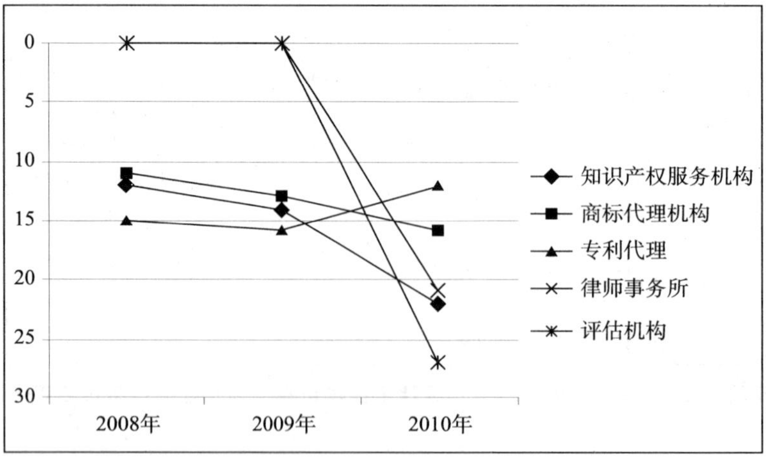

（专题）图 5—6　2008～2011 年天津市知识产权服务机构指标的指标的指数排名变化图

（专题）图 5—6 显示，知识产权服务机构指标的指数排名也持续下降，其中知识产权服务机构二级指标的排名降幅明显，降至第 22 名；商标代理机构降至第 16 名；专利代理机构指标的排名有所提升，甚至超过 2009 年的水平，位居第 12 名；在新增的律师事务所三级指标中，天津市排名第 21 位，而在新增的评估机构三级指标中，天津市排名第 27 位。

随着知识产权创造、交易的需求，知识产权服务机构有巨大的市场空间和新的市场需求，为协助知识产权服务机构能够拓宽服务范围，提高服务质量，发挥其在知识产权战略推动中的积极作用，天津是知识产权局组织开展了专利代理机构帮扶活动。天津全市专利代理人执业水平和能力有较大提高，局领导带队分别深入三利、才智等 4 家专利商标代理有限公司开展调研，邀请国家专利局资深审查员开展专利代理人执业培训，帮助专利代理人提高专利代理文件撰写以及案件代理能力。在中华全国专利代理人协会第八届全国会员代表大会上，天津市 3 人被推选为代表和理事。

3. 2008～2010 年天津市知识产权企业技改、引进指标的指数排名变化情况

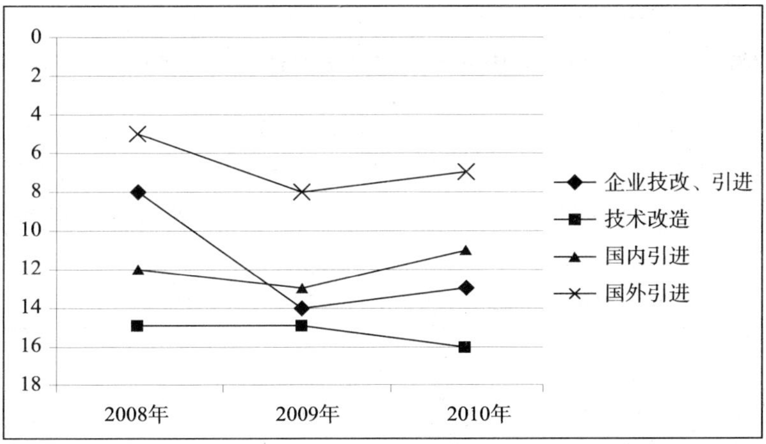

（专题）图 5—7 2008～2010 年天津市知识产权企业技改、引进指标的指数排名变化图

（专题）图 5—7 显示，天津市企业技改、引进指标的指数的排名在 2010 年略有进步，尽管未能回到 2008 年的第 5 名，也从 2009 年的第 8 名升至第 7 名；其中，国内引进指标超越了 2008 年的第 12 名，经历了 2009 年的短暂下降后，在 2010 年升至第 11 名，位国外引进指标的排名第 13 位；技术改造则降至第 16 位。

三、2008～2010 年天津市知识产权综合绩效指标的指数排名变化及政策分析

天津市政府在《关于印发天津市 2010 年国民经济和社会发展计划的通知》中指出，2010 年是实施“十一五”规划的最后一年，要通过各项政策全面推进天津市经济建设、政治建设、文化建设、社会建设、及生态文明建设，进一步增强经济实力、创新能力和综合竞争力，确保各项目标的圆满完成。而在市政府各项政策的推动下，天津市知识产权综合绩效成绩显著。

天津市知识产权综合绩效在 4 个二级指标中排名最为优先，位居全国第 2 名，表明天

津市具有有利的影响知识产权建设的相关经济基础和社会环境的相关因素，能促进知识产权的长远发展，铺设了较好的软硬件基础。

1. 2008～2010 年天津市宏观经济绩效指标的指数排名变化情况

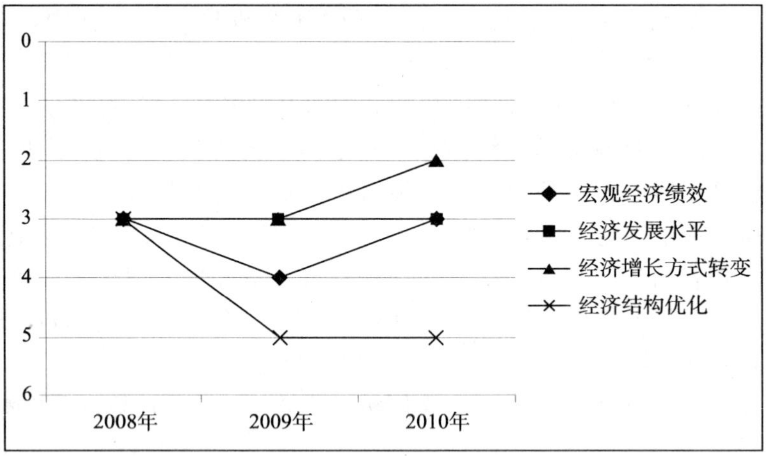

（专题）图 5—8　2008～2010 年天津市宏观经济绩效指标的指数排名变化图

（专题）图 5—8 显示，天津市宏观绩效指标的指数排名在 2009 年的略微下降后，重新回复到全国第 3 位的优势地位；其中经济发展水平指，标连续 3 年位居第 3 名；经济增长方式转变更是从连续两年的第 3 名升至第 2 名；经济机构优化暂时排名第 5 位，与 2009 年排名持平，略低于 2008 年。

2. 2008～2010 年天津市社会进步绩效指标的指数排名变化情况

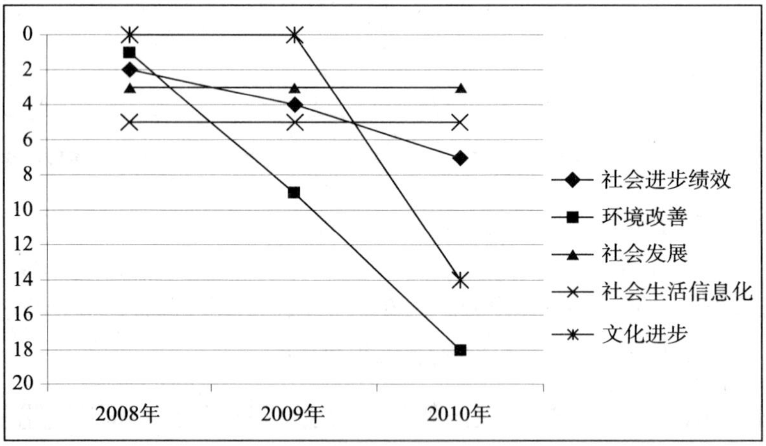

（专题）图 5—9　2008～2010 年天津市社会进步绩效指标的指数排名变化图

（专题）图 5—9 显示，因为环境改善指标的指数排名连续两年的明显下降，2010 年天津市社会进步绩效的排名也是连续两年下降。社会进步绩效从 2008 年的第 2 名降至 2010 年的第 7 名；环境改善指标从 2008 年第 1 名大幅降至 2010 年第 18 名；社会发展指标连续 3 年持平，位居全国第 3 名；社会生活信息化连续 3 年排名第 5 名；新增的文化进步三级指标中，天津市排名第 14 位。

3.2008～2010 年天津市企业发展绩效指标的指数排名变化情况

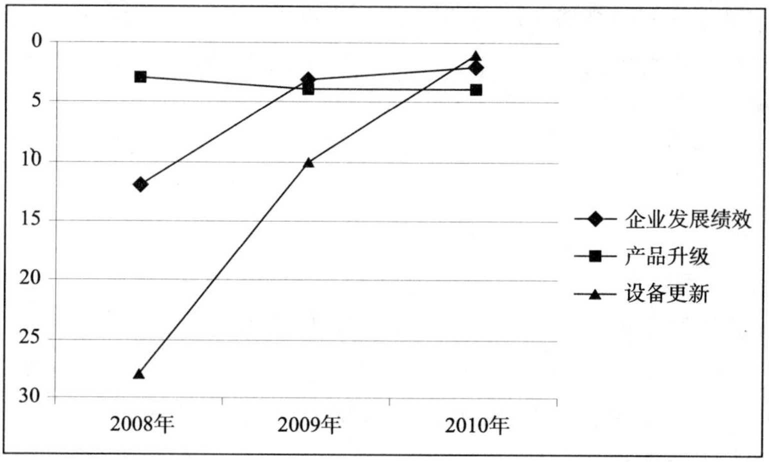

（专题）图 5－10 2008～2010 年天津市企业发展绩效指标的指数排名变化图

从（专题）图 5－10 可见，天津市企业发展绩效在 3 年中取得了不小的进步，企业发展绩效指标的指数排名连续 3 年上升，从 2008 年的第 12 名上升至 2010 年第 2 名，上升幅度较大；而设备更新指标的指数排名更是进步飞快，短短两年从第 28 名跃居全国榜首，其政策推动效果非常明显；产品升级指标的指数排名与 2009 年相同，位居第 4 名。

四、2008～2010 年天津市知识产权创造潜力指标的指数排名变化及政策分析

与知识产权产出水平代表一个区域知识产权目前的发展水平相对应，知识产权的创造潜力预示了此区域未来一段时间的知识产权发展趋势，知识产权创造的各项投入、成果和环境必将推动知识产权产出数量、质量及交易基础。天津市知识产权创造潜力指标的指数排名第 7 位，体现了天津市在知识产权未来发展的巨大潜力。

1.2008～2010 年天津市知识产权创造投入指标的指数排名变化情况

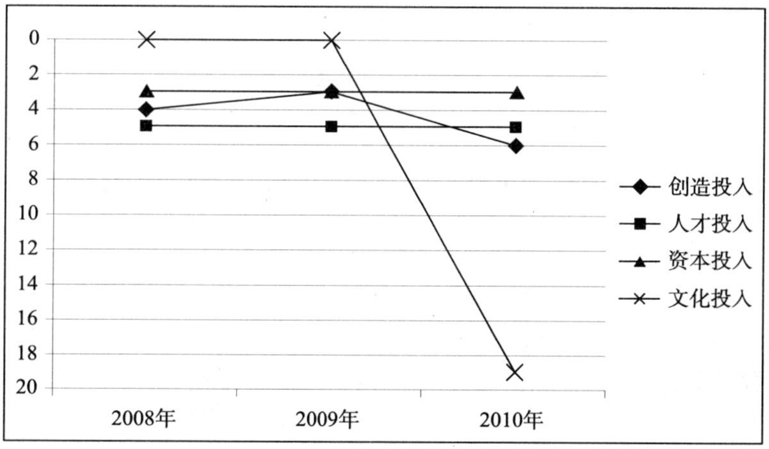

（专题）图 5－11 2008～2010 年天津市知识产权创造投入指标的指数排名变化图

天津市创造投入指标和除文化投入外的三级指标排名均属全国前列。从（专题）图5－11可看出，创造投入综合指标略有下降，人才投入和资本投入指标连续3年持平。另外，在2012年新增的文化投入指标中，天津市位居第19名，尽管较其他指标排名较低，但也属全国中等水平。

天津市非常重视知识产权人才培养工作，重点围绕市重大项目、重点行业、优势产业、高新技术领域需求，建立健全了多层次、多渠道、全方位的知识产权教育培训工作体系，形成年初制订全市培训计划、全年组织推动落实、年终总结培训成效的工作模式。与天津市委组织部开展的领导干部知识产权培训已经成为品牌培训活动，受到天津市委组织部部长的表扬，在全国引起较大反响。2010年，开展了高等院校领导干部知识产权研讨班、区县知识产权领导培训班、专利试点单位管理工作者培训班、天津市重大项目知识产权培训班、科技型中小企业知识产权培训、中小学知识产权教育师资培训等重点培训25次，培训5 200人次。此外，各区县也充分利用知识产权宣传周、科技周等，积极开展各类培训，据统计，全市全年开展知识产权培训达到103次，培训1.2万人次。增强了全市各部门、企事业单位人才的知识产权意识和实力。

2.2008～2010年天津市知识产权创造成果指标的指数排名变化情况

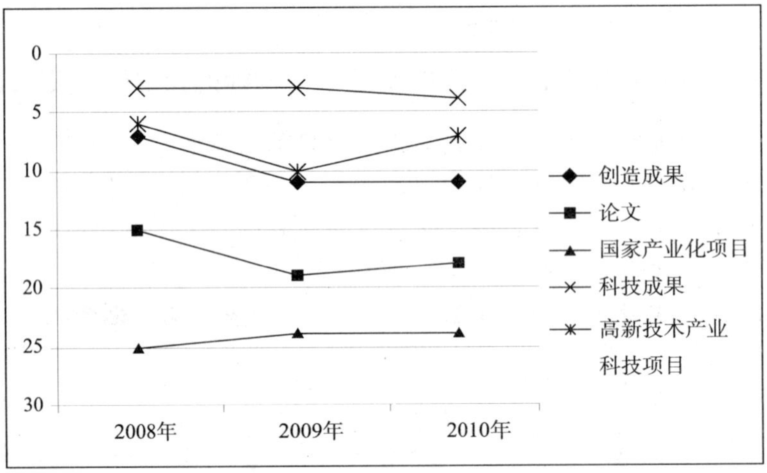

（专题）图5－12　2008～2010年天津市知识产权创造成果指标的指数排名变化图

（专题）图5－12显示，天津市2010年知识产权创造成果综合指标的指数排名与2009年持平。三级指标中，除科技成果指标排名略有下降，国家产业化项目指标排名于2009年持平外，其余指标的指数排名均有所上升。仅科技成果和高新技术产业科技项目两个指标的指数排名位于前10名，国家产业化项目进步空间较大。

3. 2008～2010年天津市知识产权创造环境指标的指数排名变化情况

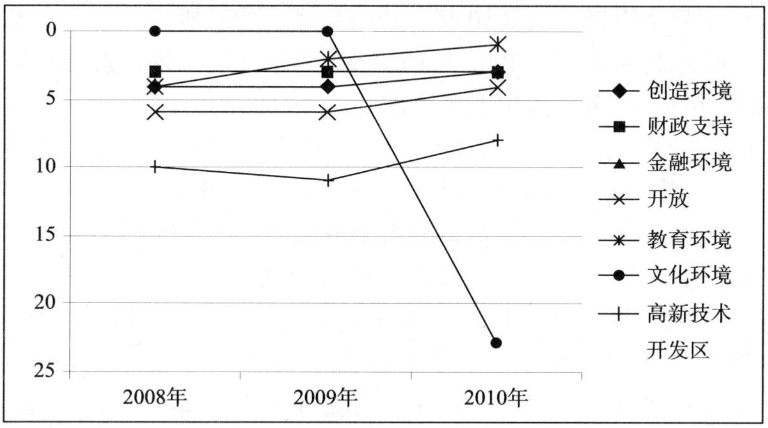

（专题）图5－13 2008～2010年天津市知识产权创造环境指标的指数排名变化图

天津市知识产权创造环境综合指标和多个三级指标排名均属全国领先行列，其中（专题）图5－13中5个指标的指数排名属全国前5名，高新技术开发区指标排名也进入前10名，在增的文化环境指标中，天津市排名第24位，较其他指标仍有较大进步空间。

2010年天津市制定《知识产权质押贷款融资工作方案》，带动区县开展专利权质押投融资工作。滨海新区等12个区县制定了工作方案，其中6个区县制定贴息、担保、资助等激励政策。市区两级知识产权部门共同开展银企对接服务20余次，推动锐意泰克等24家科技型中小企业获得专利权质押贷款1.76亿元，是2009年的4倍多，占全国专利权质押贷款额比重从2009年的0.6％上升至3.3％，实现了历史性的突破。与银监局、金融办、中小企业局等部门的协作，推动浦发银行天津分行、泰达小企业信用担保中心等10家金融机构开展专利权质押信贷和担保业务，比2009年增加了6家。天津市成为国家知识产权局首个知识产权质押融资试点直辖市，为知识产权创造和交易提供了良好的金融环境和财政支持。另外，天津市在青少年中间大力开展知识产权创造的各种活动，利用各种途径宣传推广知识产权战略，形成了良好的文化环境、创造环境。

4. 2008～2010年天津市知识产权试点示范指标的指数排名变化情况

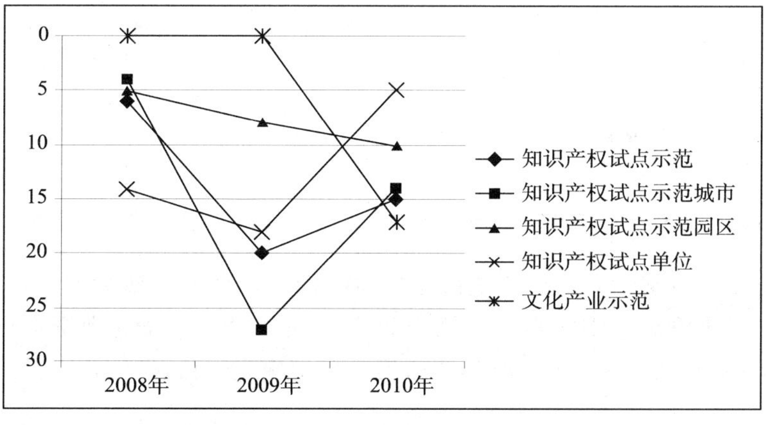

（专题）图5－14 2008～2010年天津市知识产权试点示范指标的指数排名变化图

从（专题）图 5－14 可见，天津市知识产权试点示范指标在 3 年间指数排名波动较大，在经历了 2009 年的下降后，2010 年各项指标排名均有所上升，其中知识产权试点单位指标的指数排名进步明显，从 2009 年的第 18 名升至第 5 名；新增的文化产业示范指标，天津市位居全国第 17 名，属中上游城市。

2010 年天津市知识产权试点工作得到国家知识产权局局长田力普的高度评价，曾专门批示向全国推广天津市企业专利试点工作经验。天津市知识产权局会同市经信委，继续大力推进企业专利试点工作。全年新增专利试点单位 252 家，市区两级试点企业累计达到 611 家，其中市级试点单位 243 家、区县行业级试点单位 368 家，24 家中央驻津单位、73 家市重大项目单位、38 家大院大所进入了试点行列。按同比口径计算，试点单位专利申请量达到 13 207 件，同比增长 51.3％，占天津全市企业申请总量的 73.8％，其中发明专利申请达到 6 316 件，占企业专利申请的 45.3％。电力公司、天发水电、生机集团等一批企业，制定和实施了知识产权战略。绝大多数试点单位建立了知识产权管理制度，60％以上的试点企业建立专利数据库，70％的企业在经营决策中树立知识产权战略思想。天士力集团、天津大学入选全国第一批知识产权示范单位，钢管公司、药物研究院等 6 家企事业单位成为国家知识产权示范创建单位，天发水电、瑞普制药等 29 家企事业单位成为国家知识产权试点单位。通过知识产权产权试点单位的实际业务总结相关经验，可以普遍适用的在全市推广，为其他企业知识产权管理制度的建立树立了榜样，试点企业的知识产权产出和流动带动了天津市知识产权创造和交易。

5. 2008～2010 年天津市企业创造潜力指标的指数排名变化情况

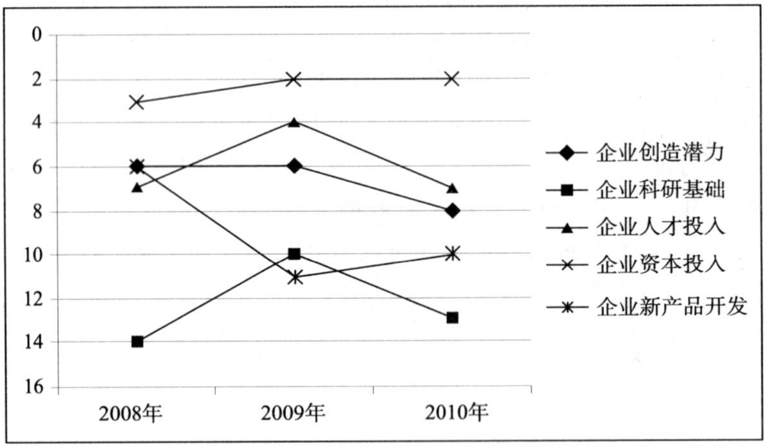

（专题）图 5－15　2008～2010 年天津市企业创造潜力指标的指数排名变化图

（专题）图 5－15 显示，企业创造潜力指标的指数排名变化较为明显，多数指标排名在经历 2009 年的上升后，2010 年基本回复到 2008 年的水平，而企业资本投入指标连续 3 年入围前 3 名，2010 年维持了 2009 年全国第 3 名的领先地位。

6. 2008～2010 年天津市知识产权行政保护指标的指数排名变化情况

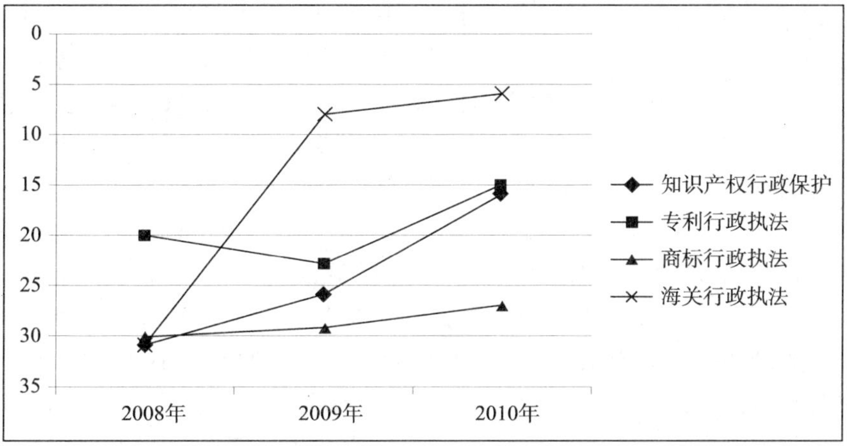

（专题）图 5－16　2008～2010 年天津市知识产权行政保护指标的指数排名变化图

知识产权保护水平直接关系到权利人的创造热情和社会对知识产权的重视和关注程度。（专题）图 5－16 显示，天津市知识产权行政保护在 2010 年有了明显的进步，行政保护综合指标从 2008 年的第 31 名跃至 2010 年的第 15 名；专利行政执法在 2010 年排名与行政保护综合指数排名相同；商标行政执法在几个三级指标中排名较为落后，位居全国第 27 名；海关行政执法进步最为突出，2010 年已经列全国第 6 名，体现了天津市海关执法工作的良好成果。

2010 年，天津市知识产权保护水平得到快速提升，营造了优良的投资创业环境。围绕天津市战略纲要提出的“健全知识产权行政执法体系，加强知识产权司法保护”，积极发挥作用，多方调研沟通，促进全市建立一个集行政保护、司法保护、自我救济等在内的高效的知识产权保护体系，优化知识产权法制环境，打造优良的经济发展环境和投资环境。

一是打造全市知识产权联合执法和综合执法协作平台。天津市知识产权局分别与天津市委宣传部、商务委、工商局、公安局等部门开展交流活动，强化知识产权管理部门间定期沟通和重大案件会商、通报制度，健全知识产权行政联合执法协调机制和快速反应机制。与天津市高级人民法院建立知识产权行政保护与司法保护工作协作机制，发挥司法保护与行政保护在知识产权双轨制保护模式中的作用。2010 年，通过与各相关部门的相互走访、调研与沟通，天津全市知识产权执法协作体系逐步健全，执法资源的配置日趋科学合理，执法效率得到提高。全年共调处专利纠纷案件 6 件，其中新立案 3 件，当年结案率达到 100％，案件调撤率达到 83％。

二是部署落实打击侵犯知识产权和制售假冒伪劣商品专项行动。全国知识产权保护电视电话会议后，天津市及时制定了《天津市知识产权局打击侵犯知识产权和制售假冒伪劣商品专项行动工作方案》，专门召开局长办公会研究部署。成立专项行动办公室，协助做好全市专项行动组织实施的统筹协调工作。在为期半年的时间里，开展坚决打击反复、群体、恶意专利侵权行为及假冒专利行为等 10 项重点工作。同时要求各有关单位对是否涉嫌侵犯专利权情况进行自查自纠，并深入部分重点商业企业对带专利标记商品进行专项检查。督促各区县知识产权局加快推进专项行动，宝坻、南开等区政府召开打击侵犯知识产权和制售假冒伪劣商品工作会议，成立了专项行动工作小组。2010 年 12 月 7～17 日，在全市范围内开展了近年来最大规模的打击专利侵权集中执法行动。国务院“双打”行动督查组到天津市“12330”检查知识产权举报投诉和维权援助工作，对市知识产权保护工作给予了充分肯定。

三是持续开展“雷雨”“天网”等知识产权专项执法行动。开展市场检查、网络检查与接受群众对假冒专利举报相结合的方式，组织策划开展重点打击知识产权侵权假冒行为（“雷雨”行动）与专利诈骗行为（“天网”行动）的知识产权保护专项行动。30 余次组织天津市知识产权维权援助中心、河东、南开等区县知识产权局的专利行政执法人员，对部分超市、装饰城、药房店，对与人民群众切身利益相关的药品、药械、食品、建材等 3 万多件产品进行执法检查，开展网员单位自查活动，自查专利商品近 30 万件，查处假冒专利案件 16 起。世博会期间，重点检查了带有世博会标志的专利产品 15 000 多件，对带有专利标记的近百类（型号）商品进行了造册登记。进驻第十七届津洽会、第十届中国北方国际自行车展等 23 个大型展会，共接待咨询近 1 600 人次，发放知识产权宣传材料3 000 份，取得了良好的社会效果。

四是不断加强知识产权保护宣传。联合天津市工商局、版权局等相关部门，牵头编写《2009 年知识产权保护状况白皮书》，由市政府新闻办以新闻发布会形式对外发布，及时客观地反映了全市知识产权创造、运用、保护和管理取得的成效。配合天津市政府办公厅召开部分市人大代表、政协委员参加的“实施知识产权战略，提升天津市自主创新能力”座谈会，介绍近年来天津市知识产权发展的总体概况、工作模式、发展趋势，广泛收集代表、委员们意见和建议。联合今晚传媒集团、天津市知识产权维权援助中心、市老科技工作者协会、市律师协会共同举办知识产权保护座谈会，走进今晚传媒热线，解答社会公众的知识产权问题，营造浓厚的知识产权保护氛围。[1]

2010 年天津市知识产权工作取得了不少成绩，也有部分需仅需完善和改进的内容。天津全市知识产权工作继续以科学发展为主题，以加快经济发展方式转变为主线，将市委、市政府总体部署与知识产权实际紧密结合，真抓实干、追求实效，系统推进各项工作达到更高水平。努力把天津市建设成为国家知识产权产业化示范城市，为增强全市经济实力、创新能力和综合竞争力提供有力支撑。2011 年，天津市继续推动 2010 年各项政策的落实，加深了与其他省份在知识产权建设问题的交流；举办各种知识产权培训班，提高各级领导、相关企业及人才的知识产权力量储备；举办促进知识产权服务机构发展业务研讨会，积极推动知识产权服务机构在知识产权战略实施中的重要作用；各级行政部门联合执法，与仲裁委、法院、海关等相关部门座谈，从各方面完善知识产权保护；利用“知识产权宣传周”和第五届“中国专利周”等，大力宣传知识产权知识，培育良好的知识产权创造环境，建设知识产权交易平台，促进知识产权的转化，真正实现知识产权在经济转型和社会进步中的推动作用。

---

[1] 天津市知识产权局. 天津市知识产权局 2010 年工作总结 [EB/OL]. (2011－04－11) [2012－02－19]. http://www.tjipo.gov.cn/zwgk/zwgk/201104/t20110411_27098.html.

附录一　各省份知识产权综合实力分项指标指数及排名

（附录）表1—1　北京知识产权综合实力分项指标指数及排名表

知识产权综合实力指数　0.605			排名　1		
指标	指数	排名	指标	指数	排名
知识产权产出水平	0.635	1			
人均产出	0.816	1	外贸额与PCT申请比	1.000	1
专利总量	0.772	1	**产出效率**	0.449	5
商标总量	1.000	1	人才产出效率	0.499	5
版权总量	1.000	1	资本产出效率	0.398	9
集成电路布图设计总量	0.309	2	**企业产出**	0.442	5
农业植物新品种总量	1.000	1	企业产出规模	0.302	5
产出质量	0.728	1	企业产出质量	0.332	5
专利有效性	0.743	2	企业产出效率	0.693	6
商标有效性	1.000	1	**高校和研发机构产出**	0.742	2
专利金奖	1.000	1	高校和研发机构产出规模	1.000	1
驰名商标	0.375	6	高校和研发机构产出质量	1.000	1
“中华老字号”	0.650	2	高校和研发机构产出效率	0.226	15
集成电路布图设计登记发证	0.324	2			
知识产权流动水平	0.596	1			
技术市场交易	0.926	1	专利代理	0.283	5
技术市场规模	1.000	1	律师事务所	0.890	2
技术市场开放度	0.706	2	评估机构	0.698	2
技术外溢度	1.000	1	**企业技改、引进**	0.171	16
技术国际竞争力	1.000	1	技术改造	0.212	14
知识产权服务机构	0.691	2	国内引进	0.072	21
商标代理机构	0.894	2	国外引进	0.229	10

续表

知识产权综合实力指数 0.605			排名 1		
指标	指数	排名	指标	指数	排名
知识产权综合绩效	0.688	3			
宏观经济绩效	0.847	2	社会发展	0.852	2
经济发展水平	0.934	2	社会生活信息化	0.990	1
经济增长方式转变	0.606	4	文化进步	0.970	2
经济结构优化	1.000	1	**企业发展绩效**	0.343	20
社会进步绩效	0.875	2	产品升级	0.541	5
环境改善	0.688	25	设备更新	0.146	27
知识产权创造潜力	0.501	2			
创造投入	0.580	1	高新技术开发区	0.980	1
人才投入	0.320	6	**知识产权试点示范**	0.438	6
资本投入	0.168	16	知识产权试点示范城市	0.154	14
文化投入	0.129	16	知识产权试点示范园区	0.143	10
创造成果	0.481	1	知识产权试点单位	0.860	2
论文	0.709	1	文化产业示范	0.596	6
国家产业化项目	0.121	10	**企业创造潜力**	0.600	6
科技成果	1.000	1	企业科研基础	0.524	8
高新技术产业科技项目	0.096	8	企业人才投入	0.956	1
创造环境	0.753	1	企业资本投入	0.731	10
财政支持	0.957	2	企业新产品开发	0.187	12
金融环境	1.000	1	**知识产权行政保护**	0.153	12
开放	0.378	7	专利行政执法	0.114	16
教育环境	0.771	2	商标行政执法	0.131	12
文化环境	0.430	4	海关行政执法	0.213	5

（附录）表1—2 上海知识产权综合实力分项指标指数及排名表

知识产权综合实力指数 0.567			排名 2		
指标	指数	排名	指标	指数	排名
知识产权产出水平	0.573	3			
人均产出	0.496	2	外贸额与PCT专利比	0.149	13
专利总量	0.670	2	**产出效率**	0.736	2
商标总量	0.675	2	人才产出效率	0.896	2
版权总量	0.062	2	资本产出效率	0.576	4
集成电路布图设计总量	1.000	1	**企业产出**	0.501	4
农业植物新品种总量	0.071	14	企业产出规模	0.395	4
产出质量	0.598	2	企业产出质量	0.460	3
专利有效性	0.748	1	企业产出效率	0.647	8
商标有效性	0.603	3	**高校和研发机构产出**	0.532	4
专利金奖	0.341	3	高校和研发机构产出规模	0.581	3
驰名商标	0.345	9	高校和研发机构产出质量	0.621	2
“中华老字号”	1.000	1	高校和研发机构产出效率	0.396	6
集成电路布图设计登记发证	1.000	1			
知识产权流动水平	0.543	3			
技术市场交易	0.619	2	专利代理	0.409	4
技术市场规模	0.336	2	律师事务所	0.634	5
技术市场开放度	1.000	1	评估机构	0.189	19
技术外溢度	0.559	4	**企业技改、引进**	0.632	2
技术国际竞争力	0.581	2	技术改造	0.255	11
知识产权服务机构	0.376	6	国内引进	0.643	3
商标代理机构	0.272	4	国外引进	1.000	1
知识产权综合绩效	0.748	1			
宏观经济绩效	0.862	1	社会发展	1.000	1
经济发展水平	1.000	1	社会生活信息化	0.951	2
经济增长方式转变	0.845	1	文化进步	0.964	3
经济结构优化	0.740	2	**企业发展绩效**	0.433	9
社会进步绩效	0.948	1	产品升级	0.598	3
环境改善	0.878	7	设备更新	0.268	24

续表

知识产权综合实力指数 0.567			排名 2		
指标	指数	排名	指标	指数	排名
知识产权创造潜力	0.406	6			
创造投入	0.364	4	高新技术开发区	0.151	10
人才投入	0.353	5	**知识产权试点示范**	0.270	19
资本投入	0.231	8	知识产权试点示范城市	0.154	14
文化投入	0.077	22	知识产权试点示范园区	0.143	10
创造成果	0.267	6	知识产权试点单位	0.535	9
论文	0.373	4	文化产业示范	0.248	21
国家产业化项目	0.069	21	**企业创造潜力**	0.572	7
科技成果	0.477	2	企业科研基础	0.443	15
高新技术产业科技项目	0.150	5	企业人才投入	0.719	2
创造环境	0.625	2	企业资本投入	0.739	9
财政支持	1.000	1	企业新产品开发	0.385	5
金融环境	0.791	2	**知识产权行政保护**	0.337	4
开放	1.000	1	专利行政执法	0.080	19
教育环境	0.384	23	商标行政执法	0.681	3
文化环境	0.421	6	海关行政执法	0.248	4

（附录）表 1—3 广东知识产权综合实力分项指标指数及排名表

知识产权综合实力指数 0.545			排名 3		
指标	指数	排名	指标	指数	排名
知识产权产出水平	0.478	4			
人均产出	0.220	5	外贸额与 PCT 申请比	0.630	3
专利总量	0.499	4	**产出效率**	0.604	3
商标总量	0.412	4	人才产出效率	0.654	3
版权总量	0.001	22	资本产出效率	0.554	5
集成电路布图设计总量	0.145	4	**企业产出**	0.783	1
农业植物新品种总量	0.042	26	企业产出规模	0.715	2
产出质量	0.476	3	企业产出质量	0.903	1
专利有效性	0.410	5	企业产出效率	0.733	5
商标有效性	0.432	4	**高校和研发机构产出**	0.308	7
专利金奖	0.439	2	高校和研发机构产出规模	0.268	7
驰名商标	1.000	1	高校和研发机构产出质量	0.274	8
“中华老字号”	0.317	7	高校和研发机构产出效率	0.383	7
集成电路布图设计登记发证	0.105	5			

续表

知识产权综合实力指数　0.545			排名　3		
指标	指数	排名	指标	指数	排名
知识产权流动水平	0.549	2			
技术市场交易	0.388	3	专利代理	0.749	2
技术市场规模	0.180	4	律师事务所	1.000	1
技术市场开放度	0.692	3	评估机构	0.435	11
技术外溢度	0.441	12	**企业技改、引进**	0.463	4
技术国际竞争力	0.237	3	技术改造	0.374	7
知识产权服务机构	0.796	1	国内引进	0.307	8
商标代理机构	1.000	1	国外引进	0.707	2
知识产权综合绩效	0.611	4			
宏观经济绩效	0.687	4	社会发展	0.646	8
经济发展水平	0.636	6	社会生活信息化	0.717	3
经济增长方式转变	0.750	3	文化进步	0.798	7
经济结构优化	0.675	3	**企业发展绩效**	0.378	15
社会进步绩效	0.767	4	产品升级	0.475	7
环境改善	0.905	6	设备更新	0.282	23
知识产权创造潜力	0.542	1			
创造投入	0.369	3	高新技术开发区	0.598	2
人才投入	0.103	26	**知识产权试点示范**	0.563	2
资本投入	0.121	22	知识产权试点示范城市	0.385	7
文化投入	0.446	2	知识产权试点示范园区	0.571	3
创造成果	0.360	3	知识产权试点单位	0.419	18
论文	0.116	25	文化产业示范	0.877	1
国家产业化项目	0.228	4	**企业创造潜力**	0.713	2
科技成果	0.097	23	企业科研基础	0.494	11
高新技术产业科技项目	1.000	1	企业人才投入	0.621	4
创造环境	0.431	5	企业资本投入	0.824	4
财政支持	0.276	8	企业新产品开发	0.911	2
金融环境	0.000	31	**知识产权行政保护**	0.815	1
开放	0.686	2	专利行政执法	0.866	1
教育环境	0.472	16	商标行政执法	0.695	2
文化环境	0.552	1	海关行政执法	0.883	1

（附录）表1—4 江苏知识产权综合实力分项指标指数及排名表

知识产权综合实力指数 0.543			排名 4		
指标	指数	排名	指标	指数	排名
知识产权产出水平	0.580	2			
人均产出	0.229	4	外贸额与PCT申请比	0.051	27
专利总量	0.525	3	**产出效率**	0.782	1
商标总量	0.196	7	人才产出效率	0.913	1
版权总量	0.015	7	资本产出效率	0.651	2
集成电路布图设计总量	0.252	3	**企业产出**	0.773	2
农业植物新品种总量	0.159	5	企业产出规模	0.978	1
产出质量	0.339	5	企业产出质量	0.722	2
专利有效性	0.448	4	企业产出效率	0.621	10
商标有效性	0.224	6	**高校和研发机构产出**	0.775	1
专利金奖	0.195	5	高校和研发机构产出规模	0.927	2
驰名商标	0.739	3	高校和研发机构产出质量	0.616	3
“中华老字号”	0.533	3	高校和研发机构产出效率	0.783	2
集成电路布图设计登记发证	0.182	3			
知识产权流动水平	0.541	4			
技术市场交易	0.339	4	专利代理	1.000	1
技术市场规模	0.200	3	律师事务所	0.663	3
技术市场开放度	0.675	4	评估机构	0.593	5
技术外溢度	0.454	10	**企业技改、引进**	0.656	1
技术国际竞争力	0.028	10	技术改造	1.000	1
知识产权服务机构	0.627	3	国内引进	0.419	5
商标代理机构	0.251	5	国外引进	0.547	3
知识产权综合绩效	0.586	5			
宏观经济绩效	0.584	5	社会发展	0.693	6
经济发展水平	0.650	5	社会生活信息化	0.450	8
经济增长方式转变	0.512	7	文化进步	1.000	1
经济结构优化	0.589	4	**企业发展绩效**	0.439	7
社会进步绩效	0.736	5	产品升级	0.412	11
环境改善	0.800	13	设备更新	0.466	12

续表

知识产权综合实力指数 0.543			排名 4		
指标	指数	排名	指标	指数	排名
知识产权创造潜力	0.464	5			
创造投入	0.353	5	高新技术开发区	0.356	3
人才投入	0.231	8	**知识产权试点示范**	0.562	3
资本投入	0.185	12	知识产权试点示范城市	1.000	1
文化投入	0.359	3	知识产权试点示范园区	0.714	2
创造成果	0.435	2	知识产权试点单位	0.116	26
论文	0.283	9	文化产业示范	0.419	11
国家产业化项目	0.989	1	**企业创造潜力**	0.719	1
科技成果	0.115	20	企业科研基础	0.703	2
高新技术产业科技项目	0.351	2	企业人才投入	0.488	9
创造环境	0.463	4	企业资本投入	0.757	8
财政支持	0.352	4	企业新产品开发	0.926	1
金融环境	0.266	5	**知识产权行政保护**	0.256	6
开放	0.606	3	专利行政执法	0.519	5
教育环境	0.655	5	商标行政执法	0.227	6
文化环境	0.541	2	海关行政执法	0.021	8

（附录）表1—5 浙江知识产权综合实力分项指标指数及排名表

知识产权综合实力指数 0.455			排名 5		
指标	指数	排名	指标	指数	排名
知识产权产出水平	0.464	5			
人均产出	0.246	3	外贸额与PCT申请比	0.080	21
专利总量	0.441	5	**产出效率**	0.366	8
商标总量	0.582	3	人才产出效率	0.419	6
版权总量	0.020	4	资本产出效率	0.313	12
集成电路布图设计总量	0.136	5	**企业产出**	0.595	3
农业植物新品种总量	0.051	21	企业产出规模	0.429	3
产出质量	0.405	4	企业产出质量	0.444	4
专利有效性	0.643	3	企业产出效率	0.912	2
商标有效性	0.670	2	**高校和研发机构产出**	0.709	3
专利金奖	0.098	10	高校和研发机构产出规模	0.568	4
驰名商标	0.720	4	高校和研发机构产出质量	0.589	4
“中华老字号”	0.506	4	高校和研发机构产出效率	0.969	1
集成电路布图设计登记发证	0.117	4			

续表

知识产权综合实力指数 0.455			排名 5		
指标	指数	排名	指标	指数	排名
知识产权流动水平	0.354	6			
技术市场交易	0.197	11	专利代理	0.572	3
技术市场规模	0.103	8	律师事务所	0.515	6
技术市场开放度	0.306	7	评估机构	0.516	7
技术外溢度	0.364	20	**企业技改、引进**	0.376	6
技术国际竞争力	0.015	20	技术改造	0.468	5
知识产权服务机构	0.490	5	国内引进	0.303	9
商标代理机构	0.357	3	国外引进	0.356	6
知识产权综合绩效	0.535	6			
宏观经济绩效	0.499	6	社会发展	0.750	4
经济发展水平	0.736	4	社会生活信息化	0.687	4
经济增长方式转变	0.529	6	文化进步	0.962	4
经济结构优化	0.233	13	**企业发展绩效**	0.298	24
社会进步绩效	0.810	3	产品升级	0.534	6
环境改善	0.839	9	设备更新	0.061	30
知识产权创造潜力	0.467	4			
创造投入	0.231	8	高新技术开发区	0.138	12
人才投入	0.185	12	**知识产权试点示范**	0.533	4
资本投入	0.164	17	知识产权试点示范城市	0.692	3
文化投入	0.136	15	知识产权试点示范园区	0.429	4
创造成果	0.310	4	知识产权试点单位	0.651	5
论文	0.151	21	文化产业示范	0.358	16
国家产业化项目	0.766	2	**企业创造潜力**	0.638	3
科技成果	0.171	12	企业科研基础	0.858	1
高新技术产业科技项目	0.153	4	企业人才投入	0.403	16
创造环境	0.407	6	企业资本投入	0.764	6
财政支持	0.317	5	企业新产品开发	0.526	4
金融环境	0.447	4	**知识产权行政保护**	0.682	2
开放	0.455	5	专利行政执法	0.549	4
教育环境	0.639	6	商标行政执法	0.734	1
文化环境	0.444	3	海关行政执法	0.762	2

（附录）表 1—6 山东知识产权综合实力分项指标指数及排名表

知识产权综合实力指数 0.402			排名 6		
指标	指数	排名	指标	指数	排名
知识产权产出水平	0.215	8			
人均产出	0.077	10	外贸额与 PCT 申请比	0.087	20
专利总量	0.162	7	**产出效率**	0.184	19
商标总量	0.109	10	人才产出效率	0.228	10
版权总量	0.003	17	资本产出效率	0.140	26
集成电路布图设计总量	0.007	13	**企业产出**	0.270	11
农业植物新品种总量	0.106	10	企业产出规模	0.234	6
产出质量	0.240	6	企业产出质量	0.233	6
专利有效性	0.146	8	企业产出效率	0.342	16
商标有效性	0.119	8	**高校和研发机构产出**	0.302	8
专利金奖	0.195	5	高校和研发机构产出规模	0.266	8
驰名商标	0.759	2	高校和研发机构产出质量	0.224	9
“中华老字号”	0.367	5	高校和研发机构产出效率	0.417	4
集成电路布图设计登记发证	0.007	14			
知识产权流动水平	0.407	5			
技术市场交易	0.221	8	专利代理	0.226	6
技术市场规模	0.080	9	律师事务所	0.659	4
技术市场开放度	0.262	9	评估机构	1.000	1
技术外溢度	0.383	16	**企业技改、引进**	0.477	3
技术国际竞争力	0.160	4	技术改造	0.623	2
知识产权服务机构	0.522	4	国内引进	0.350	6
商标代理机构	0.204	6	国外引进	0.458	4
知识产权综合绩效	0.514	8			
宏观经济绩效	0.390	8	社会发展	0.694	5
经济发展水平	0.493	8	社会生活信息化	0.305	14
经济增长方式转变	0.467	8	文化进步	0.580	20
经济结构优化	0.210	14	**企业发展绩效**	0.577	3
社会进步绩效	0.576	11	产品升级	0.430	9
环境改善	0.727	21	设备更新	0.724	5

续表

知识产权综合实力指数 0.402			排名 6		
指标	指数	排名	指标	指数	排名
知识产权创造潜力	0.471	3			
创造投入	0.518	2	高新技术开发区	0.227	4
人才投入	0.198	11	**知识产权试点示范**	0.740	1
资本投入	0.205	9	知识产权试点示范城市	1.000	1
文化投入	1.000	1	知识产权试点示范园区	1.000	1
创造成果	0.277	5	知识产权试点单位	0.512	10
论文	0.146	23	文化产业示范	0.449	10
国家产业化项目	0.633	3	**企业创造潜力**	0.635	5
科技成果	0.179	11	企业科研基础	0.562	6
高新技术产业科技项目	0.150	6	企业人才投入	0.465	10
创造环境	0.290	9	企业资本投入	0.813	5
财政支持	0.146	12	企业新产品开发	0.700	3
金融环境	0.157	10	**知识产权行政保护**	0.363	3
开放	0.176	10	专利行政执法	0.742	2
教育环境	0.635	7	商标行政执法	0.285	5
文化环境	0.398	8	海关行政执法	0.063	7

（附录）表1—7 天津知识产权综合实力分项指标指数及排名表

知识产权综合实力指数 0.376			排名 7		
指标	指数	排名	指标	指数	排名
知识产权产出水平	0.248	6			
人均产出	0.160	6	外贸额与PCT申请比	0.125	15
专利总量	0.414	6	**产出效率**	0.391	7
商标总量	0.253	6	人才产出效率	0.523	4
版权总量	0.016	6	资本产出效率	0.260	17
集成电路布图设计总量	0.048	9	**企业产出**	0.288	9
农业植物新品种总量	0.068	17	企业产出规模	0.126	9
产出质量	0.196	9	企业产出质量	0.106	9
专利有效性	0.310	6	企业产出效率	0.631	9
商标有效性	0.212	7	**高校和研发机构产出**	0.208	11

续表

知识产权综合实力指数 0.376			排名 7		
指标	指数	排名	指标	指数	排名
专利金奖	0.098	10	高校和研发机构产出规模	0.173	11
驰名商标	0.192	13	高校和研发机构产出质量	0.137	12
“中华老字号”	0.367	5	高校和研发机构产出效率	0.313	10
集成电路布图设计登记发证	0.067	6			
知识产权流动水平	0.204	12			
技术市场交易	0.269	5	专利代理	0.110	12
技术市场规模	0.126	6	律师事务所	0.201	21
技术市场开放度	0.279	8	评估机构	0.105	27
技术外溢度	0.610	3	**企业技改、引进**	0.225	13
技术国际竞争力	0.061	7	技术改造	0.178	16
知识产权服务机构	0.117	22	国内引进	0.161	11
商标代理机构	0.050	16	国外引进	0.338	7
知识产权综合绩效	0.740	2			
宏观经济绩效	0.721	3	社会发展	0.765	3
经济发展水平	0.834	3	社会生活信息化	0.623	5
经济增长方式转变	0.752	2	文化进步	0.658	14
经济结构优化	0.576	5	**企业发展绩效**	0.793	2
社会进步绩效	0.706	7	产品升级	0.586	4
环境改善	0.775	18	设备更新	1.000	1
知识产权创造潜力	0.312	7			
创造投入	0.320	6	高新技术开发区	0.169	8
人才投入	0.168	16	**知识产权试点示范**	0.309	15
资本投入	0.180	14	知识产权试点示范城市	0.154	14
文化投入	0.107	19	知识产权试点示范园区	0.143	10
创造成果	0.169	11	知识产权试点单位	0.651	5
论文	0.184	18	文化产业示范	0.286	17
国家产业化项目	0.050	24	**企业创造潜力**	0.520	8
科技成果	0.333	4	企业科研基础	0.464	13
高新技术产业科技项目	0.108	7	企业人才投入	0.543	7
创造环境	0.470	3	企业资本投入	0.862	2
财政支持	0.622	3	企业新产品开发	0.211	10
金融环境	0.557	3	**知识产权行政保护**	0.087	16
开放	0.475	4	专利行政执法	0.115	15
教育环境	0.840	1	商标行政执法	0.028	27
文化环境	0.155	23	海关行政执法	0.117	6

（附录）表1—8 辽宁知识产权综合实力分项指标指数及排名表

知识产权综合实力指数 0.308			排名 8		
指标	指数	排名	指标	指数	排名
知识产权产出水平	0.204	10			
人均产出	0.084	8	外贸额与PCT申请比	0.109	18
专利总量	0.151	9	**产出效率**	0.270	13
商标总量	0.085	12	人才产出效率	0.245	9
版权总量	0.017	5	资本产出效率	0.295	14
集成电路布图设计总量	0.080	7	**企业产出**	0.136	18
农业植物新品种总量	0.087	13	企业产出规模	0.124	12
产出质量	0.156	12	企业产出质量	0.092	13
专利有效性	0.132	10	企业产出效率	0.192	23
商标有效性	0.112	9	**高校和研发机构产出**	0.376	5
专利金奖	0.146	7	高校和研发机构产出规模	0.356	5
驰名商标	0.356	8	高校和研发机构产出质量	0.335	5
“中华老字号”	0.189	9	高校和研发机构产出效率	0.436	3
集成电路布图设计登记发证	0.045	8			
知识产权流动水平	0.307	7			
技术市场交易	0.255	6	专利代理	0.174	8
技术市场规模	0.151	5	律师事务所	0.379	10
技术市场开放度	0.329	6	评估机构	0.695	3
技术外溢度	0.515	6	**企业技改、引进**	0.334	7
技术国际竞争力	0.025	11	技术改造	0.431	6
知识产权服务机构	0.331	8	国内引进	0.449	4
商标代理机构	0.075	12	国外引进	0.122	16
知识产权综合绩效	0.451	10			
宏观经济绩效	0.350	9	社会发展	0.651	7
经济发展水平	0.465	10	社会生活信息化	0.470	7
经济增长方式转变	0.413	9	文化进步	0.638	16
经济结构优化	0.173	16	**企业发展绩效**	0.365	16
社会进步绩效	0.638	8	产品升级	0.272	16
环境改善	0.793	15	设备更新	0.458	14

续表

知识产权综合实力指数　0.308			排名　8		
指标	指数	排名	指标	指数	排名
知识产权创造潜力	0.271	10			
创造投入	0.283	7	高新技术开发区	0.178	5
人才投入	0.133	20	**知识产权试点示范**	0.325	14
资本投入	0.109	24	知识产权试点示范城市	0.231	10
文化投入	0.357	4	知识产权试点示范园区	0.143	10
创造成果	0.154	15	知识产权试点单位	0.465	14
论文	0.248	11	文化产业示范	0.460	9
国家产业化项目	0.171	6	**企业创造潜力**	0.420	13
科技成果	0.160	14	企业科研基础	0.294	22
高新技术产业科技项目	0.036	18	企业人才投入	0.455	12
创造环境	0.292	8	企业资本投入	0.670	14
财政支持	0.299	6	企业新产品开发	0.259	6
金融环境	0.217	6	**知识产权行政保护**	0.151	13
开放	0.288	9	专利行政执法	0.371	9
教育环境	0.342	26	商标行政执法	0.067	19
文化环境	0.429	5	海关行政执法	0.014	10

（附录）表1—9　福建知识产权综合实力分项指标指数及排名表

知识产权综合实力指数　0.293			排名　9		
指标	指数	排名	指标	指数	排名
知识产权产出水平	0.201	11			
人均产出	0.146	7	外贸额与PCT申请比	0.134	14
专利总量	0.136	10	**产出效率**	0.213	15
商标总量	0.385	5	人才产出效率	0.218	12
版权总量	0.010	9	资本产出效率	0.208	23
集成电路布图设计总量	0.092	6	**企业产出**	0.232	13
农业植物新品种总量	0.106	9	企业产出规模	0.107	13
产出质量	0.218	8	企业产出质量	0.096	11
专利有效性	0.148	7	企业产出效率	0.494	12
商标有效性	0.381	5	**高校和研发机构产出**	0.196	12

续表

知识产权综合实力指数 0.293			排名 9		
指标	指数	排名	指标	指数	排名
专利金奖	0.049	18	高校和研发机构产出规模	0.085	18
驰名商标	0.575	5	高校和研发机构产出质量	0.093	18
“中华老字号”	0.189	9	高校和研发机构产出效率	0.408	5
集成电路布图设计登记发证	0.053	7			
知识产权流动水平	0.188	15			
技术市场交易	0.166	12	专利代理	0.104	14
技术市场规模	0.048	16	律师事务所	0.264	17
技术市场开放度	0.152	10	评估机构	0.168	23
技术外溢度	0.444	11	**企业技改、引进**	0.228	12
技术国际竞争力	0.020	14	技术改造	0.152	20
知识产权服务机构	0.170	17	国内引进	0.246	10
商标代理机构	0.142	7	国外引进	0.287	8
知识产权综合绩效	0.512	9			
宏观经济绩效	0.483	7	社会发展	0.594	11
经济发展水平	0.520	7	社会生活信息化	0.572	6
经济增长方式转变	0.585	5	文化进步	0.723	10
经济结构优化	0.346	7	**企业发展绩效**	0.345	19
社会进步绩效	0.707	6	产品升级	0.375	14
环境改善	0.938	4	设备更新	0.316	22
知识产权创造潜力	0.270	11			
创造投入	0.164	17	高新技术开发区	0.081	21
人才投入	0.133	21	**知识产权试点示范**	0.404	9
资本投入	0.518	2	知识产权试点示范城市	0.231	10
文化投入	0.144	14	知识产权试点示范园区	0.000	22
创造成果	0.074	26	知识产权试点单位	1.000	1
论文	0.062	28	文化产业示范	0.387	14
国家产业化项目	0.106	15	**企业创造潜力**	0.373	17
科技成果	0.056	28	企业科研基础	0.399	17
高新技术产业科技项目	0.071	11	企业人才投入	0.291	26
创造环境	0.300	7	企业资本投入	0.640	16
财政支持	0.169	11	企业新产品开发	0.164	13
金融环境	0.208	7	**知识产权行政保护**	0.305	5
开放	0.424	6	专利行政执法	0.330	10
教育环境	0.691	4	商标行政执法	0.320	4
文化环境	0.231	16	海关行政执法	0.265	3

（附录）表1—10　重庆知识产权综合实力分项指标指数及排名表

知识产权综合实力指数　0.287			排名　10		
指标	指数	排名	指标	指数	排名
知识产权产出水平	0.228	7			
人均产出	0.074	11	外贸额与PCT申请比	0.333	8
专利总量	0.153	8	**产出效率**	0.413	6
商标总量	0.157	8	人才产出效率	0.278	7
版权总量	0.010	10	资本产出效率	0.548	6
集成电路布图设计总量	0.037	11	**企业产出**	0.328	8
农业植物新品种总量	0.013	29	企业产出规模	0.067	16
产出质量	0.133	13	企业产出质量	0.087	14
专利有效性	0.132	9	企业产出效率	0.831	4
商标有效性	0.086	11	**高校和研发机构产出**	0.192	13
专利金奖	0.122	9	高校和研发机构产出规模	0.112	14
驰名商标	0.130	17	高校和研发机构产出质量	0.123	14
“中华老字号”	0.106	22	高校和研发机构产出效率	0.341	8
集成电路布图设计登记发证	0.022	11			
知识产权流动水平	0.176	17			
技术市场交易	0.223	7	专利代理	0.064	16
技术市场规模	0.061	12	律师事务所	0.253	18
技术市场开放度	0.355	5	评估机构	0.277	14
技术外溢度	0.454	9	**企业技改、引进**	0.134	18
技术国际竞争力	0.023	12	技术改造	0.114	21
知识产权服务机构	0.172	16	国内引进	0.108	17
商标代理机构	0.091	9	国外引进	0.181	12
知识产权综合绩效	0.535	7			
宏观经济绩效	0.256	18	社会发展	0.534	15
经济发展水平	0.384	11	社会生活信息化	0.255	19
经济增长方式转变	0.207	27	文化进步	0.567	22
经济结构优化	0.178	15	**企业发展绩效**	0.832	1
社会进步绩效	0.517	20	产品升级	1.000	1
环境改善	0.713	23	设备更新	0.665	6

续表

知识产权综合实力指数 0.287			排名 10		
指标	指数	排名	指标	指数	排名
知识产权创造潜力	0.209	16			
创造投入	0.147	18	高新技术开发区	0.110	15
人才投入	0.199	10	**知识产权试点示范**	0.235	20
资本投入	0.068	30	知识产权试点示范城市	0.231	10
文化投入	0.092	20	知识产权试点示范园区	0.286	7
创造成果	0.141	17	知识产权试点单位	0.279	19
论文	0.301	7	文化产业示范	0.144	29
国家产业化项目	0.079	19	**企业创造潜力**	0.493	10
科技成果	0.139	16	企业科研基础	0.561	7
高新技术产业科技项目	0.046	17	企业人才投入	0.440	13
创造环境	0.196	13	企业资本投入	0.846	3
财政支持	0.185	9	企业新产品开发	0.125	17
金融环境	0.178	9	**知识产权行政保护**	0.044	22
开放	0.125	12	专利行政执法	0.051	24
教育环境	0.385	22	商标行政执法	0.075	18
文化环境	0.192	21	海关行政执法	0.007	12

（附录）表 1—11 湖南知识产权综合实力分项指标指数及排名表

知识产权综合实力指数 0.273			排名 11		
指标	指数	排名	指标	指数	排名
知识产权产出水平	0.117	14			
人均产出	0.035	20	外贸额与 PCT 申请比	0.952	2
专利总量	0.062	15	**产出效率**	0.202	17
商标总量	0.055	24	人才产出效率	0.147	16
版权总量	0.006	12	资本产出效率	0.257	18
集成电路布图设计总量	0.001	18	**企业产出**	0.273	10
农业植物新品种总量	0.048	23	企业产出规模	0.090	15
产出质量	0.233	7	企业产出质量	0.081	15
专利有效性	0.056	16	企业产出效率	0.649	7
商标有效性	0.049	20	**高校和研发机构产出**	0.141	16
专利金奖	0.098	10	高校和研发机构产出规模	0.105	15
驰名商标	0.364	7	高校和研发机构产出质量	0.135	13
“中华老字号”	0.111	20	高校和研发机构产出效率	0.183	19
集成电路布图设计登记发证	0.001	18			

续表

知识产权综合实力指数　0.273			排名　11		
指标	指数	排名	指标	指数	排名
知识产权流动水平	0.202	13			
技术市场交易	0.157	15	专利代理	0.083	15
技术市场规模	0.050	15	律师事务所	0.310	12
技术市场开放度	0.034	19	评估机构	0.239	17
技术外溢度	0.494	7	**企业技改、引进**	0.275	10
技术国际竞争力	0.049	8	技术改造	0.574	3
知识产权服务机构	0.174	15	国内引进	0.111	15
商标代理机构	0.064	14	国外引进	0.140	14
知识产权综合绩效	0.412	17			
宏观经济绩效	0.271	15	社会发展	0.457	21
经济发展水平	0.274	19	社会生活信息化	0.136	23
经济增长方式转变	0.407	10	文化进步	0.712	11
经济结构优化	0.132	19	**企业发展绩效**	0.434	8
社会进步绩效	0.531	16	产品升级	0.648	2
环境改善	0.818	10	设备更新	0.220	25
知识产权创造潜力	0.302	8			
创造投入	0.144	19	高新技术开发区	0.154	9
人才投入	0.369	3	**知识产权试点示范**	0.425	8
资本投入	0.103	26	知识产权试点示范城市	0.538	4
文化投入	0.181	11	知识产权试点示范园区	0.429	4
创造成果	0.180	10	知识产权试点单位	0.256	20
论文	0.296	8	文化产业示范	0.477	7
国家产业化项目	0.112	14	**企业创造潜力**	0.636	4
科技成果	0.287	7	企业科研基础	0.674	3
高新技术产业科技项目	0.026	20	企业人才投入	0.707	3
创造环境	0.173	18	企业资本投入	1.000	1
财政支持	0.038	27	企业新产品开发	0.164	14
金融环境	0.066	27	**知识产权行政保护**	0.251	7
开放	0.040	25	专利行政执法	0.606	3
教育环境	0.392	20	商标行政执法	0.147	10
文化环境	0.345	9	海关行政执法	0.001	20

（附录）表1—12 陕西知识产权综合实力分项指标指数及排名表

知识产权综合实力指数 0.273			排名 12		
指标	指数	排名	指标	指数	排名
知识产权产出水平	0.201	12			
人均产出	0.071	12	外贸额与PCT申请比	0.612	4
专利总量	0.112	12	**产出效率**	0.306	10
商标总量	0.124	9	人才产出效率	0.269	8
版权总量	0.007	11	资本产出效率	0.342	10
集成电路布图设计总量	0.060	8	**企业产出**	0.142	17
农业植物新品种总量	0.051	22	企业产出规模	0.105	14
产出质量	0.174	10	企业产出质量	0.056	16
专利有效性	0.079	13	企业产出效率	0.266	21
商标有效性	0.056	19	**高校和研发机构产出**	0.310	6
专利金奖	0.220	4	高校和研发机构产出规模	0.336	6
驰名商标	0.065	22	高校和研发机构产出质量	0.316	6
“中华老字号”	0.150	12	高校和研发机构产出效率	0.276	12
集成电路布图设计登记发证	0.040	9			
知识产权流动水平	0.228	9			
技术市场交易	0.220	9	专利代理	0.139	9
技术市场规模	0.114	7	律师事务所	0.222	20
技术市场开放度	0.031	22	评估机构	0.189	19
技术外溢度	0.729	2	**企业技改、引进**	0.316	9
技术国际竞争力	0.008	24	技术改造	0.171	18
知识产权服务机构	0.148	18	国内引进	0.727	2
商标代理机构	0.040	20	国外引进	0.051	23
知识产权综合绩效	0.424	15			
宏观经济绩效	0.306	12	社会发展	0.414	23
经济发展水平	0.335	13	社会生活信息化	0.304	15
经济增长方式转变	0.306	20	文化进步	0.863	5
经济结构优化	0.277	9	**企业发展绩效**	0.391	13
社会进步绩效	0.575	12	产品升级	0.258	18
环境改善	0.718	22	设备更新	0.524	9

续表

知识产权综合实力指数　0.273			排名　12		
指标	指数	排名	指标	指数	排名
知识产权创造潜力	0.238	14			
创造投入	0.179	15	高新技术开发区	0.170	7
人才投入	0.188	9	**知识产权试点示范**	0.347	11
资本投入	0.281	7	知识产权试点示范城市	0.154	14
文化投入	0.069	23	知识产权试点示范园区	0.429	4
创造成果	0.212	7	知识产权试点单位	0.093	27
论文	0.391	3	文化产业示范	0.714	2
国家产业化项目	0.090	18	**企业创造潜力**	0.406	14
科技成果	0.299	5	企业科研基础	0.412	16
高新技术产业科技项目	0.068	12	企业人才投入	0.457	11
创造环境	0.235	10	企业资本投入	0.620	17
财政支持	0.120	14	企业新产品开发	0.136	16
金融环境	0.121	14	**知识产权行政保护**	0.048	21
开放	0.039	26	专利行政执法	0.065	23
教育环境	0.697	3	商标行政执法	0.079	15
文化环境	0.263	15	海关行政执法	0.000	21

（附录）表1—13　湖北知识产权综合实力分项指标指数及排名表

知识产权综合实力指数　0.264			排名　13		
指标	指数	排名	指标	指数	排名
知识产权产出水平	0.165	15			
人均产出	0.044	18	外贸额与PCT申请比	0.337	7
专利总量	0.096	13	**产出效率**	0.168	21
商标总量	0.062	17	人才产出效率	0.153	14
版权总量	0.003	14	资本产出效率	0.184	24
集成电路布图设计总量	0.002	17	**企业产出**	0.205	15
农业植物新品种总量	0.055	20	企业产出规模	0.126	10
产出质量	0.124	14	企业产出质量	0.113	8
专利有效性	0.085	12	企业产出效率	0.376	14
商标有效性	0.060	17	**高校和研发机构产出**	0.284	9

续表

知识产权综合实力指数 0.264			排名 13		
指标	指数	排名	指标	指数	排名
专利金奖	0.098	10	高校和研发机构产出规模	0.262	9
驰名商标	0.146	16	高校和研发机构产出质量	0.294	7
"中华老字号"	0.144	15	高校和研发机构产出效率	0.296	11
集成电路布图设计登记发证	0.000	19			
知识产权流动水平	0.188	16			
技术市场交易	0.150	16	专利代理	0.113	11
技术市场规模	0.080	11	律师事务所	0.272	15
技术市场开放度	0.069	14	评估机构	0.446	9
技术外溢度	0.435	14	**企业技改、引进**	0.193	14
技术国际竞争力	0.017	17	技术改造	0.274	10
知识产权服务机构	0.220	11	国内引进	0.061	22
商标代理机构	0.051	15	国外引进	0.245	9
知识产权综合绩效	0.427	14			
宏观经济绩效	0.329	10	社会发展	0.487	20
经济发展水平	0.297	17	社会生活信息化	0.255	18
经济增长方式转变	0.389	13	文化进步	0.614	18
经济结构优化	0.301	8	**企业发展绩效**	0.428	10
社会进步绩效	0.523	19	产品升级	0.389	12
环境改善	0.734	20	设备更新	0.467	11
知识产权创造潜力	0.277	9			
创造投入	0.205	9	高新技术开发区	0.175	6
人才投入	0.144	19	**知识产权试点示范**	0.358	10
资本投入	0.369	3	知识产权试点示范城市	0.308	8
文化投入	0.215	9	知识产权试点示范园区	0.286	7
创造成果	0.209	8	知识产权试点单位	0.465	14
论文	0.302	6	文化产业示范	0.375	15
国家产业化项目	0.153	7	**企业创造潜力**	0.498	9
科技成果	0.287	8	企业科研基础	0.481	12
高新技术产业科技项目	0.095	9	企业人才投入	0.571	5
创造环境	0.203	12	企业资本投入	0.697	12
财政支持	0.049	24	企业新产品开发	0.242	7
金融环境	0.111	17	**知识产权行政保护**	0.188	8
开放	0.078	18	专利行政执法	0.390	7
教育环境	0.511	14	商标行政执法	0.170	8
文化环境	0.298	12	海关行政执法	0.004	15

（附录）表 1—14　安徽知识产权综合实力分项指标指数及排名表

知识产权综合实力指数　0.256			排名　14		
指标	指数	排名	指标	指数	排名
知识产权产出水平	0.187	13			
人均产出	0.070	13	外贸额与 PCT 申请比	0.278	10
专利总量	0.128	11	**产出效率**	0.270	12
商标总量	0.057	21	人才产出效率	0.220	11
版权总量	0.003	16	资本产出效率	0.319	11
集成电路布图设计总量	0.015	12	**企业产出**	0.372	6
农业植物新品种总量	0.149	6	企业产出规模	0.188	7
产出质量	0.108	16	企业产出质量	0.094	12
专利有效性	0.061	15	企业产出效率	0.833	3
商标有效性	0.041	21	**高校和研发机构产出**	0.114	21
专利金奖	0.073	14	高校和研发机构产出规模	0.098	17
驰名商标	0.153	15	高校和研发机构产出质量	0.065	21
“中华老字号”	0.139	17	高校和研发机构产出效率	0.179	21
集成电路布图设计登记发证	0.012	12			
知识产权流动水平	0.162	18			
技术市场交易	0.160	13	专利代理	0.181	7
技术市场规模	0.053	14	律师事务所	0.292	13
技术市场开放度	0.120	13	评估机构	0.260	16
技术外溢度	0.439	13	**企业技改、引进**	0.123	20
技术国际竞争力	0.029	9	技术改造	0.172	17
知识产权服务机构	0.205	13	国内引进	0.110	16
商标代理机构	0.085	10	国外引进	0.087	20
知识产权综合绩效	0.428	13			
宏观经济绩效	0.243	21	社会发展	0.543	14
经济发展水平	0.246	23	社会生活信息化	0.058	29
经济增长方式转变	0.374	15	文化进步	0.798	6
经济结构优化	0.109	22	**企业发展绩效**	0.536	4
社会进步绩效	0.504	21	产品升级	0.420	10
环境改善	0.617	27	设备更新	0.652	8

续表

知识产权综合实力指数 0.256			排名 14		
指标	指数	排名	指标	指数	排名
知识产权创造潜力	0.246	12			
创造投入	0.185	12	高新技术开发区	0.057	23
人才投入	0.164	17	**知识产权试点示范**	0.338	12
资本投入	0.133	21	知识产权试点示范城市	0.538	4
文化投入	0.203	10	知识产权试点示范园区	0.143	10
创造成果	0.135	18	知识产权试点单位	0.209	22
论文	0.166	19	文化产业示范	0.461	8
国家产业化项目	0.210	5	**企业创造潜力**	0.485	11
科技成果	0.084	24	企业科研基础	0.606	5
高新技术产业科技项目	0.082	10	企业人才投入	0.420	15
创造环境	0.157	25	企业资本投入	0.678	13
财政支持	0.063	21	企业新产品开发	0.237	8
金融环境	0.075	23	**知识产权行政保护**	0.176	10
开放	0.076	19	专利行政执法	0.382	8
教育环境	0.390	21	商标行政执法	0.145	11
文化环境	0.281	13	海关行政执法	0.000	25

（附录）表 1—15 四川知识产权综合实力分项指标指数及排名表

知识产权综合实力指数 0.251			排名 15		
指标	指数	排名	指标	指数	排名
知识产权产出水平	0.163	16			
人均产出	0.060	14	外贸额与 PCT 申请比	0.274	11
专利总量	0.085	14	**产出效率**	0.203	16
商标总量	0.078	13	人才产出效率	0.173	13
版权总量	0.002	18	资本产出效率	0.233	19
集成电路布图设计总量	0.044	10	**企业产出**	0.244	12
农业植物新品种总量	0.088	12	企业产出规模	0.137	8
产出质量	0.160	11	企业产出质量	0.124	7
专利有效性	0.098	11	企业产出效率	0.472	13
商标有效性	0.080	12	**高校和研发机构产出**	0.149	14
专利金奖	0.073	14	高校和研发机构产出规模	0.171	12
驰名商标	0.299	11	高校和研发机构产出质量	0.193	11
“中华老字号”	0.272	8	高校和研发机构产出效率	0.084	29
集成电路布图设计登记发证	0.026	10			

续表

知识产权综合实力指数　0.251			排名　15		
指标	指数	排名	指标	指数	排名
知识产权流动水平	0.281	8			
技术市场交易	0.199	10	专利代理	0.130	10
技术市场规模	0.080	10	律师事务所	0.475	7
技术市场开放度	0.144	12	评估机构	0.582	6
技术外溢度	0.474	8	**企业技改、引进**	0.322	8
技术国际竞争力	0.096	5	技术改造	0.509	4
知识产权服务机构	0.324	9	国内引进	0.327	7
商标代理机构	0.107	8	国外引进	0.129	15
知识产权综合绩效	0.369	21			
宏观经济绩效	0.311	11	社会发展	0.496	19
经济发展水平	0.238	24	社会生活信息化	0.107	25
经济增长方式转变	0.302	22	文化进步	0.522	24
经济结构优化	0.393	6	**企业发展绩效**	0.324	22
社会进步绩效	0.473	24	产品升级	0.256	19
环境改善	0.768	19	设备更新	0.392	17
知识产权创造潜力	0.189	18			
创造投入	0.199	10	高新技术开发区	0.090	16
人才投入	0.068	30	**知识产权试点示范**	0.227	21
资本投入	0.087	28	知识产权试点示范城市	0.308	8
文化投入	0.298	6	知识产权试点示范园区	0.143	10
创造成果	0.165	12	知识产权试点单位	0.233	21
论文	0.234	14	文化产业示范	0.224	24
国家产业化项目	0.135	9	**企业创造潜力**	0.270	22
科技成果	0.120	19	企业科研基础	0.220	29
高新技术产业科技项目	0.170	3	企业人才投入	0.295	25
创造环境	0.164	21	企业资本投入	0.374	21
财政支持	0.064	20	企业新产品开发	0.189	11
金融环境	0.103	18	**知识产权行政保护**	0.107	15
开放	0.100	14	专利行政执法	0.207	13
教育环境	0.210	29	商标行政执法	0.114	13
文化环境	0.419	7	海关行政执法	0.000	23

（附录）表 1—16 河南知识产权综合实力分项指标指数及排名表

知识产权综合实力指数 0.227			排名 16		
指标	指数	排名	指标	指数	排名
知识产权产出水平	0.127	18			
人均产出	0.048	17	外贸额与 PCT 申请比	0.295	9
专利总量	0.049	16	**产出效率**	0.153	23
商标总量	0.062	18	人才产出效率	0.096	17
版权总量	0.003	15	资本产出效率	0.210	22
集成电路布图设计总量	0.000	19	**企业产出**	0.169	16
农业植物新品种总量	0.128	7	企业产出规模	0.124	11
产出质量	0.121	15	企业产出质量	0.102	10
专利有效性	0.045	19	企业产出效率	0.280	20
商标有效性	0.036	24	**高校和研发机构产出**	0.143	15
专利金奖	0.146	7	高校和研发机构产出规模	0.112	13
驰名商标	0.203	12	高校和研发机构产出质量	0.097	17
“中华老字号”	0.122	18	高校和研发机构产出效率	0.221	16
集成电路布图设计登记发证	0.000	19			
知识产权流动水平	0.204	10			
技术市场交易	0.118	18	专利代理	0.108	13
技术市场规模	0.039	17	律师事务所	0.445	8
技术市场开放度	0.051	15	评估机构	0.695	3
技术外溢度	0.377	19	**企业技改、引进**	0.163	17
技术国际竞争力	0.006	27	技术改造	0.282	9
知识产权服务机构	0.332	7	国内引进	0.104	18
商标代理机构	0.079	11	国外引进	0.102	18
知识产权综合绩效	0.330	24			
宏观经济绩效	0.225	23	社会发展	0.521	17
经济发展水平	0.268	20	社会生活信息化	0.091	26
经济增长方式转变	0.333	18	文化进步	0.560	23
经济结构优化	0.073	27	**企业发展绩效**	0.268	25
社会进步绩效	0.497	22	产品升级	0.193	22
环境改善	0.815	11	设备更新	0.344	21

续表

知识产权综合实力指数　0.227			排名　16		
指标	指数	排名	指标	指数	排名
知识产权创造潜力	0.246	13			
创造投入	0.198	11	高新技术开发区	0.081	20
人才投入	0.205	9	**知识产权试点示范**	0.452	5
资本投入	0.144	19	知识产权试点示范城市	0.538	4
文化投入	0.315	5	知识产权试点示范园区	0.143	10
创造成果	0.105	22	知识产权试点单位	0.512	10
论文	0.148	22	文化产业示范	0.613	4
国家产业化项目	0.112	13	**企业创造潜力**	0.385	16
科技成果	0.107	22	企业科研基础	0.510	9
高新技术产业科技项目	0.054	15	企业人才投入	0.395	17
创造环境	0.180	15	企业资本投入	0.417	18
财政支持	0.022	29	企业新产品开发	0.219	9
金融环境	0.062	28	**知识产权行政保护**	0.155	11
开放	0.028	28	专利行政执法	0.235	12
教育环境	0.559	9	商标行政执法	0.227	7
文化环境	0.328	10	海关行政执法	0.003	16

（附录）表1—17　河北知识产权综合实力分项指标指数及排名表

知识产权综合实力指数　0.210			排名　17		
指标	指数	排名	指标	指数	排名
知识产权产出水平	0.083	23			
人均产出	0.032	23	外贸额与PCT申请比	0.109	17
专利总量	0.030	20	**产出效率**	0.063	29
商标总量	0.060	19	人才产出效率	0.036	25
版权总量	0.000	26	资本产出效率	0.089	29
集成电路布图设计总量	0.005	14	**企业产出**	0.090	24
农业植物新品种总量	0.067	18	企业产出规模	0.049	17
产出质量	0.108	17	企业产出质量	0.056	17
专利有效性	0.039	20	企业产出效率	0.165	25
商标有效性	0.067	16	**高校和研发机构产出**	0.120	20
专利金奖	0.049	18	高校和研发机构产出规模	0.078	19
驰名商标	0.337	10	高校和研发机构产出质量	0.115	16
“中华老字号”	0.150	12	高校和研发机构产出效率	0.167	23
集成电路布图设计登记发证	0.003	15			

续表

知识产权综合实力指数 0.210			排名 17		
指标	指数	排名	指标	指数	排名
知识产权流动水平	0.199	14			
技术市场交易	0.092	21	专利代理	0.050	17
技术市场规模	0.037	19	律师事务所	0.362	11
技术市场开放度	0.036	17	评估机构	0.474	8
技术外溢度	0.285	21	**企业技改、引进**	0.266	11
技术国际竞争力	0.013	22	技术改造	0.352	8
知识产权服务机构	0.238	10	国内引进	0.088	20
商标代理机构	0.068	13	国外引进	0.359	5
知识产权综合绩效	0.347	22			
宏观经济绩效	0.249	19	社会发展	0.593	12
经济发展水平	0.315	16	社会生活信息化	0.243	20
经济增长方式转变	0.313	19	文化进步	0.480	26
经济结构优化	0.119	21	**企业发展绩效**	0.263	27
社会进步绩效	0.529	18	产品升级	0.148	26
环境改善	0.799	14	设备更新	0.378	20
知识产权创造潜力	0.210	15			
创造投入	0.168	16	高新技术开发区	0.086	18
人才投入	0.180	14	**知识产权试点示范**	0.428	7
资本投入	0.183	13	知识产权试点示范城市	0.077	21
文化投入	0.242	7	知识产权试点示范园区	0.143	10
创造成果	0.149	16	知识产权试点单位	0.837	3
论文	0.226	15	文化产业示范	0.654	3
国家产业化项目	0.145	8	**企业创造潜力**	0.283	19
科技成果	0.165	13	企业科研基础	0.356	19
高新技术产业科技项目	0.059	13	企业人才投入	0.356	18
创造环境	0.192	14	企业资本投入	0.270	24
财政支持	0.056	23	企业新产品开发	0.151	15
金融环境	0.090	21	**知识产权行政保护**	0.041	25
开放	0.069	20	专利行政执法	0.043	25
教育环境	0.581	8	商标行政执法	0.079	14
文化环境	0.269	14	海关行政执法	0.000	25

（附录）表 1—18 山西知识产权综合实力分项指标指数及排名表

知识产权综合实力指数 0.205			排名 18		
指标	指数	排名	指标	指数	排名
知识产权产出水平	0.078	25			
人均产出	0.015	30	外贸额与 PCT 申请比	0.061	25
专利总量	0.032	19	**产出效率**	0.149	24
商标总量	0.031	27	人才产出效率	0.069	22
版权总量	0.001	20	资本产出效率	0.229	20
集成电路布图设计总量	0.002	16	**企业产出**	0.062	26
农业植物新品种总量	0.011	30	企业产出规模	0.030	18
产出质量	0.057	23	企业产出质量	0.028	19
专利有效性	0.034	21	企业产出效率	0.127	26
商标有效性	0.026	26	**高校和研发机构产出**	0.107	22
专利金奖	0.000	27	高校和研发机构产出规模	0.055	22
驰名商标	0.123	18	高校和研发机构产出质量	0.066	20
“中华老字号”	0.150	12	高校和研发机构产出效率	0.201	17
集成电路布图设计登记发证	0.002	17			
知识产权流动水平	0.139	19			
技术市场交易	0.053	27	专利代理	0.036	19
技术市场规模	0.015	24	律师事务所	0.265	16
技术市场开放度	0.035	18	评估机构	0.442	10
技术外溢度	0.162	28	**企业技改、引进**	0.173	15
技术国际竞争力	0.001	29	技术改造	0.244	13
知识产权服务机构	0.190	14	国内引进	0.101	19
商标代理机构	0.018	25	国外引进	0.175	13
知识产权综合绩效	0.434	12			
宏观经济绩效	0.259	17	社会发展	0.529	16
经济发展水平	0.375	12	社会生活信息化	0.311	13
经济增长方式转变	0.300	23	文化进步	0.768	8
经济结构优化	0.101	25	**企业发展绩效**	0.476	6
社会进步绩效	0.568	13	产品升级	0.143	27
环境改善	0.663	26	设备更新	0.808	2

续表

知识产权综合实力指数 0.205			排名 18		
指标	指数	排名	指标	指数	排名
知识产权创造潜力	0.168	22			
创造投入	0.180	14	高新技术开发区	0.047	25
人才投入	0.183	13	**知识产权试点示范**	0.286	17
资本投入	0.283	7	知识产权试点示范城市	0.077	21
文化投入	0.117	17	知识产权试点示范园区	0.000	22
创造成果	0.047	29	知识产权试点单位	0.465	14
论文	0.036	29	文化产业示范	0.602	5
国家产业化项目	0.070	20	**企业创造潜力**	0.262	23
科技成果	0.076	26	企业科研基础	0.260	25
高新技术产业科技项目	0.007	25	企业人才投入	0.320	22
创造环境	0.179	16	企业资本投入	0.380	20
财政支持	0.133	13	企业新产品开发	0.087	19
金融环境	0.120	15	**知识产权行政保护**	0.054	19
开放	0.053	24	专利行政执法	0.000	29
教育环境	0.515	13	商标行政执法	0.160	9
文化环境	0.207	18	海关行政执法	0.000	22

（附录）表1—19 海南知识产权综合实力分项指标指数及排名表

知识产权综合实力指数 0.201			排名 19		
指标	指数	排名	指标	指数	排名
知识产权产出水平	0.207	9			
人均产出	0.023	26	外贸额与PCT申请比	0.062	23
专利总量	0.015	29	**产出效率**	0.574	4
商标总量	0.087	11	人才产出效率	0.149	15
版权总量	0.000	31	资本产出效率	1.000	1
集成电路布图设计总量	0.000	19	**企业产出**	0.335	7
农业植物新品种总量	0.015	28	企业产出规模	0.002	28
产出质量	0.038	25	企业产出质量	0.004	29
专利有效性	0.021	25	企业产出效率	1.000	1
商标有效性	0.106	10	**高校和研发机构产出**	0.065	25
专利金奖	0.049	18	高校和研发机构产出规模	0.010	28
驰名商标	0.031	26	高校和研发机构产出质量	0.004	28
“中华老字号”	0.000	30	高校和研发机构产出效率	0.182	20
集成电路布图设计登记发证	0.000	19			

续表

知识产权综合实力指数　0.201			排名　19		
指标	指数	排名	指标	指数	排名
知识产权流动水平	0.026	30			
技术市场交易	0.037	30	专利代理	0.003	29
技术市场规模	0.007	28	律师事务所	0.036	29
技术市场开放度	0.016	24	评估机构	0.088	28
技术外溢度	0.119	29	**企业技改、引进**	0.009	30
技术国际竞争力	0.007	26	技术改造	0.003	30
知识产权服务机构	0.033	28	国内引进	0.021	27
商标代理机构	0.005	29	国外引进	0.002	30
知识产权综合绩效	0.439	11			
宏观经济绩效	0.217	25	社会发展	0.621	10
经济发展水平	0.100	31	社会生活信息化	0.324	11
经济增长方式转变	0.390	12	文化进步	0.429	29
经济结构优化	0.160	17	**企业发展绩效**	0.511	5
社会进步绩效	0.590	9	产品升级	0.214	20
环境改善	0.987	1	设备更新	0.808	3
知识产权创造潜力	0.130	26			
创造投入	0.121	22	高新技术开发区	0.018	28
人才投入	0.147	18	**知识产权试点示范**	0.159	26
资本投入	0.199	10	知识产权试点示范城市	0.077	21
文化投入	0.069	24	知识产权试点示范园区	0.000	22
创造成果	0.161	13	知识产权试点单位	0.488	12
论文	0.502	2	文化产业示范	0.071	31
国家产业化项目	0.017	30	**企业创造潜力**	0.089	31
科技成果	0.113	21	企业科研基础	0.187	30
高新技术产业科技项目	0.011	23	企业人才投入	0.161	29
创造环境	0.210	11	企业资本投入	0.000	31
财政支持	0.169	10	企业新产品开发	0.008	29
金融环境	0.129	13	**知识产权行政保护**	0.041	24
开放	0.349	8	专利行政执法	0.096	18
教育环境	0.541	10	商标行政执法	0.027	28
文化环境	0.051	28	海关行政执法	0.000	24

(附录)表 1—20 内蒙古知识产权综合实力分项指标指数及排名表

知识产权综合实力指数 0.199			排名 20		
指标	指数	排名	指标	指数	排名
知识产权产出水平	0.025	31			
人均产出	0.028	24	外贸额与 PCT 申请比	0.006	30
专利总量	0.015	28	**产出效率**	0.008	31
商标总量	0.070	15	人才产出效率	0.016	30
版权总量	0.000	27	资本产出效率	0.000	31
集成电路布图设计总量	0.000	19	**企业产出**	0.026	29
农业植物新品种总量	0.056	19	企业产出规模	0.008	27
产出质量	0.030	28	企业产出质量	0.011	26
专利有效性	0.020	27	企业产出效率	0.059	29
商标有效性	0.060	18	**高校和研发机构产出**	0.032	29
专利金奖	0.000	27	高校和研发机构产出规模	0.014	27
驰名商标	0.088	21	高校和研发机构产出质量	0.014	27
“中华老字号”	0.039	26	高校和研发机构产出效率	0.068	30
集成电路布图设计登记发证	0.000	19			
知识产权流动水平	0.204	11			
技术市场交易	0.059	25	专利代理	0.010	27
技术市场规模	0.021	23	律师事务所	0.156	25
技术市场开放度	0.011	26	评估机构	0.291	13
技术外溢度	0.189	24	**企业技改、引进**	0.436	5
技术国际竞争力	0.015	21	技术改造	0.249	12
知识产权服务机构	0.118	21	国内引进	1.000	1
商标代理机构	0.015	26	国外引进	0.059	22
知识产权综合绩效	0.420	16			
宏观经济绩效	0.268	16	社会发展	0.399	24
经济发展水平	0.485	9	社会生活信息化	0.374	9
经济增长方式转变	0.289	24	文化进步	0.684	12
经济结构优化	0.030	31	**企业发展绩效**	0.412	12
社会进步绩效	0.580	10	产品升级	0.159	25
环境改善	0.862	8	设备更新	0.665	6

续表

知识产权综合实力指数　0.199			排名　20		
指标	指数	排名	指标	指数	排名
知识产权创造潜力	0.148	24			
创造投入	0.183	13	高新技术开发区	0.061	22
人才投入	0.283	7	**知识产权试点示范**	0.217	22
资本投入	0.133	20	知识产权试点示范城市	0.077	21
文化投入	0.220	8	知识产权试点示范园区	0.143	10
创造成果	0.053	28	知识产权试点单位	0.488	12
论文	0.026	30	文化产业示范	0.158	27
国家产业化项目	0.121	11	**企业创造潜力**	0.236	26
科技成果	0.062	27	企业科研基础	0.282	23
高新技术产业科技项目	0.002	28	企业人才投入	0.312	23
创造环境	0.163	22	企业资本投入	0.307	22
财政支持	0.276	7	企业新产品开发	0.044	23
金融环境	0.146	12	**知识产权行政保护**	0.034	26
开放	0.029	27	专利行政执法	0.071	22
教育环境	0.329	27	商标行政执法	0.029	26
文化环境	0.137	24	海关行政执法	0.001	19

(附录) 表1—21　吉林知识产权综合实力分项指标指数及排名表

知识产权综合实力指数　0.189			排名　21		
指标	指数	排名	指标	指数	排名
知识产权产出水平	0.108	21			
人均产出	0.058	15	外贸额与PCT申请比	0.167	12
专利总量	0.039	18	**产出效率**	0.191	18
商标总量	0.056	23	人才产出效率	0.077	20
版权总量	0.027	3	资本产出效率	0.305	13
集成电路布图设计总量	0.000	19	**企业产出**	0.070	25
农业植物新品种总量	0.171	4	企业产出规模	0.021	21
产出质量	0.089	19	企业产出质量	0.023	22
专利有效性	0.055	17	企业产出效率	0.167	24
商标有效性	0.068	15	**高校和研发机构产出**	0.132	18
专利金奖	0.049	18	高校和研发机构产出规模	0.103	16
驰名商标	0.172	14	高校和研发机构产出质量	0.119	15
“中华老字号”	0.111	20	高校和研发机构产出效率	0.175	22
集成电路布图设计登记发证	0.000	19			

续表

知识产权综合实力指数 0.189			排名 21		
指标	指数	排名	指标	指数	排名
知识产权流动水平	0.106	23			
技术市场交易	0.144	17	专利代理	0.033	20
技术市场规模	0.033	20	律师事务所	0.193	22
技术市场开放度	0.145	11	评估机构	0.274	15
技术外溢度	0.390	15	**企业技改、引进**	0.037	27
技术国际竞争力	0.008	25	技术改造	0.051	27
知识产权服务机构	0.137	20	国内引进	0.042	25
商标代理机构	0.048	17	国外引进	0.019	25
知识产权综合绩效	0.372	19			
宏观经济绩效	0.282	14	社会发展	0.634	9
经济发展水平	0.323	15	社会生活信息化	0.277	16
经济增长方式转变	0.376	14	文化进步	0.577	21
经济结构优化	0.148	18	**企业发展绩效**	0.268	26
社会进步绩效	0.567	14	产品升级	0.464	8
环境改善	0.782	17	设备更新	0.071	29
知识产权创造潜力	0.168	23			
创造投入	0.133	20	高新技术开发区	0.144	11
人才投入	0.109	24	**知识产权试点示范**	0.335	13
资本投入	0.364	4	知识产权试点示范城市	0.154	14
文化投入	0.151	13	知识产权试点示范园区	0.143	10
创造成果	0.121	20	知识产权试点单位	0.651	5
论文	0.166	20	文化产业示范	0.393	13
国家产业化项目	0.118	12	**企业创造潜力**	0.232	27
科技成果	0.184	10	企业科研基础	0.232	28
高新技术产业科技项目	0.016	22	企业人才投入	0.440	14
创造环境	0.170	20	企业资本投入	0.222	28
财政支持	0.087	17	企业新产品开发	0.034	26
金融环境	0.116	16	**知识产权行政保护**	0.016	29
开放	0.056	23	专利行政执法	0.020	26
教育环境	0.415	18	商标行政执法	0.026	29
文化环境	0.202	19	海关行政执法	0.002	18

（附录）表 1—22　黑龙江知识产权综合实力分项指标指数及排名表

知识产权综合实力指数　0.188			排名　22		
指标	指数	排名	指标	指数	排名
知识产权产出水平	0.125	19			
人均产出	0.081	9	外贸额与 PCT 申请比	0.059	26
专利总量	0.046	17	**产出效率**	0.178	20
商标总量	0.045	26	人才产出效率	0.083	19
版权总量	0.002	19	资本产出效率	0.272	16
集成电路布图设计总量	0.000	19	**企业产出**	0.046	28
农业植物新品种总量	0.310	2	企业产出规模	0.028	19
产出质量	0.077	21	企业产出质量	0.033	18
专利有效性	0.065	14	企业产出效率	0.077	28
商标有效性	0.069	14	**高校和研发机构产出**	0.245	10
专利金奖	0.073	14	高校和研发机构产出规模	0.179	10
驰名商标	0.096	19	高校和研发机构产出质量	0.220	10
“中华老字号”	0.178	11	高校和研发机构产出效率	0.336	9
集成电路布图设计登记发证	0.000	19			
知识产权流动水平	0.139	20			
技术市场交易	0.114	19	专利代理	0.037	18
技术市场规模	0.039	18	律师事务所	0.382	9
技术市场开放度	0.020	23	评估机构	0.365	12
技术外溢度	0.379	18	**企业技改、引进**	0.096	23
技术国际竞争力	0.019	15	技术改造	0.152	19
知识产权服务机构	0.205	12	国内引进	0.027	26
商标代理机构	0.037	21	国外引进	0.110	17
知识产权综合绩效	0.291	27			
宏观经济绩效	0.243	20	社会发展	0.581	13
经济发展水平	0.265	21	社会生活信息化	0.179	21
经济增长方式转变	0.393	11	文化进步	0.447	28
经济结构优化	0.072	29	**企业发展绩效**	0.152	30
社会进步绩效	0.478	23	产品升级	0.189	23
环境改善	0.706	24	设备更新	0.116	28

续表

知识产权综合实力指数 0.188			排名 22		
指标	指数	排名	指标	指数	排名
知识产权创造潜力	0.198	17			
创造投入	0.109	24	高新技术开发区	0.131	13
人才投入	0.364	4	**知识产权试点示范**	0.285	18
资本投入	0.353	5	知识产权试点示范城市	0.077	21
文化投入	0.068	25	知识产权试点示范园区	0.000	22
创造成果	0.134	19	知识产权试点单位	0.791	4
论文	0.236	13	文化产业示范	0.272	18
国家产业化项目	0.097	17	**企业创造潜力**	0.449	12
科技成果	0.144	15	企业科研基础	0.371	18
高新技术产业科技项目	0.058	14	企业人才投入	0.548	6
创造环境	0.148	26	企业资本投入	0.760	7
财政支持	0.067	18	企业新产品开发	0.116	18
金融环境	0.073	24	**知识产权行政保护**	0.063	18
开放	0.089	15	专利行政执法	0.103	17
教育环境	0.350	25	商标行政执法	0.078	16
文化环境	0.180	22	海关行政执法	0.006	13

（附录）表1—23 江西知识产权综合实力分项指标指数及排名表

知识产权综合实力指数 0.180			排名 23		
指标	指数	排名	指标	指数	排名
知识产权产出水平	0.063	27			
人均产出	0.026	25	外贸额与PCT申请比	0.009	29
专利总量	0.019	22	**产出效率**	0.074	27
商标总量	0.056	22	人才产出效率	0.046	23
版权总量	0.014	8	资本产出效率	0.103	28
集成电路布图设计总量	0.000	19	**企业产出**	0.048	27
农业植物新品种总量	0.040	27	企业产出规模	0.022	20
产出质量	0.040	24	企业产出质量	0.021	24
专利有效性	0.020	26	企业产出效率	0.103	27
商标有效性	0.038	23	**高校和研发机构产出**	0.125	19
专利金奖	0.000	27	高校和研发机构产出规模	0.070	21
驰名商标	0.092	20	高校和研发机构产出质量	0.031	24
"中华老字号"	0.122	18	高校和研发机构产出效率	0.275	13
集成电路布图设计登记发证	0.000	19			

续表

知识产权综合实力指数　0.180			排名　23		
指标	指数	排名	指标	指数	排名
知识产权流动水平	0.107	22			
技术市场交易	0.114	20	专利代理	0.027	21
技术市场规模	0.027	22	律师事务所	0.190	23
技术市场开放度	0.034	21	评估机构	0.175	21
技术外溢度	0.381	17	**企业技改、引进**	0.100	21
技术国际竞争力	0.015	19	技术改造	0.094	23
知识产权服务机构	0.105	24	国内引进	0.117	14
商标代理机构	0.027	22	国外引进	0.090	19
知识产权综合绩效	0.370	20			
宏观经济绩效	0.287	13	社会发展	0.333	25
经济发展水平	0.259	22	社会生活信息化	0.004	31
经济增长方式转变	0.338	16	文化进步	0.622	17
经济结构优化	0.263	11	**企业发展绩效**	0.357	17
社会进步绩效	0.466	25	产品升级	0.283	15
环境改善	0.907	5	设备更新	0.432	15
知识产权创造潜力	0.182	19			
创造投入	0.133	21	高新技术开发区	0.128	14
人才投入	0.518	2	**知识产权试点示范**	0.289	16
资本投入	0.198	11	知识产权试点示范城市	0.154	14
文化投入	0.154	12	知识产权试点示范园区	0.143	10
创造成果	0.069	27	知识产权试点单位	0.465	14
论文	0.099	26	文化产业示范	0.394	12
国家产业化项目	0.098	16	**企业创造潜力**	0.351	18
科技成果	0.042	29	企业科研基础	0.332	21
高新技术产业科技项目	0.036	19	企业人才投入	0.339	21
创造环境	0.178	17	企业资本投入	0.650	15
财政支持	0.047	25	企业新产品开发	0.083	20
金融环境	0.066	26	**知识产权行政保护**	0.072	17
开放	0.155	11	专利行政执法	0.141	14
教育环境	0.473	15	商标行政执法	0.076	17
文化环境	0.197	20	海关行政执法	0.000	25

（附录）表 1—24 贵州知识产权综合实力分项指标指数及排名表

知识产权综合实力指数 0.172			排名 24		
指标	指数	排名	指标	指数	排名
知识产权产出水平	0.121	20			
人均产出	0.018	28	外贸额与 PCT 申请比	0.458	5
专利总量	0.019	23	**产出效率**	0.243	14
商标总量	0.023	29	人才产出效率	0.071	21
版权总量	0.001	21	资本产出效率	0.416	8
集成电路布图设计总量	0.000	19	**企业产出**	0.208	14
农业植物新品种总量	0.047	24	企业产出规模	0.018	23
产出质量	0.089	18	企业产出质量	0.023	23
专利有效性	0.023	23	企业产出效率	0.584	11
商标有效性	0.000	31	**高校和研发机构产出**	0.049	28
专利金奖	0.049	18	高校和研发机构产出规模	0.015	26
驰名商标	0.031	26	高校和研发机构产出质量	0.016	26
“中华老字号”	0.050	24	高校和研发机构产出效率	0.115	26
集成电路布图设计登记发证	0.011	13			
知识产权流动水平	0.065	26			
技术市场交易	0.050	28	专利代理	0.024	23
技术市场规模	0.011	27	律师事务所	0.137	26
技术市场开放度	0.003	29	评估机构	0.144	26
技术外溢度	0.171	26	**企业技改、引进**	0.062	25
技术国际竞争力	0.016	18	技术改造	0.112	22
知识产权服务机构	0.081	27	国内引进	0.056	23
商标代理机构	0.020	24	国外引进	0.018	26
知识产权综合绩效	0.330	25			
宏观经济绩效	0.210	26	社会发展	0.115	29
经济发展水平	0.181	28	社会生活信息化	0.040	30
经济增长方式转变	0.205	28	文化进步	0.760	9
经济结构优化	0.242	12	**企业发展绩效**	0.349	18
社会进步绩效	0.431	26	产品升级	0.268	17
环境改善	0.809	12	设备更新	0.430	16

续表

知识产权综合实力指数 0.172			排名 24		
指标	指数	排名	指标	指数	排名
知识产权创造潜力	0.171	21			
创造投入	0.068	30	高新技术开发区	0.051	24
人才投入	0.087	28	**知识产权试点示范**	0.149	27
资本投入	0.000	31	知识产权试点示范城市	0.154	14
文化投入	0.029	27	知识产权试点示范园区	0.000	22
创造成果	0.114	21	知识产权试点单位	0.209	22
论文	0.247	12	文化产业示范	0.234	23
国家产业化项目	0.029	29	**企业创造潜力**	0.395	15
科技成果	0.129	17	企业科研基础	0.501	10
高新技术产业科技项目	0.050	16	企业人才投入	0.306	24
创造环境	0.119	27	企业资本投入	0.725	11
财政支持	0.028	28	企业新产品开发	0.046	22
金融环境	0.060	29	**知识产权行政保护**	0.185	9
开放	0.006	31	专利行政执法	0.509	6
教育环境	0.440	17	商标行政执法	0.045	25
文化环境	0.126	25	海关行政执法	0.000	25

（附录）表1—25 广西知识产权综合实力分项指标指数及排名表

知识产权综合实力指数 0.165			排名 25		
指标	指数	排名	指标	指数	排名
知识产权产出水平	0.059	29			
人均产出	0.017	29	外贸额与PCT申请比	0.064	22
专利总量	0.015	27	**产出效率**	0.089	26
商标总量	0.024	28	人才产出效率	0.028	28
版权总量	0.001	23	资本产出效率	0.150	25
集成电路布图设计总量	0.000	19	**企业产出**	0.101	23
农业植物新品种总量	0.044	25	企业产出规模	0.018	24
产出质量	0.031	27	企业产出质量	0.024	20
专利有效性	0.018	28	企业产出效率	0.262	22
商标有效性	0.012	28	**高校和研发机构产出**	0.059	27
专利金奖	0.024	23	高校和研发机构产出规模	0.037	24
驰名商标	0.046	23	高校和研发机构产出质量	0.032	23
“中华老字号”	0.050	24	高校和研发机构产出效率	0.108	27
集成电路布图设计登记发证	0.000	19			

续表

知识产权综合实力指数 0.165			排名 25		
指标	指数	排名	指标	指数	排名
知识产权流动水平	0.077	25			
技术市场交易	0.040	29	专利代理	0.023	24
技术市场规模	0.004	30	律师事务所	0.229	19
技术市场开放度	0.040	16	评估机构	0.175	21
技术外溢度	0.107	30	**企业技改、引进**	0.079	24
技术国际竞争力	0.010	23	技术改造	0.205	15
知识产权服务机构	0.112	23	国内引进	0.021	28
商标代理机构	0.022	23	国外引进	0.011	28
知识产权综合绩效	0.382	18			
宏观经济绩效	0.230	22	社会发展	0.503	18
经济发展水平	0.223	25	社会生活信息化	0.083	27
经济增长方式转变	0.337	17	文化进步	0.593	19
经济结构优化	0.130	20	**企业发展绩效**	0.385	14
社会进步绩效	0.532	15	产品升级	0.384	13
环境改善	0.948	3	设备更新	0.386	18
知识产权创造潜力	0.142	25			
创造投入	0.103	26	高新技术开发区	0.090	17
人才投入	0.121	22	**知识产权试点示范**	0.212	23
资本投入	0.147	18	知识产权试点示范城市	0.077	21
文化投入	0.112	18	知识产权试点示范园区	0.000	22
创造成果	0.092	25	知识产权试点单位	0.581	8
论文	0.215	17	文化产业示范	0.188	25
国家产业化项目	0.054	23	**企业创造潜力**	0.245	25
科技成果	0.079	25	企业科研基础	0.245	26
高新技术产业科技项目	0.018	21	企业人才投入	0.256	27
创造环境	0.172	19	企业资本投入	0.407	19
财政支持	0.040	26	企业新产品开发	0.071	21
金融环境	0.077	22	**知识产权行政保护**	0.026	27
开放	0.089	16	专利行政执法	0.014	28
教育环境	0.522	11	商标行政执法	0.060	21
文化环境	0.214	17	海关行政执法	0.005	14

（附录）表 1—26　云南知识产权综合实力分项指标指数及排名表

知识产权综合实力指数　0.160			排名　26		
指标	指数	排名	指标	指数	排名
知识产权产出水平	0.139	17			
人均产出	0.051	16	外贸额与 PCT 申请比	0.102	19
专利总量	0.016	25	**产出效率**	0.336	9
商标总量	0.057	20	人才产出效率	0.089	18
版权总量	0.001	25	资本产出效率	0.583	3
集成电路布图设计总量	0.000	19	**企业产出**	0.113	20
农业植物新品种总量	0.182	3	企业产出规模	0.019	22
产出质量	0.059	22	企业产出质量	0.023	21
专利有效性	0.021	24	企业产出效率	0.298	17
商标有效性	0.026	27	**高校和研发机构产出**	0.137	17
专利金奖	0.073	14	高校和研发机构产出规模	0.076	20
驰名商标	0.046	23	高校和研发机构产出质量	0.082	19
“中华老字号”	0.144	15	高校和研发机构产出效率	0.253	14
集成电路布图设计登记发证	0.000	19			
知识产权流动水平	0.099	24			
技术市场交易	0.055	26	专利代理	0.027	22
技术市场规模	0.014	26	律师事务所	0.275	14
技术市场开放度	0.034	20	评估机构	0.228	18
技术外溢度	0.167	27	**企业技改、引进**	0.099	22
技术国际竞争力	0.004	28	技术改造	0.093	24
知识产权服务机构	0.144	19	国内引进	0.131	12
商标代理机构	0.045	18	国外引进	0.071	21
知识产权综合绩效	0.281	28			
宏观经济绩效	0.206	27	社会发展	0.081	30
经济发展水平	0.206	27	社会生活信息化	0.075	28
经济增长方式转变	0.306	21	文化进步	0.426	30
经济结构优化	0.105	23	**企业发展绩效**	0.251	28
社会进步绩效	0.386	27	产品升级	0.116	29
环境改善	0.961	2	设备更新	0.386	18

续表

知识产权综合实力指数 0.160			排名 26		
指标	指数	排名	指标	指数	排名
知识产权创造潜力	0.119	28			
创造投入	0.087	28	高新技术开发区	0.083	19
人才投入	0.000	31	**知识产权试点示范**	0.169	25
资本投入	0.179	15	知识产权试点示范城市	0.077	21
文化投入	0.087	21	知识产权试点示范园区	0.143	10
创造成果	0.104	23	知识产权试点单位	0.186	24
论文	0.221	16	文化产业示范	0.270	19
国家产业化项目	0.067	22	**企业创造潜力**	0.143	30
科技成果	0.123	18	企业科研基础	0.238	27
高新技术产业科技项目	0.006	26	企业人才投入	0.110	31
创造环境	0.162	23	企业资本投入	0.189	29
财政支持	0.060	22	企业新产品开发	0.034	25
金融环境	0.096	19	**知识产权行政保护**	0.050	20
开放	0.079	17	专利行政执法	0.074	21
教育环境	0.354	24	商标行政执法	0.061	20
文化环境	0.302	11	海关行政执法	0.016	9

(附录) 表 1—27 新疆知识产权综合实力分项指标指数及排名表

知识产权综合实力指数 0.146			排名 27		
指标	指数	排名	指标	指数	排名
知识产权产出水平	0.078	24			
人均产出	0.033	22	外贸额与 PCT 申请比	0.000	31
专利总量	0.027	21	**产出效率**	0.162	22
商标总量	0.063	16	人才产出效率	0.034	27
版权总量	0.004	13	资本产出效率	0.290	15
集成电路布图设计总量	0.000	19	**企业产出**	0.106	22
农业植物新品种总量	0.070	15	企业产出规模	0.012	25
产出质量	0.023	29	企业产出质量	0.011	27
专利有效性	0.032	22	企业产出效率	0.295	19
商标有效性	0.080	13	**高校和研发机构产出**	0.068	24
专利金奖	0.000	27	高校和研发机构产出规模	0.020	25
驰名商标	0.034	25	高校和研发机构产出质量	0.019	25
“中华老字号”	0.017	27	高校和研发机构产出效率	0.166	25
集成电路布图设计登记发证	0.000	19			

续表

知识产权综合实力指数　0.146			排名　27		
指标	指数	排名	指标	指数	排名
知识产权流动水平	0.058	27			
技术市场交易	0.063	23	专利代理	0.016	26
技术市场规模	0.015	25	律师事务所	0.182	24
技术市场开放度	0.012	25	评估机构	0.147	25
技术外溢度	0.206	23	**企业技改、引进**	0.015	28
技术国际竞争力	0.021	13	技术改造	0.033	28
知识产权服务机构	0.096	25	国内引进	0.009	29
商标代理机构	0.040	19	国外引进	0.004	29
知识产权综合绩效	0.276	29			
宏观经济绩效	0.147	31	社会发展	0.221	27
经济发展水平	0.154	30	社会生活信息化	0.317	12
经济增长方式转变	0.246	25	文化进步	0.503	25
经济结构优化	0.041	30	**企业发展绩效**	0.325	21
社会进步绩效	0.356	28	产品升级	0.142	28
环境改善	0.383	31	设备更新	0.508	10
知识产权创造潜力	0.173	20			
创造投入	0.107	25	高新技术开发区	0.028	27
人才投入	0.000	0	**知识产权试点示范**	0.189	24
资本投入	0.000	0	知识产权试点示范城市	0.231	10
文化投入	0.021	28	知识产权试点示范园区	0.286	7
创造成果	0.200	9	知识产权试点单位	0.000	31
论文	0.316	5	文化产业示范	0.241	22
国家产业化项目	0.046	25	**企业创造潜力**	0.248	24
科技成果	0.438	3	企业科研基础	0.337	20
高新技术产业科技项目	0.001	29	企业人才投入	0.351	19
创造环境	0.161	24	企业资本投入	0.282	23
财政支持	0.095	16	企业新产品开发	0.021	27
金融环境	0.095	20	**知识产权行政保护**	0.131	14
开放	0.104	13	专利行政执法	0.326	11
教育环境	0.518	12	商标行政执法	0.056	23
文化环境	0.125	26	海关行政执法	0.012	11

（附录）表1—28 甘肃知识产权综合实力分项指标指数及排名表

知识产权综合实力指数 0.145			排名 28		
指标	指数	排名	指标	指数	排名
知识产权产出水平	0.085	22			
人均产出	0.018	27	外贸额与PCT申请比	0.406	6
专利总量	0.018	24	**产出效率**	0.137	25
商标总量	0.000	31	人才产出效率	0.045	24
版权总量	0.000	28	资本产出效率	0.228	21
集成电路布图设计总量	0.003	15	**企业产出**	0.106	21
农业植物新品种总量	0.069	16	企业产出规模	0.010	26
产出质量	0.079	20	企业产出质量	0.011	25
专利有效性	0.016	29	企业产出效率	0.296	18
商标有效性	0.003	30	**高校和研发机构产出**	0.087	23
专利金奖	0.024	23	高校和研发机构产出规模	0.046	23
驰名商标	0.023	28	高校和研发机构产出质量	0.048	22
“中华老字号”	0.078	23	高校和研发机构产出效率	0.166	24
集成电路布图设计登记发证	0.003	16			
知识产权流动水平	0.124	21			
技术市场交易	0.158	14	专利代理	0.016	25
技术市场规模	0.057	13	律师事务所	0.135	27
技术市场开放度	0.002	30	评估机构	0.165	24
技术外溢度	0.554	5	**企业技改、引进**	0.133	19
技术国际竞争力	0.019	16	技术改造	0.077	25
知识产权服务机构	0.082	26	国内引进	0.119	13
商标代理机构	0.011	27	国外引进	0.202	11
知识产权综合绩效	0.244	30			
宏观经济绩效	0.170	29	社会发展	0.225	26
经济发展水平	0.167	29	社会生活信息化	0.123	24
经济增长方式转变	0.241	26	文化进步	0.660	13
经济结构优化	0.102	24	**企业发展绩效**	0.205	29
社会进步绩效	0.356	29	产品升级	0.197	21
环境改善	0.414	29	设备更新	0.213	26

续表

知识产权综合实力指数 0.145			排名 28		
指标	指数	排名	指标	指数	排名
知识产权创造潜力	0.126	27			
创造投入	0.072	29	高新技术开发区	0.037	26
人才投入	0.118	23	**知识产权试点示范**	0.100	28
资本投入	0.094	27	知识产权试点示范城市	0.077	21
文化投入	0.040	26	知识产权试点示范园区	0.000	22
创造成果	0.156	14	知识产权试点单位	0.070	28
论文	0.274	10	文化产业示范	0.251	20
国家产业化项目	0.045	26	**企业创造潜力**	0.272	21
科技成果	0.292	6	企业科研基础	0.448	14
高新技术产业科技项目	0.011	24	企业人才投入	0.341	20
创造环境	0.112	29	企业资本投入	0.265	25
财政支持	0.014	30	企业新产品开发	0.034	24
金融环境	0.068	25	**知识产权行政保护**	0.042	23
开放	0.022	30	专利行政执法	0.079	20
教育环境	0.409	19	商标行政执法	0.047	24
文化环境	0.124	27	海关行政执法	0.000	25

（附录）表 1—29 宁夏知识产权综合实力分项指标指数及排名表

知识产权综合实力指数 0.137			排名 29		
指标	指数	排名	指标	指数	排名
知识产权产出水平	0.065	26			
人均产出	0.038	19	外贸额与 PCT 申请比	0.119	16
专利总量	0.016	26	**产出效率**	0.065	28
商标总量	0.072	14	人才产出效率	0.021	29
版权总量	0.001	24	资本产出效率	0.109	27
集成电路布图设计总量	0.000	19	**企业产出**	0.123	19
农业植物新品种总量	0.100	11	企业产出规模	0.002	29
产出质量	0.038	26	企业产出质量	0.006	28
专利有效性	0.046	18	企业产出效率	0.360	15
商标有效性	0.039	22	**高校和研发机构产出**	0.064	26
专利金奖	0.024	23	高校和研发机构产出规模	0.004	29
驰名商标	0.023	28	高校和研发机构产出质量	0.004	29
“中华老字号”	0.011	28	高校和研发机构产出效率	0.184	18
集成电路布图设计登记发证	0.000	19			

续表

知识产权综合实力指数 0.137			排名 29		
指标	指数	排名	指标	指数	排名
知识产权流动水平	0.042	28			
技术市场交易	0.063	24	专利代理	0.004	28
技术市场规模	0.005	29	律师事务所	0.038	28
技术市场开放度	0.004	28	评估机构	0.025	29
技术外溢度	0.175	25	**企业技改、引进**	0.044	26
技术国际竞争力	0.069	6	技术改造	0.056	26
知识产权服务机构	0.018	29	国内引进	0.050	24
商标代理机构	0.007	28	国外引进	0.025	24
知识产权综合绩效	0.345	23			
宏观经济绩效	0.189	28	社会发展	0.421	22
经济发展水平	0.330	14	社会生活信息化	0.260	17
经济增长方式转变	0.148	30	文化进步	0.646	15
经济结构优化	0.090	26	**企业发展绩效**	0.315	23
社会进步绩效	0.530	17	产品升级	0.167	24
环境改善	0.793	16	设备更新	0.463	13
知识产权创造潜力	0.097	29			
创造投入	0.094	27	高新技术开发区	0.000	29
人才投入	0.107	25	**知识产权试点示范**	0.064	30
资本投入	0.000	0	知识产权试点示范城市	0.077	21
文化投入	0.008	29	知识产权试点示范园区	0.000	22
创造成果	0.031	30	知识产权试点单位	0.023	30
论文	0.069	27	文化产业示范	0.155	28
国家产业化项目	0.035	27	**企业创造潜力**	0.274	20
科技成果	0.015	31	企业科研基础	0.610	4
高新技术产业科技项目	0.004	27	企业人才投入	0.206	28
创造环境	0.116	28	企业资本投入	0.262	26
财政支持	0.107	15	企业新产品开发	0.019	28
金融环境	0.181	8	**知识产权行政保护**	0.002	30
开放	0.058	22	专利行政执法	0.000	29
教育环境	0.310	28	商标行政执法	0.007	30
文化环境	0.041	29	海关行政执法	0.000	25

（附录）表 1－30 青海知识产权综合实力分项指标指数及排名表

知识产权综合实力指数 0.111			排名 30		
指标	指数	排名	指标	指数	排名
知识产权产出水平	0.027	30			
人均产出	0.034	21	外贸额与 PCT 申请比	0.062	24
专利总量	0.011	30	**产出效率**	0.032	30
商标总量	0.046	25	人才产出效率	0.000	31
版权总量	0.000	29	资本产出效率	0.065	30
集成电路布图设计总量	0.000	19	**企业产出**	0.019	30
农业植物新品种总量	0.112	8	企业产出规模	0.000	30
产出质量	0.022	30	企业产出质量	0.001	30
专利有效性	0.008	31	企业产出效率	0.055	30
商标有效性	0.031	25	**高校和研发机构产出**	0.030	30
专利金奖	0.024	23	高校和研发机构产出规模	0.003	30
驰名商标	0.023	28	高校和研发机构产出质量	0.003	30
“中华老字号”	0.006	29	高校和研发机构产出效率	0.084	28
集成电路布图设计登记发证	0.000	19			
知识产权流动水平	0.032	29			
技术市场交易	0.071	22	专利代理	0.003	30
技术市场规模	0.031	21	律师事务所	0.029	30
技术市场开放度	0.010	27	评估机构	0.025	29
技术外溢度	0.244	22	**企业技改、引进**	0.009	29
技术国际竞争力	0.000	30	技术改造	0.008	29
知识产权服务机构	0.015	30	国内引进	0.001	30
商标代理机构	0.004	30	国外引进	0.018	27
知识产权综合绩效	0.301	26			
宏观经济绩效	0.162	30	社会发展	0.121	28
经济发展水平	0.282	18	社会生活信息化	0.325	10
经济增长方式转变	0.131	31	文化进步	0.455	27
经济结构优化	0.073	28	**企业发展绩效**	0.413	11
社会进步绩效	0.328	30	产品升级	0.032	30
环境改善	0.412	30	设备更新	0.795	4

续表

知识产权综合实力指数 0.111			排名 30		
指标	指数	排名	指标	指数	排名
知识产权创造潜力	0.085	30			
创造投入	0.118	23	高新技术开发区	0.000	29
人才投入	0.094	27	**知识产权试点示范**	0.060	31
资本投入	0.107	25	知识产权试点示范城市	0.000	30
文化投入	0.007	30	知识产权试点示范园区	0.000	22
创造成果	0.097	24	知识产权试点单位	0.070	28
论文	0.139	24	文化产业示范	0.168	26
国家产业化项目	0.031	28	**企业创造潜力**	0.168	28
科技成果	0.216	9	企业科研基础	0.267	24
高新技术产业科技项目	0.001	29	企业人才投入	0.159	30
创造环境	0.044	30	企业资本投入	0.239	27
财政支持	0.066	19	企业新产品开发	0.005	30
金融环境	0.148	11	**知识产权行政保护**	0.025	28
开放	0.025	29	专利行政执法	0.014	27
教育环境	0.004	31	商标行政执法	0.059	22
文化环境	0.021	30	海关行政执法	0.000	25

(附录) 表 1—31 西藏知识产权综合实力分项指标指数及排名表

知识产权综合实力指数 0.059			排名 31		
指标	指数	排名	指标	指数	排名
知识产权产出水平	0.062	28			
人均产出	0.003	31	外贸额与 PCT 申请比	0.024	28
专利总量	0.002	31	**产出效率**	0.289	11
商标总量	0.013	30	人才产出效率	0.034	26
版权总量	0.000	30	资本产出效率	0.544	7
集成电路布图设计总量	0.000	19	**企业产出**	0.012	31
农业植物新品种总量	0.000	31	企业产出规模	0.000	31
产出质量	0.006	31	企业产出质量	0.000	31
专利有效性	0.010	30	企业产出效率	0.035	31
商标有效性	0.011	29	**高校和研发机构产出**	0.001	31
专利金奖	0.000	27	高校和研发机构产出规模	0.000	31
驰名商标	0.000	31	高校和研发机构产出质量	0.000	31
“中华老字号”	0.000	30	高校和研发机构产出效率	0.002	31
集成电路布图设计登记发证	0.000	19			

续表

知识产权综合实力指数 0.059			排名 31		
指标	指数	排名	指标	指数	排名
知识产权流动水平	0.000	31			
技术市场交易	0.000	31	专利代理	0.000	31
技术市场规模	0.000	31	律师事务所	0.000	31
技术市场开放度	0.000	31	评估机构	0.000	31
技术外溢度	0.000	31	**企业技改、引进**	0.000	31
技术国际竞争力	0.000	30	技术改造	0.000	31
知识产权服务机构	0.000	31	国内引进	0.000	31
商标代理机构	0.000	31	国外引进	0.000	31
知识产权综合绩效	0.126	31			
宏观经济绩效	0.217	24	社会发展	0.000	31
经济发展水平	0.217	26	社会生活信息化	0.164	22
经济增长方式转变	0.170	29	文化进步	0.000	31
经济结构优化	0.265	10	**企业发展绩效**	0.000	31
社会进步绩效	0.162	31	产品升级	0.000	31
环境改善	0.484	28	设备更新	0.000	31
知识产权创造潜力	0.047	31			
创造投入	0.000	31	高新技术开发区	0.000	29
人才投入	0.179	15	**知识产权试点示范**	0.080	29
资本投入	0.072	29	知识产权试点示范城市	0.000	30
文化投入	0.000	31	知识产权试点示范园区	0.000	22
创造成果	0.012	31	知识产权试点单位	0.186	24
论文	0.016	31	文化产业示范	0.135	30
国家产业化项目	0.000	31	**企业创造潜力**	0.166	29
科技成果	0.032	30	企业科研基础	0.035	31
高新技术产业科技项目	0.000	31	企业人才投入	0.500	8
创造环境	0.024	31	企业资本投入	0.131	30
财政支持	0.000	31	企业新产品开发	0.000	31
金融环境	0.024	30	**知识产权行政保护**	0.001	31
开放	0.064	21	专利行政执法	0.000	29
教育环境	0.047	30	商标行政执法	0.000	31
文化环境	0.009	31	海关行政执法	0.003	17

附录二　指标体系的构建

评价是社会生活中非常重要的活动。关于知识产权的评价工作向来都是挑战。因为知识产权的成果虽可直接地表现为一系列的专利、商标或版权的产出，抑或间接地表现为社会经济水平的提高、经济发展模式的转变，但是这些产出或影响却也许并非知识产权工作的全部结果，同时，这些产出或影响可能并非知识产权工作的直接作用结果。因此，我们在构建知识产权综合实力指标体系时，全面考虑了规模、效益、效率、流动及知识产权保护等方面，并建立了知识产权进步指标作为专项指标来反映各地区的知识产权进展。另外，专利和商标作为知识产权最重要的产出成果之一，我们也专章编制了相应的专利和商标指标评价体系，具体见第八章和第九章内容。

一、指标体系构建原则

在社会生活中，进行综合评价，确定评价的指标体系是基础。知识产权综合实力指标选择的好坏对分析对象常有举足轻重的作用。评价指标体系是由多个相互联系、相互作用的评价指标，按照一定层次结构构成的有机整体。我们在构建知识产权指标体系时，遵循了三个原则：

1. 从少从简，有的放矢

指标选取并非多多益善，关键在于评价的目的性与指标的重要性，即指标对于指数的影响程度大小。在选取知识产权指标时，我们尽量选择那些影响大，较为重要的指标，遵循少而精的原则。

2. 具代表性，存差异性

毋庸置疑，指标应具有代表性，能很好地反映研究对象某方面的特性。同时，指标也应该有明显的差异性，同质的指标没有意义，会对指数最终的赋权产生一定的影响。

3. 数据可得，资料客观

2012 年知识产权综合实力指标体系在构建时，遵循之前的惯例，全部选取客观指标，从《中国统计年鉴 2011》、《中国知识产权统计年报 2011》、《中国科技统计年鉴 2011》、《2010 年专利统计年鉴》、《中国科技统计资料汇编（2011）》等资料中获得客观数据。

二、指标体系的层次结构

2012 年知识产权综合实力指标体系由 4 个二级指标构成，即：知识产权产出水平、知识产权流动水平、知识产权综合绩效与知识产权创造潜力。二级指标又由若干个三级指标解释，详见（附录）表 4－1。

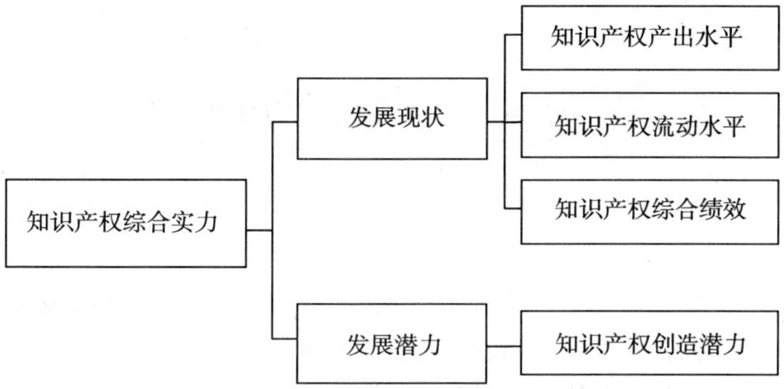

（附录）图 2—1　指标设计思路图

附录三　数据处理

1. 样本选取

本文选取国内31个省、市、自治区的样本，以省为单位进行区域知识产权综合实力的比较，这是因为我国的省级行政区实在政治、经济、人文、地理等多种因素作用下，经过长期历史演变而形成的具有特色的地区单元，省级政府既是国家宏观经济政策的承受着优势发展省级经济的责任者，并且目前我国的知识产权管理机构设置在省一级较为完备。由于历史原因，台湾、香港、澳门地区的统计数据与各省（区、市）的数据具有不用程度的差异，因此不在本报告研究范围之内。

2. 数据搜集

为保障数据的科学、准确，本报告采用的基础数据全部来源于公开出版的年鉴或者相关部门公布的权威指标数据，具体如下：《中国统计年鉴2011》、《中国知识产权统计年报2010》、《2010年专利统计年报》、《中国科技统计年鉴2011》以及《中国科技统计资料汇编（2011）》、2010年各省份统计公报、中华老字号评选委员会（第二届）、中国商标网、国家知识产权局网站。

3. 数据标准化

数据标准化主要是指数据无量纲化处理。

由于各项指标数据的量纲不同，因此，要对这些指标进行综合集成，所有指标数据都必须进行无量纲化处理。对于客观指标原始数据无量纲处理，本文主要采取阈值法对数据进行无量纲化处理。

阈值法的计算公式为：$X_i=\frac{(x_i-x_{\min})}{(x_{\max}-x_{\min})}$，$X_i$ 为转换后的值，$x_{\max}$为最大样本值，$x_{\min}$为最小样本值，x_i 为原始值。

逆向指标的计算公式为：$X_i=\frac{x_{\max}-x_i}{x_{\max}-x_{\min}}$，$X_i$ 为转换后的值，$x_{\max}$为最大样本值，$x_{\min}$为最小样本值，x_i 为原始值。

附录四　综合评价指数的计算

本报告结合国内外通用规则以及报告的具体目标，拟采用综合评价指数法对我国区域知识产权综合实力进行评价。综合指数法分为线性加权模型、乘法评价模型、加乘混合评价模型等几种形式。本报告的指标体系各指标的重要程度较大，指标值的差异不大，且各个指标间基本相互独立，各指标只影响综合评价值而指标之间不相互影响，因此采用线性加权模型进行计算。

各指标度量了区域知识产权综合实力的不同层面，其重要程度难以精确区分，因此在确定权重时各类指标按照不同层级取相等权重，这样既考察了客观情况又符合通行规则。各指标的具体权重如（附录）表4—1。

（附录）表4—1　知识产权综合实力指标权重表

<table>
<tr><td rowspan="21">知识产权产出水平</td><td rowspan="9">人均产出</td><td rowspan="4">专利总量</td><td>百万人口年度国内发明专利申请量</td><td>1/400</td></tr>
<tr><td>百万人口年度国内实用新型专利申请量</td><td>1/400</td></tr>
<tr><td>百万人口年度国内外观设计专利申请量</td><td>1/400</td></tr>
<tr><td>百万人口年度 PCT 专利申请量</td><td>1/400</td></tr>
<tr><td>商标总量</td><td>百万人口年度商标申请量</td><td>1/100</td></tr>
<tr><td rowspan="2">版权总量</td><td>百万人口年度版权合同登记量</td><td>1/200</td></tr>
<tr><td>百万人口年度作品自愿登记量</td><td>1/200</td></tr>
<tr><td>集成电路布图设计总量</td><td>百万人口年度集成电路布图设计登记申请量</td><td>1/100</td></tr>
<tr><td>农业植物新品种总量</td><td>百万人口年度农业植物新品种申请量</td><td>1/100</td></tr>
<tr><td rowspan="12">产出质量</td><td rowspan="3">专利有效性</td><td>百万人口国内发明专利有效量</td><td>1/420</td></tr>
<tr><td>百万人口国内实用新型专利有效量</td><td>1/420</td></tr>
<tr><td>百万人口国内外观设计专利有效量</td><td>1/420</td></tr>
<tr><td>商标有效性</td><td>百万人口有效商标量</td><td>1/140</td></tr>
<tr><td>专利金奖</td><td>专利金奖拥有量</td><td>1/140</td></tr>
<tr><td>驰名商标</td><td>驰名商标拥有量</td><td>1/140</td></tr>
<tr><td>“中华老字号”</td><td>“中华老字号”拥有量（三批，共1 000多家）</td><td>1/140</td></tr>
<tr><td>集成电路布图设计登记发证</td><td>百万人口年度集成电路布图设计登记发证量</td><td>1/140</td></tr>
<tr><td>外贸额与 PCT 专利比</td><td>每十亿美元对外贸易出口额 PCT 专利申请量（件/十亿美元）</td><td>1/140</td></tr>
</table>

续表

知识产权产出水平	产出效率	人才产出效率	万名专业技术人员年度职务发明专利申请量	1/80
			万名R&D科学家和工程师发明专利年度申请量	1/80
		资本产出效率	亿元R&D经费内部支出年度发明专利申请量	1/40
	企业产出	企业产出规模	年度企业职务发明专利申请量	1/180
			年度企业职务实用新型专利申请量	1/180
			年度企业职务外观设计专利申请量	1/180
		企业产出质量	企业职务发明专利有效量	1/180
			企业职务实用新型专利有效量	1/180
			企业职务外观设计专利有效量	1/180
		企业产出效率	大中型工业企业万名R&D人员年度发明专利申请量	1/120
			大中型工业企业亿元R&D经费内部支出年度发明专利申请量	1/120
	高校和研发机构产出	高校和研发机构产出规模	各地区高校和研发机构专利年度申请量	1/60
		高校和研发机构产出质量	各地区高校和研发机构有效发明专利量	1/60
		高校和研发机构产出效率	高校和研发机构万名R&D人员专利年度申请量	1/120
			高校和研发机构亿元R&D经费内部支出专利年度申请量	1/120
知识产权流动水平	技术市场交易	技术市场规模	技术市场签订合同数	1/144
			技术市场成交合同金额	1/144
			技术市场成交合同金额与GDP比例	1/144
		技术市场开放	国外引进合同数	1/96
			国外引进合同金额	1/96
		技术外溢度	技术市场成交合同数与技术流向地域合同数比值	1/96
			技术市场成交合同金额与技术流向地域合同金额比值	1/96
		技术国际竞争力	万名R&D人员向国外转让专利使用费和特许费	1/48
	知识产权服务机构指数	商标代理机构	商标代理机构数	1/48
		专利代理	年度专利申请代理量	1/48
		律师事务所	律师事务所数量	1/48
		评估机构	评估机构数量	1/48

续表

知识产权流动水平	企业技改、引进	技术改造	大中型工业企业技术改造经费支出	1/36
		国内引进	大中型工业企业购买国内技术经费支出	1/36
		国外引进	大中型工业企业技术引进、消化吸收经费	1/36
知识产权综合绩效	宏观经济绩效	经济发展水平	非农经济比重	1/108
			人均 GDP	1/108
			城镇居民平均每年家庭可支配收入	1/108
		经济增长方式转变	劳动生产率	1/108
			资本生产率	1/108
			综合能耗产出率	1/108
		经济结构优化	高技术产业增加值占工业增加值比重	1/108
			高技术产品出口额占商品出口额比重	1/108
			知识密集型服务业增加值占生产总值比重	1/108
	社会进步绩效	环境改善	环境质量指数	1/96
			环境污染治理指数	1/96
		社会发展	人口平均预期寿命	1/48
		社会生活信息化	互联网普及率	1/96
			移动电话普及率	1/96
		文化进步	各地区城镇居民家庭每人全年消费支出中文化领域占比	1/48
	企业发展绩效	产品升级	大中型工业企业新产品产值占工业总产值比重	1/48
			大中型工业企业新产品销售收入占主营业务收入比重	1/48
		设备更新	大中型工业仪器和设备支出占固定资产净值比重	1/24
知识产权创造潜力	创造投入	人才投入	R&D 人员全时当量总计	1/288
			万人口专业技术人员数	1/288
			万人口 R&D 科学家和工程师数	1/288
			万人口大专以上学历人数	1/288
		资本投入	R&D 经费支出占 GDP 比重	1/288
			地方财政科技拨款占地方财政支出比重	1/288
			人均 R&D 经费内部支出	1/288
			每名 R&D 活动人员新增仪器设备费	1/288
		文化投入	各地区文化产业固定资产投入	1/72

续表

知识产权创造潜力	创造成果	论文	万名 R&D 活动人员科技论文数	1/192
			国外主要检索工具收录我国科技论文数	1/192
		国家产业化项目	国家产业化计划项目数	1/192
			国家产业化计划项目落实资金	1/192
		科技成果	万人吸纳技术成果金额	1/192
			获国家级科技成果奖系数	1/192
		高新技术产业科技项目	高技术产业新产品开发项目数	1/96
	创造环境	财政支持度	人均地方政府财政收入	1/144
		金融环境	人均年末金融机构贷款余额	1/144
		开放	外商投资总额占 GDP 比重	1/288
			出口占 GDP 比重	1/288
		教育环境	地方政府财政支出中教育支出比重	1/288
			每十万人口高等学校在校生数	1/288
		文化环境	文化机构数量	1/864
			从业人员数量	1/864
			图书出版量	1/864
			音像出版量	1/864
			出版发行机构数量	1/864
			有线广播电视入户率	1/864
		高新技术开发区	国家高新技术开发区从业人员数	1/288
			国家高新技术开发区技术性收入	1/288
	知识产权试点示范	知识产权试点示范城市	知识产权试点、示范城市	1/96
		知识产权试点示范园区	国家知识产权试点园区、示范园区	1/96
		知识产权试点单位	企事业知识产权试点单位数（第四批）	1/96
		文化产业示范	国家文化产业示范基地（第四批）	1/192
			全国文化产业项目服务工程（截至 2011 年 12 月 31 日）	1/192

续表

知识产权创造潜力	企业创造潜力	企业科研基础	大中型工业企业中有科技机构的企业占全部企业比重	1/288
			大中型工业企业中有R&D活动的企业占全部企业比重	1/288
			企业R&D科学家和工程师占全社会R&D科学家和工程师比重	1/288
		企业人才投入	大中型工业企业R&D人员占从业人员比重	1/192
			大中型工业企业研发机构硕士以上学位人数占比	1/192
		企业资本投入	大中型工业企业R&D经费占主营业务收入比重	1/96
		企业新产品开发	大中型工业企业开发新产品经费	1/192
			大中型工业企业新产品开发项目数	1/192
	知识产权行政保护	专利行政执法	专利侵权和其他纠纷结案量	1/144
			查处专利假冒案件结案量	1/144
		商标行政执法	查处商标违法案件总数	1/144
			查处商标违法案件案值	1/144
		海关行政执法	海关扣留侵权商品数量	1/144
			海关扣留侵权商品价值	1/144

参考文献

一、专著

[1] 陈昌柏．知识产权经济学［M］．北京：北京大学出版社，2003.

[2] 袁建文．经济计量学实验［M］．北京：科学出版社，2002.

[3] 李明德．美国知识产权法［M］．北京：法律出版社，2003.

[4] 祁西元，曲三强．马来西亚经济贸易法律指南［M］．北京：中国法制出版社，2006.

[5] 何家弘．当代美国法律［M］．北京：社会科学文献出版社，2001.

[6] 苏敬勤，冯欲杰．世界知识产权保护与国际技术贸易［M］．大连：大连理工大学出版社，1998.

[7] 张晓都．专利实质条件［M］．北京：法律出版社，2002.

二、期刊中析出文献

[1] 高清．对我国驰名商标保护问题的思考［J］．山西煤炭管理干部学院学报，2000（1）.

[2] 蒋殿春，张宇．行业特征与外商直接投资的技术溢出效应：基于高新技术产业的经验分析［J］．世界经济，2006（10）.

[3] 董玮，严芷清．美国知识产权——对科技创新及经济增长的作用研究［J］．法制与社会，2009（1）.

[4] 梁玺，朱恒源，吴贵生．中国创新活动和经济增长的关系——一个基于协整理论的初步研究［J］．清华大学学报：哲学社会科学版，2006（6）.

[5] Daron Acemoglu，Fabrizio Zilibotti. Information Accumulation in Development［J］. Journal of Economic Growth，1999（4）.

[6] 周建，李子奈．Granger 因果关系检验的适用性［J］．清华大学学报：自然科学版，2004（3）.

[7] 周素娥．中国知识产权保护对 39 经济增长的乘数效应研究［J］．管理纵横，2009（5）.

[8] 张继红，吴玉鸣，何建坤．专利创新与区域经济增长关联机制的空间计量经济分析［J］．科学学与科学技术管理，创新管理，2007（1）.

[9] 刘华．知识产权保护制度与经济增长［J］．科技管理研究，2002（2）.

[10] 张熠．美国农业研究局专利保护及对中国的启示［J］．世界农业，2007（7）.

[11] 罗妮佳．从国外案例论我国有关专利政策的构建［J］．时代经贸，2009（6）.

[12] 刘亚军，曹军婧．虚拟角色商品化权法律保护刍议——美国实践的启示［J］．当代法学，2009（4）.

[13] 依丽莎白·钱一黑尔．美国知识产权的域外保护［J］．毕小青译．外国法译评，1999（3）.

[14] 林雅娜，宋静．美国保护虚拟的法律模式及其借鉴［J］．广西政法管理干部学院学报，2005（9）.

[15] Michael T H. When MickeyMouse Is as Strong as Superman：The Convergence of Intellectual Property Law to Protect Fictional Literary and Pictorial Characters in Stanford［J］. Law Review February，1992.

[16] Stacey H Wang. Great Olympics，New China：Intellectual Property Enforcement Steps Up to the Mark［J］. Loyola of Los Angeles International&Comparative Law Review，2005，27.

[17] 吕炳斌，胡峰．美国奥林匹克标志司法保护典型案例评析及其借鉴意义［J］．天津体育学院学报，

2007 (2).
[18] 高留志. 美国知识产权保险制度对我国的启示 [J]. 特区经济，2006 (2).
[19] ThomasJ. Stueber. Insurance Coverage For Patent Infringement [J]. William Mitchell Law Review，1991 (17).
[20] Prentice Hall Law and Business. Aig Offers New Patent－Infringement Liability Insurance [J]. Journal of Proprietary Rights，1994 (6).
[21] Jason A R. Patents and Insurance：Who Will Pay for Infringement? [J]. Boston University Journal of Science and Technology Law，1995 (3).
[22] Steven E T，Briggs Bedigian. Intellectual Property and Technological Insurance Coverage [J]. Maryland Bar Journal，2001 (34).
[23] 孙宏涛. 美国知识产权保险制度管窥 [J]. 世界知识产权，2006 (4).
[24] Jason A R. Patents and Insurance：Who Will Pay for Infringement? [J]. Boston University Journal of Science and Technology Law，1995 (3).
[25] Patti Verbanas. Lawsuits Increase as Intellectual Property Definitions Change [J]. Corp. Cashflow Mag ，1995 (1).
[26] 包海波. 日本企业的知识产权战略管理 [J]. 科技与经济，2004，17 (2).
[27] 郭豫榕. 从日本专利战实践看我国企业的专利战略 [J]. 现代情报，2000 (1).
[28] 陈美章. 中国高校知识产权教育和人才培养的思考 [J]. 知识产权，2006 (1).
[29] 秦彩萍，苏春辉，王娟，等. 美日知识产权教育的经验及对中国的启示 [J]. 吉林工程技术师范学院学报：社会科学版，2006 (10).
[30] 曾培芳，叶美霞，刘红祥. 中美知识产权人才培养模式比较研究 [J]. 科技进步与对策，2009 (12).
[31] 刘友华. 论我国实践型知识产权人才的培养 [J]. 湘潭师范学院学报：社会科学版，2010 (1).
[32] 储敏. 我国高校知识产权人才培养的问题与建议 [J]. 黑龙江省政法管理干部学院学报，2009 (1).
[33] 祝晓莲. 美日两国知识产权战略：比较与启示 [J]. 国际技术经济研究，2002 (4).
[34] 霍京华. 英国爱丁堡大学的技术转移及知识产权管理 [J]. 电子知识产权，2005 (9).
[35] 刘海洋. 新加坡保护知识产权政策措施 [J]. 全球科技经济瞭望，2006 (11).
[36] 杨静. 东盟国家知识产权立法与管理的新发展 [J]. 东南亚纵横，2009 (2)：64－69.
[37] Y Kurt Chang. Special 301 and Taiwan：A Case Study of Protecting United States Intellectual Property in Foreign Countries [J]. 15 J. Int'l L. Bus，1994，212 (206).
[38] 王志华. 论俄罗斯知识产权法的民法典化 [J]. 环球法律评论，2010 (6).
[39] World Health Organization. Globalization，TRIPs and Access to pharmaceaticals [J]. WHO Policy Perspective on Medicines，2001 (3).
[40] 刘笋. 知识产权国际造法新趋势 [J]. 法学研究，2006 (3).
[41] Laurence R H. Regime Shifting：The TRIPs Agreement and New Dynamics of International Intellectual Property Lawmaking [J]. Yale Journal of International Law ，2004 (29).
[42] Reichman J H. Enforcing the Enforcement Procedures of the TRIPs Agreement virginis [J]. Journal of International Law，1997 (37).
[43] Graham Dutfield. TRIPs－Related Aspects of Traditional Knowledge [J]. Case Western Reserve Journal of International Law，2001 (33).

三、报纸中析出文献

[1] 赵建聪. 要让“垃圾专利”消肿减磅，知识产权如何保质［N］. 人民日报，2010－04－29.

[2] 袁定波. 知识产权专业人才培养面临挑战［N］. 法制日报，2007－10－28.

四、科技报告

[1] 科学技术部发展计划司，中国技术市场管理促进中心. 全国技术市场统计年度报告：2010［R］. 北京：中国技术市场管理促进中心，2010.

[2] 国家知识产权局. 专利统计年报：2009［R］. 北京：知识产权出版社，2009.

五、学位论文

[1] 姜稚鸣. 虚构角色法律保护问题研究［D］. 重庆：西南政法大学，2006.

[2] 胡维华. 美国知识产权法律制度及其对世界经济的影响——以对中国经济的影响及应对措施为角度［D］. 南京：南京理工大学，2007.

[3] 金为民. 中国技术市场现状分析及发展原因探析［D］. 合肥：中国科学技术大学，2010.

[4] 胡丽君. 试论美德两国知识产权保险制度及其对我国的借鉴［D］. 武汉：华中科技大学，2004.

六、电子文献

[1] 关于提高专利质量的工作意见［EB/OL］.［2010－06－17］. http：//www. 022net. com/2010/6－17/494757272742076. html

[2] 和韵. 论驰名商标的国际保护［EB/OL］.［2004－04－08］. http：//www. chinalawedu. com/news/2004 _ 5/12/1448256313. htm.

[3] 徐晓兰. 关于加快构建以企业为主体的技术创新体系的提案［EB/OL］.［2009－04－25］. http：//cppcc. people. com. cn/GB/34961/121130/121133/7167366. html.

[4] 强化激励自主创新的法制和政策环境［EB/OL］.［2006－07－06］. http：//cppcc. people. com. cn/GB/34961/67367/67370/4565184. html.

[5] 为自主创新鼓实劲：抑制重复引进，鼓励消化吸收［EB/OL］.［2005－12－10］. http：//www. gov. cn/ztzl/2005－12/10/content _ 123119. htm.

[6] Commercial generalliability Policy（CGL）［EB/OL］.［2006－09－12］. http：//www. nils. com/rupps/commercial－general－liability－Policy. htm.

[7] 张宗浩，朱新文. 对中国知识产权高等教育的战略思考［EB/OL］.［2009－05－05］. http：//www. hie. edu. cn/gjll/news. asp? new＝325.

[8] 赵晓力. 30 年来美国知识产权法的扩张［EB/OL］.［2006－09－10］. http：//www. yadian. cc/paper/22016/.

[9] 程天宇. ESA 向美提交报告称马、俄、中盗版率最高［EB/OL］.［2010－05－20］. http：//www. chinabyte. com/20050216/.

[10] 国家知识产权局. 马来西亚知识产权发展新动向［EB/OL］.［2007－07－31］http：//www. sipo. gov. cn/20070731.

[11] 国家知识产权局. 泰国知识产权厅情况介绍［EB/OL］.［2004－12－23］. http：//www. sipo. gov. cn/2004－12－23.

[12] 国家知识产权局. 越南国家知识产权局开始受理电子申请［EB/OL］.［2007－12－01］. http：//www. sipo. gov. cn/sipo/xwdt/gwzsc－qxx/default _ 3. htm.

[13] Carlos M C. Traditional Knowledgy and Intellectual Property，the Quaker United Nations Office（QUNO）［EB/OL］.［2001－06－11］. http：//www. geneva. qumo. info/pdf/tkmonol.

[14] 熊焰. 中国技术市场的主要问题——技术交易思考之二［EB/OL］.（2010－08－31）［2010－05－

10]. http://blog.sina.com.cn/s/blog_504183620100f2hl.html.

[15] 国务院发展研究中心. 我国技术市场发展定位与主要任务 [EB/OL]. (2010-12-24) [2010-05-10]. http://www.drcnet.com.cn/DRCnet.common.web/DocViewSummary.aspx? version = Integrated & docid=2106169&leafid=3079&chnid=1034&gourl=/DRCnet.common.web/docview.aspx.

[16] 国家知识产权局. 2009 中国有效专利年度报告(二)[R/OL]. (2010-09-02) [2010-05-10]. http://www.sipo.gov.cn/sipo2009/mtjj/2010/201008/t20100828_473941.html.

[17] 国家知识产权局. 统计信息 [DB/OL]. (2010-07-09) [2010-06-27]. http://www.sipo.gov.cn/sipo2009/tjxx.

[18] 教育部科技发展中心. 中国高校知识产权报告(2009):100 所高校有效专利量及 2009 年专利授权量 [R/OL]. (2010-06-22) [2010-05-10]. http://www.cutech.edu.cn/cn/dxph/cgzl/2010/06/1238460787824720.htm.

[19] 教育部科技发展中心. 1985~2009 年全国高校专利授权数 [EB/OL]. (2010-06-22) [2010-05-10]. http://www.cutech.edu.cn/cn/dxph/cgzl/2010/06/1238460787783318.htm.

[20] 裴宏, 陈晓华. 中国创新能力依然旺盛——透视 2010 中国发明专利 [EB/OL]. (2010-03-24) [2010-05-10]. http://www.cipf.cn/news/2010/03-24/10052691697.html.

[21] 熊建. 近年来企业申请专利数量迅速提升, 仍有 98%的工业企业没有申请专利 [N/OL]. (2010-11-09) [2010-05-10]. http://scitech.people.com.cn/GB/10338979.html.

[22] 互动百科: 经济理论: 微笑曲线 [DB/OL]. [2010-06-27]. http://www.hudong.com/wiki/%E5%BE%AE%E7%AC%91%E6%9B%B2%E7%BA%BF.

[23] WIPO. 新闻与信息资源: 2010 年国际专利申请量在全球经济衰退中锐减, 附件 2、3 [EB/OL]. (2010-02-08) [2010-05-10]. http://www.wipo.int/pressroom/zh/articles/2010/article_0003.html.

后　　记

《中国知识产权指数报告 2012》终于顺利结稿了。在坚持独立、客观的分析与研究道路上不断前行，自豪感难以言表。到今天，《中国知识产权指数报告》对于我国社会、经济、文化以及教育等领域产生的影响已经开始体现。在有关知识产权的文件、报告以及研究中，知识产权指数的概念、数据已经越来越多地被引用，成为分析结论的重要论据。这种影响正是我们一直期待的。

现代经济学、哲学和法学的最重要的前提之一就是理性人的假设，而理性人想要采取符合实际的、合理的措施，必须能够掌握全面的、客观的和真实的资讯和信息。无论对于政策的制定者、市场的参与者还是学术研究而言，这种资讯与信息是其进行分析和得出结论必不可少的。这是我们坚持独立研究和客观分析的出发点。为了达到这个目标，我们尽可能地广泛调研，援引最具有权威性的数据，邀请德高望重的教授、专家进行批评指正。在社会各界倾力帮助下，我们对《中国知识产权指数报告 2012》进行了完善工作：

第一，针对知识产权产出水平，增加了高校与研发机构产出水平指标。这弥补了以往统计知识产权产出水平时的漏洞。在我国，高校与研发机构一直是科技发明、创新的主力军，这种趋势在较短一段时间内很难改变。以往的指数报告中，只有企业产出而无高校、研发机构的产出，无疑忽视了这最最重要的知识产权产出主体的作用。因此在今年的报告中，我们及时作出了更正。

第二，在产出质量指标中，我们增加了外贸额与 PCT 专利比的指标，选取“每十亿美元对外贸易出口额 PCT 专利申请量”作为衡量标准。

第三，细化了知识产权服务机构指标，将律师事务所指标与商标代理机构指标分开单列，并且增加了评估机构指标，使该三级指数的评价更加科学、合理。

第四，在一些指标之中，增加了文化因素的考虑。这种增加体现了知识产权作为知识载体和创新工具，对于社会更全面的影响。这种影响不仅仅在经济和科技领域，文化领域的影响也是必须进行考虑的。具体而言，在知识产权综合绩效下的社会进步绩效中，增加了文化进步的分析，并选取了各地区城镇居民家庭每人全年消费支出中文化领域所占比重作为衡量标准。在知识产权创造潜力指标下的创造投入指标中，增加了文化投入指标。另如，在创造环境指标下，增加了文化环境指标；在知识产权试点示范指标下增加了文化示范指标。

第五，对于商标行政执法三级指标的衡量标准进行了改进，从单纯的案件数量的衡量，改为查处商标违法案件总数与案值的坐标式的衡量，使商标行政保护指标的衡量更加层次明确、更加立体。

最后，我们改变了专题研究报告的研究方向。过去我们试图延展指数报告的覆盖范围，选取的是多项知识产权业界的热点问题，分别进行研究；而在今年，我们致力于深化报告的内涵，充分利用主报告内已经整合分析的数据，结合前 3 年的指数报告的积累，探讨了在指数排名前 5 名的省份的各项指标排名变化与政府政策之间的关联。这提升了我们已经收集到的数据的利用效率，也为今后指数报告再行编纂找到了新的拓展方向，希望能够对学者和决策者提供一条全新的思路。

《中国知识产权指数报告 2012》得以顺利发布倚赖全体成员的孜孜不倦的努力，更仰仗社会各界热切的批评和指导。国家知识产权局、国家统计局、商务部、国家工商总局、国家版权局和国务院发展研究中心对指数报告项目的鼎力协助，没齿难忘。这所有的一切使我们坚持的努力得以变得有意义。

本课题组将继续研究、发布系列知识产权指数研究报告，从横向与纵向两大角度拓展报告的研究领域和适用范围。我们拜请社会各界专家一如既往支持我们的研究，并诚邀志同者与我们一起参与、完善指数研究项目。

尽管竭诚改进，囿于研究水平的限制，谬误在所难免，敬请广大读者登录 http：//www. focus－ip－index. com 了解中国知识产权指数研究的最新动态，并热盼批评指正。

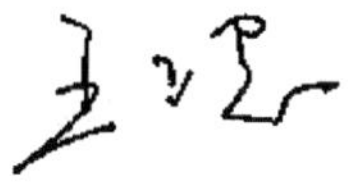

2012 年 4 月 10 日